더 넓은 세계사

더 넓은 세계사

2022년 11월 9일 초판 1쇄 펴냄
2023년 1월 31일 초판 2쇄 펴냄

지은이 이희수·이평래·이옥순·조흥국·서성철·정혜주·노용석
편집 최인수
펴낸이 신길순

펴낸곳 (주)도서출판 삼인
전화 02-322-1845
팩스 02-322-1846
이메일 saminbooks@naver.com
등록 1996년 9월 16일 제25100-2012-000046호
주소 (03716) 서울시 서대문구 성산로 312 북산빌딩 1층

디자인 끄레디자인
지도 일러스트 홍남화
인쇄 수이북스
제책 은정

ISBN 978-89-6436-227-3 03900

값 28,000원

더 넓은 세계사

교과서가 채우지 못한 3분의 2의 역사

이희수·이평래·이옥순·조흥국·서성철·정혜주·노용석 지음

삼인

머리말

실로 이 책은 오랜 시간이 걸렸다.

2005년 어느 날, 제3세계 역사와 문화를 전공하는 연구자 7명이 한자리에 모였다. 아프리카, 인도, 서아시아, 몽골, 동남아시아, 오세아니아, 라틴아메리카를 연구하는 학계의 대표급 학자들이었다. 우리나라 중고등학교에서 가르치는 사회과·역사과 교과서가 너무 서구 편파적이고, 종족 차별적이고, 오류와 편견이 심하다는 지적들을 쏟아놓았다. 다문화 사회를 지향하며 글로벌 시민의식 교육이 절실한 때, 교과서의 이런 문제점들을 그냥 두는 것은 미래 세대를 위해 결코 바람직하지 않다는 데 뜻을 같이했다. 그렇다면 연구자들이 이를 개선하기 위해 무엇을 하고 어떻게 참여할 것인지를 놓고 열띤 토론을 벌이고 의견을 나누었다.

그래서 우선 각자가 당시 현행 교과서를 모두 분석하여 오류를 바로잡는 연구를 진행하기로 했다. 2년간의 작업 끝에 드디어 2007년 《오류와 편견으로 가득한 세계사 교과서 바로잡기》란 다소 도발적인 제목으로 첫 결실을 출간했다. 이 책은 일곱 장으로 이뤄졌다.

- 중앙유라시아: 잃어버린 역사
- 동남아시아의 약동과 다양성을 얼버무리는 교과서
- 인도: 우수한 고대, 열등한 현재?
- 적대적 고정관념으로 왜곡된 서아시아-이슬람권

- 아프리카에 대한 한국인의 상상과 재현
- 라틴아메리카: 야만과 문명의 틈새에서
- 오세아니아는 백인과 양떼의 대륙인가

이 책은 정말 분에 넘치는 격려와 찬사를 받았다. 학교 선생님들이 먼저 읽어주셨고, 교과서를 집필하시는 분들에게서도 많은 참고가 되었다는 응답을 받았다. 문제는 다음이었다.

"당신들이 지역 역사와 문화를 전공했으니 잘못을 바로잡고 오류를 지적해주는 것까지는 좋은데, 그러면 도대체 우리더러 어떻게 올바른 교과서를 집필하란 말이냐?"

집필에 길잡이로 삼을 만한 안내서로서 각 지역의 역사와 문화를 정리해주면 좋겠다는 요청이 있었다. 당연한 사회적 요구에 집필자들은 다시 머리를 맞대고 현행 교과서 커리큘럼을 참고하면서 바람직한 대륙별 역사를 새롭게 집필해보기로 의견을 모았다.

포부와 취지에는 모두들 공감했지만, 처음 시도해보는 작업인 데다 객관성과 균형 감각을 갖춘 자료를 취합하고 적확하게 내용을 서술하는 것은 생각만큼 쉬운 일이 아니었다. 더욱이 연구자 각자가 소속 대학에서 강의에 매인 한편 가장 열정적으로 연구에 몰입하던 시기였다.

1차 원고는 2015년 2월경 취합되었다. 연구자들의 신상에 변화가 생기기 시작했다. 개인적인 사정으로 라틴아메리카 편은 서성철 교수가 새로 맡았고, 오세아니아를 맡았던 이태주 교수도 다른 업무 폭증으로 프로젝트에서 하차했다. 아프리카 편을 정리해야 할 한건수 교수도 도저히 원고를 완성할 수 없는 형편이었다. 그러는 사이 다시 5년 세월이 지나갔다. 그사이 필진 중 두 명이 정년퇴임을 맞았고, 2018년 5월에는 서성철 교수가 정말 갑작스럽게 우리 곁을 떠났다.

우리 필진은 한동안 넋을 놓고 지내다가 다시 정신을 차리고, 고인이 된 서성철 교수를 위해서라도 이 작업을 마무리하기로 했다. 아프리카 편을 빼서는 책의 완성도가 떨어진다는 판단으로 이희수 교수가 아프리카 편까지 떠맡았다. 한양대 문화인류학과에서 오랫동안 진행했던 '아프리카 민족지' 강의 노트를 다시 꺼내, 힘들게 아프리카 편을 집필했다. 라틴아메리카 편에는 정혜주, 노용석 교수가 기꺼이 참여해주어 고 서성철 교수의 초고에 고대사와 현대사 부분을 멋지게 보완해줌으로써 완성도를 높였다.

2005년 미래 세대의 새로운 교과서 집필을 위해 좋은 기초 자료를 만들자고 의기투합한 지 꼬박 17년이 흘렀다. 이제 필요에 따라 언제든지 수정 보완해 나가야 할 큰 과제의 첫발을 떼었을 뿐이다.

이 책은 6개 대륙·지역의 역사와 문화로 구성되었다.

1장과 2장은 각각 아프리카와 서아시아의 역사·문화(이희수), 3장은 중앙아시아의 역사와 문화(이평래), 4장은 인도의 역사와 문화(이옥순), 5장은 동남아시아의 역사와 문화(조흥국), 6장은 라틴아메리카의 역사와 문화(서성철·정혜주·노용석)를 담았다.

아무쪼록 이 책이 더 나은 교과서 집필을 위해 작은 참고가 될 뿐더러, '가진 자, 지배자, 식민 강국'의 시선이 아니라 세계 곳곳에서 자신들의 역사를 절절히 만들어갔던 주체자의 입장에서 지구촌의 역사와 문화를 들여다보는 소중한 기회가 되기를 간절히 염원한다. 이 책은 시작이고 아직은 미완이다. 다양한 관점이 당연히 존재한다. 그리고 서로 다른 관점은 존중되어야 한다. 질책과 소중한 조언을 받아 보완하고 수정하며 조금씩 더 나은 책으로 발전하기를 고대한다.

오랜 시간 기다려주고 이 책이 빛을 보게 해준 삼인의 홍승권 부사장에게 드리는 감사도 결코 작지 않다. 편집자 최인수 씨는 필진 7명의 글을 '공포의 붉은 글씨'로 조율하고, 일일이 팩트 체크하고, 보충하고, 다듬으면서 힘든 산파역을 끈질기고 담담하게 해냈다. 이 책의 완성은 진정한 프로인 그의 결실이다. 깊은 감사를 보낸다. 라틴아메리카 연구에 평생을 바치고 먼저 영면하신 고 서성철 박사에게 이 책을 바친다.

필진을 대표하여
이희수 드림

차례

3장 동서 세계의 중심, 중앙아시아 _ 이평래

4장 공존과 병존의 역사, 인도 _ 이옥순

6장 세계에서 가장 넓은 단일 문화권, 라틴아메리카
_ 서성철·정혜주·노용석

1

가장 오래고 가장 젊은 대륙, 아프리카

이희수

일러두기

1. 인종, 종족, 민족, 국민국가 등은 모두 다른 개념인데, 명확한 정의 없이 뒤섞어 쓰는 경우가 많다. 한건수 교수가 《오류와 편견으로 가득한 세계사 교과서 바로잡기》 아프리카 편에서 문제점과 대안을 상세히 설명했듯이, 이 책 아프리카 편에서는 국민국가 성립 이전의 에스닉 집단Ethnic Group을 '종족'으로, 국민국가 성립 이후의 국가 구성원을 '민족'으로 구분하여 사용하기로 한다.

2. 인·지명은 학계에서 널리 쓰이는 표기대로 쓰되, 국립국어원에서 정한 규범 표기가 따로 있을 경우 그 이름을 처음 쓸 때 괄호 안에 규범 표기를 병기했다.

글머리에

지금은 많이 나아졌지만, 여전히 우리 머릿속에 아프리카는 이중적인 모습으로 떠오른다. 원시·미개·야만·블랙black이라는, '문명'과 상반되는 네 가지 관념에 말라리아, 에이즈, 에볼라 같은 불편하고 부정적인 연상 반응이 여전히 강하게 작동한다.

근대사만 보더라도 1884년 유럽 열강이 베를린회의에 모여 아프리카를 분할 지배하기로 결정한 후, 강대국의 침탈과 찢겨진 영토를 되찾고 봉합하고자 하는 아프리카 종족들 간의 피비린내 나는 분쟁과 대규모 디아스포라가 주된 흐름을 이루었고, 그 결과 오늘날까지 아프리카의 많은 지역에서 내전과 갈등의 후유증을 앓고 있다. 문제의 발단은 유럽과 접촉한 일이었다. 16세기 중반부터 200년 넘게 포르투갈, 스페인, 영국, 프랑스, 네덜란드 등 유럽 식민제국들이 주도한 무차별적인 노예사냥과 인신매매로 아프리카의 문화적 정체성과 사회구조는 바닥부터 초토화되었다. 아프리카는 인류의 뇌리에서 버려지고 저주받은 땅으로 변질되었다.

그러나 아프리카에는 일관된 역사와 찬란한 문화, 기술문명이 존재했고, 오늘날 인류가 귀 기울여야 할 깊은 철학과 영성이 깃든 고귀한 가르침이 있다. 아프리카의 음악과 미술, 조각과 공예의 예술적 격조는 21세기 첨단문명 시대에도 우리의 탄성을 자아낸다.

따라서 기존 교과서에서 가르치듯이 오스트랄로피테쿠스로 대표되는 인류의 고향이라는 박제된 과거나, 21세기 인류의 미래를 담보할 무한한 자원의 보고라는 식민지시대의 개발 동기를 촉발하는 개념만으로 아프리카를 논할 수는 없다. 그래서 아프리카인들의 역사와 문화에 더 많은 관심을 두고 공부해보고자 한다. '동물의 왕국'에서 인류 문명이 성숙되고 꽃을 피운 진정한 '사람의 왕국'으로 아프리카를 되살려야 한다. 아프리카를 있는 그대로, 아프리카에서 그곳 사람들이 일으켰던 역사와 문화를 인류 역사의 소중한 한 부분으로 제대로 다루는 것은 우리가 마땅히 해야 할 일이고, 이 글이 그런 일의 또 다른 작은 시작이기를 바란다.

사실 '문명'이란 개념은 18세기 유럽 계몽주의 철학자들이 인류는 동일한 진보 과정을 거친다는 지극히 유럽 중심적인 논리로 주창했던 인식 체계였다. 이어 19세기, 이른바 사회진화론자들이 '발전'이라는 개념을 문명 담론에 적용하면서, 태초의 백지 상태에서 '야만(구석기시대) → 미개(신석기시대) → 문명(청동기 이후)'으로 발전한다는 도식이 만들어졌다. 사회·경제적 조건을 중심으로 인류의 가치와 삶의 높낮이를 측정하는 이러한 사고 체계는 불행하게도 19세기 유럽의 식민지 약탈을 정당화하는 개념으로 무분별하게 오용되었다.

아프리카 사회의 후진성을 설명하면서 유럽 학자들이 들먹이던 '무문자 사회'라는 인식도 문명의 본질을 고려하지 않은 결과라 여겨진다. 이는 서양 문화 우월주의 또는 중화사상, 농경-정주 중심 사고 틀이 만들어낸 일방적인 인식이다. 그러나 최근 역사 연구자들은 '기록의 역사' 못지않게 '기억의 역사'를 중시하게 되었다. 기록의 역사란 오히려 문자를 아는 지식인 계층과 권력을 독점한 엘리트층의 생각과 관점을 대변하는 경우가 많지만, 수백 수천 년간 기억과 공감으로 전해지며 축적된 전승이야말로 전체 사회 구성원의 하부 구조를 더 잘 이해할 수 있는 역사 자료라는 주장이 만만찮은 지지를 얻고 있다. 사실상 중국과 같은 몇몇 문화권을 제외하고는 10세기 이후에야 비로소 중국의 제지 기술이 널리 전파되어 종이가 보급되면서 인류가 '기억의 시대'에서 '기록의 시대'로 대변환을 맞이했다는 사실을 상기하면, 오랜 기억이 축적된 아프리카의 역사는 전혀 다른 관점에서 접근해 볼 필요가 있다. 비단 아프리카뿐 아니라 인류 사회 전체를 봐도 무문자 사회가 훨씬 많았다. 따라서 유럽인이나 아랍인이 남긴 지중해 문화권의 북아프리카에 대한 기록이나, 15세기 이후 유럽인의 시선으로 동서 아프리카를 항해하거나 탐험한 결과 만들어진 자료만을 가지고 아프리카를 이해할 수는 없는 것이다.

　최근의 연구 성과들은 농경·정주 생활이 수렵·채집 방식의 삶보다 결코 안정적이지 않았다는 사실을 보여준다. 삶의 여유, 노동 강도, 영양 섭취 상태 등 거의 모든 면에서 수렵채취시대의 인류 대부분이 농경시대보다 훨씬 나은 삶을 살았다는 것이다. 그러한 인류 초기 삶의 양식들이 아직도 살아 숨 쉬는 곳이 아프리카 대륙이다. 그래서 오늘날 첨단이란 이름의 초발전 시대에 인류가 적자생존과 과당 경쟁에 내몰리면서 다시 진지하게 함께 사는 공동체 삶을 그리워하며 아프리카를 떠올리는 역설이 일어나고 있다. '많이 생산해서 많이 소비하는 발전' 개념이 인류의 미래를 위한 대안이 되지 못한다는 인식이 싹트면서 '적게 욕망하면서 적게 생산하는 삶'을 생각하는 근원적인 패러다임 전환이 제기되고 있다. 물론 과거 아프리카의 삶으로 돌아가자는 이야기는 아니다. 적어도 잃어버리고 내팽개쳤던 아프리카의 역사와 문화, 그들의 영성 깊은 삶의 방식을 고찰하면서 인류는 새로운 지혜와 배움의 기회를 가질 수 있으리라 본다.

　이 단원에서는 아프리카 대륙 전체를 다루지는 않는다. 북아프리카의 역사와 문화는 태생과 전개 과정이 사하라사막 이남과 아주 다르고 오히려 서아시아와 연결된다. 다만 이집트 고대 문명은 나일강이라는, 6650km 길이로 남북을 관통하는 긴 문명 지대에 걸쳐 있기 때문에 초기 아프리카 역사에 포함한다.

인류의 기원과 문명의 발생

아프리카 동·남부에서 찾은 인류의 시원

지금부터 약 400만 년 전 나타난 최초의 인류는 날카로운 이빨도 튼튼한 뿔도 갖고 있지 않았다. 다른 동물보다 날쌔게 달리지도 못했지만, 자유롭게 사용할 수 있는 두 발과 두 손을 가지고 있었다. 두 발로 서고 두 손으로 도구를 사용하는 것이야말로 인간의 가장 큰 특징이고, 경쟁력을 갖추고 살아남을 수 있었던 비밀 열쇠다.

인간의 기원은 세계 곳곳에서 발견된 옛사람의 뼈와 오래된 화석을 통해서 알 수 있는데, 오늘날까지 발견된 가장 오래된 인류 화석에 학자들은 '오스트랄로피테쿠스Australopithecus'(라틴어로 '남방의 원숭이'라는 뜻)라는 이름을 붙였다. 오스트랄로피테쿠스는 아프리카 남부와 동부 지방에서

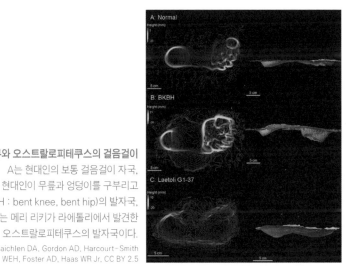

현대 인류와 오스트랄로피테쿠스의 걸음걸이
A는 현대인의 보통 걸음걸이 자국,
B는 현대인이 무릎과 엉덩이를 구부리고
걸을 때(BKBH : bent knee, bent hip)의 발자국,
C는 메리 리키가 라에톨리에서 발견한
오스트랄로피테쿠스의 발자국이다.
Raichlen DA, Gordon AD, Harcourt-Smith
WEH, Foster AD, Haas WR Jr, CC BY 2.5

발견되었다. 1924년 남아프리카공화국의 인류학자 레이먼드 다트(1893~1988)가 요하네스버그 서남쪽 약 320km 지점에 있는 타웅 석회암 채석장에서 처음 오스트랄로피테쿠스 아프리카누스를 발견했고, 그 유명한 영국의 루이스 리키(1903~1972)와 메리 리키(1913~1996) 부부도 오랜 조사와 연구 끝에 1959년 동아프리카 탄자니아의 올두바이 협곡에서 오스트랄로피테쿠스 보이세이('파란트로푸스 보이세이'라고도 한다)를 발견했다. 오스트랄로피테쿠스는 키가 아주 작고 얼굴의 모습이 원숭이와 비슷했고, 지능은 요즘의 어린아이 정도였다. 오스트랄로피테쿠스를 인류로 분류하는 것은 원숭이와 달리 두 발로 서서 걸었기 때문이다.

현생인류의 등장

지금부터 약 240만 년 전, '유인원 같은 사람'인 오스트랄로피테쿠스보다 더 '사람 같은 사람'인 호모Homo가 나타났다. 호모 하빌리스Homo habilis라 불리는 인종은 본격적으로 도구를 사용했다. 1972년 영국의 인류학자 리처드 리키가 케냐의 루돌프 호수에서 호모 하빌리스보다 훨씬 진보한 석기를 사용하며 180만 년 전쯤에 살았던 것으로 보이는 호모 에르가스테르Homo ergaster 화석을 처음 발견했다. 150만 년 전쯤에는 '직립인'을 뜻하는 호모 에렉투스Homo erectus가 등장했다. 호모 에렉투스는 '아슐리안 석기'로 알려진 주먹도끼를 처음 사용한 사냥 집단으로, 아프리카 바깥으로 이주하기 시작한 최초의 인류로 여겨진다. 인류가 간단한 언어로 자신의 생각을 전달하고 불을 사용하기 시작한 것도 호모 에렉투스가 등장한 150만 년 전쯤으로 본다. 호모 에렉투스는 아시아와 유럽 곳곳으로 퍼져나갔다.

약 30만 년 전쯤 오늘날의 인류와 더 가까운 인류, 호모 사피엔스Homo

Sapiens(지혜인)가 나타났다. 현재 가장 오래된 호모 사피엔스의 흔적은 31만 5000년 전에 살았던 것으로 알려진 모로코의 제벨 이르후드Jebel Irhoud 화석이다. 호모 사피엔스는 약 20~10만 년 전 아프리카 밖으로 나가 유라시아 전역으로 퍼졌다. 독일의 네안데르 골짜기Neandertal에서 발견된 또 다른 고인류 화석을 '네안데르탈인'이라고 하는데, 이들을 호모 사피엔스의 일종으로 여기는 학자들도 있으나, 네안데르탈인이 현생 인류와 공생하면서 교접한 사실이 알려지면서 많은 학자들이 이들을 '호모 네안데르탈렌시스'라는 별도의 종으로 분류한다. 호모 사피엔스는 죽은 이를 땅에 묻으며 영혼을 달래주는 나름의 종교 의례를 지냈고, 권력을 인식했으며, 예술 활동을 했던 것으로 보인다. 이들은 짐승 가죽으로 만든 옷을 입고 화덕을 사용하며 추위를 견뎌냈다.

9만~8만 년 전 인류가 사용한 뼈작살
앨리슨 브룩스Alison Brooks와
존 옐런John Yellen이
1988년 카탄다(콩고민주공화국)에서 발견했다.
출처 : 미국 스미소니언국립자연사박물관.

오늘날 인류와 같은 얼굴 모양과 체구를 가진 인류, 곧 현생 인류를 호모 사피엔스 사피엔스라고 한다. 1868년 프랑스의 크로마뇽 동굴에서 호모 사피엔스 사피엔스의 화석이 처음으로 발견되었다. 이 화석을 '크로마뇽인'이라고 부른다. 크로마뇽인은 약 4만 년 전에 살았다. 크로마뇽인은 뇌의 용량이 이전 인류보다 큰 1400~1800cc에 달하고, 외양이 현재 유럽인과 아주 비슷하다. 그 후 아프리카를 비롯해 세계 곳곳에서 비슷한 시기에 살았던 사람의 뼈가 발견되었다. 호모 사피엔스 사피엔스는 빙하시대의 추위에 살아남았으며, 일부는 얼어붙은 베링해협을 건너 아메리카 대륙까지 진출한 것으로 보인다. 전 세계로 퍼져간 호모 사피엔스 사피엔스가 머물러 사는 곳의 기후와 환경에 적응하면서, 오늘날 다양한 외양과 피부색, 인종적 특징을 띤 인류가 존재하게 되었다.

아프리카의
화석인류 발견 지역
자료 출처 https://science.
sciencemag.org/content
/295/5558/news-summaries

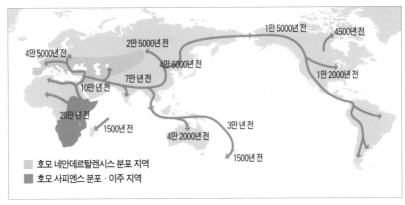

호모 네안데르탈렌시스 분포 지역
호모 사피엔스 분포·이주 지역

아프리카에서 출발한 인류의 이동

분류	활동 시기	주요 발견지
오스트랄로피테쿠스 Australopithecus	420만~190만 년 전	탄자니아 올두바이 협곡 등 동부 및 남부 아프리카 일대
호모 하빌리스 Homo habilis	240만 년 전 등장	동부 및 남부 아프리카 일대
호모 에르가스테르 Homo ergaster	180만 년 전	케냐의 루돌프 호수
호모 에렉투스 Homo erectus	150만 년 전	인도네시아 자바섬 솔로 지역, 중국의 베 이징 저우커우뎬과 윈난성 위안머우, 남 아프리카의 스와르트크란스 동굴, 시베리 아의 바이칼 호숫가 등
호모 사피엔스 Homo sapiens	35만~26만 년 전 등장	모로코의 제벨 이르후드에서 가장 오래된 화석 발견
호모 네안데르탈렌시스 Homo neanderthalensis	13만 년~4만 년 전	독일 뒤셀도르프 근교 네안데르 계곡. 유 라시아 곳곳에 거주했던 것으로 추정된다
호모 사피엔스 사피엔스 Homo sapiens sapiens (현생 인류)	4만~2만 년 전 등장	지구촌 전역. 현생 인류의 유전자 약 2%는 네안데르탈인에게서 왔다

이처럼 아프리카에서 출현한 인류의 조상들은 불을 사용하면서 혁명적 삶의 변화를 이루었고, 집단생활을 통해 공동체 의식과 협력 정신을 체득하면서 오늘날 인류 사회의 근간을 구축했다.

고인류학자 리키 가족

루이스 리키와 메리 리키 부부는 고인류의 진화 과정 연구에 획기적인 계기를 마련한 학자들이다. 인류가 처음 탄생한 곳은 아프리카라고 굳게 믿었던 루이스 리키 박사는 1931년부터 30여 년 동안 아내 메리와 함께 사재를 털어 무덥고 건조한 동부 아프리카의 올두바이 계곡을 탐사했다. 이들의 연구에 자녀들도 참여했다.

드디어 1959년 올두바이 계곡의 응회암 층에서 메리가 '진잔트로푸스'(오늘날에는 '오스트랄로피테쿠스 보이세이Australopithecus boisei' 또는 '파란트로푸스 보이세이'라고 불린다)라는 175만 년 된 화석을 발견했다. 그리고 1960~1963년 리키 가족은 더 진화한 형태의 화석을 발견했고, 이 화석인류에 '호모 하빌리스'라는 이름을 붙였다. 1972년 남편 루이스가 세상을 떠난 뒤에도 메리는 발굴을 계속했고, 1976년 오스트랄로피테쿠스가 두 발로 걸어 다녔음을 최초로 보여준 360만 년 전의 발자국 화석을 발견했다.

이들 부부의 아들 리처드(1944~)가 1984년 160만 년 전의 거의 완벽한 호모 에렉투스 화석을 발견했고, 그의 아내 미브 리키(1942~)도 1995년 400만 년 전의 '오스트랄로피테쿠스 아나멘시스Australopithecus anamensis' 화석을 발견하여 세상을 놀라게 했다. 리처드와 미브 부부는 최근까지 고인류 연구에 헌신하며 많

라에톨리 발자국을
발굴하고 있는 메리 리키
JOHN READER / SCIENCE
PHOTO LIBRARY

은 고고학적 성과를 거두었다. 현재는 이들 부부의 딸인 루이즈 리키(1972~)가 활약 중이다.

한 분야의 연구를 위해 온 가족이 대를 이어 공부하며 학문의 발전을 이끈다는 것은 놀라운 일이다. 이러한 노력이 쌓여 인류의 역사가 발전했을 것이다.

아프리카에서 시작된 농경―신석기시대 삶의 흔적

구석기시대가 오래 이어지면서 인류의 지혜가 서서히 발달했다. 구석기시대에 수렵·채취 중심 생활을 한 흔적이 발견되는데, 서기전 1만 6000년경 북부 아프리카의 홍해 쪽 언덕과 북부 에티오피아 고산지대에 살았던 사람들은 견과류, 식물의 열매와 뿌리, 풀 등을 채집했고, 서기전 1만 3000년에서 1만 1000년경에는 야생 곡물을 수확해서 먹었다. 그 후 야생 곡물을 재배하는 지혜가 인류 이동과 함께 서아시아로 전해졌고, 그곳에서 서기전 1만 년경 본격적으로 밀과 보리 등을 기르기 시작하며 신석기혁명이 일어나게 된다.

서기전 약 1만 년경 따뜻해진 지구에 전에 볼 수 없었던 온갖 동·식물이 생겨났다. 사람들은 열매를 줍거나 사냥감을 찾으러 돌아다니기보다는 조·밀·보리 같은 곡물 농사를 짓거나 소·양·돼지·염소 등을 가두어 기르는 목축에 힘을 쏟게 되었다. 곡식을 재배하고 동물을 사육함으로써 식량을 스스로 생산하는 노력이 바로 신석기혁명을 이루었다. 그즈음 사하라사막 남쪽 변경의 반건조 초원 지대에서 토기를 사용한 흔적이 확인된 것은 신석기시대 삶의 중요한 유산이다.

사하라 변경에서 발견된 물결무늬 토기 조각
이집트 나브타 플라야 출토,
서기전 7050~6100년경, 영국박물관 소장.
Anthony Huan, CC BY-SA 2.0

서기전 9000년에서 5000년 사이 서부 아프리카의 니제르·콩고 지역에서는 생태 조건에 적합한 기름야자나 라피아야자를 재배해서 식물성 기름을 생산, 활용하기 시작했다. 이 시기에 열대우림 전역에서 비옥한 토양에 적합한 콩이나 과일 같은 농산물을 개발하고 재배하면서 삶의 방식이 획기적으로 변화했다. 그러나 피그미나 코이산 종족이 집단 거주하던 남부 아프리카 지역에서는 여전히 수렵·채취가 활발했다는 사실을 그들이 남겨놓은 바위그림으로 확인할 수 있다.

코이산족의 수렵·채취 생활을 보여주는 바위그림
짐바브웨 마토보 언덕Matobo Hills 소재.
(왼쪽) 아마드짐바 동굴Amadzimba cave
(오른쪽) 밤바타 동굴Bambata cave
Courtesy of the Trustees of the British Museum,
ⓒDavid Coulson/TARA

서기전 7000년경 에티오피아 고산지대 거주민들이 노새를 가축화하기 시작했다. 가축화한 노새는 서기전 4000년경 서남아시아로 전파되었다. 서기전 5500년에서 3500년 사이에는 아프리카 야생 소의 가축화가 이뤄졌다.

신석기 사람들의 생활 모습을 알 수 있는 바위그림이 사하라 지역 곳곳에서 발견되었다. 지금은 사막이지만, 서기전 6000년경 그림 속의 사하라는 물이 흐르고 사람들이 농사를 짓고 가축들은 물을 마시던, 사람들과 가축 모두 살기에 좋은 곳이었다.

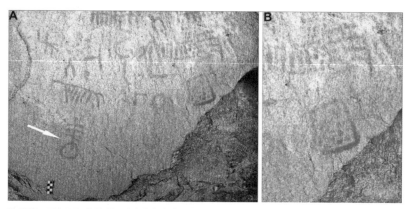

농사짓는 모습으로 추정되는 사하라의 바위그림 리비아 서부 타드라르트 아카쿠스 암각화 유적.
The Archaeological Mission in the Sahara, Sapienza University of Rome

(왼쪽) 리비아 서부 사막에서 발견된 악어 그림 와디 마텐두스Wadi Mathendous 소재. 지금은 사막인 이 지역에 악어가 살 정도로 물이 많았음을 알려준다. Courtesy of the Trustees of the British Museum, ⓒ David Coulson/TARA

(오른쪽) 수영하는 모습으로 보이는 바위그림 이집트 서부 사막의 와디 수라Wadi Sura 소재. Roland Unger, CC BY-SA 3.0

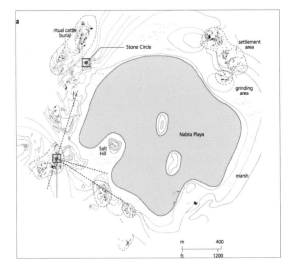

나브타 플라야 유적 도면

출처 Timothy Cooke/Fred Wendorf and Halina Krolik, 2001, "Site E-96-1: The Complex Structures or Shrines," in eds. Fred Wendorf and Romuald Schild, *Holocene Settlement of the Egyptian Sahara*, Volume 1: The Archaeology of Nabta Playa, New York: Kluwer Academic, 503-520.

　나일강 하류에서 이집트 문명이 꽃을 피우기 전, 이집트 남쪽인 나일강 상류의 오늘날 수단 누비아 지역에서 수준 높은 문명이 싹을 틔웠다. 서기전 7500년경에 형성된 나브타 플라야Nabta Playa 거석문화는 약 5000년 전 만들어지기 시작한 것으로 알려진 영국의 스톤헨지보다 수천 년 앞선 것으로, 그 유적에서 인류 역사상 가장 오래된 천문 시설이 확인되었다. 공동 우물과 계획적으로 설계된 마을 구조 등을 통해 고도로 분화한 초기 공동체 조직의 흔적을 엿볼 수 있다.

　구석기시대가 끝날 무렵 300만 명 정도였던 지구촌 인구는 신석기혁명을 거치며 서기전 3000년경 1억 명으로 늘어났다. 아프리카에서도 마찬가지로 인구가 증가했지만, 서기전 5000년경부터 기후 변화로 서서히 사막화가 진행되자 사하라 지역의 인구가 급감하면서 사방으로 뿔뿔이 흩어졌다. 초기 아프리카의 대규모 디아스포라인 셈이다. 자연스럽게 물줄기가 있는 나일강 주변으로 인구가 모여들면서 새로운 공동체 구조와

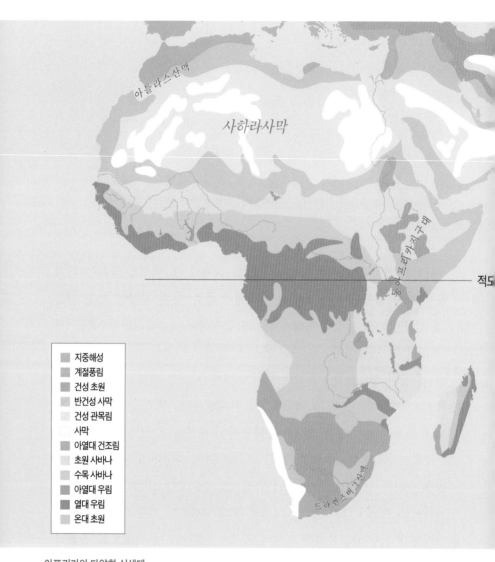

아프리카의 다양한 식생대

지중해성

계절풍림

건성 초원

반건성 사막

건성 관목림

사막

아열대 건조림

초원 사바나

수목 사바나

아열대 우림

열대 우림

온대 초원

삶의 방식을 실험하게 되었다. 나일강의 흐름을 따라 하류에 인구가 집중하고, 그들이 축적했던 기술과 기억이 모이면서 이집트 문명이 발생했다. 따라서 이집트 문명은 사하라 이남 아프리카 문명의 종합판인 셈이다.

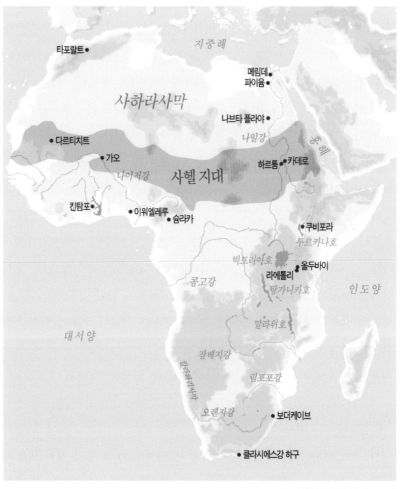

아프리카의 석기시대 거주 유적

찬란한 역사시대—나일강의 이집트 문명

이집트 문명을 '나일강의 선물'이라고 한다. 그리스 역사학자 헤로도토스의 표현으로 알려져 있다. 그만큼 나일강은 사막으로 둘러싸여 건조한 이집트에 더할 나위 없는 축복이다. 남쪽의 빅토리아 호수에서 출발한 물줄기가 남에서 북으로 6650km를 흐르면서 정기적으로 넘쳐흘렀다. 이때 흘러넘친 강물이 많은 영양분을 실어 날라 나일강 하류 유역을 비옥하게 만들었다. 이 비옥한 땅은 농사짓기에 아주 좋았다. 사람들은 나일강 하류 유역에 모여 살면서 힘을 합쳐 둑을 만들고, 홍수로 지워진 농토를 다시 측량하여 원래 주인들에게 돌려주었다. 이 같은 천혜의 홍수와 또 홍수에 대비하기 위한 협동 정신과 협력이 나일강을 따라 작은 도시들이 생겨나게 된 배경이다.

해마다 비옥한 흙을 날라다 주는 홍수는 일어나는 시기가 일정했고, 홍수가 지나가면 매년 새 곡식을 키울 수 있었기 때문에 이집트인들에게 나일강은 희망과 부활의 상징이었다. 그들이 나일강의 신이라 믿은 오시리스는 부활과 영생의 신으로 받들렸다. 이로부터 사람이 죽으면 내세에 영혼과 육체가 부활하여 영원히 살 수 있다는 신앙의 기초가 다져졌다. 그래서 미라를 만드는 풍습이 생겨났다. 이런 부활 신앙은 후일 유대교, 기독교, 이슬람교의 영생과 부활 사상에도 큰 영향을 미쳤다.

이집트왕국의 역사

서기전 3000년경 메네스Menes(또는 나르메르Narmer) 왕이 처음으로 나일강 주위의 작은 나라들을 통일해 이집트왕국을 세우고, 멤피스를 수도로 삼았다. 서기전 6세기까지 26개 왕조가 이어졌다. 그 시대를 크게 세 시기로 나누어, 멤피스를 수도로 삼은 고왕국(제3~제6왕조) 시대, 테베를 수도로 삼은 중왕국(제11~제12왕조) 시대, 테베와 아마르나를 수도로 삼은 신왕국(제18~제20왕조) 시대라 한다.

고왕국 시대(대략 서기전 2700~2200)는 강력한 파라오가 등장한 때로, 중앙집권적인 정치가 이뤄지고 거대한 피라미드가 세워졌다.

중왕국 시대(대략 서기전 2040~1782)에는 파라오의 권위에 도전하는 귀족 세력이 강해졌으며, 국제 무역과 외교가 활발했다. 그러나 점차 정치가 어지러워지면서 나라가 분열되고, 북쪽 레반트(2장 111쪽 지도 참조) 지역에서 침략해 온 힉소스의 지배를 받게 되었다.

서기전 1500년대에 파라오 아모세 1세(재위 서기전 1539?~1514)가 힉소스인들을 몰아내고 신왕국 시대(대략 서기전 1550~1069)를 열었다. 아모세 1세는 이집트뿐만 아니라 지중해 동안까지 정복하여 국제적인 지배자가 되었다. 그 후 투트모세 3세(재위 서기전 1479~1426)가 홍해를 건너 유프라테스강 유역을 정복했고, 람세스 2세(서기전 1279~1213)는 북쪽의 히타이트를 상대로 한 오랜 전쟁을 마무리지었다. 서기전 1274년 카데시 전투를 끝내고 서기전 1258년 시리아 지역을 나눠 가지는 평화조약을 체결한 것이다. 그러나 제20왕조(서기전 1189~1077) 이후 점점 국력이 약해지면서 서기전 7세기에 아시리아의 침입을 받았고, 서기전 6세기 후반부터는 페르시아·그리스·알렉산드로스·로마·비잔틴·이슬람의 지배를 차례로 받았다.

이집트의 문화

이집트인들은 태양신 '라'를 주신으로 해서 여러 신을 믿었다. 왕은 태양신 라의 아들이라 하여 '파라오'라고 불렸으며, 살아 있는 최고신으로 여겨졌다. 파라오는 태양신에게 제례를 올리는 제사장인 동시에 이집트를 다스리는 왕이었다. 따라서 이집트인들은 태양신에게 제사지내는 신전을 많이 만들었다. 그중에서도 룩소르(고대 명칭은 테베)의 카르나크 신전이 잘 보존되어 있다. 수백 개에 이르는 거대한 기둥에 색깔을 입히고 섬세한 조각을 한 이 신전의 구조와 건축 양식 등 여러 가지 특징이 후일 그리스의 파르테논 신전 건축에 영향을 미쳤다.

테베(오늘날의 룩소르)의 카르나크 신전

(위 왼쪽) 1930년 촬영된 전경.
Walter Mittelholzer, ETH-Bibliothek
(위 오른쪽) 1856~1860년 촬영된
오벨리스크. 하나는 쓰러져 있다.
Good, Frank Mason, 1839-1928
(아래) 오늘날 주랑의 그림은
모두 색이 바랬다.
Djehouty, CC BY-SA 4.0

테베(오늘날의 룩소르)의 카르나크 신전
1838년의 주랑 모습.
David Roberts RA 그림,
Louis Haghe 석판화.

고대 이집트의 독특한 문화로 '미라'를 들 수 있다. 이집트인들은 죽은 뒤에도 또 다른 세계가 있어 몸과 영혼이 다시 살아난다고 믿었다. 특히 파라오는 죽지 않는다고 생각했다. 그래서 파라오가 죽으면 미라로 만들고, 무덤 안에 평소 쓰던 많은 물건과 사후 세계에 대한 안내서인 '사자死者의 서書, Book of the Dead'를 함께 묻어, 영원히 살 수 있도록 준비를 해주었다. 미라 풍습은 나중에 귀족이나 평민에게도 전해져서 이집트 사회에서 죽음에 관한 대표적인 문화 상징이 되었다.

이집트인들은 1년을 365일로 하는 태양력을 사용했고, 나일강이 넘칠 때마다 농경지와 둑을 수리하다보니 측량술이 발달했다. 따라서 토목 기술과 기하학, 수학도 같이 발전하여, 피라미드와 스핑크스를 만드는 과학

사자의 서(일부) 테베의 필경사였던 아니Ani의 무덤에서 발견된 '사자의 서' 파피루스 두루마리는 서기 전 1250년경 만들어졌다. 왼쪽에 아니와 그 아내 투투Tutu가 서 있고, 가운데에서 저승의 문을 지키는 아누비스 신이 아니의 심장과 마아트(정의로운 섭리의 여신)의 깃털을 저울에 달고 있다. 여신의 깃털보다 무거워 결백하지 못한 것으로 판정된 심장은, 악어 머리에 앞다리와 가슴은 사자 같고 배와 뒷다리는 하마 같은 암무트Ammut의 먹이가 된다. 암무트 앞에 선 지혜의 남신 토트가 그 결과를 기록한다. 위쪽에는 열두 신이 심판관의 자리에 앉아 있다. 이들 신의 이름은 왼쪽부터 후Hu와 시아Sia, 하토르, 호루스, 이시스와 네프티스, 누트, 게브, 테프누트, 슈Shu, 아툼, 라-호라크티Ra-Horakhty다. Edna R. Russmann 촬영, 영국박물관 소장.

적 기초가 되었다.

　이집트인들은 서기전 3100년경 상형문자를 만들어 왕의 업적을 기록했다. 이집트인들은 비문 같은 데 쓰는 이른바 신성문자神聖文字뿐 아니라 민중문자도 만들어서, 갈대를 가공해 만든 파피루스에 기록했다. 오늘날 이집트 상형문자를 해독할 수 있게 한 열쇠는 로제타석이다. 로제타석에는 같은 내용이 신성문자hieroglyph·민중문자demotic·그리스 문자, 세 가지로 기록되어 있다. 로제타석은 서기전 196년에 만들어진 비석으로, 프톨레마이오스 5세(서기전 210년경~180)의 즉위를 기념해 세운 것이다. 이 비석은 1799년 나일강 하구의 로제타 마을에서 나폴레옹의 이집트 원정군에게 발견되었다. 그 후 알렉산드리아에 보관되어 있었는데, 영국이 이집트를 점령하면서 런던으로 가져갔다. 그리하여 1802년부터 지금까지 영국박물관The British Museum에 전시되어 있다.

신성문자(위), 민중문자(가운데), 그리스 문자(아래)가 새겨진 로제타석 영국박물관 소장. ©Hans Hillewaert

미라 만드는 방법

미라가 담긴 관 제18왕조의 2대 파라오 아멘호테프 1세(재위 서기전 1525~1504)의 미라가 담겨 있다.
Grafton Elliot Smith, Public domain

카노푸스 단지 4개가 한 벌이다. 각각 매·자칼·개코 원숭이·사람의 머리 모양으로 만들었다. 몸통에 새겨진 것은 무덤 주인인 이세템케브Isetemkheb의 이름인데, 이세템케브는 아문-라 신에 봉헌하는 악극단장이었고, 고위 사제인 피누젬 2세Pinudjem II의 아내이자, 프수센네스 2세Psusennes II 왕의 어머니였다. 서기전 1069~945년경, 이집트 Hurghada Museum 소장.

1. 미라 장인(성직자)은 부활의 여신인 자칼 머리 아누비스의 가면을 쓰고서, 고인에게 최대한 엄숙하게 예를 표하고 시신을 정갈하게 씻는다. 물로 씻은 다음 부패 방지를 위해 향유를 바르고, 뇌와 내장을 꺼낸다. 심장은 꺼내지 않고 등 쪽에 놓아둔다. 향유로는 예멘 지역에서 나는 몰약을 사용한다. 코를 통해 갈고리로 머릿속 뇌를 끄집어내는 것이 특이한데, 뇌는 내세의 부활에 중요한 요소가 아니라고 보았다.

2. 꺼낸 내장(간·허파·창자·위)을 각각 방부 처리하여 항아리 4개에 따로 보관한다. 이들 내장을 보관한 네 항아리를 '카노푸스 단지'라고 부른다. 단지 뚜껑에는 각 장기의 수호신 모습을 새겼다.

3. 나트론Natron이라는 소금을 헝겊에 싸서, 장기를 꺼낸 시신의 빈 공간에 꼭꼭 채워 넣는다. 방부 효과 때문이다. 그리고 몸 전체에 나트론을 덮어 수분이 빠져나오도록 40일 동안 말린다.

4. 40일 후 리넨이나 모래로 몸속을 채워 더 생전의 모습에 가까운 형태로 만든다.

5. 70일 후 나트론을 걷어내고 시신을 다시 씻는다. 향유를 바르고 송진으로 문지른다. 몸을 갈랐던 부분을 조심스럽게 꿰맨다. 전체에 가늘고 긴 붕대를 감고 감아 거의 산 사람

크기만큼 만든다.

6. 미라 제작의 마지막 단계는 고인
의 얼굴 모양을 본뜬 가면을 씌
우는 것이다. 내세에서 영육이 부
활할 때, 자기 모습을 쉽게 알아
보기 위함이다. 그리고 내세에서
도 현세와 똑같은 삶이 이어진다
고 믿었기 때문에 살아가는 데 불
편하지 않을 많은 필수품을 무덤
에 함께 넣어준다.

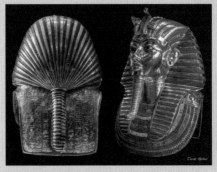

투탄카문(투탕카멘)의 가면 투탄카문(서기전 1341~
1323년경)은 이집트 제18왕조(신왕국)의 막바지에 왕
위에 올랐다가 이른 나이에 세상을 떠났다. 그의 무덤
은 1922년 도굴이 되지 않은 거의 온전한 상태로 발
굴되었다. Tarekheikal, CC BY-SA 4.0

　미라 제작 비법은 그야말로 신비
로운 과학이다. 5000년 전 인류가
부패 방지와 건조의 원리를 터득하
고 약품을 개발했다는 사실이 믿기지 않을 정도다. 내세에 영혼과 육체가 함께 부활하여
영생을 누린다는 믿음으로 현세의 모습과 똑같이 미라를 만들었던 풍습은 인근 아프리카
지역에 전해졌을 뿐만 아니라, 후일 그리스의 디오니소스 신앙으로 이어지고 기독교나 이
슬람교의 '최후의 심판'과 영육 부활 사상에도 큰 영향을 끼쳤다.

피라미드 쌓는 방법

1. 나일강 서쪽 죽음의 계곡에 땅을 고르고 모래와 자갈을 깔아 단단히 기초 공사를 한다.
2. 피라미드 축조를 위해 정확히 동서남북을 측량해 네 면의 방향을 표시한다.
3. 가까운 채석장에서 2~3톤 정도 되는 석회암 몸돌을 운반, 다듬어 한 단 한 단 쌓기 시
작한다.
4. 위로 돌을 쌓아 올리면서 중앙에 파라오를 안치할 묘실과 통로를 만들어간다. 왕의 묘실
은 정확히 피라미드 꼭짓점 아래, 지상에서 전체 피라미드 높이의 3분의 1 지점이다.
5. 왕의 묘실은 더 단단하고 귀한 화강암으로 만든다. 당시에는 채석장과 피라미드 축조 장
소가 나일강으로 연결되어 있었기 때문에, 석재를 먼저 배로 실어 나른 다음 통나무 굴
림대를 이용해 공사장까지 운반했다.
6. 아직 기중기가 없었기 때문에 높은 층을 쌓을 때는 피라미드 옆에 같은 높이로 흙 경사
로를 쌓아 돌을 끌어 올렸다.

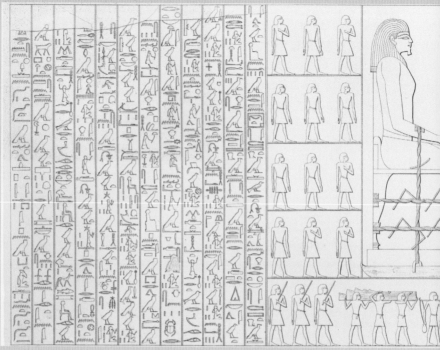

거대한 석상을 운반하는 방법 앞길에 물을 뿌리면 썰매를 훨씬 수월하게 끌 수 있다.

출처 *DENKMAELER AUS AEGYPTEN UND AETHIOPIEN*, BAND IV, New York Public Library Digital Collection. Scan by NYPL

7. 다 쌓으면 울퉁불퉁한 외벽 부분을 석회암으로 다시 덮고 매끈하게 다듬는다. 흙으로 된 경사로를 치우고, 홍수 범람에 피라미드가 피해를 입지 않도록 돌로 둑을 쌓는다.

피라미드를 축조하는 데는 오랜 시간이 걸리기 때문에, 파라오 생전에 미리 완성해 두었다가 파라오가 죽으면 바로 미라를 만들어 피라미드에 안치했다.

기자에 있는 쿠푸 왕(서기전 2500년대)의 피라미드는 한 변의 길이가 대략 230m, 높이가 약 147m에 달한다. 여기 사용된 석재만 230만 개 이상이라고 하니 고대 역사상 최대 공사였다. 10만여 노동자가 10년 이상 걸려 작업한 것으로 추정된다. 그런데도 각 변의 길이 오차가 20cm도 채 안 되는 정확도를 자랑한다. 고대 인류 문명의 7대 불가사의 중 현존하는 유일한 유적이다.

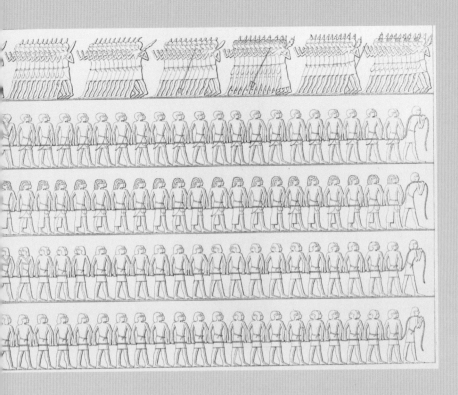

파피루스 만드는 방법

1. 나일강에 자생하는 '파피루스'라는 갈대의 줄기를 30~100cm 길이로 잘라 딱딱한 껍질을 벗겨내고, 속의 연한 부분을 얇게 저미듯 일정하게 자른다.
2. 얇게 자른 줄기 조각들을 편평한 널빤지에 펼쳐서 가로세로로 촘촘하게 엮는다.
3. 그 위에 무거운 돌을 얹거나, 나무망치로 두드려 압축한다. 이 과정에서 끈적한 진액이 배어나 줄기 조각들이 서로 달라붙게 된다.
4. 햇볕에 잘 말린다.

파피루스 갈대로 만든 파피루스 종이는 서기전 3000년부터 서기 1000년경까지 약 4000년 동안 인류의 문화와 역사를 기록하는 데 중요한 매체였다. 그러다가 10세기경 중국 종이가 아시아 서쪽으로 전해지면서 파피루스 독점 무역이 무너지고, 파피루스는 자취를 감추게 된다. 지금 우리가 사용하는 종이를 영어로 '페이퍼paper'라고 하는데, 이는 바로 파피루스의 라틴식 표기 'papyrus'에서 나온 말이다.

파피루스 제작 과정을 그린 벽화
서기전 1479~1458년경 테베 '푸임레Puimre의 무덤'에 그려진 벽화를 서기 1914~1916년 복제한 작품.
뉴욕 메트로폴리탄미술관 소장.
Rogers Fund, 1930

저승 세계의 신 오시리스

오시리스는 땅의 신 게브(남신으로 묘사됨)와 하늘의 신 누트(여신으로 묘사됨)의 아들로, 누이동생인 이시스와 결혼해서 이집트를 평화롭게 잘 다스렸다. 오시리스의 남동생 세트는 자신이 이집트 왕이 되고 싶었다. 그래서 오시리스를 죽이고 시신을 열네 조각으로 쪼개 사방에 던져버렸다. 세트는 오시리스가 죽었음을 선포하고 이집트 왕이 되었다. 온 백성이 오시리스의 죽음을 슬퍼했다. 오시리스가 풍요와 부활을 약속하는 나일강의 주신이었기 때문이다. 나일강도 오시리스의 죽음을 슬퍼하여 울었다. 그래서 나일강이 말라버렸다. 백성의 슬픔을 덜어주고자 이시스는 남편의 시신을 한 조각 한 조각 찾아 흰 천으로 감싸고 다시 살아나도록 생명력을 불어넣었다. 그리하여 오시리스는 다시 살아났지만, 지상을 버리고 지하세계로 내려가 죽은 자들을 심판하는 내세의 신이 되었다.

그래서 이집트 사람들은 죽은 뒤 반드시 오시리스의 심판을 받게 되었다. 나일강은 매년 오시리스가 다시 살아난 것을 기념하고자 범람한다고 한다. 오시리스는 이집트 사람들이 숭배했던 가장 대중적인 신으로, 이집트 문화 곳곳에 큰 자취를 남겼다.

이시스(오른쪽),
오시리스(가운데),
두 신의 아들
호루스(왼쪽)의 형상
서기전 874~850년 제작,
높이 9cm,
파리 루브르박물관 소장.
Louvre Museum,
CC BY-SA 2.0 FR

고대 사하라 이남의 왕국사

　나일강 하류에서 이집트 문명이 발달하고 있을 때, 이집트 남쪽 나일강 중류의 누비아 지방에서도 서기전 3500년경부터 타세티Ta-seti왕국과 그 후계 국가들이 성장했다. 타세티왕국은 이집트 고왕국은 물론 멀리 시리아, 팔레스타인과도 금·구리·타조 깃털·상아 교역을 하면서 크게 번성했다.

　타세티왕국이 이집트의 공격을 받아 쇠퇴하고 나서 서기전 3000년경부터 다른 강력한 왕국들이 등장했고, 그중 대표적인 것이 사이왕국Sai

고대 북동부
아프리카의 왕국

Kingdom과 케르마Kerma왕국(서기전 2450~1450)이다. 케르마왕국은 사이 왕국을 복속시키고 서기전 1575~1550년경에는 힉소스와 연대하여 이집트 제17왕조를 공격해 상당한 피해를 입혔다. 그러나 케르마왕국은 서기전 1500년 전후로 이집트에 복속, 흡수되었다.

쿠시왕국의 이집트 제25왕조 시대 서기전 950~656

서기전 950년 무렵, 이집트의 분열을 틈타 케르마의 잔존 세력이 새롭게 규합하여 쿠시왕국Kingdom of Kush으로 다시 독립했다. 이런 까닭에 아프리카 고대사에서 종종 케르마왕국과 쿠시왕국이 동일시된다. 쿠시왕국은 피야Piya 왕 재위기(서기전 747~712)에 누비아를 포함하여 이집트 전역의 지배권을 차지하면서 이집트 제25왕조(서기전 747~656)를 열었다.

쿠시 왕 피야는 스스로를 태양신 아몬의 아들이라 주장하면서 남북 이집트의 통합에 힘썼다. 쿠시 왕들은 이집트 제25왕조를 1세기가량 이어가면서 누비아를 비롯한 이집트 남쪽 아프리카의 문화 전통, 과학기술과 이집트 문화의 통합에 크게 기여했다. 쿠시왕국의 행정 중심은 누비아의 중심 도시 나파타였으며, 또 다른 도시 메로에도 중심지 역할을 하면서 나일강 상·하류의 문화가 자연스럽게 융합되었다.

그러나 쿠시왕국의 이집트 제25왕조는 서기전 720년경 피야 왕이 서아시아의 새로운 강자인 신아시리아에 대항했다가 사르곤 2세(재위 서기전 722~705)에게 패퇴하면서 큰 타격을 입었다. 이어 신아시리아의 아슈르바니팔 왕(재위 서기전 668~631)이 이집트를 침공하면서 서기전 656년경 이집트의 쿠시왕국은 종말을 맞았다. 그리고 새로운 주인 신아시리아에 의해 이집트 제26왕조가 시작되었다.

메로에 시대 쿠시왕국 서기전 300~서기 4세기

서기전 300년경에서 서기 4세기에 걸친 마지막 쿠시왕국 시기를 '메로에 시대'라고 한다. 물론 그 전인 서기전 542년에서 315년 사이에도 쿠시왕국은 나파타와 메로에 일대에 존속했다. 서기전 5세기의 그리스 역사가 헤로도토스가 메로에를 '위대한 도시'로 언급한 것이 이 시기다. 서기전 300년경 이집트의 공격을 피해 오랜 수도 나파타를 버리고 더 안전한 메로에로 남하하면서 시작된 것이 메로에 시대이고, 이 시대에 쿠시왕국은 무려 600년 이상 아프리카 동부에서 경제적 번영과 문화적 번성을 누렸다.

메로에는 오늘날 수단의 수도 하르툼 동북쪽 200km 지점에 있는 고대 도시다. 메로에란 이름은 아프리카 원정을 왔던 아케메네스 페르시아 제국의 캄비세스 대제(재위 서기전 529~522)가 누이동생의 이름을 붙인 데서 유래했다고 전해진다. 이 도시의 원래 명칭은 세바Seba(또는 사바Saba)로, 《성서》의 〈창세기〉에도 나오는 한 쿠시 왕자의 이름에서 비롯되었다고 한다.[*]

나일강을 끼고 있는 메로에는 홍해와 아프리카 내륙을 연결하는 요충지로서 당시 사하라 남쪽에서 가장 번성한 교역도시였다. 교역을 통해 멀리 지중해의 그리스까지 활동 영역을 넓혔으며 그리스 건축·조각·신화 등에도 영향을 미친 것으로 보인다. 나일강을 이용한 관개시설로 풍부한 농업 생산을 이뤄냈을 뿐만 아니라 금광과 철광도 끼고

---

[*] 〈창세기〉 10장 1~7절에 다음 문장이 나온다(《공동번역성서》 개정판). "노아의 아들 셈과 함과 야벳의 계보는 아래와 같다. 홍수가 있은 뒤에 그들은 자식을 낳았다. (중략) 함의 아들은 구스·이집트·리비아·가나안, 구스의 아들은 스바·하윌라·삽다아·라아마·삽드가, 라아마의 아들은 세바와 드단이었다."

메로에 문자 아페데막 신전(일명 사자 신전) 출토.
출처 John Garstang, A. H. Sayce, F. Ll. Griffith (University of Liverpool, School of Archaeology and Oriental Studies), 1911, *Meroë, the City of the Ethiopians : being an account of a first season's excavations on the site, 1909–1910*, Oxford : Clarendon Press.

있어 경제적으로 부유했다. 남아 있는 왕궁, 신전, 제철소 등의 흔적을 통해 당시 번성했던 메로에 왕국의 실체를 확인할 수 있다. 특히 메로에 시대에는 이집트 상형문자와 다른 독자적인 문자를 사용했다. 메로에 문자 일부가 해독되어, 잊혔던 메로에 역사의 면모가 조금씩 드러나고 있다.

메로에 시기 문화유산에서 가장 주목할 만한 특징은 피라미드 매장문화일 것이다. 메로에 지역에 집중된 피라미드의 수는 이집트 전체의 피라미드보다 많다. 발굴조사 결과 메로에 일대의 세 군데 유적지 군집에서 피라미드 200여 기가 확인되었고, 그중 12기 이상이 왕, 여왕, 귀족의 무덤으로 확인되었다. 이들 피라미드는 형태와 크기가 이집트의 것과 달라 '누비아형'으로 분류된다. 우선 이집트 피라미드에 비해 규모가 작고 사면체의 각도가 더 가파르다. 이집트 기자에 있는 대피라미드의 높이는 146m가 넘지만, 메로에의 누비아형 피라미드는 가장 큰 것도 높이가 30m를 넘지 않는다. 매장 방식도 피라미드 속이 아니라 피라미드 지하에 시신을 안치했다.

메로에에서는 앞선 나파타 시대(서기전 880~280년경)의 것으로 보이는 무덤도 여럿 발견되어, 아프리카 고대왕국 연구에 새로운 지평을 열어 준다.

고대로마 시대에는 이집트를 침공한 로마 군대와 잦은 충돌과 교전을

메로에의 누비아형 피라미드 Ron Van Oers, CC BY-SA 3.0 IGO

빚었는데, 서기전 22년 로마 황제 아우구스투스와 쿠시 여왕 아마니레나스Amanirenas 사이에 평화협정이 체결되었다는 기록이 남아 있다. 로마는 네로 황제 시절(서기 54~68)인 서기 61년경에도 여러 차례 군대를 파견해 메로에 점령을 시도했다. 비록 로마의 직접 지배를 받지는 않았지만 로마, 북부 이집트와 잦은 전쟁을 벌이면서 국력이 약해졌다. 결국 서기 350년경 쿠시왕국이 악숨 왕 에자나Ezana에게 멸망하여 메로에는 악숨의 정치·문화적 통제 아래 들어갔다.

메로에는 2011년 유네스코 세계문화유산에 등재되었다.

쿠시 여왕 아마니토레 전쟁의 여신 아페데막Apedemak 신전 벽에 아마니토레Amanitore 여왕(서기 50년경)이 적을 무찌르는 모습이 새겨져 있다. 적의 모습은 실제보다 작게, 여왕의 모습은 실제보다 크게 표현했다. Lassi at Hungarian Wikipedia., CC BY-SA 2.5

악숨왕국 서기전 80~서기 960

　이집트 문명과 쿠시왕국의 뒤를 이어 나일강을 따라 발전한 나라가 악숨왕국이다. 서기전 80년경 지금의 에티오피아 악숨을 도읍으로 해서 세워진 나라다. 종족 기원을 알 수 있는 언어문화적 성격을 살펴보면 악숨시대의 에티오피아어는 동부 아프리카 쿠시계 언어인 오로모Oromo어와 아라비아반도의 셈계 사바Sabaean어가 복합적으로 혼재된 언어다. 악숨왕국은 서기 1세기경부터 급속히 팽창하기 시작해 에티오피아고원을 넘어 북동부의 다나키리사막과 동남부의 소말리아, 홍해를 건너 아라비아반도 일부까지 차지했다.

　악숨왕국은 상아·노예·흑요석 등을 수출하고 이집트로부터 의복이나 유리 제품, 인도에서는 철과 면 종류를 수입했다. 악숨왕국은 오늘날의

악숨의 오벨리스크 2007년 촬영한 악숨 석주공원Northern Stelae Park. A. Davey from Where I Live Now: Pacific Northwest, CC BY 2.0

악숨의 금화 서기 4세기에 활약한 에자나 왕의 옆얼굴이 새겨진 악숨의 금화. 영국박물관 소장.

에티오피아·에리트레아·소말리아 지역에 뿌리를 내리고, 쿠시왕국을 이어 홍해와 인도양을 통해 아프리카 문화를 주위 세계에 전달하는 역할을 했다. 3세기경에는 독자적인 화폐를 주조하여 사용할 정도로 국가 경제가 발전했다. 1700년 전에 건립된 것으로 알려진 24m 높이 오벨리스크는 세계적인 대국으로 성장한 악숨왕국의 번영을 보여주는 유적이다.

악숨왕국도 독자적인 문자를 사용했다. 4세기 에자나 왕 재위기(서기 320~360년경)에는 기독교를 받아들여 국교로 삼았다. 모세가 하느님에게 받은 십계명을 새긴 석판이 들어 있는 '언약궤Ark of the Covenant'를 악숨왕국에서 보관하고 있었다는 전설이 전해진다.

520년경에는 악숨왕국의 칼레브Kaleb 왕이 동쪽 예멘의 힘야르왕국Himyarite을 침공해서 50년가량 악숨의 치하에 두었다. 당시 유대 국가였던 힘야르의 왕 두 누와스Dhu Nuwas가 기독교인을 박해한다는 것이 명분이었는데, 이 원정이 아프리카 동부와 아라비아반도 남부 사이에 교역과 문화 교류가 더욱 활발해지는 계기가 되었다. 에티오피아의 커피 문화가 예멘으로 전해진 것도 이 시기로 보인다.

그러나 악숨왕국은 홍해 연안의 아라비아 메카에서 출현한 이슬람 세력의 급속한 팽창으로 위축되었으며, 650년경 아랍인들의 동부 아프리카 대이동과 침략으로 급속히 약화했다.

아프리카 동부의 상인들은 아랍인들이 이주해 오기 훨씬 전부터 대륙의 곳곳을 연결하는 중계무역을 했으며 아라비아 남부, 페르시아 지역과도 무역을 했다. 3세기경 아프리카 북부와 페르시아에서 사용되었던 화폐가 아프리카의 동부 해안에서 발견되었다. 7세기경 무역이 더욱 활발하게 이뤄지면서 라무, 킬와 같은 도시국가가 건설되었고, 인도양을 가로질러 인도 서부 해안을 오가는 해상무역도 이뤄졌다. 이들은 직접 또는 아랍 상인을 통해, 아프리카 내륙의 주상품인 금·철·상아·노예 등을 인도의 직물이나 중국의 도자기 등과 거래했다.

7세기 중엽 이후 이슬람 세력의 진출로 아프리카 동부 연안의 교역·문화 주도권은 서서히 아랍인의 손에 넘어갔지만, 아프리카 중부와 남부, 이슬람 세력이 미치지 못한 내륙 등에서는 여전히 고유한 문화와 정치체제가 16세기 유럽 식민시대까지 존속했다. 1964년부터 1999년까지 유네스코에서 진행한 '아프리카 통사General History of Africa' 프로젝트 보고서를 보면, 아프리카는 유럽 식민 세력이 본격적으로 침탈하기 직전까지 군소국과 자치 공동체가 적어도 1만 개 이상 건재했고, 서로 다른 언어와 고유한 문화정체성이 살아 있는 다양성의 보고였다고 한다.

아프리카 전통문화의 특징

세계사나 문화사 서술에서 아프리카의 독특한 여건에 따른 문화적 특성이 종종 무시되거나 충분히 고려되지 못할 때가 많다. 가장 큰 이유는 한 가지 문화로 설명할 수 없는 아프리카의 수백 개 종족집단이 만들어내는 문화적 다양성 때문일 것이다. 서구 사회에서 분류하고 정의해 놓은 '종교', '신앙', '철학', '의례' 같은 개념이 정확하게 맞아떨어지지 않는 경우가 흔하다. 서로 복합적으로 혼재되어 있기 때문일 것이다. 아프리카 출신 종교철학자 존 음비티John Mbiti의 표현대로 '성聖과 속俗, 종교적인 것과 비종교적인 것, 삶의 영적인 면과 물질적인 측면 간에 형식적인 구분이 존재하지 않는 사회'다. 그렇더라도 아프리카 대륙에 뿌리를 내렸고 지금도 전승되고 있는 주요한 종교적 관념이나 영성, 시간관 등을 살펴보는 것은 의미가 있을 것이다.

아프리카 종교

아프리카의 전통 종교에는 기록된 성전이나 창시자, 외워야 할 기도문이 따로 없다. 종교 자체가 구성원 모두의 기억 속에 살아 있고, 일상적인 삶 속에 녹아 역동적이고 유기적으로 살아 움직인다.

아프리카 전통 종교는 개인이 아니라 집단 의례에 뿌리를 둔다. '나는 존재한다, 우리가 존재하기 때문에'라는 절대 명제가 강한 사회이기 때문에, 한 인간의 존재는 공동체의 삶이나 의례, 집단기억, 밟고 살아가는 땅, 축제와 함께할 때 비로소 의미를 갖게 된다. 실존 전체가 종교 현상인 셈이다.

그런 점에서 아프리카에서 종교를 버린다는 것은 자기와 관계를 맺었던 모든 인연을 벗어던지고 집단을 떠나는 '자기 파문破門'을 의미했다. 아프리카를 연구한 문화인류학자들은 자신이 딛고 있는 땅을 떠나 돌아올 수 없는 다른 곳으로 가는 이동 행위도 종교적 파문이라고 설명하곤 했다. 식민지시대 자신의 땅과 기억공간, 의례집단을 등지고 낯선 대륙으로 끌려간 노예들은 그런 면에서 일종의 '영적인 살인'을 당한 셈이다. 평생 아프리카 문화를 연구한 영국의 인류학자 에드워드 에번스프리처드(1902~1973)가 자신이 아무리 노력해도 "아프리카 종교로 개종할 수 없었던 것은 그 땅에서 태어나지 않았고, 처음부터 그곳의 물과 공기를 마시지도 않았기 때문"이라고 한 것이 바로 아프리카 종교의 특성을 설명해 준다.

이슬람교와 기독교가 맹렬한 기세로 아프리카 대륙에 진출하는 데 성공한 데에도 아프리카인들의 이러한 범신론적 사고와 종교혼합적 영성이 한몫을 했다. 아프리카인들에게는 이슬람교도 기독교도 모두 아프리카 종교의 한 형태로 보였을 것이기 때문이다. 이슬람은 아프리카의 뿌리 깊은 일부다처제와 여성 할례 의식을 받아들이면서, 아랍의 전통과 아프리카 문화를 접목하고 절충하는 전략을 취했다. 이슬람의 수용성과 평등 지향성은 종교적 성공과 함께 순조로운 종족 결합, 그리고 스와힐리어라는 언어적 접목으로도 나타났다.

기독교도 아프리카 토착 관습과 습합되면서 무늬만 기독교인 새로운 종교 양태들이 아프리카 곳곳에서 파생되었다. '아프리카토착교회African Initiated Church(AIC)'라 불리는 그러한 수천 가지 교파가 아프리카 전역에서 활동하고 있다. 4세기 에티오피아의 국교가 된 에티오피아정교회를 필두로 시온주의자교회, 메시아교회, 알라두라 오순절교회 등이 아프리카 전통문화와 결합해 토착화한 교파들이다.

자연관과 시간관

아프리카 종교에서는 자연도 그 구성의 일부다. 그 구도를 인간 중심으로 설명해보면, 신은 인간을 창조하고 인간의 삶을 지탱해주는 분이다. 만물에 깃들어 있다고 믿어지는 정령은 인간의 운명을 설명해주고 인도해준다. 동물과 식물, 사물과 자연 현상은 인간이 사는 환경을 이뤄주고 인간에게 생존의 수단을 제공해준다. 사실은 인간을 위해 자연이 존재하는 게 아니라, 인간도 자연의 신비로운 순환과 윤회 관계의 일부로서 그 속에서 함께 살아가고 존재하는 것이다.

살아가는 시간 속에서 인간은 자연을 이해하고, 동시에 자연을 통해 자신의 시간 좌표를 설정해 간다. 남수단의 한 민족집단인 라투카Latuka 인들의 달[月] 이름에서 이런 관계를 엿볼 수 있다. 예를 들면 10월은 '태양의 달'이다. 이때 태양이 가장 강하게 내리쬐기 때문이다. 12월은 '아저씨에게 물을 주어라' 달이다. 물이 귀해 가뭄이 닥치고 모든 사람이 갈증을 겪는 시기다. 6월은 '입이 더러운 달'이다. 추수가 시작되어 아이들이 알곡을 입에 넣고 씹고 다니는 달이라는 의미다.

아프리카 전통사회의 영성 깊은 사고방식을 이해하기 위해 그들의 독특한 시간관을 이해할 필요가 있다. '과거-현재-미래'라는 시간의 순환적 흐름에서 특히 과거가 강조되고, 상대적으로 미래는 약하게 작동한다. 스와힐리어에서 시제時制는 과거를 의미하는 '자마니Zamani'와 현재 시제인 '사사Sasa'라는 두 축으로 굴러간다. 앞으로 닥칠 가까운 미래는 '사사'의 범주 안에 함께 존재한다. 먼 미래는 그들의 인식 속에 들어올 자리가 없다.

과거인 자마니는 길고 오래간다. 그것은 망각이고 시간의 무덤이다. 그러나 기억의 축적인 자마니는 현실 공간에 살아 있는 사람들을 위한 소중한 데이터베이스다. 일상으로 끄집어내 기억하고 따르는 지침서다. 특이한 것은, 사사와 자마니가 공존하는 기간이 설정되어 있다는 점이다. 죽음은 실존 공간을 떠나 자마니로 가는 것이다. 그것은 서서히 망각의 공간, 기억의 축적 장소로 이동해 가는 과정이다. 그런데 죽었다고 망자가 바로 자마니의 영역에 묻혀버리는 것은 아니다. 공동체에서 망자를 기억하는 사람이 살아 있고, 망자가 생전에 했던 말씀과 행태를 그대로 답습하는 한 그는 '살아 있는 사자Living dead'로서 '사사'의 세계에 계속 머물러 있다. 관념적으로만 그를 살아 있는 사람으로 간주하는 게 아니라, 식사 때 숟가락을 같이 올리고, 살아 있을 때처럼 함께 대화도 나누면서 그의 지혜와 가르침을 다시 확인하고 실천하는 의례 시간을 지킨다. 아무도 그를 기억하지 못할 때가 오면 비로소 그는 자마니의 세계에 안식하게 된다.

아프리카 지역의 이슬람화

아프리카 대륙도 인근 아라비아반도에서 시작된 거대한 이슬람의 파고를 맞아 결정적 변화의 순간을 거치게 된다. 이슬람이 발생한 7세기 중엽 가장 먼저 이슬람의 영향을 받은 지역이 아프리카였다. 645년경 아라비아반도 남단, 오늘날의 예멘에서 소말리아 지역으로 진입한 이슬람은 빠르게 확산해서, 약 반세기 만에 동부와 북부 아프리카의 이슬람화가 거의 완성되었다. 7세기 말에는 동아프리카 해안에 이슬람 상인들이 머무르는 교역 거점 마을들이 줄지어 들어서기에 이르렀다.

다른 방향으로는 이슬람 상인들과 정치세력들이 이집트에 상륙해서 북아프리카의 지중해 해안을 따라 700년경 대서양 연안까지 진출했다. 이어 711년에는 좁은 지브롤터해협을 건너 이베리아반도로 진출하며 유럽 중심부를 위협했다.

북아프리카의 이슬람 상인들이 이슬람화한 토착 베르베르인들과 함께 사하라사막을 건너면서, 서아프리카까지 이슬람교가 전해졌다. 8세기경에는 가나왕국이 이슬람 상인과 교역하면서 성장하기 시작했다. 10세기 이후 인도양을 항해하는 이슬람 상인의 거류지가 아프리카 동부 해안 지대에 생겨났고, 아랍어의 영향을 받은 스와힐리어가 만들어져 아프리카 일대에서 널리 사용되었다.

8세기 말부터 북아프리카에 독립적인 이슬람 왕국이 출현하기 시작했다. 10세기 초 오늘날의 튀니지 카이루완에 들어선 파티마 왕조(909~1171)는 이집트와 시리아까지 정복하고 알카히라(오늘날의 이집트 카이로)를 건설했다. 파티마 왕조는 예언자 무함마드의 딸 파티마의 후손인 자신들이 내세운 칼리파(칼리프)만이 유일한 칼리파*라고 주장했다. 시리아 다마스커스(다마스쿠스)의 우마이야 왕조(661~750)와 바그다드 압바스 왕조(750~1258)의 칼리파가 정치적 수장의 성격이 강했던 데 비해 파티마 왕조의 칼리파는 종교 지도자의 성격이 훨씬 강했다.

12세기 후반 이집트에서 수니파 아이유브 왕조(1171~1250)가 탄생해 시아파 파티마 왕조를 무너뜨리고, 예루살렘을 점령했다. 그것이 3차 십자군전쟁이 일어난 배경이 되었다. 13세기 중엽에는 맘루크 술탄국(1250~1517)이 아이유브 왕조를 무너뜨리고, 시리아로 온 몽골군을 격퇴했으며, 지중해와 인도양에서 무역을 지배하며 이슬람 문화를 보호했다. 이슬람 왕조 치하에서 이집트는 비교적 안정되어 농업 생산력이 크게 향상했고, 지중해와 인도양 무역의 이익을 독점하면서 알카히라가 수니파 이슬람 학문의 중심지로 발전했다.

북아프리카 모로코 지역에서는 베르베르인들이 11세기 중반 무라비트 왕조(알모라비드, 1040~1147년경), 12세기 전반 무와히드 왕조(알모하드, 1130~1269) 같은 이슬람 국가를 세워 이베리아반도 남단까지 지배하며 사하라사막 남쪽에 이슬람교를 전파했다. 무라비트 왕조가 이슬람 상인들과 금·소금 등을 교역하던 가나왕국을 무너뜨린 뒤 서아프리카의 이슬람화가 촉진되어 말리왕국, 송가이왕국 같은 이슬람 국가들이 등장하게 되었다.

사하라 남쪽까지 이슬람이 전파된 과정

현재 아프리카의 많은 나라에서 이슬람교를 믿는다. 이슬람교가 아프

---

* 예언자 무함마드를 계승한, 이슬람 공동체의 정교일치 최고 지도자.

리카 최대 종교다. 이슬람이 아프리카에 뿌리를 내린 과정은 두 가지 방식으로 진행되었다. 한 가지 방식은 북아프리카에서처럼 전쟁과 정복을 거쳐 토착민들이 큰 저항 없이 당시 번창하던 세력인 아랍 정치집단을 수용하며 이슬람을 받아들인 것이다. 다른 한 가지는 동부 아프리카에서 확인되는, 교역 활동을 통한 전형적인 이슬람화 방식이다. 아랍의 주류 지배 세력이 주도한 교역 관계는 호혜·평등적이지는 않았지만, 16세기 유럽인들이 일삼던 약탈과 착취 수준의 교역과는 근원적으로 달랐다.

초기 아랍 무슬림은 수적으로 절대 열세였기 때문에 종교 전파보다 교역의 이익에 더 큰 관심을 두었다. 그렇지만 무슬림 정권은 기본적으로 무슬림에게 유리한 정책을 폈기 때문에, 많은 사람이 삶의 편의를 위해 이슬람교로 개종했다. 그 결과 오늘날의 수단, 에티오피아, 소말리아, 케냐, 탄자니아, 잔지바르, 마다가스카르 등 동부 아프리카 해안 지대에 이슬람이 퍼져갔지만, 내륙에서는 여전히 아프리카 전통 신앙이 굳건하게 유지되고 있었다.

서부 아프리카는 동부에 비해 확산의 폭이 크지 않았지만, 역시 아랍 상인들의 진출과 교역의 결과로 이슬람이 서서히 뿌리를 내렸다. 서부 아프리카는 오래전부터 사하라사막을 가로지르는 횡단 무역으로 경제적 번영을 누렸고, 그 부를 바탕으로 정치세력을 형성했다. 8세기 이후 아랍 상인들이 사하라 횡단 무역에 참여하면서 기존 정치·경제 판도에 변화가 일어났다. 주요 거래 품목은 금이었는데, 이때부터 노예무역도 소규모로 시작되었다. 아랍 상인들은 권력과 첨단 기술을 가진 새로운 문명 전달자였고, 교역의 이점이 현실적인 동기로 작용해 서부 아프리카에서도 커다란 군사적 충돌 없이 이슬람화가 이뤄졌다.

사하라 이남 서부 아프리카 지역에서 처음 이슬람교로 개종한 사람들은 사하라사막을 통과하는 장거리 무역에 종사하던 상인 계층이었다. 이곳의 토착 지배자들은 무역을 장려하고자 이슬람 상인들을 위한 구역을 따로 정해주기도 했다. 이슬람 세력과 협력하는 체제를 선호한 토착 지배자의 정책이나 성향으로 인해 이슬람에 대한 일반 대중의 경계심이나 거부감은 다른 지역에서 일어난 충돌이나 갈등에 비하면 미미한 편이었다. 초기 개종자들은 자신들의 전통과 관습도 어느 정도 유지하는 혼합적 신앙생활을 이어간 것으로 보인다.

상인들을 따라 사하라 이남 지역에 들어온 이슬람 학자들도 주민들에게 좋은 평판을 얻었다. 서부 아프리카 지역의 이슬람화 과정에 특히 이슬람 신비주의자들인 '수피'의 영향이 지대했다. 그들은 《꾸란》의 문구를 가지고 부적을 만들거나, 《꾸란》을 적은 널빤지 조각을 갈아 약초와 섞어서 약을 만들기도 했다. 이 지역 주민들은 이슬람 선교사들이 만든 약과 부적이 질병이나 미래의 불행을 막을 수 있다고 믿었기 때문에, 그들을 의사나 지식인으로서 존경하는 풍조까지 생겼다. 수피주의자들은 아라비아반도 이슬람교의 근엄한 성향과는 달리 술이나 돼지고기 같은 종교적 절대 금기는 지키면서도 일부다처제, 여성 할례, 민간 신앙, 부적 같은 아프리카의 토착 관습을 인정하고 받아들이거나, 최소한 전략적 공존을 통해 아프리카 사회에 이슬람이 안착할 기틀을 마련했다.

아랍과 아프리카 문화의 융합, 스와힐리 문화

아프리카에 아랍 문화가 급속히 밀려오고 이슬람이 새 지배 이념으로 확산해 감에 따라 토착 문화와 아랍 문화가 융합하면서 뚜렷이 새로운 문화가 형성되었다. 이를 '스와힐리 문화'라 한다. 스와힐리 문화는 오늘날 아프리카 문화를 설명하는 개념이 되었다. 특히 8세기 이후 아랍 문화와 이슬람의 종교적 영향을 직접 받은 동부 아프리카에서 스와힐리 문화의 정착이 두드러졌다.

'스와힐리'라는 말은 '해안'이라는 뜻이다. 곧 동부 아프리카 해안 지대를 가리킨다. 동부 아프리카 원주민의 언어에 아랍어가 접목되어 '스와힐리어'라는 새로운 언어가 탄생했고, 스와힐리어를 사용하면서 이슬람교를 믿는 사람들을 '스와힐리족'이라고 부르게 되었다. 아프리카 동부 연안에 확산된 스와힐리 문화는 지역에 따라 다양한 토착 문화요소들이 뒤섞여 있지만, 기본적으로는 아랍어와 이슬람교를 그 바탕으로 한다.

현재 아프리카의 대표적인 언어가 된 스와힐리어에서 아랍어의 비중이 20~30퍼센트 정도를 차지한다. 약 5000만 명 정도가 스와힐리어를 사용하는 것으로 알려져 있다. 우리 주위에서도 스와힐리어에서 유래한 단어를 종종 만날 수 있다. 예를 들면 '사파리'라는 말은 스와힐리어로 '여행'을 뜻한다. 아프리카에서 가장 높은 산인 '킬리만자로'는 스와힐리어로 '빛나는 산', '하얀 산'이라는 뜻인데, 정상에 쌓여 있는 만년설 때문에 지어진 이름이라고 한다.

중세 이후 사하라 이남의 왕국들

사하라 이남에서는 고대로부터 수많은 종족이 다층 다양한 정치세력을 이루고 문화를 꽃피웠지만, 그 전모를 일목요연하게 정리하기는 어렵다. 그 내용이 워낙 방대하고 다양할뿐더러, 이들이 문자를 기록 매체로

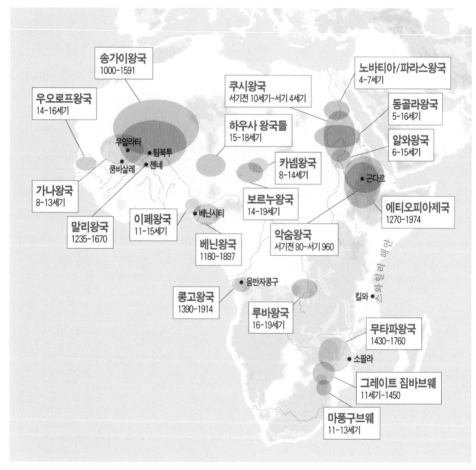

송가이왕국
1000-1591

우오로프왕국
14-16세기

쿠시왕국
서기전 10세기-서기 4세기

노바티아/파라스왕국
4-7세기

동골라왕국
5-16세기

하우사 왕국들
15-18세기

알와왕국
6-15세기

우알라타

팀북투

쿰비살레 젠네

카넴왕국
8-14세기

곤다르

가나왕국
8-13세기

이페왕국
11-15세기

베닌시티

보르누왕국
14-19세기

에티오피아제국
1270-1974

말리왕국
1235-1670

베닌왕국
1180-1897

악숨왕국
서기전 80-서기 960

음반자콩구

킬와

콩고왕국
1390-1914

루바왕국
16-19세기

무타파왕국
1430-1760

소팔라

그레이트 짐바브웨
11세기-1450

마풍구브웨
11-13세기

고대·중세 사하라 이남 아프리카의 왕국들 자료 출처 Ancient History Encyclopedia (Worldhistory.org)

선택한 경우가 매우 드물기 때문이다. 여기서는 두드러진 흔적을 남긴 대표적 왕국들만을 간략하게 소개한다. 아프리카와 교류했던 서양인과 아랍 무슬림이 단편적으로 남긴 기록을 보면, 사하라사막을 넘나드는 무역을 통해 아프리카의 왕국들은 경제적인 번영을 누렸으며 문화가 상당한 수준으로 발달했다. 무슬림 대상隊商(카라반)은 사하라 이남의 황금과 아프리카 북부에서 생산되는 소금을 교환하는 중계무역으로 돈을 벌어들였다. 사하라 이남 지역에서 소금은 중요한 교역 물품이었다. 13~16세기 사하라 이남에 성립했던 왕국들은 황금이 넘쳐나는 나라로 알려져 서양인들의 호기심을 자극했다. 그래서 많은 서양인이 황금을 찾아 이곳으로 몰려들었다.

가나왕국 서기 700년대~1240[*]

사하라 이남의 서부 아프리카에 처음 나타난 중앙집권적인 국가가 가나왕국이다. 가나왕국의 원래 이름은 '와가두Wagadou'로, '가나'는 와가두왕국을 통치하는 국왕을 가리키는 칭호였지만 지금은 가나왕국이라고 통칭한다.

가나왕국은 4세기에 건국했다고 전승되는데 아랍인들이 남긴 기록에 처음 등장한 것은 8세기경이다. 오늘날의 모리타니·세네갈·말리에 걸쳐 있었다. 이들은 무슬림 상인들에게 중계무역 기법을 배웠다. 가나왕국은 사하라 북쪽의 지중해 연안과 사하라 남쪽을 연결하는 사헬Sahel(사하라

---

[*] 가나왕국과 송가이왕국에 관해서는 필자의 책 《인류본사》(휴머니스트, 2022) 아프리카 편을 적극 참조했다.

사막 변경의 반건조 초원) 지대 횡단 무역의 중요한 거점 지역이었다. 남쪽의 금·상아·소금 등이 주요 거래 품목이었으며, 콜라콩kola nut도 이때 유럽으로 전해졌다. 대상들이 이러한 물품과 북아프리카, 서아시아, 유럽에서 온 물품을 교환해 낙타로 실어날랐다. 교역 중심 도시로서 커다란 시장이 있었던 쿰비살레Koumbi Saleh는 당시 인구가 약 2만 명에 이르렀으며, 사하라 남부에서 가장 번성한 도시로 알려졌다.

가나왕국의 왕들은 이슬람교로 개종하지는 않았지만, 이슬람 상인들을 위한 구역을 따로 베풀어주며 교역 활동을 권장했다. 그러나 서부 아프리카 지역의 이슬람 세력이 점차 강성해지며 기존 정치세력과 갈등을 빚고 충돌이 잦아지자 가나왕국은 차츰 쇠퇴했고, 결국 1240년 말리왕국에게 멸망하고 말았다.

사하라 사헬
횡단 무역 경로

말리왕국 1235~1670

말리왕국은 '사자왕'이라 불린 순자타 케이타(1214~1255)가 1235년 세운 나라로, 가나왕국을 무너뜨린 뒤 영토를 더욱 넓혀갔다. 가나왕국을 계승한 국가라 할 수 있다. 오늘날의 모리타니·세네갈·감비아·기니비사우·기니·코트디부아르·말리에 걸쳐 있었다.

말리왕국은 사하라 횡단 무역에 대해 세금을 거둬들이는 한편, 가나왕국 시대에 개발된 금광을 더욱 체계적으로 관리하며 채굴한 금을 유럽이나 아랍 지역에 팔아서 부를 축적했다.

3대 왕 만사(황제) 무사가 재위하던 25년 동안(1312~1337) 가장 넓은 영토를 확보했고, 당시 세계 금 생산의 거의 절반을 차지하면서 풍요로운 황금 시대를 열었다. 만사 무사는 무려 24곳에 이르는 주위 교역도시를 정복하고, 지중해 연안의 남유럽과 아랍 지역에 외교 사절을 파견해 왕국의 영향력을 확대했으며, 왕국 곳곳에 학교와 이슬람사원을 세웠다.

만사 무사의 메카 순례

독실한 무슬림이었던 만사 무사는 《꾸란》을 읽기 위해 아랍어를 배우고, 신학교 수준이었던 팀북투의 상코레를 대학교 수준으로 끌어올려 서부 아프리카 최고의 이슬람학 교육기관으로 발전시켰다. 1324년 만사 무사는 무슬림으로서 종교적 의무를 수행하고자 메카로 순례를 떠났다. 엄청난 부를 과시한 그의 대규모 순례 행렬은 유럽과 이슬람 세계에 커다란 반향을 불러일으켰다. 이는 말리왕국의 존재를 세상에 알린 대사건이었다. 황금의 나라로 알려진 말리왕국은 실제로 하급 관리나 일반 백성도 금으로 치장하고 다닐 정도로 금이 흔했다고 한다.

14세기 아랍 역사학자 이븐 할둔(1332~1406)의 전언에 따르면 메카 순례에 동원된 사람만 노예 1만 2000명을 포함해 6만 명이나 되고, 이때 만사 무사가 가져간 금의 무게만 10톤에 가까웠다니, 다소 과장되었다 하더라도 당시 말리왕국의 풍요로운 금 경제를 짐작할 수 있다. 이 소문은 카이로에 있던 상인들에 의해 유럽 전체로 퍼져나가고, 유럽과 북아프리카 사람들은 금이라는 매력적인 부를 찾아 너도나도 말리로 달려갔을 것이다.

그러나 말리왕국은 15세기 무렵 정치적인 분열로 점차 쇠퇴하기 시작했다. 1473년 송가이왕국의 공격에 큰 타격을 받고 명맥만 유지하다가, 1670년경 마지막 만사(황제)인 마마 마간Mama Maghan이 또 다른 유력 부족인 만딩카 계열의 바마나Bamana에게 수도 니아니를 빼앗기고 패퇴하면서 왕국의 막을 내렸다.

송가이왕국 1000~1591

송가이왕국은 말리왕국의 속국이었다가 말리왕국을 누르고 번성한 이슬람 국가다.

말리왕국을 꺾고 송가이왕국을 서아프리카의 패권자로 만든 사람은 손니 알리(?~1492)다. 그는 사하라 교역의 실권을 쥐고 있었던 투아레그족을 복속시키고 주변을 정복하여 넓은 영토를 확보했다. 그리고 정복지에서 나오는 경제적인 부를 바탕으로 강력한 중앙집권 국가의 틀을 마련했다. 손니 알리 왕은 조세제도를 정비하여 국가의 안정에 힘쓰는 한편, 이슬람교와 무슬림 상인을 보호하는 정책을 펴 대외 교역을 진흥했다.

젠네, 팀북투, 우알라타 같은 주요 도시들은 교역·종교·학문의 중심지로 발전했다. 손니 알리를 이은 무함마드 투레(재위 1493~1528)는 아스키아Askia 왕으로도 불리는데, 관료제도를 정비하고 정치를 개혁해 제국을 안정 궤도에 올렸다. 그는 말리왕국 만사 무사의 전승을 따라 메카 순례를 다녀오기도 했다. 종교학교인 마드라사와 이슬람사원(모스크)을 많이 설립해 아프리카에서 이슬람이 널리 확산되는 데 크게 기여했다.

송가이왕국의 경제 기반도 역시 풍부한 금과 소금이었다. 사회의 기초 구조는 봉건적 계급제였다. 최상위 지배층 아래의 중간 계급은 금속 세공, 어업, 목공에 종사하는 사람들이었고, 전쟁 포로나 노예가 하층민으로서 국가경제에 동원되었다. 왕국의 기틀을 완성한 아스키아 왕의 통치 아래 송가이왕국은 전성기를 맞았다.

그러나 아스키아 왕 말년부터 후계 자리를 둘러싼 극심한 권력투쟁이 시작되어 왕국은 급격히 쇠퇴하기 시작했고, 결국 1591년 북쪽에서 사하라를 넘어 침략해 온 모로코 세력에게 멸망했다.

팀북투—책과 소금과 황금이 같은 무게로 거래되던 도시

21세기 들어 어느 민간단체에서 '새로운 세계 7대 불가사의' 후보 21곳을 선정했는데, 그들 가운데에는 말리왕국과 송가이왕국의 중심 도시였던 팀북투의 이름도 들어 있었다. 사하라의 신비와 전설을 품은 불가사의한 도시로 재조명되고 있는 팀북투는 1988년 도시 전체가 유네스코 세계문화유산에 등재되었다.

팀북투는 오늘날의 말리공화국 중부에 있는 도시다. 14세기경 사막 한가운데 진흙으로 벽돌을 만들어 거대한 도시를 건설했다는 사실은 참으로 놀랍고 불가사의한 일이다. 일반적으로 모스크의 천장이 둥근 돔으로 덮여 있는 데 반해, 팀북투에 있는 이슬람사원들은 사각 탑처럼 생겼다는 특징이 있다. 모래 먼지에 뒤덮여 있던 팀북투에 대한 관심이 높아지면서 최근 많은 관광객이 찾아들고 있다. 팀북투에는 아직까지 해독하지 못한 옛 문헌들이 남아 있다. 뜨겁고 건조한 기후에서 진흙도시 유산을 보존하고자 국제사회의 노력이 집중되고 있다.

팀북투는 두 왕조의 중심 도시로 발전과 번영을 거듭했다. 팀북투는 나이저강 남쪽에 있는 젠네와 함께 사하라 이남에서 가장 중요한 문화·종교적 중심 도시였다. 오늘날 남아 있는 모스크 세 곳—상코레Sankoré, 시디 야히야Sidi Yahya, 징게레베르Djinguereber 사원—은 서아프리카의 전통적인 진흙 건축 방식으로 세워진 이슬람사원과 마드라사로, 14세기에서 16세기까지 아프리카에서 이슬람 선교와 연구의 중심지 역할을 했다. 세계에서 가장 역사가 오랜 대학들을 꼽을 때 상코레대학도 빼놓을 수 없는데, 당시 학생 수가 2만 5000명에 달했다고 한다.

문화적 번영의 배경에는 물론 단단한 경제력이 있었다. 팀북투에서는 책과 소금과 황금이 같은 무게로 거래된다는 말이 있을 정도다. 일찍이 12세기부터 무슬림 학자들이 팀북투를 찾아와 이슬람뿐만 아니라 다양한 학문을 전파했다. 이들이 집필한 서적 수천 권이 오늘날까지 남아 당시 아프리카 사회상을 연구하는 데 소중한 자료가 되었다.

1905~1906년의 팀북투 상코레 사원을 담은 사진엽서
Edmond Fortier (1862-1928), Public domain

1905~1906년의 팀북투 시디 야히야(왼쪽), 징게레베르 사원(오른쪽)을 담은 사진엽서 Edmond Fortier
(1862-1928), Public domain

16세기 모로코 세력의 공격으로 송가이왕국이 멸망하면서 팀북투도 쇠퇴하기 시작했다. 그리고 포르투갈인들이 새로운 항로를 개척하자, 사하라 횡단 무역의 중심지 기능을 완전히 잃게 되었다.

팀북투가 다시 역사에 등장한 것은 19세기에 들어서였다. 말리왕국 만사무사의 메카 순례를 계기로 '황금의 도시'라는 명성을 얻은 뒤, 유럽인들에게 팀북투는 실제 존재하는 도시라기보다 전설과 신화 속 환상의 도시로 여겨졌다. 그래서 팀북투라는 말 자체가 '아주 머나먼 곳'이라는 뜻으로 쓰이기도 했다. 1828년 프랑스인 르네 카예René-Auguste Caillié가 유럽인으로서는 처음 팀북투를 다녀가면서 그 실재를 아프리카 바깥에 알렸다.

짐바브웨왕국 11세기~1450

중세에 아프리카 동남부에서 번성했던 왕국이다. 오늘날의 보츠와나·짐바브웨·모잠비크에 걸쳐 있었다. 고고학자들은 1120년경을 최전성기로 보고, 왕국이 세워진 것은 11세기 초로 추정한다. 오늘날 유네스코 세계문화유산으로 등재된 '그레이트 짐바브웨Great Zimbabwe' 유적을 중심으로 독특한 석조 문화를 선보였던, 고도의 문명국가였다. '짐바브웨'란 오늘날 짐바브웨 인구의 다수를 차지하는 쇼나족 말로 '돌집'이란 뜻이다.

전성기 인구가 1만 8000명 정도 되었을 것으로 추산되는 그레이트 짐바브웨 유적은 300년 이상 보완과 증축을 거쳤기에 다양한 시대층의 짐바브웨 문명을 품고 있어서, 아프리카 문화의 변천을 연구하기에 좋은 현장이기도 하다. 무엇보다 250m 길이 벽면을 건축하면서 모르타르를 전혀 쓰지 않고 돌벽을 11m 높이까지 쌓아 올렸다는 점에서 짐바브웨왕국의 기술 수준을 짐작할 수 있다. 이들은 주로 화강암을 잘라 돌탑과 방

그레이트 짐바브웨 전경 왼쪽 앞에 언덕 위의 요새 유적, 오른쪽 위에 성읍 유적이 보인다. Janice Bell, CC BY-SA 4.0

어벽을 구축했다. 그레이트 짐바브웨 유적은 그 방대한 규모와 정교함 때문에 한때 《성서》에 등장하는 시바 여왕의 궁전으로 추정되기도 했다.

짐바브웨왕국의 경제 기반은 국제 교역이었다. 인도양 남부에 닿은 해안 지대와 아프리카 동남부 내륙을 연결하는 금·상아 무역으로 크게 번성했고, 구리·철·금 광산을 개발 관리하며 금속을 제련해 주변에 공급하면서 큰 부를 축적했다. 그레이트 짐바브웨 유적에서 중국 도자기 파편, 페르시아산 유리구슬, 아라비아 동전 등이 발견되어 교역의 대상이 상당히 광범위했음을 알 수 있다.

1871년 처음 이 유적이 유럽인들에게 알려졌을 때, 그들은 아프리카인이 이룩한 높은 문명 수준에 큰 충격을 받았다. 백인우월주의와 서양 중심 사고방식, 사회진화론이 주류 가치관으로 작동하던 19세기 말에 야만과 불모의 땅 '검은 아프리카Black Africa'*의 오지에서 발견된 유적이기 때문이었다. 유럽인들은 미개한 줄만 알았던 아프리카 흑인들이 이런 문명을 남겼으리라고

그레이트 짐바브웨 성벽 Andrew Moore from Johannesburg, South Africa, CC BY-SA 2.0

는 상상도 할 수 없었다. 오늘날 짐바브웨의 국명은 바로 이 유적지에서 따온 것이다. 1980년 독립한 짐바브웨는 식민지시대 이 지역을 지배한 영국의한 식민사업가(세실 로즈Cecil Rhodes)에게서 비롯되었던 '로디지아Rhodesia'라는 이름을 벗어나, 자신들의 당당한 역사를 되찾고자 했던 것이다.

그레이트 짐바브웨는 15세기 이후 폐허가 되어 그 모습을 정확하게 복원하기는 어렵지만, 크고 작은 유적 200여 개가 남아 있어 앞으로 발굴의 진척과 연구 결과에 따라 짐바브웨왕국의 실체가 더욱 부각될 전망이다. 그레이트 짐바브웨가 폐허로 남겨진 까닭이 무엇인지 정확히 밝혀지지는 않았지만, 아마 자원 고갈이나 환경 변화로 1450년경 주민들이 모두 이주해 무타파왕국을 형성한 것으로 보인다.

---

* 유럽인들이 '아랍 세계의 일부로 간주되는 북아프리카'와 구분해서 '사하라 이남 아프리카'를 가리키는 말로 통용하던 '검은 아프리카(Black Africa)'라는 용어는, 요즘은 인종차별적인 멸칭으로 간주된다.

무타파왕국 1430~1760

오늘날의 잠비아·짐바브웨·모잠비크·에스와티니·레소토·남아프리카 공화국 일대에서 번성했던 왕국이다. 남아프리카에서 인도양으로 흘러드는 잠베지강 유역을 통치했다. 짐바브웨의 왕자이자 전사인 니얏심바 무토타Nyatsimba Mutota가 건국했다고 전해진다.

1480년경 무타파왕국은 짐바브웨의 영광을 넘어설 정도로 세력을 넓혔다. 이 무렵 포르투갈이 인도양 해상무역에 뛰어들었다. 포르투갈은 1498년 바스쿠 다가마를 시초로 인도 서부에 다다른 뒤, 1515년경 이미 아프리카 동남부 해안 도시인 소팔라와 킬와섬에 무역 거점을 확보하고 있었다. 포르투갈인들은 인도와 무타파왕국의 주요 지역 사이에서 중개무역으로 큰 부를 거두었는데, 무타파왕국은 포르투갈이 통제하는 모잠비크 등지에서 왕국 내로 들어오는 모든 수입품에 관세 50퍼센트를 부과하면서 독점적 이윤을 취했다.

왕국 경제의 원천은 강변에서 채취한 사금이었다. 그 밖에 소금·철광석·구리·주석·상아 등이 주요 교역품이었다. 인기를 끈 수입 품목은 도자기나 유리구슬 같은 고가 사치품이었다. 토지가 비옥하여 인도네시아에서 들여온 수수·기장·콩·바나나 등의 농사도 잘되었다.

그러나 무타파왕국도 포르투갈의 끊임없는 공격을 받다가 1629년 포르투갈의 간접통치령이 되었다. 설상가상으로 아랍 해상 세력이 영토를 잠식해 들어왔고, 왕권을 둘러싼 내분으로 1760년 이후에는 포르투갈의 식민국가로 전락해버렸다.

쇼나 석각 예술

　'쇼나Shona' 돌조각은 현대 짐바브웨를 대표하는 예술이다. 검은 원석 하나를 깎고 떼어내고 갈아 인간과 동물의 다층적 내면을 주술적으로 표현하는 조각은 아프리카 문화의 진수를 보여주는 좋은 예다. 일찍이 짐바브웨의 쇼나 돌조각 예술을 접한 문화비평가 이어령은 "우리의 DNA 속에 깊이 기록되어 있는 생명의 암호를 읽을 수가 있었다"고 극찬한 바 있다(성곡미술관, 2001. 2). 아프리카 예술이 지닌 색채감이나 원초성, 영성적 본질에 담긴 깊은 미학과 철학은 유럽의 야수파, 입체파, 초현실주의 예술가들을 매료했고, 그들의 작품에서 새로운 모습으로 되살아났다.

〈엄마와 아기〉 게디온 니안홍고Gedion Nyan-hongo(1967년생)의 작품. Detlef Hansen, CC BY-SA 4.0

〈낭가N'anga와 그의 부엉이〉 아모스 수푸니Amos Supuni(1970년생)의 작품. 낭가는 쇼나족의 전통 치료사인데, 밤에 부엉이를 보내 마을의 비밀을 알아낸다고 한다. William Andrus. CC BY 2.0

에티오피아제국 1270~1974

　에티오피아제국은 오늘날의 에리트레아와 에티오피아 지역에서 12세기에 국가 형태를 갖춘 후 20세기 후반 냉전 시기까지 명맥을 이어갔던, 아프리카 대륙에서 가장 오래 존속한 왕국이다. 1270년 예쿠노 암락 Yekuno Amlak이 솔로몬 왕과 악숨왕국의 후예임을 내세우며 이전 자그웨Zagwe 왕조를 무너뜨리고 건국했고, 14~15세기에는 아프리카 동부에서 가장 강력한 위세를 떨쳤다.

　16세기 들어 포르투갈 해상 세력이 동부 아프리카 진출과 인도 식민 개척을 본격화하면서, 아라비아 남부와 동부 아프리카에 막강한 영향력을 행사하던 오스만제국과 이익 충돌을 빚게 되었다. 에티오피아도 그 영향을 피할 수 없었는데, 에티오피아는 기독교 세력이었기에 아라비아반도에 인접한 동부 아프리카의 이슬람 세력과 종교적으로 갈등했던 것도 중요한 요소로 작동했다. 1529년 '아프리카의 뿔'* 지역에 있던 아달 술

파실리데스 황제가 세운 성채
에티오피아 곤다르 소재.
Francesco Bandarin,
CC BY-SA 3.0 IGO

탄국Adal Sultanate(1415~1577) 군대가 오스만제국의 대포 지원을 받아 에티오피아를 침공해 들어오자, 에티오피아는 포르투갈의 지원을 받아 14년에 걸쳐 싸운 끝에 아달-오스만 연합군을 격퇴했다. 이때의 마지막 결전을 '와이나 다가Wayna Daga 전투'라 한다. 그 후로도 이슬람 술탄국들이 잇따라 에티오피아를 침공했지만, 이를 격퇴하면서 에티오피아제국은 국가의 기틀을 다져갔다.

1636년 파실리데스 황제(재위 1632~1667)는 새 수도 곤다르를 건설하고 튼튼한 방어 성채를 완공했다. 그의 시대에 에티오피아는 평화로운 문화 융성기를 맞이했다. 이야수Iyasu 대제(재위 1682~1706) 때는 프랑스의 루이 14세, 그리고 네덜란드령 인도에까지 외교 사절을 파견했고, 이야수 2세(재위 1730~1755) 때는 주변 국가들을 완전 통제할 정도로 강성했다. 그러나 이요아스 1세Iyoas I(재위 1755~1769)의 사망 후 중앙집권 체제가 약해지면서 왕자들이 할거했고, 지방 권력의 난립은 국력 쇠퇴로 이어졌다. 에티오피아정교회 내부의 갈등이나 주변 이슬람 술탄국들과 지속한 종교적 분쟁도 국력을 더욱 쇠잔케 했다.

그러나 에티오피아제국은 오랜 역사를 이어오며 오스만제국이나 이탈리아, 이집트 등 수많은 외세의 침공에 대항해 국가의 정체성을 유지했다. 19세기 이후 유럽 강대국들이 아프리카를 침탈하던 시기에도 에티오피아는 이탈리아에 맞서 승리를 거두었다. 1935년에는 2차 에티오피아-이탈리아 전쟁에 패배해 이탈리아의 동아프리카 식민지가 되었지만, 2차 세계대전이 벌어지자 영국군과 에티오피아 해방군이 힘을 합쳐 1941년 5월 이탈리아군을 에티오피아에서 몰아냈다. 1950년 한국전쟁이 일어나자 하일레 셀라시에 황제(재위 1930~1974)는 친위대 총 3518명을 유엔군

* 아프리카 동쪽에 뿔처럼 튀어나온 반도. 오늘날 소말리아가 자리잡은 지역이다.

한국전쟁에 참전한 에티오피아군 1951년 미군 촬영.

으로 파병했다. 그들 중 121명이 전사하고 536명이 부상을 입었다.

그러다 1974년 9월 마르크스주의를 표방한 군인들이 쿠데타를 일으켜 하일레 셀라시에 황제가 폐위되면서 제국의 긴 역사는 종지부를 찍었다. 이후 군사정권 시대를 거쳐 오늘날의 민주공화국 체제에 이른다.

에티오피아 최북단 지방이었던 에리트레아는 1889년 이탈리아 식민지가 되었다가 1941년 영국에 점령되었다. 1952년 영국에서 분리된 뒤에는 에티오피아연방에 소속된 채 독자 노선을 걸었다. 1962년 에티오피아가 에리트레아를 강제 병합했으나 내전이 발발했고, 결국 에리트레아는 1993년 독립한다.

베닌왕국 1180~1897

아프리카 서부 오늘날의 나이지리아 남쪽 에도Edo(오늘날의 베닌시티) 항구에 근거지를 두었던 왕국이다. 베닌왕국은 1897년 영국에 강제 합병될 때까지 700년 이상 존속하며 서부 아프리카 해안 지대에서 가장 장구히 발전한 국가였다.

베닌왕국은 특히 상아·황동·목공예 세공으로 유명했으며, 이들 공예품을 포르투갈에 수출했다. 서부 아프리카의 대표 작물인 야자나무 기름이나 마닐라(당시 구리나 청동으로 만들었던 화폐) 등도 유럽에 수출해 수익을 올렸다. 당시 야자나무나 야자유는 베닌왕국에서 일상의 음식에 사용되었을 뿐만 아니라 거리의 가로등, 왕궁 건축의 주요 자재, 술과 독극물의 원료로까지 매우 광범위하게 쓰였고, 유럽인들에게는 새로운 작물로 소개되었다.

베닌과 포르투갈 두 나라의 무역 관계는 돈독했다. 16세기에 베닌왕국의 대사가 리스본에 주재하기도 했다. 결국 베닌왕국은 노예무역의 전초기지 역할을 하기에 이르렀다. 유럽과 아메리카 대륙으로 팔려 나간 수많은 아프리카인의 비극을 대가로 베닌왕국은 크게 번성했다.

유럽 국가들은 앞다투어 베닌과 교역을 시작했다. 영국은 1553년 베닌왕국에 처음 다다른 뒤로 16~17세기 동안 베닌과 교류를 강화했다. 이 시기에 베닌을 방문했던 네덜란드·영국·포르투갈 탐험가들은 이 왕국의 아름다움과 풍요로운 경제에 대해 자세한 묘사를 남겼다.

베닌의 공예품
뉴욕 브루클린박물관 소장.

(왼쪽)
아고구Agogô.
악기로 연주하는 종.
16세기 초, 상아,
크기 35.8×10×6.5cm.
A. Augustus Healy Fund
and Frank L. Babbott Fund

(오른쪽)
뿔피리 부는 사람.
1504~1550년경.
구리합금·철,
크기 62.2×21.6×15.2cm.
Gift of Mr. and Mrs.
Alastair B. Martin,
the Guennol Collection

콩고왕국 1390~1914

콩고왕국은 1390년에서 1914년까지 존속한 왕국으로, 수도는 오늘날의 앙골라 자이레주Zaire Province에 있는 음반자 콩고(음반자콩구)였다. 주요 종족인 크윌루Kwilu(퀼루), 은순디Nsundi, 킨잘라Kinzala 등이 차례로 왕국을 통치했다. 유럽의 식민지 쟁탈전에 휘말리기 직전인 1857년까지 오늘날의 앙골라·콩고민주공화국·콩고공화국·가봉 지역에서 독립적인 위상을 유지하면서 약 500년 동안 번성했다.

왕국의 성격은 준봉건적 전제정 체제로, 콩고강을 중심으로 강변을 따라 주위 지역들과 라피아야자 섬유·토기·구리·상아 무역을 해서 부를 축적했다. 콩고는 특히 고등의 일종인 올리벨라 나나Olivella nana 껍데기를 화폐로 사용했다. 루안다 해안에서 수확된 올리벨라 나나의 껍데기가 '은짐부Nzimbu'라는 화폐로 통용되면서 멀리 북쪽의 베닌왕국에서까지 거래되었다. 유럽인들이 아프리카 노예무역에 뛰어들자, 콩고왕국은 포르투갈 노예 상인에게 주요 공급처 역할도 했다. 주위 세력의 영토를 침범해 생포한 포로들을 노예로 공급했다. 당시 여성 노예가 2만 은짐부, 남성 노예가 3만 은짐부에 거래되었다고 한다.

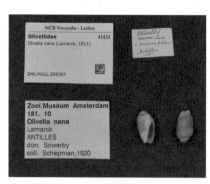

올리벨라 나나 암스테르담 동물학박물관 소장.
Naturalis Biodiversity Center, CC0

16세기 이후 포르투갈이 본격적으로 서부 아프리카를 탐험·침공하자 세 차례나 포르투갈과 전쟁을 벌였는데, 콩고왕국은 그때마다 무기의 열세로 패배하면서 극심한 피해를 입었다. 포르투갈이 처음 콩고왕국과 관계를 맺은 것은 1482년 탐험가 디오구 캉

Diogo Cão(1440?~1486)이 콩고강에 상륙하면서부터다. 이는 서부 아프리카에서 가장 이른 시기인 1485년경 콩고에 가톨릭이 정착한 배경이기도 하다.

16세기 중반 들어 콩고는 포르투갈 상인들을 위한 주요 노예 공급지로 전락했다. 콩고의 주요 지배자들은 영토를 팽창해 나가면서 끊임없이 전쟁을 벌였고 전쟁 포로들은 노예 상품으로 유럽 시장에 팔려 나갔다. 노예무역은 포르투갈 상인들의 이익뿐만 아니라 콩고 토착 지배세력의 권력을 다지는 수단으로 오랫동안 지속되었다. 그 과정에서 종족 갈등이 극심해진 콩고는 끊임없이 내전을 거듭했고, 결국 1857년 포르투갈의 간접통치령이 되었다. 한편 콩고왕국의 북동부 지역 일부(오늘날 콩고 민주공화국)는 1908년부터 1960년까지 벨기에의 식민지였다.

1914년 포르투갈의 식민 통치에 항거해 대규모 저항운동이 전국적으로 일어났지만, 포르투갈 식민 당국은 이를 무력으로 진압한 후 명목상의 왕마저 폐위했다. 1960년 식민지시대가 종식될 때, 옛 콩고왕국의 영토는 앙골라·콩고민주공화국·콩고공화국·가봉 등 4개 국민국가의 영토로 쪼개져 편입되었다.

**음반자 콩고에 있는
가톨릭성당 유적**
15세기 말 지어졌다.
음반자 콩고는
2017년 7월
유네스코
세계문화유산에
등재되었다.
Madjey Fernandes, CC
BY-SA 3.0

6 노예무역

노예는 고대 그리스·로마와 중세에도 존재했다. 북아프리카의 지중해 연안을 무대로 성행했던 노예무역은 고대 경제에서 중요한 수입원이었다. 사하라사막을 횡단하는 남·북아프리카 간 노예무역은 로마 경제의 중요한 한 부분이었다. 로마의 성직자이자 역사학자였던 파울루스 오로시우스Paulus Orosius의 기록에 따르면 서기전 256년 한 해에만 북아프리카에서 로마로 수입된 노예 수가 2만 7000명에 이르렀다. 8세기 이후 아랍 상인들이 주도한 동부 아프리카의 노예무역도 상당한 규모였던 것으로 알려져 있다. 교역 상품이 되어 아랍 상인들에게 끌려간 아프리카인 노예들은 멀리 인도 서부나 동남아시아에서까지 거래되었다. 서기 600년에서 1600년 사이 천 년 동안 사하라 횡단 노예무역과 홍해 연안, 동부 아프리카를 통해 아랍이나 아시아 시장으로 거래된 노예의 수가 600만 명, 아프리카 안에서 거래된 노예가 800만 명 정도였다고 한다.[*] 고대·중세의 노예제도는 우리나라에도 조선시대까지 노비제도가 존속했던 것과 같은 맥락으로 생각된다. 주로 빚을 갚지 못하거나 전쟁에서 포로가 된 사람이 노예가 되었다.

그러나 이슬람교에서는 근본적으로 노예제를 금지하기 때문에, 지역이나 출신에 따른 차별이 분명히 존재했지만 비무슬림 흑인 노예도 이슬람으로 개종하면 자유민이 될 수 있는 길이 열려 있었다. 이슬람 시대 노예제도의 특색 한 가지가 맘루크Mamluk라 불리던 노예 용병이다. 전쟁 포

---

[*] Lovejoy, Paul E., 2012, *Transformations in Slavery: A History of Slavery in Africa*, London: Cambridge University Press.

로나 교역 상품으로 끌려온 노예들이 이슬람으로 개종한 후 정식 군인 생활을 누렸고, 이집트에서는 맘루크 술탄국(1250~1517)이라는 새 왕조를 열기도 했다.

그러나 유럽의 대항해시대 이후 식민 쟁패 시대에 본격적으로 자행된 아프리카 노예무역은 노예를 취득하는 방법부터 달랐다. 전쟁 포로를 노예로 끌고 가던 이전의 방식과 달리, 일방적인 종족 살육이 동반되는 노예사냥을 적극적으로 활용했다. 노예무역의 규모도 대폭 커졌다.

유럽 강대국들이 동남아시아나 이른바 신대륙을 점령해서 경영하기 시작한 대규모 플랜테이션 농업에는 많은 노동력이 필요했다. 플랜테이션이란 열대나 아열대 지방에서 그곳의 기후와 풍토에 적합한 특정 농산품(향신료·커피·차·담배·카카오·사탕수수·파인애플 등)을 대규모로 집단 재배하는 것으로, 엄청난 노동력과 거대 자본이 뒷받침되어야 가능한 농업이다. 아프리카 대륙의 서해안을 중심으로 흑인 노예들이 상품으로 대량 거래된 배경이 그것이다. 16세기 이후 포르투갈령 브라질과 스페인(에스파냐)령 서인도제도에서 사탕수수, 북아메리카에서 면화, 브라질에서 커피 플랜테이션을 시작하면서 노예 노동력의 수요가 급증했다. 포르투갈인들이 시작한 대서양 노예무역에 영국, 네덜란드, 프랑스, 덴마크, 스웨덴의 상인들도 뒤이어 뛰어들었다.

처음에 아메리카에서 유럽인들은 현지 원주민을 노예로 삼았지만, 가혹한 노동 착취에 따른 건강 악화, 유럽인들이 옮긴 전염병(천연두·홍역·발진티푸스 등)의 만연, 침략자들에 대항한 저항 투쟁 등으로 아메리카 원주민의 수가 급격히 줄어들었다. 그리하여 1543년 스페인령에서, 1570년에는 브라질에서 아메리카 원주민의 노예화가 법으로 금지되었다. 대안은 아프리카의 흑인을 노예로 삼는 것이었다.

식민지를 개척·경영하는 유럽 회사들과 상인들은 노예 매매를 삼각무역의 핵심적 수익 사업으로 관리했다. 본국에서 술·총포·화약 등을 싣고 아프리카 서해안으로 가서 이를 흑인 노예와 교환한 다음, 노예들을 아메리카로 데려가서 비싼 값에 넘겼다. 그리고 아메리카의 작물을 싣고 다시 본국으로 돌아갔다. 리버풀, 브리스틀, 맨체스터 같은 영국 도시들이 번영을 누린 것도 이 때문이었다. 미국이 독립할 당시 노예 수는 50만 명에 이르렀다.

가혹한 노예사냥에서 아프리카인이 자신을 지킬 수 있는 유일한 길은 총과 화약을 구하는 것이었다. 참으로 역설적이게도 총과 화약을 구하려면 노예무역의 하수인이 되는 길밖에 없었다. 아프리카 서해안의 베닌이나 다호메이왕국, 가나의 아샨티왕국이 노예무역으로 성장, 번영했다. 이들 왕국은 이웃의 다른 종족들을 공격해 잡은 포로들을 유럽 상인들에게 노예 상품으로 공급했다. 오늘날 아프리카 종족들 사이에 깊이 뿌리내린 갈등이 이때 싹텄다. 당시에는 노예무역이야말로 가장 확실하게 국가의 부를 창출하는 원천이었다.

서부 아프리카에서 신대륙에 이르는 항해는 보통 5주 이상 걸리는 고난의 길이었다. 노예들은 좁은 공간에 짐짝처럼 층층이 실려 목적지도 모른 채 다시는 돌아오지 못할 길로 떠밀려 갔다. 그 과정에서 15퍼센트 정도가 병들어 죽거나, 바다에 몸을 던지거나, 내버려졌다. 신대륙에 도착해서도 풍토병으로, 또 고된 노동으로 3분의 1 이상이 죽었다. 1771년 기록을 보면 영국이 운영하는 노예무역선이 190척에 이르고, 매년 4만 7000여 명을 플랜테이션 농장으로 끌고 가서 엄청난 이익을 챙겼다고 한다. 그 결과 1659년에서 1900년 사이에 유럽과 아시아의 인구는 4배 정도 증가했는데, 아프리카 인구는 거의 정체 상태였다고 한다.

역사상 가장 비인간적이고 잔혹했던 노예무역이야말로 오늘날 유럽을 살찌운 기간산업이었음을 부인하기 어렵다. 유럽인들에게 노예는 단순한

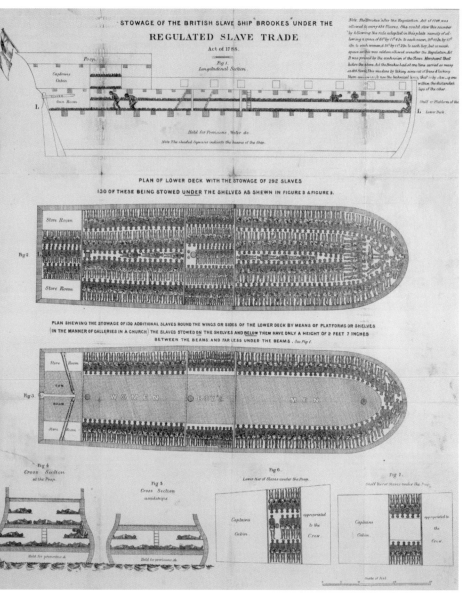

1788년 영국 노예무역선 브룩스호Brookes의 노예 승선 계획도 1788년 영국에서 통과된 노예무역 규제법에 따르면 성인 남자 노예 1인당 약 1.8×0.41m², 성인 여자 노예 1인당 약 1.78×0.41m², 어린이 1인당약 1.5×0.36m² 공간이 배정되어야 했다. 이 법에 따라 브룩스호는 노예를 최대 454명까지 실을 수 있었는데, 이 법이 통과되기 전에는 609명을 실은 적도 있다고 한다. Plymouth Chapter of the Society for Effecting the Abolition of the Slave Trade, Public domain

노동력 이상의 가치가 있으면서도 영혼이 없는 상품이었다. 심지어 영국 상류 사회에서는 어린 흑인 소년이 애완용으로 판매되었다.

흑인 노예무역은 18세기에 최고조에 도달했다. 19세기에 들어서자 노예제 폐지를 주장하는 자성의 목소리가 서구 사회에서 힘을 얻기 시작했다. 노예제도의 최종 폐지까지는 험난한 논란과 시간이 더 필요했지만, 1803년에 덴마크·노르웨이가 유럽 최초로 노예제 폐지를 결정하면서 전기가 마련되었다. 1807년에는 영국이 성공회 존 웨슬리 신부의 호소에 힘입어 노예무역을 금지했다. 1815년 프랑스 공화정도 노예무역 금지를 선언했지만, 이 선언이 실제로 효력을 발휘한 것은 1826년경이었다. 그렇지만 그 후에도 카리브해안의 프랑스 식민 지역에서는 한동안 노예무역이 지속되었다.

노예무역의 규모와 경로 자료 출처 slavevoyages.org / David Eltis and David Richardson, 2010, *Atlas of the Transatlantic Slave Trade*, New Haven: Yale University Press.

산업혁명 이후 기계화와 대량 생산 체계가 확대되면서 농장 노예보다는 2차 산업에 종사할 임금 노동자와 자유로운 소비자가 더 필요해진 것도 노예무역 폐지의 한 요인이었다. 새로 독립한 라틴아메리카 제국들도 차례차례 노예무역을 금지했다. 그러나 서인도제도와 미국 남부의 노예제는 여전히 유지되었다. 영국이 노예제도 자체를 폐지한 것은 1833년이었고, 이 법에 따라 영연방 내의 모든 노예가 해방되어 자유를 얻었다. 미국에서는 1820년 노예무역 종사자들에게 사형을 선고하는 강력한 법을 마련했지만, 결국 남북전쟁을 치르면서 1863년 대통령 에이브러햄 링컨이 '노예 해방 선언'을 한 뒤에야 공식적으로 노예제도가 폐지되었다. 유럽 국가들의 노예제 폐지에 자극을 받아 이슬람 국가인 오스만제국에서도 1847년 노예제를 법으로 금지했다. 마지막으로 1886년 쿠바, 1888년 브라질에서 노예제도를 폐지했다.

노예제도가 공식적으로 폐지되었지만, 유럽인들의 지독한 인종 차별과 노예를 향한 폄훼가 사라진 것은 아니었다. 1851년 영국 런던에서 열린 만국박람회에서는 아프리카인들이 흥미를 돋우는 전시 품목으로 취급되었다. 1889년 프랑스 혁명 100주년을 기념하여 열린 파리 만국박람회에서도 '흑인 마을village nègre'이라는 이름으로 흑인 400여 명을 전시한 인간 동물원이 인기를 끌었다.

노예무역으로 끌려간 아프리카인의 수에 대해서는 여러 가지 자료와 견해가 있다. 대서양을 건너간 노예의 수만 해도 800만 명에서 2000만 명까지 견해가 다양하다. 대서양 횡단 노예무역 데이터베이스The Trans-Atlantic Slave Trade Database 자료에서는 1450년부터 1900년까지 대략 1280만 명이 끌려갔을 것으로 추산한다. 패트릭 매닝Patrick Manning이나 롤랜드 올리버 같은 학자의 추정에 따르면 팔려 간 아프리카 노예의 수는 대략 1200만 명 안팎이다(롤랜드 올리버, 2001, 191). 매닝의 연구에 따르면 그중 약 150만 명 정도가 이동 중 배 안에서 목숨을 잃고 1050만 명 정도가 아메리카 대륙에 도착했다.

1630년에서 1803년 사이 네덜란드 노예선의 화물 기록에 근거한 한 연구에서는 항해 중 평균 14.8퍼센트의 노예가 사망한 것으로 분석한다 (아일리프, 2002, 245). 노예사냥 과정에서 희생된 경우까지 고려하면 아프리카인들이 겪었던 피해의 규모와 정도는 수치로 계산하기 어려울 정도다. 12세에서 35세까지 가장 활기 있고 강건하여 생산력이 뛰어난 사회구성원이 거의 궤멸한 결과로 나타났던 것이다. 설상가상으로 유럽인 노예무역상을 통해 서아프리카 지역에 결핵이나 간균성 폐렴, 천연두, 변이 매독 같은 새로운 전염병이 퍼져 남은 인구도 격감했다. 또한 노예무역상들은 건장한 남성을 선호했기에, 남녀 성비의 불균형도 초래한 것으로 분석된다. 이는 아프리카 사회에서 여성 노동의 강도가 높아지고, 일부다처제가 확산 심화한 배경이 되었다. 이처럼 노예무역은 여러 면에서 오늘날 아프리카의 경제적 파탄과 낙후성을 가져온 중요한 요인이었다.

무엇보다 노예무역은 유럽인들이 식민지의 플랜테이션에 노동력을 공급하기 위해 인간을 상품처럼 매매하며 착취한 반인류적 범죄 행위임이 분명하다(한건수, 2007, 272~277). 노예무역과 원주민 대량 학살에 관한 과거사를 제대로 정리해 사과와 배상을 받아내고자 2013년 카리브해 14개 국가가 공동 법정 투쟁을 벌이기 시작한 것도 이런 맥락에서 큰 역사적 의의가 있다. 영국, 프랑스, 네덜란드 등 유럽 국가들이 진지하게 답할 차례다. 2015년 아르헨티나 출신인 프란치스코 교황이 볼리비아를 방문했을 때 식민지시대에 가톨릭교회가 '아메리카 원주민들에게 중대한 죄를 저질렀다'고 사과하고, 2006년 영국 성공회가 과거 노예를 소유하며 노예무역에 가담한 사실을 인정하고 공식 사과한 것은 인류의 진일보한 미래를 위해 의미 있는 일이었다.

한편으로 아프리카인 노예들은 가까운 아랍은 물론 미국이나 라틴아메리카, 유럽 등지에 영주하면서 경제적으로 공헌했을뿐더러, 문화·예술에 끼친 영향도 결코 작지 않다. 노예로 잡혀간 아프리카인들은 자신들의 종교 전통을 바탕으로 '움반다'나 '깐돔블레', '부두교'와 같은 새로운 종교를 형성하고 전파했다. 또 아프리카인의 무술 전통을 발전시킨 것이 브라질의 카포에이라Capoeira, 이 몸짓을 다시 춤사위로 발전시킨 것이 브레이크댄스다. 더불어 블루스·소울·재즈 등 다양한 대중음악이 꽃을 피웠다(한건수, 2007, 274).

카포에이라
Red CreaDeporte, CC BY 2.0

7

강대국들의 아프리카 분할과 착취

아프리카의 북부 지역은 고대 지중해 세계의 일부였기 때문에 일찍부터 유럽인들에게 잘 알려져 있었다. 아프리카 동·서 해안 지대도 인도로 가는 항로를 탐사하거나 노예무역을 자행하는 과정에서 상당 부분 유럽에 잘 알려지게 되었다. 800년 가까이 이슬람 정치세력의 직접 지배나 영향권 안에 살면서 당시 세계 최고 수준의 과학과 항해술, 지리 지식을 받아들였던 포르투갈이 아프리카 탐사에 앞장섰다. 뒤이어 스페인, 네덜란드, 영국, 프랑스, 벨기에 등이 아프리카의 자원 확보나 노예무역에 앞다투어 뛰어들면서 아프리카인들의 비극이 시작되었다.

19세기 후반 들어 유럽에서 노예무역에 이어 노예제도가 공식 폐지되자, 식민 강국들은 아프리카의 자원을 약탈하는 쪽으로 방향을 돌렸다. 약탈의 목표는 아직 그들 중 아무도 손대지 않은 아프리카 내륙이었다. 아프리카 내륙은 외지인들에게 여전히 미지의 세계였다.

영국의 탐험가 리빙스턴(1813~1873)과 미국의 스탠리(1841~1904) 이후 아프리카 내륙에 본격적으로 파고든 유럽 각국의 식민 세력은 20세기 초까지 비옥한 토지와 고무, 다이아몬드·금광을 비롯해 엄청난 가치를 지닌 지하자원을 두고 치열한 땅따먹기 경쟁을 벌였다. 노예무역에 이어 '두 번째 아프리카 유린 시대'가 시작된 것이다. 그들은 다윈의 진화론과 백인종 우월주의, 로마가톨릭 지상주의를 19~20세기의 절대적 보편 가치로 삼고, '발전한 문명과 기술'을 지닌 자신들이 '미개한 아프리카를 개발하는 것'으로서 약탈을 정당화했다.

1875년까지 아프리카에 건설된 식민지는 영국의 케이프 식민지, 프랑스의 알제리, 네덜란드인들의 후손인 보어인Boer*이 건설한 오렌지자유국과 트란스발공화국 정도였다. 그러나 19세기에 최대 식민제국을 이룬 영국은 1875년 이집트의 혼란스러운 국내 사정과 재정난을 이용해 수에즈 운하를 사들여서, 인도로 향하는 길목을 확보했다. 그리고 1881년 이집트에서 외세에 반발한 아라비 파샤(1839~1911)의 반란이 일어나자, 영국군이 출병해 이를 진압하고 이집트를 간접통치령으로 만들었다. 같은 시기에 수단에서도 무함마드 아흐마드 알마흐디(1844~1885)가 외세에 저항하는 무장 독립투쟁인 '마흐디운동'을 일으켰다. 영국군은 1898년 9월 2일 옴두르만 전투에서 아브드 알라(1846~1899)가 이끈 마흐디군 약 5만 명 중 무려 1만 명을 사살하고 수단을 차지했다.

한편 이집트에서 영국에 밀려난 프랑스는 1830년에 획득한 알제리를 거점으로 남진해, 광대한 사하라사막과 콩고 지역을 지배했다. 나아가 인도양의 마다가스카르섬을 점령하고, 아프리카 횡단 계획을 세웠다. 프랑스의 이러한 지배 전략은 영국의 아프리카 종단 정책과 충돌해 1898년 나일강 상류에서 양국의 군대가 대치한 파쇼다(오늘날 남수단의 코도크) 사건으로 이어졌다. 이 사건은 영국이 이집트를, 프랑스가 모로코를 차지하기로 타협하면서 해결되었다.

식민지 경쟁에 뒤늦게 뛰어든 벨기에는 레오폴드 2세(재위 1865~1909) 때 콩고를 지배하면서 잔혹한 통치로 악명을 떨쳤다. 레오폴드 2세가 1885년 세운 '콩고자유국'에서는 콩고인들을 고무 생산에 동원했는데, 목표한 생산량을 달성하기 위해 채찍을 휘두르며 폭력을 행사했고, 노동력 확보를 위해서는 일가족을 납치하는 일도 서슴지 않았다. 저항하는 이들

---

* 남아프리카공화국의 네덜란드계 백인. '부르'라고도 발음한다. 네덜란드어로 '농민'을 뜻한다. 17세기 중엽 네덜란드동인도회사가 인도네시아 항로의 중계지로 케이프타운을 개척하자, 종교의 자유와 개척할 새 땅을 찾아서 유럽에서 이주한 개신교도의 후예다. 오늘날에는 '아프리카너(Afrikaner)'라고 한다.

은 학살했다.

독일은 1884~1885년 '독일령 남서아프리카'(오늘날의 나미비아)와 카메룬, 토고, '독일령 동아프리카'(오늘날의 르완다·브룬디·탄자니아)를 획득했는데, 특히 나미비아 지역의 토착민 헤레로족을 무참하게 학살했다. 독일인들에게 생계 기반인 농토와 가축을 빼앗긴 헤레로족은 1904년 봉기를 일으켰다. 독일군은 무차별 포격을 퍼부었고, 사막으로 도망친 헤레로족이 항복을 선언했음에도 살육을 계속했다. 헤레로족 인구의 70~80퍼센트에 해당하는 6만 5000여 명이 봉기 과정에서 살해되었다. 살아남은 이들은 수용소로 끌려가 강제 노역에 시달렸다. 탄자니아 지역에서도 독일에 대한 항전을 주장한 주술사 킨지키틸레에게 동조한 이들이 1905년 봉기를 일으켰고, 2년간 약 10만 명이 희생되었다.

이탈리아는 1889년 이후 홍해 연안의 에리트레아와 인도양 연안의 소말리아, 지중해에 면한 리비아를 얻었으나, 내륙 진출에는 실패했다.

아프리카 대륙을 공식 분할한 베를린 콩고 회의 1884~1885

콩고분지를 둘러싸고 강대국들끼리 상호 충돌하는 경쟁 체제를 정리하기 위해 1884~1885년 베를린에서 독일 재상 비스마르크가 주도한 콩고 회의가 열렸다. 이 회의에 참석한 14개국은 벨기에 왕 레오폴드 2세의 콩고 지배를 포함하여 각국의 기존 점령지를 인정하는 조건으로 아프리카 대륙을 나누어 가지기로 했다. 이때 그어진 경계선이 오늘날 아프리카 50여 개국의 분기점이 되었다.

아프리카는 이제 공식적으로 이들 14개국이 마음대로 점령할 수 있는 땅이 되어버렸다. 강대국들의 식민지 건설 경쟁에 가속도가 붙었다. 케냐

서구 열강의 아프리카 분할(1912년 상황)

는 영국령, 탄자니아는 독일령이 되었다. 남아프리카 일대에 대한 영국의
패권을 견제하기 위해 독일은 오늘날의 나미비아를 창설했다. 이에 뒤질
세라 영국은 베추아날란드(오늘날의 보츠와나)를 이른바 '보호령'으로 선포
했다.

　이제 유럽 침략자들의 식민 정책을 따라 책상 위 지도에 일직선으로
그어진 경계선대로 아프리카는 분할, 재편되었다. 1만여 사회공동체와 다
양한 문화정체성이 단 40여 개 정치단위로 물리적으로 통합되었다. 사막
과 강, 산맥과 초원을 경계로 종족공동체를 이루며 언어와 의례, 기억과
영성, 토템과 전승을 공유하던 수천수만 공동체 문화의 정수는 핵분열을
일으켰고, 서로가 서로를 침범하고 학살하고 대를 이어 복수하는 악순환
의 역사가 시작되고 말았다. 오늘날까지 아프리카에 이어지고 있는 분쟁
과 낙후성의 또 다른 발단이다.

베를린 콩고 회의 이후 1차 세계대전까지 라이베리아와 에티오피아를 제외한 모든 지역이 식민지가 되었다. 유럽 열강의 식민지 경쟁은 갈수록 치열해졌다. 보어인들이 아프리카 남부에 세운 트란스발에서 금이 발견되고 오렌지자유국에서 다이아몬드가 발견되자, 영국은 케이프 식민지를 기지 삼아 보어전쟁(1899~1902)을 일으켰다. 그리고 트란스발과 오렌지자유국을 합병, 1910년에 남아프리카연방을 구성했다. 소수인 백인들만 참정권을 가지고 다수인 흑인 주민을 차별, 배제한 남아프리카연방의 사회 구조는 이후 남아프리카공화국의 이른바 흑백 분리주의 정책(아파르트헤이트)으로 이어진다.

이로써 영국은 아프리카 남부와 북부에 기점을 확보했다. 영국의 식민 사업가인 세실 로즈(1853~1902)는 케이프 식민지와 이집트를 연결하는 아프리카 종단 철도를 계획했다가 실패한다. 한편, 프랑스의 튀니지 획득은 이 지역을 침략하려던 이탈리아가 오스트리아·독일과 연합하는 계기가 되었다. 당시 강대국 지도자들이 아프리카 식민 통치에 대해 가졌던 기본 생각은 지독한 제국주의 침략 옹호론자이자 인종차별주의 정치인이었던 세실 로즈의 발언에 잘 압축되어 있다.

"내가 평생을 바쳐 이루고자 하는 목표는 대영제국을 수호하고 확장하는 일이다. 왜냐하면 대영제국이야말로 전 인류의 생명과 자유, 재산과 행복을 지켜줄 수 있기 때문이다."

"(아프리카) 원주민들은 우리를 지원하는 중요한 자원이 되어야 한다. 원주민들을 적절한 지위에 머물게 함으로써 백인들이 우월적 종족의 지위를 계속 유지하면 언젠가는 모두가 감사할 날이 올 것이다."[*]

---

[*] South African History Online(SAHO) 사이트, https://www.sahistory.org.za/people/cecil-john-rhodes.

20세기의 아프리카—식민시대에서 독립의 시대로

아프리카인들이 대륙 전역에서 거센 저항운동을 벌였으나, 1920년대에 이르자 결국 유럽 강국들이 아프리카를 완전히 정복하고 말았다. 1차 세계대전(1914~1918)의 결과, 아프리카는 경쟁자 독일을 물리친 서유럽 강대국들의 필요에 따라 맞춤형 자원 공급지와 시장으로 전락했다. 문명이란 이름으로, 선교라는 신성한 사명을 앞세워 아프리카 전역에 기독교와 서구 문화가 강하게 침투했다.

1차, 2차 세계대전 중에는 식민지의 아프리카인들이 용병으로 차출되어, 서로 적대하는 식민 종주국들을 대신해 아프리카인들끼리 싸워야 했다. 세네갈과 북아프리카인들은 영국과 프랑스를 위해, 카메룬·토고·탄자니아 등지의 아프리카인들은 독일을 위해 의미 없이 생명을 바쳤다. 양

1차 세계대전 당시의 아프리카 전선

**버마 전선에 투입된
동아프리카보병사단**
2차 세계대전 중
영국군은 오늘날의
케냐·우간다·말라위·탄자니아·
짐바브웨 지역에서
동아프리카보병사단을 소집했다.
1944년 11월,
이들은 인도 북동부 임팔에서
버마로 퇴각하는 일본군을 쫓아
칭드윈강을 건넜다.

차 세계대전 중에 강제로 동원되어 목숨을 잃은 희생자들은 아직도 제대로 조명받지 못하고 잊힌 상태로 있다. 1차 세계대전에서만 아프리카인 약 200만 명이 전사했고, 그중 동부 아프리카 전선에서만 100만 명 정도가 희생되었다고 추정된다. 2차 세계대전 중에도 약 100만 명이 전쟁터에 동원되었다.

20세기에 아프리카를 괴롭힌 또 다른 복병은 전염병이었다. 1918년 후반 전 세계를 휩쓴 전염병은 아프리카 식민지 전체 인구의 약 5퍼센트를 앗아 간 대재앙이었다.

그렇지만 2차 세계대전 후 대규모 전쟁이 사라지고 사회의 기본 질서와 안전망이 구축되면서 인구가 증가했다. 1940년대 후반에는 아프리카 인구가 약 2억 명으로 증가했다. 역설적인 일이지만 인구가 증가한 아프리카는 2차 세계대전 후 인구가 감소한 유럽의 식민 본국에 필요한 노동력의 새로운 공급처가 되었다. 특히 영국에게는 1947년 독립한 인도를 대신할 안성맞춤의 식민지였다.

동시에 아프리카 전역에서 유럽에 필요한 작물·광물 생산과 교역을 통해 수익을 도모하는 대규모 개발 사업이 진행되었다. '근대화'란 이름으로 유럽의 수요에 맞는 계획형 국가경제가 수립되어 갔다. 학자들은 이 시기를 '제2의 식민지 침략'이라고 표현한다. 백인 농장주나 자본가가 곳곳에 진출하여 아프리카인 소작농과 노동자의 권리를 박탈하면서 자본을 극대화하는 거대 사업을 본격 추진했다. 예를 들면 영국은 이 시기 아프리카 식민지에 약 4000만 파운드를 투자하여 1945년부터 1951년까지 6년간 약 14억 파운드를 거둬들였다. 아프리카 전통사회는 곳곳에서 식민 산업화로 인한 공동체 관계망의 약화와 서구 문화의 급속한 유입·이식으로 급격히 와해되었다.

그러나 1960년대 아프리카 민족주의가 성숙하고 세계적으로 탈식민시대가 본격화하면서 유럽의 국가권력들이 아프리카를 떠나기 시작했다. 일부 지역에서는 식민 세력의 철수가 순조롭게 진행되었지만, 포르투갈 식민지였던 앙골라와 모잠비크, 영국 식민지였던 나이지리아·가나·남아프리카공화국, 프랑스 식민지였던 알제리·모로코·튀니지 등에서는 피비린내 나는 투쟁과 전쟁을 거쳐야 했다.

유럽 열강이 인권과 민주주의를 위해 탈식민시대를 순순히 받아들인 것은 결코 아니었다. 독립운동을 진압하는 데 소모되는 비용이 기하급수적으로 늘어나면서 경제적 부담이 가중되자, 타산이 맞지 않는 직접 점령·지배를 포기하고 경제적 식민지화 정책으로 방향을 바꾼 것이다. 식민지들은 이미 경제적으로 종속되어 있기 때문에, 이질적인 종족 간의 갈등과 상호 이권 경쟁을 이용하면 충분히 실질적인 식민지 경영을 지속할 수 있다는 자신감을 바탕으로 유럽 국가들은 새로운 아프리카를 설계했다. 자원과 저렴한 인력 공급지라는 기능을 유지하면서 새로운 시장으로서 아프리카를 만들어갔다. 이를 위해 아프리카의 인재들을 자국에서 교육해 다시 그들 조국의 지도자로 보내는 중장기 전략도 마련했다.

그러나 아프리카의 지도자들은 진정한 독립을 위해 아프리카인이 힘을 합쳐야 한다는 '범아프리카주의'를 주창했다. 이들 중 한 사람인 은크루마(1909~1972)가 주도하여 1957년 가나가 독립한 것을 신호탄으로 화려한 탈식민시대가 열렸다. 1958년 기니, 1960년 세네갈(4월 4일)·코트디부아르(8월 7일)·콩고(8월 15일)·가봉(8월 17일)·나이지리아(10월 1일), 1961년 시에라리온(4월 27일)·탄자니아(12월 9일), 1962년 르완다·부룬디(7월 1일)·우간다(10월 9일), 1963년 케냐(12월 12일), 1964년 말라위(7월 6일)·잠비아(10월 24일)가 각각 독립을 쟁취했다. 영국이 지배하던 로디지아는 1980년이 되어서야 '짐바브웨'라는 이름으로 독립을 얻었다.

남아프리카공화국이 영국에게서 독립한 것은 1961년이지만, 그 나라의 주민 다수를 이루는 흑인에게 진정한 독립은 1994년에야 비로소 찾아왔다. 흑인 인권운동가들의 고단한 투쟁이 결실을 거두어, 1950년 공식적으로 시작된 흑인 분리 정책을 마침내 종식하고 흑인의 참정권을 쟁취한 것이다. 남아프리카공화국에서는 흑인이 최초로 자유롭게 선거에 참여해 흑인 인권운동가인 넬슨 만델라(1918~2013)를 대통령으로 선출한 날(4월 27일)을 국경일(자유의 날)로 기념하고 있다.

로벤섬 박물관의 해설사
남아프리카 흑인 탄압의 상징이었던 로벤섬 감옥Robben Island Maximum Security Prison은 인권 교육의 현장으로 거듭나며 1999년 세계문화유산으로 지정되었다.
바로 이 감옥에 수감되었다가 자유를 얻은 양심수들이 지금은 해설사로서 관광객에게 이곳의 역사를 이야기해주고 있다.
HelenOnline, Public domain

아프리카의 과제와 미래

제3세계의 다른 여러 나라와 마찬가지로 아프리카 각국도 식민 통치를 벗어나면서 국민국가로 독립을 쟁취했다. 각기 다른 종족집단들이 '영토 경계선이 그어진 권력의 그릇bordered power-container'에 담기면서, 소수종족들은 한 번도 경험해보지 못한 '국민국가'란 정치체제를 강요받게 된 것이다.

대부분의 아프리카인에게 이는 전통적인 삶의 방식 자체에 가해진 강제적 변화를 의미했다. 그 변화 과정에서 '아프리카의 개성'이라는 긍정적 측면과 '아프리카의 독재'라는 부정적 측면이 동시에 표출되었다. 각 종족과 공동체가 갖고 있던 가장 아프리카다운 전통과 의례, 우주관, 시간관의 다양한 문화유산은 근대화란 틀에 맞춰 표준화되었다. 아프리카인들은 권력 분립, 관료제도, 대의민주주의, 자본주의 경제 원리, 시장경제, 시민사회라는 전혀 다른 측면들을 가진 체제에 적응해야 했다.

우선은 지도에 인위적으로 국경선을 그어 넣고 교묘한 이간 정책으로 종족집단들 간의 갈등을 증폭한 비열한 식민 정치의 후유증을 감당해야 했다. 그것은 20세기의 끔찍한 종족 분쟁으로 귀결되었다. 서로 다른 종족과 문화집단을 한곳에 모아놓고 적대감과 경쟁, 복수 문화를 이용해 아프리카를 지배했던 서구의 책임은 그 무엇으로도 면책되기 어렵다. 이미 수단과 나이지리아, 모로코와 서사하라, 우간다, 부룬디, 르완다, 콩고 등지에서 수백만 명이 종족 분쟁으로 목숨을 잃었다. 특히 1990년대 곳곳에서 최악의 상황이 벌어졌다. 소말리아에서는 1991년부터 1997년까지 20여 종족집단이 같은 언어를 사용해 문화적 동질성이 있음에도 중앙정부의 통제를 벗어나 각자 무장을 하고 내전을 벌였다. 1994년부터

1998년까지 르완다에서는 이른바 투치 유목민과 후투 농경민 사이에 세기의 대학살극이 벌어졌다. 우간다, 자이르(현재의 콩고민주공화국), 앙골라, 짐바브웨, 수단, 차드 등 주변국에 뿔뿔이 흩어져 살던 동족들까지 싫든 좋든 내전에 가담하고, 과거의 식민국가들이 이해관계에 따라 분쟁에 개입하면서 끝도 모를 살육과 학살이 이어졌다.

겉으로는 아프리카가 아프리카인에게 돌아갔지만, 아프리카의 자원에 대한 과거 식민국가들의 태도는 크게 달라지지 않았다. 그들의 영리사업에 조금이라도 유리한 독재자나 심지어 도살자에 가까운 군벌 정권들을 비호하고 지원하면서, 분쟁의 조정자라기보다는 방관자 노릇을 해왔다.

아프리카인의 목소리 나이지리아 경제학자 응고지 오콘조이웨알라Ngozi Okonjo-Iweala가 2010년 1월 다보스 세계경제포럼에서 세계은행 상무이사로서 발언하고 있다. 응고지는 2021년 3월 WTO 사무총장이 되었다. World Economic Forum from Cologny, Switzerland. swiss-image.ch/Photo by Remy Steinegger., CC BY-SA 2.0

아프리카의 여러 지역에서 아직도 분쟁과 보복 공격의 악순환이 이어지고 있다. 종족정체성과 국가정체성 사이에 균형과 합리적인 조화를 찾고, 분리주의를 고집하기보다는 소수종족들의 문화적 정통성을 존중하면서 공존하는 아프리카만의 새로운 국민국가 틀을 만들고자 많은 아프리카인이 노력하고 있다. 과거의 식민지배 국가는 물론 국제사회가 오랜 역사적 원죄를 갚아야 하는 당연한 책무로 이 문제를 바라보고 접근해야 한다.

르완다 제노사이드와 진정한 화해

1884년 유럽 열강이 제멋대로 아프리카 대륙을 분할한 베를린협정에 따라 1899년 르완다는 독일의 식민지가 되었다. 그러나 1차 세계대전에서 독일이 패한 뒤 1923년부터 1962년까지 르완다는 벨기에의 식민지배를 받았다. 벨기에는 효율적인 식민 통치를 위해 종족 분리 전략을 구사했다. 보유한 소가 10마리 이상이면 투치Tutsi, 그보다 적거나 없으면 후투Hutu로 구분하고, 신체적인 차이를 표본화해서 그 구분을 자손에게도 적용했다. 생계 방식으로서 투치는 주로 목축을 하고 후투는 농사를 지었다. 문제는 투치를 문명화한 상위 계급이라고 인위적으로 설정하고, 부에 따라 종족을 나누는 반문명적 종족 분리를 자행한 것이다. 이는 같은 역사적 기억과 삶의 방식을 공유하던 종족끼리 갈등과 이질감이 깊어지는 결정적 계기가 되었다.

벨기에 식민 당국은 두 종족 간의 갈등과 원한 관계를 최대한 활용하면서 초기에 투치에게 많은 특권을 주었다. 1950년대부터 투치인들이 르완다국민연합을 결성하고 반정부 투쟁을 강화하자, 이번에는 혐오를 선동하는 정치를 통해 후투 연대의식을 부추겨 투치의 세력을 약화하려 했다. 벨기에의 종족 분리 정책으로 후투와 투치 간에 원한과 경쟁심이 커져 갔다.

1962년 독립 이후 권력을 잡은 다수 세력 후투의 투치 박해가 이어지자, 소수인 투치 상당수가 르완다를 떠나 1960년대부터 1990년대까지 30여 년간 인접 국가에서 난민으로 지냈다. 후투 세력은 식민지시대 차별의 기억을 떠올리며 투치의 귀환을 막았다.

이 과정에서 유럽 열강은 이번에도 이해관계에 따라 기민하게 움직였다. 프랑스는 후투를 지지했고, 우간다를 비롯한 인접국은 투치를 지원하면서 르완다는 주변 국가들까지 개입한 내전으로 돌입했다.

1994년 평화협정을 논의하던 르완다와 부룬디의 두 정상이 함께 타고 있던 전용기가 격추되면서 동시에 사망하자, 후투 세력은 이 사건의 배후에 투치가 있다고 선동한다. 평화의 길로 가던 르완다 정세는 대혼란에 빠졌고, 흥분한 후투 세력은 복수를 외치며 100일 동안 투치 인구의 3분의 2에 해당하는 80만 명을 학살했다. 한건수 교수의 표현대로 '인류 역사상 가장 짧은 기간 가장 많은 사람이 학살된 사건'으로 기록될 사건이다.

르완다에서 투치에 대한 대살육이 일어나자, 이번에는 이웃 국가에 살고 있던 투치 세력이 르완다애국전선이라는 무장단체를 앞세워 르완다로 진격, 후투를 공격했다. 수도 키갈리가 점령되면서 투치의 보복을 두려워한 많은 후투인이 이웃 국가로 도망했다. 또 다른 대학살이 시작될 시점에 르완다 정부를 장악한 투치 세력이 후투에 대한 보복 살해를 중단함으로써 르완다 사태는 극적으로 위기를 넘겼다. 르완다 국민의 위대함이다.

그 뒤 르완다는 가해자 처벌보다는 사과를 통한 화해와 공동체 회복에 목표를 두고 과거사를 규명·정리하는 과정을 거쳤다. 오늘날 르완다는 아프리카에서 가장 빠른 성장과 발전을 이루고 있다.

제노사이드 희생자를 기억하는 공간 르완다 키갈리 제노사이드 메모리얼 센터. Adam Jones, Ph.D., CC BY-SA 3.0

환경 문제는 이제 범지구적인 문제가 되었다. 계속되는 가뭄, 가축 방목이나 벌목 같은 인간의 활동으로 말미암아 초원·논·밭이던 지역이 황무지로 변해 가는 것이 '사막화'다. 아프리카의 사하라사막 주변 사헬 지대는 대표적인 사막화 지역이다.

물 부족으로 인한 마을·국가 간 갈등도 매우 심각한 단계에 와 있다. 에티오피아가 수단 국경에 5조 원대 규모로 건설 중인 '그랜드 에티오피안 르네상스 댐 프로젝트'(GERD)가 가장 대표적인 사례. 이는 연간 1만 6153기가와트(GWh) 전력 생산을 목표로 하는 아프리카 최대 규모 댐 공사다. 6650km를 관통해 흐르는 나일강에 의존해 수천 년 동안 생명과 생계를 유지해 왔던 주위 지역의 많은 사람들이 이를 생존권에 대한 위협으로 인식하고 있다. 한 나라에는 개발이익을 가져다주겠지만, 그로 인해 다른 피해와 환경 파괴가 일어날 수 있다. 현재 댐 건설로 가장 심각한 위기를 느끼는 이집트, 수단과 에티오피아 삼자 간에 협의와 절충이 오가고, 또 유엔과 미국이 중재 역할을 하고 있지만 아직은 해결을 보지 못하고 있다.

전염병과 질병 퇴치도 시급한 과제다. 너른 지역에서 소규모 종족공동체 생활을 하던 과거와 달리, 좁고 위생 환경이 열악한 도시에 인구가 집중하면서 군집형 질병, 특히 에이즈가 아프리카를 위협하는 최대 적으로 창궐하고 있다. 어린이들이 희생되는 말라리아는 거의 관리 가능하게 되었지만, 성인들이 감염되는 에이즈는 태아 감염을 일으키거나 부모를 잃은 고아를 양산하는 등 다음 세대로 피해를 대물림하고 있다. 에볼라나 코로나 같은 변종 바이러스가 지구촌을 휩쓸 때도 언제나 가장 큰 피해는 아프리카인들이 짊어진다. 수백 년간 이어진 식민시대에 철저히 착취하고 제멋대로 방치한 생존의 순환 생태계와 사회 복원력이 작동하려면 아직 많은 투자와 시간이 필요하다. 국제사회의 공조로 필수적인 의료시설 확충, 건강 증진과 주거환경 개선을 위한 정책이 중장기적으로 지속되어, 아프리카인들의 생존 환경이 하루 빨리 안정되어야 한다.

아프리카 국가 대부분은 경쟁하는 여러 종족과 서로 다른 문화적 배경을 가진 다양한 공동체가 국가라는 틀 속에서 공존하는 국민국가 형태로 유지되고 있다. 그것이 식민지시대의 불행한 유산이라 해도 현실적으로 그 형태를 바꿀 수는 없다. 이제 국민국가 체제에 맞게 새로운 통합 정체성을 찾고 정착시켜 나갈 수밖에 없다. 정치 민주화를 통해 공정한 기회를 보장하고, 부의 효율적인 분배를 통해 공평한 복지를 실시하며, 경제·사회적 주체로서 여성의 위상을 제고하고, 과학기술의 발전과 전통사회의 조화를 이루는 것은 세계 많은 나라의 공통 목표다. 지금 아프리카인들은 그 과정에서 가장 아프리카다운 것을 복원·재조명해 새로운 아프리카 상像을 창출하고자 한다. 자연과 동물과 인간의 공생과 조화, 함께 나누는 공동체 정신, 영적인 삶에 대한 가치 부여, 정신과 몸이 함께 만들어내는 예술성은 21세기 인류가 추구하는 궁극적 지향과 맞닿는다.

세계 여성의 날 행진에 동참한 카메룬의 여성 경찰들
카메룬 여성들이 2015년 3월 8일 세계 여성의 날을 맞아 벌인 시가행진에 여성 경찰들도 동참했다.
Happiraphael, CC BY-SA 4.0

그리고 중세 이후 탈식민시대에 이르기까지 유럽 식민 강국들이 '문명'의 이름으로 자행한 범죄와 노동 착취, 가혹 행위에 대한 진정한 사죄와 배상 문제도 반드시 짚고 넘어가야 한다. 이것은 복수 차원이 아니라, 인류가 다시는 이런 범죄를 되풀이하지 않게 하는 최소한의 제어 장치다.

**나이로비 국립공원에서
건너다보이는
케냐의 상업 중심지**
도시 안에 국립공원이
있는 곳은 전 세계에서
나이로비가 유일하다.
Alexmbogo, CC BY-SA 4.0

아프리카의 금융 중심지
나이지리아의 해안 도시
라고스는 콩고민주공화국의
킨샤사에 이어 아프리카에서
두 번째로 큰 도시다.
Reginald Bassey, CC BY-SA 4.0

참고문헌

가와다 준조, 임경택 옮김, 2004,《무문자 사회의 역사: 서아프리카 모시족의 사례를 중심으로》, 논형.

강정인, 2004,《서구중심주의를 넘어서》, 아카넷(대우학술총서).

고일홍,〈문명의 빈곤과 문명 이전의 풍요〉,《인물과 사상》 2009년 12월호(통권 140호), 154~169쪽.

롤랜드 올리버, 배기동·유종현 옮김, 2001,《아프리카: 500만 년의 역사와 문화》, 여강출판사.

마르쿠스 핫슈타인·데틀레프 베르그혼, 김지원 옮김, 2008,《손 안에 담긴 세계사》, 수막새.

마이클 하워드·로저 루이스, 차하순 외 옮김, 2000,《20세기의 역사》, 가지않은길.

마틴 버낼, 오흥식 옮김, 2006,《블랙 아테나: 서양 고전 문명의 아프리카·아시아적 뿌리》, 소나무.

성곡미술관, 2001,《아프리카 쇼나 현대조각》, 성곡미술재단.

우은진·정충원·조혜란, 2018,《우리는 모두 2% 네안데르탈인이다》, 뿌리와이파리.

유네스코 아시아·태평양 국제이해교육원 편, 2004,《함께 사는 세상 만들기: 고등학생을 위한 국제이해교육》, 일조각.

이한규, 2016,〈제19장 아프리카의 역사〉,《세계의 역사》, KNOU.

이희수, 2022,《인류본사》, 휴머니스트.

전국역사교사모임, 2019,《살아있는 세계사 교과서》(전2권), 휴머니스트.

존 아일리프, 이한규·강인황 옮김, 2002,《아프리카의 역사》, 이산.

존 S. 음비티, 정진홍 옮김, 1979,《아프리카의 종교와 철학》, 현대사상사.

프랭크 윌레뜨, 최병식 옮김, 1992,《아프리카 미술》, 동문선.

한건수, 2005,〈아프리카〉, 오명석 외,《세계의 풍속과 문화》, 한국방송통신대학교출판부.

한건수, 2007,〈아프리카에 대한 한국인의 상상과 재현〉,《오류와 편견으로 가득한 세계사 교과서 바로잡기》, 삼인.

인류 문명의 시험장, 서아시아

이희수

일러두기
인·지명은 학계에서 널리 쓰이는 표기대로 쓰되, 국립국어원에서 정한 규범 표기가 따로 있을 경우 그 이름을 처음 쓸 때 괄호 안에 규범 표기를 병기했다.

시작하며

오늘날 이슬람이 뿌리를 내린 서아시아야말로 인간의 지혜와 지적 유산을 모으고 전파하고 발전시킨 인류 문명의 산실이다. 2014년 튀르키예 아나톨리아반도와 시리아의 접경 지역에서 발굴된 괴베클리 테페 유적지는 도시문명의 발생 시점을 1만 2000년 전으로 끌어올렸다. 수렵채취시대 말기에도 농경·정착 사회 못지않게 수준 높은 도시문명과 신전이 존재했다는 놀라운 사실이 발견된 것이다. 그 뒤 1만 년 전부터 메소포타미아 지방에서는 곡물 재배와 동물 사육이라는 혁명적 삶의 변화를 시작했다. 그리고 문명의 결실을 유럽과 주위 세계에 전해주었다.

메소포타미아의 수메르 문명을 비롯해 히타이트, 아시리아, 헤브라

괴베클리 테페 발굴 현장 2012년 촬영. Klaus-Peter Simon, CC BY-SA 3.0

이, 바빌로니아, 페니키아 등등 오리엔트에서 발달한 도시문명은 고대 국가로 발전했고, 주위 지역과 문화적·상업적으로 교류하면서 인류 사회의 성숙과 발전에 결정적 토대를 제공했다. 서아시아 오리엔트의 토양에서 그리스-로마 문화가 꽃피어 오늘날 서양 문화의 뿌리가 되었음은 자명하다.

그럼에도 19세기 말 사회진화론을 바탕으로 한 인종우월주의와 자문화 중심주의가 유럽인의 인식 세계를 지배한 상황에서, 이교도·이문화인 오리엔트 문명의 영향과 실체는 의도적으로 왜곡되거나 축소, 과소평가 되었다. 예로부터 유럽인들은 "빛은 오리엔트에서"라는 말을 사용했으며, 그리스어의 '아나톨리아'(오늘날의 튀르키예반도), 라틴어의 '오리엔트', 이탈리아어의 '레반트'가 모두 '해가 뜨는 곳'이라는 의미다. 그런데도 유럽인

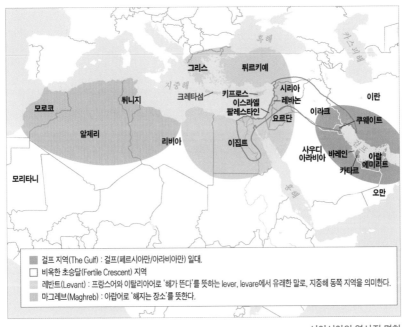

서아시아의 역사적 명칭

들은 문명의 큰 스승이었던 오리엔트의 문화적 실체와 영향을 인정하는 데 매우 인색했다.

그리스 문명은 크레타에서 출발했고, 크레타 문명은 이집트 문명을 한 축으로 하고 다른 한 축으로 오리엔트 문명의 지적 성취를 고스란히 받아들여 꽃피운 종합 해양문명이었다. 크레타 문명이 그리스 본토로 흘러들어 미케네 문명을 잉태하고, 끊임없는 자기화 과정을 거쳐 서기전 6세기 드디어 화려한 그리스 문화의 전성기가 열렸던 것이다. 그리고 그 바탕 위에 로마가 탄생했다. 건축과 예술, 신화적 구조를 띤 종교관, 과학과 철학 등 이집트와 메소포타미아-오리엔트 문명에 지적 신세를 지지 않은 분야가 거의 없었음에도 고대 오리엔트 문명의 실체는 오랫동안 그 문명의 후예들에게 거의 알려지지 않았고 제대로 관심을 유발하지도 못했다. 서양의 인물로 동양을 정복한 알렉산드로스의 공격 행위에는 문명의 위대한 전도사란 수식어가 따라다녔지만, 그의 죽음으로 사라져버린 마케도니아에 비해 문명의 깊이나 역사성이 훨씬 심대하고 광범위했던 페르시아제국은 상대적으로 도외시되었다. 서양이 공격하면 정복이나 위대한 승리가 되는데, 동양이 공격하면 찬탈이나 파괴가 되곤 했던 우리 세계사 교과서의 표현과 관점도 왜곡된 역사의식에 어느 정도 책임이 있다고 생각한다.

마케도니아의 왕 알렉산드로스가 죽은 후 그의 지배 영역은 곧바로 쪼개지면서 약화했고, 서아시아는 로마제국을 이어받은 동로마의 비잔틴제국과 사산조 페르시아제국의 격돌장으로 바뀌었다. 두 제국이 300년에 걸쳐 벌인 소모전으로 서아시아 일대에서는 경제적 파탄과 혼란이 극으로 치달았고, 7세기 초 이런 시대적 절망감에서 이슬람이란 새로운 종교 사상이 등장한 것은 역사적으로 전혀 우연이 아니다.

이슬람의 창시자 무함마드는 서아시아에서 오랜 사상적 기반을 가진 정통 유일신 사상을 다시 한 번 설파해 혼란한 당시 사회를 정신적으로 통합하는 데 성공했다. 토착 종교와 기존 사회구조를 포용하면서 역동적인 유목 군사 체계를 통해 펼쳐나간 정복 사업은 대성공을 거두었다. 이슬람 군대는 합리적인 조세제도를 도입하고 토착민의 고유한 생활 방식을 인정하는 방법으로 전쟁다운 전쟁을 치르지 않고도 주위 지역을 쉽게 복속시킬 수 있었다. 천 년에 걸친 이슬람 제국의 시대는 아라비아반도에서 북아프리카 모로코와 스페인 남부, 중앙아시아와 동남아시아, 인도에 이르는 광범위한 지역에 종교와 문화적 유산을 남겼고, 인류 문명의 성숙에 공헌했다. 암흑시대 중세 유럽이 잠들어 있을 때, 이슬람 제국은 그리스-로마의 지적 유산을 번역하고 재해석하여 유럽에 전해주었으며, 이것이 유럽의 르네상스가 일어나는 데 결정적 동기가 되었다.

그러나 종교·문화·경제적 우월감과 교만은 결국 내부의 부패와 경직성으로 이어졌고, 이슬람의 형이상학적 정신문화가 유럽의 기술 발전을 따라잡을 수 없는 상황을 맞기에 이르렀다. 개혁에 실패한 이슬람 세계는 1683년 빈 공성에 실패한 뒤로 줄곧 유럽의 공격을 받는 신세로 전락했고, 일단 주도권을 확보한 서구 세력은 지난 천 년간의 모욕과 패배를 설욕하려는 듯 20세기 중반까지 무서운 기세로 이슬람 세계에 대한 본격적이고 조직적인 침탈을 이어갔다.

천 년에 걸친 이슬람 제국 시대 내내 아랍인이 중심 세력으로서 주도권을 휘둘렀던 것은 아니다. 1258년 압바스(아바스)제국이 몽골에 멸망한후, 이슬람 세계의 무게중심은 오스만제국으로 이동했다. 투르크인이 중심을 이룬 오스만제국이 이슬람 세계의 정교일치 통치권인 칼리파(칼리프)권을 행사했는데, 1차 세계대전 패전 후 오스만 왕정이 무너지고 1923년 튀르키예(터키)공화국이 수립하면서 이슬람 세계의 명목상 통합마저 깨어졌다.

오스만제국의 멸망과 와해는 그 치하에 있던 여러 소수민족이 독립할수 있는 실마리가 되었으나, 곧바로 영국과 프랑스를 중심으로 하는 서구 열강이 서아시아 일대를 식민 통치하면서 오늘날 이슬람 세계에서 벌어지고 있는 분쟁과 갈등의 씨앗을 심었다. 가장 대표적인 분쟁 지역인 팔레스타인 문제만 하더라도 영국과 프랑스가 이 지역을 나눠먹기 하면서 상호 모순된 3중 비밀 조약을 맺은 데 그 원인이 있다. 국제법과 유엔 안전보장이사회 결의, 쌍방의 평화협정 등이 지켜지지 않고 미국 등 강대국들이 일방적으로 이스라엘을 두둔하면서 복잡해진 팔레스타인 문제는 아직도 해결의 기미가 보이지 않는다.

지금 서아시아 여러 국가들은 21세기의 국제 흐름을 잘 인식하고 내부 개혁과 민주화, 여성권익 신장, 시민사회 형성 등 더 발전하기 위한 미래 청사진을 준비하고 있다. 산유국들은 오일머니로 들어오는 자본을 사회기반시설에 투자하여 농사를 짓고 낙농과 담수화 시설을 확충하는 등 다음 세대를 위한 토대를 마련하고 있다. 무엇보다 2010년 아랍 민주화 운동 이후 수십 년 이어졌던 장기 독재정권이 무너지면서 이슬람 역사는 전혀 새로운 국면을 맞았다. 비록 아랍 민주화운동 자체는 권위주의 군사정권들이 재집권하면서 실패했지만, 서아시아 대부분의 나라에서 시민사회의 중요성, 인권의식 함양, 투명한 정부와 민주적 운영, 여성의 사회 참여와 성평등에 대한 절실한 자각이 어느 때보다 강하게 일어나고 있다. 보수적이던 아랍 산유국들도 점차 개방과 개혁을 강화하고 있고, 탈석유 시대를 준비하며 '사우디 2030 비전', '뉴 쿠웨이트 2035' 등 나라마다 새로운 미래국가를 추진하고 있다. 다만 팔레스타인 문제의 평화적 해결, 시리아·예멘·리비아 등지의 내란과 전쟁, 사우디-이란 갈등, 유가 하락에 따른 경제 침체, 청년 실업, 감염병 대유행에 대한 사회안전망 구축 같은 긴급한 현안을 어떻게 극복하는가가 시급한 과제로 남아 있다.

1만 2000년 전 신전도시 괴베클리 테페와 고대 문명의 탄생

얼마 전 튀르키예 남동부의 도시 산르우르파(샨르우르파) 교외에서 놀라운 도시·신전 유적이 발굴되었다. 수렵·채취시대 후반인 1만 2000년 전쯤 세워진 것으로 밝혀진 괴베클리 테페 신전 유적이다. 이는 수렵·채취시대에도 농경·정주 사회 못지않게 수준 높은 도시문명이 발달했다는 새로운 사실을 증명해주는 쾌거로, 종래의 역사 발전 이론을 뒤집으며 고고학계의 비상한 관심을 불러일으키고 있다. 튀르키예 남부의 차탈회

차탈회위크 유적 북부 지구 발굴 현장(2014년 촬영). ©Çatalhöyük Research Project, Stanford Archaeology Center

차탈회위크 유적 야생 소와 사슴, 사냥꾼을 그린 벽화. Omar hoftun, CC BY-SA 3.0

위크에서도 서기전 8000년경 세워진 정교한 도시 유적이 발굴되었다.

괴베클리 테페, 차탈회위크, 예리코 등 인류가 처음 도시를 형성한 곳은 바로 서아시아와 나일강 유역을 아우르는 오리엔트 지역이다. 이곳에서 인간은 곡물 재배와 동물 사육이라는 혁명적 삶의 변화를 처음으로 시작했다. 서아시아 지역은 최초로 문명이 시작된 곳이자, 인간의 지혜와 지적 유산을 전파하고 발전시켜 인류 역사에 가장 지대한 공헌을 한 문화의 산실이다.

오늘날의 이라크 북동쪽 자그로스산맥 지대에 정주한 주민들은 농경과 목축을 병행하며 자르모, 하수나, 사마라 지역에서 후기 신석기 문화를 일구었다. 이들 사이에서 서기전 6100년경부터 약 천 년간 '할라프Halaf 문화'라는 촌락문화가 형성되어 오늘날 튀르키예 동남부와 시리아 북부, 이라크 지역으로 퍼져나갔다. 이들은 아름다운 칠무늬토기(채문토기彩文土器)를 만들고, 금속인 구리를 사용하기 시작했다. 이 무렵 남쪽의 수메르

지방에서도 처음 정주 생활을 시작해서 에
리두 문화를 이루었다. 그러나 석기와 금속
을 같이 사용한 시기(금석병용시대金石倂用時代)
를 대표하는 것은 우바이드 문화(서기전 5900
~4000)와 우루크 문화(서기전 4000~3100)다.
우바이드 문화기에 사람들은 더 넓은 지역에
정착하게 되었는데, 구리 야금술이 발달하면

할라프 채문토기
서기전 5600~5000년경, 시리
아 텔할라프 출토, 뉴욕 메트로폴
리탄미술관 소장. Purchase, Colt
Archaeological Institute Inc. Gift, 1983

서 거주지 분포 범위가 수메르에서 지중해 연안까지 확대되었다.

　그 결과 서기전 3200년경 유프라테스강과 티그리스강 사이 지역인 메
소포타미아의 남부, 곧 수메르 지방에서 우루크와 우르 같은 도시국가
들이 탄생한다. 그들은 강의 범람에 대비한 대규모 치수 사업을 벌이며
도시국가를 형성하고, 본격적인 문명 생활을 시작했다. 이들 수메르인은
쐐기문자를 만들어 점토판에 자신들의 삶을 기록 보전했으며, 보리빵에
맥주를 즐겨 마시기도 했다. 수메르인들이 시작한 메소포타미아 문명이
야말로 그 후 전개되는 서아시아 5000년 역사의 굳건한 모태가 되었다.

　메소포타미아 문명과 더불어 이집트의 나일강 하류에서도 고대 문명
이 시작되었다. 이집트 문명은 명백히 이집트 북부와 누비아의 고대 문명
에 뿌리를 둔다. 이집트 문명의 원형이 아프리카에서 기원한 점은 분명해
보이지만, 이집트의 발전 과정, 특히 동쪽으로 진출하는 과정에서 메소
포타미아 문명과 혼합하는 양상이 두드러진다. 그것은 메소포타미아 문
명을 이룬 셈족과 이집트 사이에 언어·문화적으로 근본적인 연결고리가
존재했다는 사실에서도 확인할 수 있다.

　에티오피아고원과 빅토리아호에서 발원해 6650km를 흐르는 나일강은
하류에 예측 가능한 정기적 범람을 일으켰고, 이는 농사의 선순환과 그
에 따른 풍요로 이어졌다. 풍요를 지속하기 위해 농경에 필요한 관개와

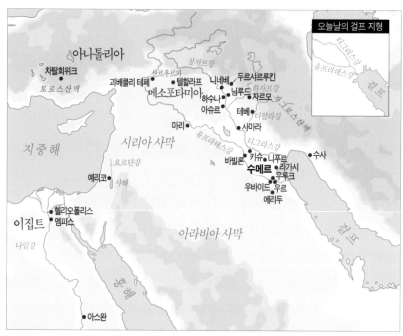

오리엔트의 고대 도시

대규모 치수 사업이 요구되었고, 이를 위한 일사분란한 조직력의 가동은 강력한 공동체 형성을 거쳐 통일된 도시국가의 탄생을 불렀다. 사방이 사하라사막, 홍해, 지중해, 열대우림 같은 자연 장애물로 둘러싸여 외부 세력이 침입하기 어려운 점은 이집트왕국의 지속성과 통일성을 유지해 주는 요인이 되었다.

이집트의 파라오(왕)들은 태양신의 아들, 살아 있는 최고의 신으로서 추앙받으며 절대 권력을 행사했다. 되풀이되는 나일강의 범람은 '반복적인 사멸과 재생'이라는 영혼 불멸 사상을 낳았고, 풍요를 놓치지 않으려는 욕망은 내세 사상을 잉태했다. 이러한 내세관은 영육이 부활한다는 믿음과 내세에도 현세의 모습을 그대로 간직하려는 미라 풍습으로 이어졌다. 나아가 파라오를 중심으로 거대한 내세 공간인 피라미드 건축이 발달하고,

죽은 자를 위해 '사자死者의 서書'를 무덤 속에 넣는 풍습도 생겼다.

이집트인은 나일 강변에서 자라는 파피루스로 종이를 만들어 상형문자를 기록했다. 나일강의 범람을 예측하기 위해 태양력을 만들었으며, 나일강 범람 후 경작지 복원 사업에 필요한 측량술과 기하학을 발전시켰다. 십진법을 사용했고, 의학 기술도 발달시켰다. 이집트-메소포타미아-인더스 문명은 서로 멀리 떨어져 있으면서도 육로와 해로로 연결되어, 당시에도 이미 밀접한 문화적 접촉과 교류가 이뤄졌다.

메소포타미아 문명의 발전

비옥한 평야 지대인 메소포타미아에서는 도시 공동체의 규모가 급격히 커져 식량이나 천연자원이 부족해지면, 무역을 통해 목재·석재·구리·청동 등을 식량과 교환했다. 금속을 이용한 도구를 개발하여 초기 기술 진보의 터전을 마련했으며, 그 결과 금속 사용이 문명의 지표처럼 받아들여지게 되었다. 금속 사용과 문자 발명으로 다른 지역보다 앞서 문명이 발달했고 우르, 라가시 등 도시국가들이 속속 들어서 인류의 초기 문명 실험을 이끌었다.

그러나 메소포타미아 지역은 지형이 사방으로 트여 있어서 이민족의 침략에 취약했고, 아카드인, 아모르인Amorites 등 여러 셈계 민족의 이주와 정복으로 잦은 국가체제 변화를 경험했다. 이러한 상황은 무기와 농업 도구 생산을 위한 금속 응용 기술의 유용성과 첨단 정보의 필요성을 일깨워 기술 진보의 원동력이 되었다.

메소포타미아의 초기 도시 구조는 중앙에 '지구라트'라는 신전을 세우고 주변을 벽돌담으로 둘러싸는 형태를 취했다. 파라오 자신이 태양신의

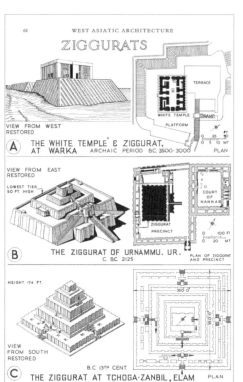

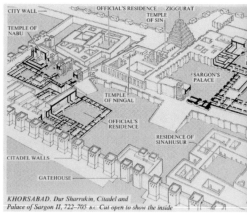

(왼쪽) **지구라트 조감도** 위로부터 일명 '하얀 신전' 지구라트(이라크 와르크 소재), 우르의 대지구라트, 엘람의 초가잔빌 지구라트(이란 후제스탄주 소재). 출처 Fletcher, Banister, 1946, *A History of Architecture on the Comparative Method*(17th ed.), New York: Charles Scribner's Sons. **(오른쪽) 두르샤르루킨 왕성의 구조** 아시리아 왕 사르곤 2세(재위 서기전 722~705)가 세운 수도 두르샤르루킨Dur-Sharrukin의 북쪽 성벽에 위치한 왕성. 지구라트가 왕궁의 일부를 이룬다. 이라크 코르사바드 소재. 출처 Helen Leacroft & Richard Leacroft, 1974, *The Buildings of Ancient Mesopotamia*, Leicester: Brockhampton Press.

우르의 대大지구라트 달의 신 난나를 모시는 신전이었다. 서기전 2100년경 축조, 이라크 디카르주 소재.

아들로서 신과 동일시되던 이집트 문명과 달리, 메소포타미아의 왕은 철저히 신의 대리자 역할을 맡았다. 그 아래 지배층으로 신관과 군인, 피지배층으로 평민과 노예가 분류되는 사회계층 구조를 이루었고, 이는 근세까지 인류의 사회구조를 구성하는 기본 계층 단위가 되었다.

탁 트인 지형에서 치열한 생존 경쟁과 빈번한 정치체제의 교체는 필연적으로 임기응변적이고 자기중심적인 태도를 갖게 했다. 따라서 파라오를 중심으로 영생과 내세의 삶을 강조하던 이집트와 달리 메소포타미아에서는 내세보다는 현세를 중시하는 종교관이 발달했다. 7일을 일주일로 하는 생활 주기는 〈창세기〉에 기록된 천지 창조 이야기에서 연유했지만, 동시에 '7'은 셈족의 기본적인 수 개념이었다. 메소포타미아인들은 천체가 일곱 행성으로 구성된다고 믿었고, 그것이 오늘날의 요일로 표현되었다. 즉 태양이 일요일Sun-day, 달月이 월요일Mon-day로, 마지막 행성인 토성土星, Saturn이 토요일Satur-day로 표현되었다. 그리고 오늘날과 같이 기본 시간 개념에 60진법을 적용했다. 1시간을 60분으로, 1분을 60초로 하고, 60에 다시 6을 곱해 1년의 일수를 360일로 했다.

메소포타미아 지역에서는 쐐기문자를 발명하여 점토판에 기록을 남김으로써 고대 문명의 모습을 생생히 복원할 수 있게 해주었다. 서기전 1800년경 바빌로니아왕국의 함무라비 왕은 수메르의 고대 법전을 집대성하여 법전을 편찬했다. 전문과 후문 외에 282조로 이뤄진 이 법에는 탈리오 법칙(눈에는 눈, 이에는 이) 같은 고대의 잔재가 남아 있으나, 민법,

메소포타미아 쐐기문자
슈루팍Shuruppak(오늘날의 시리아 텔파라)에서 출토한 서기전 2600년경의 쐐기문자 점토판. 부동산 매매 계약에 관한 내용이 쓰여 있다. 가로·세로 8.5cm. 파리 루브르박물관 소장. ©Marie-Lan Nguyen / Wikimedia Commons

함무라비 법전
루브르박물관 소장.
Louvre Museum,
CC BY-SA 3.0

형법, 운송·중개를 다룬 상법까지 포함되어 있어 정교한 사회 통치 체계가 가동되고 있었음을 말해준다. 이 법은 후대 오리엔트 지역에서 법 정비에 큰 영향을 끼쳤으며 로마의 12표법十二表法, 헤브라이 법과도 역사적 연결고리를 찾을 수 있어 동서양 법체제 비교 연구에도 중요한 자료가 된다.

　이 지역의 고대 문명은 바빌로니아(서기전 1800년대), 히타이트(서기전 1600년대), 페니키아(서기전 1200년대), 헤브라이(서기전 1000년대), 신아시리아(서기전 900년대), 메디아(서기전 700년대) 등 여러 고대 국가의 탄생으로 이어졌다.

오리엔트에서 번성한 고대 국가들

서기전 2350년경 셈족 계통의 아카드인들이 처음 통일 국가인 아카드 왕국을 세운 이후, 서아시아에서는 줄곧 셈계 민족들이 흥망성쇠의 역사를 주도했다. 특히 바빌로니아왕국은 서기전 18세기경 함무라비 왕 때 전성기를 이루면서 유명한 성문 법전을 남겼다.

바빌로니아에 이어 오리엔트를 차지한 정치 세력은 서기전 16세기경 성장한 히타이트였다. 이 시기부터 메소포타미아를 비롯해 동부 지중해 연안을 아우르는 '비옥한 초승달 지역'을 중심으로 광대한 제국이 잇따라 등장하면서 기술과 문명 전파에 가속도가 붙었다. 당시 세계 최강 국가였던 이집트의 람세스 2세(재위 서기전 1279~1213)와 히타이트 왕 무와탈리 2세(재위 서기전 1295~1272)가 시리아를 둘러싸고 첨예한 대결을 벌

서기전 13세기 오리엔트의 고대 국가

히타이트 성채의 '사자문' 튀르키예 북동부 보아즈칼레Boğazkale의 하투샤Hattuša 유적. ⓒHee Soo Lee

인 사건이 카데시 전투(서기전 1274년 5월)라 알려진다. 고대의 두 문명권이 충돌한 최초의 세계대전은 15년 뒤 서기전 1258년 이집트의 람세스 2세와 히타이트의 하투실리 3세(재위 서기전 1267~1237) 사이의 카데시 평화 조약 체결로 일단락되었다. 시리아 분할을 타결한 카데시조약은 세계 역사상 최초의 성문 국제조약으로 알려져 있다. 또한 히타이트는 처음으로 철제품을 발명하여 오리엔트 전 지역에 군사와 농업 분야에서 철기 문화 시대를 열었다.

히타이트가 멸망한 후, 비옥한 초승달 지역에 강력한 셈계 국가들이 등장하며 범세계주의적인 사상이 태동했다. 이집트와 메소포타미아 두 문명의 영향권이었던 이 지역에서 페니키아와 헤브라이 두 왕국이 번성했다. 그중 페니키아는 지중해 무역을 독점하여 부강해졌고, 북아프리카 지중해 연안에 카르타고와 같은 식민도시를 건설했다. 페니키아의 표음문자表音文字는 그리스에 전해져 알파벳의 기원이 되었다.

**페니키아 문자가 새겨진
킬라무와 석비**
서기전 825년경
한 아람인 왕국의 지배자
킬라무와Kilamuwa를 기려
새긴 석비. 튀르키예
진지를리 삼알Sam'al 출토,
베를린 페르가몬박물관 소장.
Osama Shukir Muhammed Amin
FRCP(Glasg). CC BY-SA 4.0

　예루살렘을 수도로 한 헤브라이왕국은 팔레스타인 지역에 정착한 유목민 헤브라이인들이 세웠다. 헤브라이인들은 서기전 1500년경 팔레스타인의 가나안에 정착했다가, 심각한 기근으로 이집트에 이주했다. 그 후 파라오의 압제를 피해 다시 가나안으로 돌아와, 서기전 11세기 말에 헤브라이왕국을 세웠다. 다비드와 솔로몬 왕 때 전성기를 누린 헤브라이왕국은 곧 이스라엘과 유대 두 왕국으로 분열되었다. 이스라엘은 서기전 8세기 아시리아제국에 멸망했고, 유대왕국은 서기전 6세기 신바빌로니아왕국에 정복되었다. 헤브라이인들의 유일신 사상은 후일 기독교와 이슬람교의 성립과 발전에 토대가 되었고, 서양 문화의 바탕이 되었다. 헤브라이인들의 민족사는 《구약성서》에 잘 나타나 있다.

　서기전 12세기경부터 약 300년 동안 필리스틴인, 아람인, 헤브라이인들이 각각 팔레스타인-시리아 지역에서 활동하는 동안, 이란과 메소포타미아 지방에 인도-유럽어계의 메디아인과 셈계의 칼데아인이 침투하여 혼란 속에서 교류와 쟁패를 거듭했다. 이러한 혼란과 분열 상태를 종식한 세력이 아시리아였다.

아시리아는 서기전 1300년경부터 메소포타미아 중부 지방에서 팽창하다가 서기전 8세기경 최초로 오리엔트 전 지역을 통일했다. 아시리아는 아슈르바니팔 왕(재위 서기전 668~627) 때 전성기를 맞았는데, 그는 옛 메소포타미아 문명을 보존했을 뿐만 아니라 쐐기문자로 기록된 점토판을 방대하게 수집했다. 고대 메소포타미아의 신화와 서사시, 영웅시 등은 이들 점토판의 덕택으로 오늘날 우리에게 알려지게 되었다.

영국박물관에서 재현해놓은 **아슈르바니팔의 도서관** Gary Todd, CC0

아슈르바니팔 왕궁 기록화 니네베의 왕궁을 그린 점토판. 오른쪽 점토판은 원래의 채색을 복원한 것이다. 영국박물관 소장. Gary Todd·Carole Raddato, CC BY-SA 2.0

그러나 아시리아는 정복전쟁을 거듭한 결과로 아슈르바니팔 왕 사후에 쇠약해져, 메디아를 비롯한 소수민족들의 반란에 서기전 612년 멸망했다.

아시리아제국의 멸망으로 오리엔트는 다시 메디아·리디아·이집트·신바빌로니아, 네 나라로 분열했다. 그중 '칼데아'라고도 불리는 신바빌로니아 왕국(서기전 612~538)이 가장 번영했는데, 그 중심지인 바빌론은 세계의 수도로 불릴 만큼 번창했다. 이 왕국은 네부카드네자르 왕(재위 서기전 605~561년경) 때 전성기를 맞았다. 그는 이집트와 싸워 시리아를 확보한 후, 서기전 586년에는 유대왕국의 예루살렘을 정복했다. 이때 많은 유대인이 전쟁 포로로 바빌론에 끌려갔는데, 이를 '바빌론 유수幽囚'라 한다. 이 사건은 유대 문화에 오리엔트의 다양한 문화적 유산이 이입되는 계기가 되었다.

예측할 수 없는 홍수로 인한 경작의 불확실성과 개방적인 지리적 입지로 인해 피할 수 없는 이민족의 위협은 메소포타미아인들의 생활과 인식세계에 직접 영향을 미쳤다. 이는 나일강의 정기적인 범람이 풍요를 보장해주던 이집트의 예측 가능한 경제체제와는 판이한 것이었다.

이집트인들은 내세를 평온한 현세의 연장으로 보고 영혼 불멸과 부활을 믿게 되었으며, 그들의 영혼 불멸과 부활 사상이 그리스의 디오니소스 신앙으로 전해져 후일 기독교의 부활 신앙으로 승화했다. 반면 현세적이고 숙명론적이었던 메소포타미아인들은 악마 신앙과 점성술에 몰입했다. 악마가 있다는 믿음은 선신 아후라 마즈다와 악신 아흐리만의 대립이라는, 페르시아 조로아스터교의 사상으로 전승되었다. 그리고 이러한 이원론적인 사고가 기독교 신학에도 중요한 영향을 끼친다.

아후라 마즈다 형상을 표현한 리디아왕국의 주화
서기전 380년경. Classical Numismatic Group, Inc.
http://www.cngcoins.com, CC BY-SA 3.0

인류 최초의 대제국, 아케메네스 페르시아 서기전 550~330

아시리아가 멸망한 후 분열했던 오리엔트 세계를 다시 통일한 나라가 페르시아제국이다. 서기전 6세기 페르시아는 오리엔트 문명의 토양 위에 건설된 대제국이었다. 오리엔트의 오랜 역사와 전통을 바탕으로 정복한 나라의 문화와 지식도 받아들여, 군사력과 행정제도뿐 아니라 문화의 크기와 깊이에서도 당시 세계 최고 수준이었다.

페르시아의 왕들은 정복한 지역의 주민들에게 관용을 베풀어, 반란을 일으키지만 않으면 그들의 언어나 종교 등 민족의 고유한 풍습을 존중해 주었다. 신바빌로니아에 의해 팔레스타인에서 강제 이주 당했던 유대인들을 고향으로 돌아갈 수 있도록 해준 것이 좋은 예다. 포용 정책을 펴고 정복한 주위 문화를 받아들여 하나로 묶은 페르시아를 두고 '거대한 문명의 호수'라고 말한다.

페르시아제국의 행정 조직과 역참제도, 조세제도, 통치 체계는 후일 로마제국의 성립에 커다란 공헌을 하게 된다. 이 페르시아제국을 후일 3세기에 등장하는 사산조 페르시아제국과 구분하기 위해 '아케메네스 페르시아'라고 부른다.

당시 강력한 국가였던 메디아를 정복하고 페르시아제국을 창건한 통치자는 키루스 2세(재위 서기전 559~530)였다. 그런데 메디아와 페르시아제국은 사실상 인척 관계라고 말할 수 있다. 일찍이 메디아 왕조 치하에서 걸프해* 서안의 안샨 일대를 통치하던 키루스 1세(재위 서기전 600~580)가 페르시아인들을 통합하기 시작했는데, 그의 아들 캄비세스 1세(재위 서기전 580~559)는 메디아왕국의 공주 만다인과 혼인했기 때문이다. 캄비세스 1세의 장남인 키루스 2세는 주변국들을 점령하며 아케메네스 왕조의 초석을 마련했다. 따라서 키루스 2세가 즉위한 서기전 559년부터 아케네

메스 왕조가 시작한 것으로 본다.

키루스 2세는 서기전 550년경 카스피해 남방의 메디아왕국, 서기전 547년 소아시아(아나톨리아반도)의 리디아왕국을 점령한 데 이어 서기전 539년에는 메소포타미아의 강대국인 신바빌로니아마저 무너뜨리고 오리엔트를 통일했다.

키루스 2세는 바빌로니아를 정복한 후에 '키루스 원통'(1879년에 발견되었다)이라는 인류 최초의 인권 선언문을 발표했는데, 이를 통해 페르시아 제국의 공존 정신과 민주적 바탕을 알아볼 수 있다. 이 원통은 현재 영국박물관에 전시되어 있고, 유엔 본부에 사본이 걸려 있다. 그는 이 원통에 새긴 글에서 '모든 시민은 종교의 자유를 누릴 수 있으며, 노예제를 금지하고, 궁궐을 짓는 모든 일꾼에게 급여를 지급한다'고 선언했다.

키루스 원통 앞면
Prioryman, CC BY-SA 3.0

키루스 원통 뒷면
Prioryman, CC BY-SA 3.0

* 아라비아반도 동부와 이란 남서부 사이의 바다를 이란은 페르시아만(Persian Gulf), 아랍 국가들은 아라비아만(Arabian Gulf)이라 부르기에, 중립적인 표현으로 '걸프(The Gulf)', '걸프해'라 한다.

키루스 2세에게서 왕위를 이어받은 캄비세스 2세(재위 서기전 530~522)가 관심을 둔 곳은 비옥한 땅 이집트였다. 정복전쟁을 벌인 캄비세스는 이집트를 점령하여 페르시아제국에 편입했으나, 부상을 입고 귀국하던 중 사망했다. 후계가 없던 캄비세스를 이어 다리우스 1세(재위 서기전 522~486)가 왕위를 차지하고 페르시아제국은 최전성기를 맞았다. 서기전 518~510년 인도의 펀자브 지방까지 세력을 넓혔으며, 그리스인들이 아나톨리아 해안에 세운 식민지들도 하나씩 평정했고, 나아가 북쪽의 위협 세력이었던 스키타이인을 통제하는 데도 성공했다. 이로써 아케메네스제국은 중국을 제외하고 당시 알려진 세계의 대부분을 통일했다. 마지막 관문은 그리스였다.

결국 다리우스 1세와 그의 아들 크세르크세스 1세(재위 서기전 486~465)는 그리스 도시국가들과 본격적으로 격돌했다. 페르시아제국은 거의 반세기(서기전 492~449)에 걸쳐 열한 차례 그리스와 전쟁을 벌인다. 페르시아전쟁으로 알려진 두 세계의 격돌은 일진일퇴를 거듭했지만, 역사에서는 서기전 490년경 아티카 북동부에 있는 마라톤평원에서 벌어진 전투와 영화 〈300〉으로 더 알려진 서기전 480년의 테르모필레 전투, 그리고 살라미스 해전에서 그리스가 거둔 승리만 크게 부각되었다.

페르시아가 분산되어 있던 그리스 도시국가들의 연맹을 완전히 제압하지 못했던 것은 사실이다. 하지만 당시 지구촌 전체 인구의 약 40퍼센트에 해당되는 인구 5000만 명과 주변 20여 개 국가를 복속시키고 있던 다문화 제국 페르시아와 수천 명 규모 도시국가인 폴리스들의 연합체 그리스를 비교하는 것 자체가 무의미할 수도 있다.

넓은 제국을 통치하기 위해 다리우스 1세는 광대한 영토를 여러 주로 나누고, 각 주에 총독을 파견하여 공물과 세금을 거둬들였다. 각 주에는 '왕의 눈', '왕의 귀'라 불린 관리를 보내 총독이 왕에게 충성을 다하는지 감시하는 제도를 도입했다. 새 화폐를 주조하고, 세금 관련 제도도 정비해 조세 형평성을 높이고 국가 재정을 견실하게 다졌다. 왕의 권위를 내세워 일방적으로 강제 과세하는 방식을 벗어나, 토지·재산·소득·가구원 수에 따라 체계적인 징세 방식을 세우고, 지방마다 다른 경제 상황과 형편을 고려하여 각 지방 총독들과 협의해 조세율과 액수를 정했다.

다리우스 1세는 효율적인 제국 통치를 위해 주요 도시를 잇는 도로를 건설했다. 특히 수도인 수사에서 아나톨리아의 사르데스를 잇는 '왕의 길'이 잘 알려져 있다. 이 길은 전차가 달릴 수 있을 만큼 넓고 평평했으며, 길이는 약 2400km에 이른다. 페르시아제국이 완비했던 '왕의 길'은 후일 로마제국이 '아피아 가도'를 건설하는 데 결정적인 모본이 되었다. 길가에 거주지가 형성되면서 작은 도시들이 생겨났고, 주요 도시마다 네 관문을 설치해 주민과 상인들의 편의 시설을 관장했다. 상인이나 이동 중인 관

페르시아 왕의 길

리가 휴식이나 숙박을 할 수 있는 시설(역참)이 무려 111곳에 세워졌다. 숙박 시설에는 항상 말이 준비되어 있었는데, 말은 일정 거리를 달리고 나면 기운이 빠져서 더 뛸 수 없기 때문에 다른 말로 갈아탈 수 있도록 한 것이다. 왕명을 받은 사람은 이 숙박 시설을 이용하면서 릴레이 방식으로 왕의 명령을 최대한 빨리 전달할 수 있었다. 수사에서 사르데스까지는 원래 석 달이 걸리는 거리이지만 왕명을 받아 숙박 시설을 이용하며 달리면 7일이면 충분했다고 한다. 이렇게 잘 정비된 도로는 수도와 지방이 신속하게 연락할 수 있게 해주어 통치의 효율성을 높였으며, 군사와 상업 발달에도 크게 기여했다.

그러나 '모든 민족의 왕'을 자처하며 세계 제국을 건설했던 다리우스 대왕이 죽은 후 페르시아제국은 반란과 권력 다툼에 시달리다, 서기전 330년경 마케도니아 왕 알렉산드로스의 침입을 받아 멸망했다.

페르세폴리스 유적

아케메네스 페르시아제국의 영광과 문화를 가장 잘 보여주는 것이 오늘날 이란 중서부의 도시 쉬라즈 북동쪽에 남아 있는 옛 수도 페르세폴리스의 유적이다. 파사르가다에, 수사에 이어 세 번째로 건설된 수도인 페르세폴리스는 알렉산드로스 왕의 침략으로 불타고 거의 폐허가 되었지만, 남아 있는 모습만으로도 이 제국의 웅장한 규모를 엿볼 수 있다.

페르세폴리스 궁전은 길이 456m, 너비 300m에 이르는데, 왕궁의 중앙에 있는 '알현실'은 높이 20여 m, 지름 1.6m나 되는 원기둥 72개를 세워 만들었다. 지금은 기둥 일부, 그리고 알현실로 향하는 긴 '아파다나 Apadana 계단'의 일부가 남아 있을 뿐이다. 그렇지만 아파다나 계단 벽에 부조되어 있는 매우 사실적인 알현도를 통해 당시 주변국들과의 관계나

아파다나 계단 벽의 부조 Diego Delso, CC BY-SA 4.0

페르시아제국의 문화적 성격을 파악할 수 있다. 페르시아 왕에게 조공과 선물을 바치려고 고유한 의상을 입고 지방 특산물을 손에 든 주변국 사신들의 행렬은 서기전 5~4세기경 오리엔트 일대의 문화를 이해하는 데 귀중한 자료로 평가된다.

페르시아제국은 근본적으로 다른 문화를 받아들여 자기화하는 능력이 돋보였다. 이러한 포용 정책으로 여러 민족의 다양한 문화와 기술이 페르시아로 모여 튼튼한 문화 용광로가 되었다. 페르세폴리스 유적은 이러한 특징을 잘 보여준다. 계단식으로 쭉쭉 뻗어 올라간 기단 벽 형태는 바빌로니아의 것과 같고, 궁전 어귀에 세워진 '크세르크세스의 문'에는 아시리아의 날개 달린 황소상이 서 있다. 성 안에는 연꽃무늬가 있는 돌기둥이 줄지어 서 있었는데 이것은 이집트의 건축물을 본뜬 것으로 보인다.

또한 페르시아는 메디아왕국의 법률체제나 궁중의식을 본보기로 받아들였다. 다문화 정책에 따라 왕의 비문은 대개 3개 언어(고대 페르시아어·엘람어·아카드어)로 쓰였는데, 제국의 행정문서와 외교문서에는 아람어가

크세르크세스의 문 '모든 민족의 문Gate of All Nations'이라고도 한다. Alborzagros, CC BY-SA 3.0

비수툰 부조 이란 케르만샤주 비수툰산 절벽. 다리우스 대왕의 정복 활동을 고대 페르시아어, 엘람어, 아카드어로 새겨놓았다. Hara1603, Public domain

사용되었다.

제국의 절정기에 건축 활동이 활발히 이뤄졌는데, 페르세폴리스 말고도 또 다른 수도 파사르가다에 유적이 잘 남아 있다. 다리우스 1세의 정복 활동을 묘사한 비수툰 Biston(비시툰Bisitun) 부조를 비롯하여 수많은 예술 작품과 세공품이 아케메네스 왕조의 뛰어난 예술 양식을 보여준다.

서기전 5세기
아케메네스 페르시아 시대의 황금잔
7×13.8×9.2cm, 1kg,
이란 고고학박물관 소장.
ⓒ Hee Soo Lee

조로아스터교

페르시아인들의 종교는 서기전 6세기경 조로아스터가 창시했다. 불을 숭배한다 하여 '배화교拜火敎'라고도 하지만, 조로아스터교에서 불은 선을 추구하고 어둠을 밝히는 상징적 의례에 사용되는 것이지 숭배 대상이 아니기 때문에 배화교란 표현은 적절치 않다. 중국에서는 '현교祆敎'라 불리기도 한다. 페르시아인들은 조로아스터교를 믿었지만, 다른 민족의 종교 역시 인정하는 포용 정책을 펼쳤다.

조로아스터교는 세상을 선·빛의 신인 아후라 마즈다와 악·어둠의 신인 아흐리만의 대결로 보았다. 사람들은 생각하고 말하고 행동할 때 선과 악 중에서 자신이 스스로 선택할 수 있다고 보았다. 만약 사람들이 어둠의 신인 아흐리만의 편이 된다면 심판을 받고 멸망한다고 했다. 페르시아 사람들은 선한 신인 아후라 마즈다를 섬기며, 최후의 심판 때 천국으로 갈 수 있게 해달라고 기도했다. 그래서 빛과 선의 신이 승리하도록 불을 밝혀 어둠을 이겨내는 의식을 치른다.

기본 가르침은 '좋은 생각, 좋은 말, 좋은 행동'이다. 항상 좋은 생각을 하면 좋은 말이 나오고, 좋은 말이 좋은 행위로 연결되어 자신의 몸과 마음을 추스르고 세상을 밝히는 바탕이 될 수 있다고 믿었다.

1년 내내 불을 밝힐 수 있는 세계적인 천연가스 지대에서 조로아스터교가 탄생하고 뿌리를 내린 것도 매우 흥미롭다. 교리의 핵심인 선과 악의 대결, 천국과 지옥 같은 이원론적인 구도, 구세주, 최후의 심판이나 부활에 관한 사상은 후일 유대교, 기독교, 이슬람교에 큰 영향을 끼쳤다. 조로아스터교는 3세기 초 사산조 페르시아가 국교로 정하면서 크게 발전했다.

로마와 쟁패한 500년 제국, 파르티아 서기전 247~서기 224

알렉산드로스가 아시아 서쪽을 지배하면서 그리스-로마 문화가 동쪽으로 동쪽으로 전해져, 이슬람이 등장하는 7세기 초까지 거의 천 년간 동서 문화의 교류가 활발히 이뤄졌다. 오리엔트에 이식된 그리스풍 문화 현상을 흔히 헬레니즘이라 한다. 그러나 이 새로운 문화 현상은 그리스 문화의 일방적 전파라기보다는 오리엔트의 오랜 문화적 토양에 그리스적인 요소가 첨가되어 생겨난 독특한 것이라 할 수 있다. 외관과 체계는 효율성을 위해 도입된 성격이 강하다.

알렉산드로스가 지배한 시기는 극히 짧았다. 13년간의 침략과 정복 끝에 알렉산드로스가 죽자, 그의 영토는 네 나라로 나뉘었다. 이집트에 프톨레마이오스 왕조(서기전 305~30), 서아시아에는 오늘날의 시리아를 중심으로 셀레우코스 왕조(서기전 312~64, 시리아왕국)가 들어섰다. 셀레우코스 왕조는 제6대 안티오코스 3세 때(서기전 223~187) 국력이 절정에 도달했으나 내부 반란으로 급격히 쇠퇴하고, 동부에서 그리스계의 박트리아와 이란계의 파르티아가 독립했다. 나머지 영토는 결국 1세기 로마에 병합되는 비운을 맞았다.

서기전 247년부터 서기 224년까지 번성한 파르티아제국은 아르사크 Arsacid로도 불리는데, 고대 페르시아 지역에서 발흥했다. 카스피해 동쪽에 살던 파르니족의 우두머리 아르사케스가 이란 동북부 파르티아 지방을 정복한 뒤 셀레우코스제국에 반기를 들어 건국했다. 미트리다테스 1세(재위 서기전 171~138) 때 셀레우코스제국을 공격하여 메디아와 메소포타미아를 정복하고 영토를 급격히 확장했다. 전성기의 파르티아제국은 그 영토가 오늘날의 이란 전 지역을 뒤덮었을 뿐 아니라 아르메니아, 조지아, 튀르키예 동부, 시리아 동부, 이라크, 투르크메니스탄, 아프가니스탄, 타지키스탄, 파키스탄, GCC(걸프협력회의 소속 국가들: 사우디아라비아·쿠웨이트·바레인·카타르·아랍에미리트·오만)까지 걸쳐 있던 대제국이었다.

파르티아제국은 걸프해, 카스피해, 흑해, 지중해를 연결하는 요충지에

파르티아의 전성기를 이끈
발락쉬 1세 Valaksh I
재위 51~80.
I, PHGCOM, CC BY-SA 3.0

위치하면서 로마제국과 중국 한제국 사이의 비단길 무역로 중심지에서 지속 가능한 물적 기반을 토대로 500년 가까이 번성했던 제국이다. 무엇보다 인류 최강의 로마제국과 쟁패하면서 동서 교류에 크게 기여했으며, 파르티아의 문화요소는 고구려를 비롯하여 우리나라 고대 문화에도 영향을 끼친 것으로 알려졌다. 국제 교역 국가로서 로마와 함께 중국과도 밀접한 관계를 유지했던 파르티아는 중국 역사에서는 로마보다 훨씬 중요한 국가로 빈번하게 등장한다. 중국 역사서에서 '안식국安息國'으로 불리던 나라가 파르티아였다.

파르티아는 초기에 다소 그리스 문화의 영향을 받았지만, 점차 페르시아 문화 본래의 정체성을 회복해 갔다. 아케메네스 페르시아 대제국의 정통 후예를 자칭하면서 파르티아는 스스로 최고 통치자를 '샤한샤shāhanshāh(왕중왕)'로 불렀으며, 자치권을 가진 지방 태수(사트랍satrap) 제도를 두는 등 많은 부분에서 페르시아제국의 행정·통치 체제를 답습했다.

파르티아의 가장 큰 경쟁 상대는 서쪽의 로마제국이었다. 파르티아제국을 로마와 대등한 상대로 만든 사건이 서기전 53년 카르헤Carrhae(카레, 오늘날 튀르키예 동남부의 하란) 전투였다. 로마 장군 크라수스Marcus Licinius Crassus와 맞붙은 파르티아 장군 수레나Surena는

가우가멜라 전투의 파르티아인 기병
서기전 331년 페르시아의 다리우스 3세가 이끈 페르시아군과 마케도니아의 알렉산드로스가 이끈 헬라스 동맹군이 티그리스강 상류 가우가멜라(아르벨라)평원에서 벌인 싸움을 묘사한 샤를 르브룅Charles Le Brun(1619~1690)의 그림을 부조로 새긴 작품의 일부. 마드리드 국립고고학박물관 소재. Luis García, CC BY-SA 3.0

말을 타고 달아나면서 몸을 뒤로 돌려 활을 쏘는 파르티아 궁술Parthian shot을 구사하며 로마군에 대승을 거두었다. 크라수스는 이 전투로 전사하고, 파르티아는 로마로부터 티레(오늘날의 레바논 남부 지중해 연안 도시)를 제외한 레반트 지역 전체를 빼앗았다. 그러나 비옥한 오리엔트 지역을 둘러싼 로마제국과 파르티아의 전쟁은 이후에도 수 세기 동안 지루하게 이어졌다.

파르티아는 문화적으로 매우 다양성을 보이는데, 알렉산드로스의 점령 후 그리스-로마 문화를 이어받은 시대를 반영하듯이 그리스-로마 문화와 페르시아 전통문화의 조화와 융합이 강하게 드러난다. 종교 면에서도 전통적인 조로아스터교를 바탕으로 유대교와 기독교가 공존했으며, 그리스-로마 신에 대한 숭배도 널리 유행했다. 따라서 파르티아인들의 종교 생활에서 다종교 융합적인 면모를 많이 찾을 수 있다. 그리스의 제우스는 종종 최고신 아후라 마즈다, 지하의 신 하데스는 악신 앙그라 마이뉴 Angra Mainyu(페르시아어로 아흐리만), 여신 아프로디테와 헤라는 아나히타, 아폴로는 미트라, 헤르메스는 샤마시Shamash 신과 각각 결합되어 숭배되었다. 그리고 도시마다 지방신과 부족의 신이 따로 존재했다. 파르티아 예술을 보면 아르사크 왕가의 왕들을 신으로 묘사하고 모시는 의례도 성행한 것으로 생각된다.

그러나 제국의 멸망이 으레 그러하듯이 파르티아도 외부의 공격보다는 내부의 분열과 왕권 쟁탈 갈등으로 급속히 쇠퇴했다. 파르스 지방 에스타크르의 통치자 아르다시르 1세가 반란을 일으켜 아르사크 가문의 마지막 왕 아르타바누스 4세를 처형함으로써 파르티아제국의 역사는 막을 내렸다. 동시에 아르다시르는 새 왕조인 사산조 페르시아 시대의 문을 열었다. 서기 224년의 일이다. 아르사크 왕가는 페르시아를 떠나, 한동안 아르메니아에서 왕가의 명맥을 이어갔다.

아르다시르 1세가 아르타바누스 4세를 꺾은 호르모즈간Hormozdgan 전투를 묘사한 부조 이란 파르
스주 피루자바드Firuzabad 소재. Milad Vandaee, CC BY-SA 3.0

비잔틴제국과 300년 소모전을 벌인 사산조 페르시아 226~651

사산조 페르시아가 발전을 거듭하던 3세기 중엽, 샤푸르 1세(재위 241~
272)는 로마군의 침입을 격퇴하고, 시리아에 원정하여 로마 황제 발레리
아누스(재위 253~260)를 포로로 잡기도 했다. 이란의 파르스에 있는 낙셰
로스탐Naqsh-e Rostam 마애 부조에 이 장면이 생생하게 표현되어 있다.
사산조 페르시아는 동쪽의 쿠샨 왕조를 무너뜨리고 인더스강 서쪽까지
영토를 넓혔다.

6세기 들어 비잔틴제국과 중앙아시아 유목민의 줄기찬 공격으로 사산
조 페르시아의 국력이 약해졌을 때, 호스로 1세(531~579)가 즉위하여 나
라를 안정시키고 군대를 확충했다. 그는 비잔틴제국을 공격하고 중앙아
시아의 에프탈(헤프탈)을 무너뜨려 동서 무역로를 장악했다. 그리하여 사

낙셰로스탐 마애 부조 에데사 전투(260)에서 패한 로마 황제 발레리아누스가 샤푸르 1세 앞에 무릎을 꿇고 있다. 페르세폴리스에서 3km 북쪽에 있다. Diego Delso, CC BY-SA 4.0

산조·페르시아는 중계무역으로 크게 번영했다. 호스로 1세는 인도양까지 원정군을 보내 바닷길을 개척했고, 그 결과 인도의 코끼리와 향료, 중국의 풍부한 물자가 페르시아로 집결했다. 사산조 페르시아는 돌궐, 인도, 중국과 외교 관계를 맺었다.

동서 교류가 활발해지면서 세계 여러 나라의 문화를 경험할 수 있게 되었다. 호스로 1세는 철학·의학 연구기관을 설립하고 학문과 예술의 발달을 지원했다. 비잔틴제국 출신 그리스인 학자들이 호스로 1세의 보호를 받으며 연구에 전념하여 철학과 자연과학을 발전시켰다. 또한 호스로 1세는 망명한 학자들에게 그리스와 인도의 훌륭한 문학 작품들을 페르시아어로 번역하도록 했다. 우리가 잘 아는 《천일야화(아라비안나이트)》는 인도와 이집트, 페르시아에 전해 내려온 옛이야기를 모아 아라비아의 전설과 결합해 만든 것이다.

그러나 비잔틴제국과 거듭 전쟁을 벌이다가 궁정의 내분으로 점차 국

사산조 페르시아의 공예품

왕의 두상으로 보인다.
4세기경의 은 공예품.
크기 40×22.9×20cm,
뉴욕 메트로폴리탄미술관 소장.
Fletcher Fund, 1965

가운데에 호스로 1세의 형상이 새겨진 접시.
금, 석류석, 수정, 유리로 만들었다.
지름 28.2cm, 파리 메달박물관 소장.
Cabinet des Médailles, CC BY-SA 3.0

타게보스탄 마애 부조(일부) 비늘갑옷으로 중무장한 사산조의 기병을 표현했다. Philippe Chavin, CC BY-SA 3.0

력이 약해진 사산조 페르시아는 결국 이슬람 세력에게 무너지고 말았다 (651).

사산조 페르시아의 국교는 조로아스터교였으나, 불교도와 네스토리우스파 기독교인들도 있었으며, 3세기에는 마니교가 등장했다. 마니교는 동방에서 들어온 불교, 서방에서 들어온 기독교(네스토리우스파), 조로아스터교가 융합되어 성립했는데, 현세를 부정하는 금욕주의와 정신주의적인 측면이 강해, 당시 국가와 결합하여 세속적으로 부패해 가던 조로아스터교와 대립했다. 국가의 탄압을 받은 마니교는 중앙아시아, 아프리카, 중국에 전해졌으며, 신라에도 '명교明敎'라는 이름으로 알려졌다.

또한 3세기에는 건축, 미술, 공예가 특히 발달하여 서아시아 예술의 기본적인 특징이 확립되었다. 정교한 금과 은 세공, 보석 같은 유리병과 그릇, 화려한 모직물 등이 이름을 날렸다. 사산조 페르시아의 공예품과 건축 양식은 유럽은 물론 중국 수나라와 당나라의 문화에도 많은 영향을 끼쳤다.

무엇보다 사산조 페르시아의 문화와 제도는 이슬람 제국의 성립과 발전에 크게 기여했다. 지방 총독들에게 권한을 위임하여 징세와 군사에 대한 책임을 지게 하는 정치·관료 조직의 체계화, 계급과 계층에 따라 토지세와 인두세를 차등 부과하는 조세제도, 군대와 도로 정비에서 예술과 건축 양식에 이르기까지 사산조 페르시아의 문화적 유산은 고스란히 이슬람 문화 속에 자리를 잡았다.

사산조 페르시아의 예술과 신화는 멀리 신라까지 알려졌다. 경주 고분에서 발견된 유리 제품 20여 점 중에서 페르시아 유리 제품을 볼 수 있고, 페르시아 여신 아나히타의 모습으로 보이는

사산조의 은항아리
페르시아 여신 아나히타의 형상이 새겨져 있다. 4~6세기 제작, 미국 클리블랜드미술관 소장.
Daderot, CC0

경주 황남대총 북분 출토 은그릇
보물 627호, 국립경주박물관 소장.

조각이 새겨진 은그릇이 발견되기도 했다. 신라 사회에서 널리 유행했던 모직 제품들은 페르시아 카펫이었을 가능성이 매우 높다. 이처럼 사산조 페르시아는 동서 양편의 비단길 즉 실크로드를 지배하면서 그들의 문화를 동과 서로 널리 퍼뜨렸다.

동로마제국과 사산조 페르시아라는 양대 세력의 끈질긴 소모전에 따른 정치적 혼란과 경제적 피폐, 그리고 과중한 세금으로 인한 민심의 이탈, 종교적 내분으로 인한 국론 분열은 역내에 새로운 세력의 출현을 예고하고 있었다. 이러한 세기말적 시대 상황에서 이슬람이라는 종교가 서아시아 역사의 새로운 원동력으로 기능하게 된다.

서아시아의 문화적 유산 중 세계사에 가장 큰 영향을 미친 것은 아마 유일신 사상의 확립일 것이다. 유대교와 기독교, 그리고 후일 이슬람교가 모두 서아시아의 토양에서 뿌리를 내리고 세계적인 일신교로 발전했다.

이슬람 역사의 태동과 발전

이슬람의 탄생과 가르침

발생 배경

7세기 초 비잔틴제국과 페르시아제국의 오랜 전쟁으로 육·해상 실크로드가 마비되자, 그를 대신하는 우회로로 아라비아사막을 가로지르는 대상로가 이용되었다. 메카와 메디나가 그 길목의 중심 도시였다. 이러한 시기에 이슬람교를 완성한 무함마드(570~632)가 등장했다.

무함마드는 메카의 명문 쿠레이쉬 가문에서 태어났지만, 일찍 부모를 여의고 어려운 환경에서 자라 팔레스타인과 시리아 등지로 대상 활동을 다니면서 당시 혼란한 사회상을 깊이 회의했고, 기독교와 유대교 사상에도 관심을 가진 것으로 여겨진다. 자신을 고용한 여주인 카디자와 결혼한 무함마드는 사업보다는 명상을 통해 병든 인간 사회의 모순에 대한 해결책을 구하는 데 몰두했다. 오랜 명상 끝에 나이 40세 되던 610년 드디어 하느님(알라)에게서 계시를 받아 우상숭배 타파, 평등과 평화를 강조하는 범세계적인 이슬람교를 완성했다.

교리의 특징

이슬람은 유일신인 하느님을 믿는 종교다. 삼위일체에 의한 기독교식 유일신 사상과 달리 예수의 신격화를 부정하는 철저한 일원론적 유일신 사상이다. 이슬람교에서는 아담에서 아브라함, 모세, 예수로 이어지는, 《성서》에 기록된 많은 선지자들을 시대적 임무를 띤 훌륭한 인간 예언자로 인정하고 추앙한다. 무함마드는 예수 이후에 신께서 보낸 마지막 인간 예언자로서, 앞선 복음을 완성하는 사명을 지닌 인물이라고 본다. 즉 이슬람교는 신 앞에 만민이 평등함과, 신과 인간 사이에 어떤 중개자도 두지 않는다고 가르치므로, 예수를 통한 구원을 강조하는 기독교 사상과 근본정신을 달리한다.

또한 현세에서 쌓은 선악의 경중에 따라 최후의 날 신의 심판에서 천국의 구원이나 지옥의 응징을 받게 된다는 내세관, 그리고 모든 것은 신이 정한 법칙에 예속된다는 정명定命 사상을 따른다. 그 밖에 도박, 마약, 고리대금, 술과 돼지고기, 이슬람식으로 도살되지 아니한 육류를 금하며, 특수한 상황에서 일부다처를 허용한다.

우선 이슬람의 의미는 무엇인가? 이슬람Islam의 언어학적인 어원은 '평화'이고, 신학적인 의미는 '복종'이다. 따라서 이슬람 사상의 핵심은 알라(유일신)에게 절대 복종하여 내면의 평화를 얻는다는 것이다. 기독교 사상의 핵심이 사랑, 불교가 자비, 유교가 인仁이라면, 이슬람 사상의 중심은 평화와 평등이다.

이슬람의 가장 큰 특징은 중재자나 대속자 없이 신과 신자의 직접 대화와 교통을 가르친다는 것이다. 누구도 하느님에게 대적할 수 없고 하느님을 대신할 수도 없다. 하느님은 자식을 낳지 않았다. 《꾸란》 전체의 3분의 1만큼 중요한 한 구절에 이 사상이 집약되어 있다.

> 말하라, 그분은 오직 한 분
> 시작도 없고 영원하시도다.
> 그분은 낳지도 낳아지지도 않았으니
> 그분과 필적할 자 아무도 없느니라.
>
> 《꾸란》 112장

신자는 구체적 실천으로 다섯 가지 기본 의무를 수행해야 한다. 첫째는 '알라의 유일성과 무함마드가 그분의 예언자임을 믿는다'라는 신앙 고백(샤하다Shahada), 둘째는 하루 다섯 번 예배(살라트Salat), 셋째는 이슬람력 9월인 라마단 한 달간 해 있는 동안 단식(라마단Ramadhan), 넷째는 가난한 사람들을 위해 자신의 순수입 중 2.5퍼센트를 세금으로 내는 종교세(자카트Zakat), 다섯째는 평생에 한 번은 해야 할 일로 권장되는 메카 성지 순례(하주Hajj)다. 이를 이슬람의 '다섯 기둥(오주五柱)'이라고 한다.

또한 이슬람 신앙의 기본은 '6신六信'으로 분류된다. 이슬람이 믿는 여섯 가지란 유일신 알라 즉 하느님, 천사들, 성서들, 예언자들, 내세와 최후의 심판에 대한 믿음, 정명이다.

유일신과 천사들, 예언자들을 믿는 것은 다른 일신교와 큰 차이가 없다.

믿음의 대상이 되는 경전으로는 무함마드의 《꾸란》, 모세의 율법, 다윗의 〈시편〉, 예수의 복음서를 모두 인정한다. 그러나 하느님의 최종적인 복음은 《꾸란》으로 집대성되고 완성되었다고 보기 때문에, 이전 복음서의 내용까지 그대로 받아들이는 것은 아니다.

예언자들에 관해서도, 이슬람교는 새로운 종교가 아니고 하느님이 태초 이래 인류에게 보내신 모든 예언자들에게 계시한 말씀과 지침을 포괄하는 종교로 본다. 그래서 아담부터 노아, 아브라함, 모세, 예수에 이르는 모든 예언자가 이슬람의 예언자이며, 이들 중 마지막 예언자가 무함마드인 것이다. 이슬람 자료에 따르면 각 시대에 여러 민족에게 보내진 예언자의 총수는 대략 12만 4000명에 달한다. 《꾸란》에는 이들 중 25명의 이름이 거론되고, 특히 노아와 아브라함, 이스마엘과 모세, 예수와 무함마드의 이름이 자주 나온다. 그렇지만 이슬람교에서는 마지막 계시가 예언자 무함마드에게 내려졌으므로 앞으로 더 나올 예언자는 존재하지 않는다고 믿는다.

정명定命 사상은 우주의 법칙과 인간의 삶이란 본질적으로 하느님이 정해놓은 계명에 따라 움직인다는, 이슬람의 독특한 믿음 체계다. 이는 창조주인 하느님의 뜻에 완전히 순종하는 자세를 강조한다. 다만 운명 예정론이나 숙명론적 태도와 다른 점은 인간의 판단 의지를 인정하고 존중한다는 점이다. 하느님은 다른 동물과 달리 인간에게 스스로 판단하여 행동할 수 있는 이성과 자유의지를 주셨기 때문에, 인간의 실수나 소홀함으로 일어난 사건까지 모두 하느님의 책임이나 운명으로 돌려서는 안 된다는 입장을 취한다. 인간의 적극적인 태도와 책임을 요구하는 점이 특색이라 할 수 있다.

《꾸란》과 《하디스》

이슬람의 모든 가르침은 무함마드가 계시받은 내용을 담은 《꾸란》에 집대성되어 있다. 또한 무함마드의 선별된 언행록인 《하디스》가 또 다른 경전으로 무슬림에게 삶의 지침이 된다. 《꾸란》과 《하디스》에 구체적으로 명시되지 않은 사항에 대해서는 이슬람 학자들의 유권 해석이나 합의를 통해 해결해 나갔다. 이 과정에서 후일 네 부류의 이슬람 법학파가 생겨났다.

그럼 《꾸란》은 어떻게 형성되었는가?

《꾸란》은 무함마드가 서기 610년에서 632년까지 23년간 예언자로서 알라에게 계시받은 내용을 담은 이슬람 최고 경전이다. 결국 이슬람은 아라비아반도의 메카와 메디나에서 아랍인 예언자 무함마드에게 아랍어로 계시되었다는 특징을 지닌다. 이것이 이슬람교가 아랍과 혼동되는 배경이다.

《꾸란》은 하느님의 말씀만을 의미하며, 무함마드가 말한 것은 《꾸란》으로 간주하지 않는다. 무함마드의 말씀인 《하디스》는 이슬람을 이해하는 데 중요한 경전이지만, 《꾸란》과는 명백히 구분된다. 그래서 일반적으로《꾸란》내용을 인용할 때는 "하느님께서 말씀하시기를"이라는 문구를 사용하는 반면, 예언자의 말 즉《하디스》를 인용할 경우에는 "예언자가 말하기를"이라는 문구를 사용한다.

《꾸란》은 '읽다, 암송하다'라는 뜻인 아랍어 동사 까라아qara'a에서 파생된 단어다. 모든 무슬림은 매일 다섯 번 예배할 때마다《꾸란》구절을 암송하면서 알라의 가르침을 되새기고 기억한다. 알라의 오묘한 진리와 가르침이 손상되거나 그 의미가 왜곡되지 않도록 정통 이슬람 학자들은《꾸란》을 다른 언어로 번역하는 것을 금지하기도 한다.

그러나 실제로는 현재 전 세계 200여 가지 언어로《꾸란》이 번역되어 있다. 비아랍인이 어려운 아랍어로《꾸란》을 이해하기란 사실상 불가능하기 때문이다. 일반적으로《꾸란》을 번역할 때는 반드시 아랍어 원문을 싣고, 그 옆에 번역문을 적는 형식을 취한다. 그리고 번역된《꾸란》은 그 자체가《꾸란》이라기보다는《꾸란》의 해설서로 간주된다. 이 때문에《꾸란》은 1400여 년이 지난 오늘날까지도 획 하나 점 하나 틀리지 않게 원문 그대로 보존되어 완벽한 형태로 남아 있다. 무슬림이《꾸란》에 대해 한 줌 의심 없이 절대적인 신뢰와 믿음을 갖는 이유다.《꾸란》은 무슬림에게 탄생에서 죽음에 이르기까지 따라야 할 지침서인 동시에 총체적인 삶의 양식이 된다.

《꾸란》과《하디스》에 대한 해석의 차이에 따라 중요한 법학파 네 갈래가 형성되었다. 복잡다단해진 공동체 생활과 국가 사회의 기초를 위해 이슬람법을 구체화·체계화할 필요성이 대두되는 사이, 법학자들 간에 서로 다른 의견들이 표출되었다. 기본 경전인《꾸란》, 예언자 무함마드의 언행인 순나, 끼야스(유사한 관례를 찾아 유추해서 해석하는 방식), 이즈마(최고 율법학자들 간의 합의)를 법(샤리아)의 원천으로 삼는다는 점에서는 기본적으로 일치했지만, 구체적인 시행 세칙에는 서로 이견을 보였다. 여기서 이슬람

법 해석과 법 적용의 규범과 범위 문제를 둘러싸고 학파가 갈렸다. 이들의 이견은 근본적인 교리를 둘러싼 논쟁이 아니기 때문에 통상 '종파'라 하지 않고 '마드하브Madhhab' 즉 '학파'라고 부른다. 이들 마드하브는 창시자의 이름을 따서 하나피 학파, 말리키 학파, 샤피이 학파, 한발리 학파라 한다.

무함마드는 인간인가, 하느님의 아들인가?

이슬람교에서 무함마드는 하느님의 최종적인 말씀인 《꾸란》을 인류에게 전해준 마지막 예언자다. 무함마드 다음에는 어떤 예언자도 오지 않으며, 오직 《꾸란》의 가르침만이 진리다. 《꾸란》은 최후의 심판일까지 우주의 모든 현상에 대한 설명서이자 삶의 지침서이지만, 무함마드는 알라의 말씀을 전달해준 인간 예언자에 불과하다. 따라서 다만 존경할 뿐이지 경배의 대상은 아니다. 특별한 탄생이나 신비로운 기적이나 초월적인 능력 등이 일절 인정되지 않는, 완성된 인격체일 뿐이다. 무슬림은 하느님의 길을 온전히 따르다가 생을 마감한 그의 모범적인 행적과 언행을 따르려고 노력한다. 이들은 무함마드의 언행과 가르침을 《하디스》라고 하여 《꾸란》 다음으로 중요한 경전으로 간주한다.

이슬람교에서는 창세 이후 알라(하느님)께서 인간에게 삶의 올바른 지침을 전하고자 민족과 시대를 달리하여 수많은 예언자를 끊임없이 내려주셨고, 아담 이후 노아·아브라함·모세·예수 등이 모두 알라가 보내신 예언자이지만, 하느님의 복음은 시대가 흐름에 따라 인간의 손으로 덧붙여지거나 삭제되면서 잘못 이해되고 변질되어 갔다고 본다. 그때마다 알라는 새 예언자를 통해 어지러운 세상을 바로잡으려고 했고, 무함마드에 이르러 《꾸란》 계시를 통해 전 인류와 모든 시대에 걸친 복음을 완성했다는 것이다. 결국 이전의 모든 계시를 종합하여 통일적인 결론을 내린 것이 이슬람이고, 이 최종적인 계시를 간직한 것이 《꾸란》경전이며, 인류의 마지막 예언자가 무함마드다.

인류의 성인 중에 이슬람을 완성한 무함마드만큼 극단적으로 평가가 갈리는 인물도 드물 것이다. 서구 사회에서는 주로 악평이 난무한다. 기독교를 기만한 시대적 이단아, 사탄의 잠꼬대에 불과한 경전의 저자, 무자비한 정복자, 사회 선동가, 성적 도착자 등등. 57개국에 19억 명에 이르는 신자가 있으며 날로 확산되어 가는 세계 종교를 완성한 예언자에게 걸맞은 평가와는 거리가 멀어 보인다. 중세 교황청의 공식적인 태도는 사막의 신인 무함마드를 추종하는 무리와 함께 호흡할 수 없다는 것이었고, 이는 쌍방에게 무자비한 대량 살육의 길을 열어주었다.

무함마드는 570년경 사우디아라비아의 메카에서 쿠레이쉬라는 명문 귀족의 가난한 유복자로 태어나, 마흔 살이 되던 해인 610년경 알라의 계시를 받았다. 그의 가족사는 불운의 연속이었다. 아버지를 보지 못했던 그는 여섯 살 때 어머니까지 병으로 잃으면서 고아가 되었다. 당시 아랍 유목 부족의 관습에 따라 할아버지 압둘 무탈립이 양육을 맡았고, 할아버지 사후에는 숙부인 아부 탈립의 보호를 받았다. 고아로서 일찍 독립한 무함마드는 당시 밑천 없이 뛰어들 수 있었던 험난한 대상 교역의 낙타몰이꾼으로 인생을 시작했다.

동서양의 기록에 공통으로 나타나는 점은 그가 성실하고 정직했으며 탁월한 협상가이자 중재자였다는 것이다. 그의 정직성과 약육강식의 사막 교역에서 분쟁을 조정하는 놀라운 능력은 모든 자본가의 관심을 끌었다. 그는 당시 메카의 상인이었던 카디자에게 고용되었고, 과부였던 카디자는 무함마드의 성실함과 매력에 끌려 그에게 청혼했다. 두 가문의 합의로 결혼이 이뤄졌을 때 무함마드의 나이는 25세, 카디자는 40세였다.

무함마드는 결혼 후 생활이 여유로워지자 그동안 품어왔던 사회 악습과 모순에 대한 고뇌를 바탕으로 명상을 시작했고, 40세 되던 610년 메카에서 가브리엘 천사의 인도로 알라의 첫 계시를 받았다. 글자와 학문을 몰랐던 무함마드가 22년에 걸쳐 받은 계시는 《꾸란》이라는 경전에 고스란히 계승되었다.

무함마드는 632년 사랑하는 마지막 아내 아이샤의 팔에 안겨 조용히 눈을 감았다. 그는 겸손과 누구도 범접할 수 없는 카리스마, 인류애가 깃든 성품과 덕목으로 19억 무슬림을 사로잡았으며, 그의 지도력은 지금도 생생히 살아 있다.

오늘날에도 많은 사람들이 연구하고 본보기로서 추앙하는 지도자 무함마드의 면모를 살펴보면, 첫째 그는 아무런 유산을 남기지 않았다. 임종할 때 아내 아이샤에게 집안의 모든 재산을 정리하라 이르고, 전 재산 7디나르를 모두 가난한 이들에게 나누어주도록 했다.

둘째, 그는 후계자를 지명하지 않았다. 혈통보다 공동체를 지휘하는 능력을 높이 평가하는 전통을 만들었다.

셋째, 무함마드는 어떠한 기적도 행하지 않았으며, 결단코 신이 되기를 거부했다. 후계자 아부 바크르는 무함마드의 뜻에 따라 다음과 같은 말을 남겼다.

"무함마드를 섬기고 경배하지 말라. 그는 죽어 없어졌다. 하느님을 섬기고 복종하라. 그분은 영원히 살아 우리와 함께 계실 것이다."

넷째, 무함마드는 적에 대한 관용과 가난하고 버려진 이에게 한없이 낮은 자세를 견지했다. 아무리 치명적인 피해를 끼친 적이라도 그에게 복종하고 용서를 비는 자에게는 자비를 베풀어 철저히 자신의 편으로 만들었으며, 전쟁에서 전사한 동료 가족은 물론 적들의 가족까지 헌신적으로 보살폈다. 그를 택하고 그에게 보호를 요청하는 사람들이 늘어난 것은 당연한 일이었다. 그 초기 추종자들이 오늘날 세계 최대의 견고한 종교 공동체를 이루는 원동력이 되었음은 의심할 여지가 없다.

다섯째, 그는 종교적 열정과 온화함의 조화를 행동으로 보인 지도자였다. 나아가 모든 어려움을 앞장서 막아낸 불굴의 정치 지도자였다. 종교 창시자들 대부분이 자신의 근거지를 떠나 새로운 세상에서 뜻을 펼쳤지만, 무함마드만은 박해의 진원지였던 고향 메카를 설득과 용서로써 재정복했다. 그리하여 메카는 무함마드에게 가장 든든한 지지 기반이 되었다.

여섯째, 여성의 지위를 혁명적으로 바꾸었다. 남성이 마음대로 여성을 노예로 매매하고 장식물로 취급하던 시대에 무함마드는 여성들을 완전한 인격체로 존중할 것을 명했으며, 여성의 상속권을 법제화했다. 그는 세상에서 가장 고귀한 존재가 누구냐는 제자들의 물음에 첫째도 둘째도 셋째도 '어머니'라고 대답했으며, 미래의 어머니인 여성들에 대한 배려와 사랑을 설파했다. 오늘날 여성의 지위가 상대적으로 낙후한 일부 아랍 국가를 보면 어쩌면 무함마드 시대보다 더 퇴보한 듯하다는 생각도 든다.

이처럼 무함마드가 발휘한 지도력의 근간은 비움과 베풂, 정직과 관용, 합리적인 현실성이었다. 그는 당시로서는 상상조차 하기 어려웠던 여권 혁명가이자 개혁 사상가였다. 이러한 무함마드의 진면목을 이해하지 않고서는 오늘날 이슬람 세계를 제대로 알기 어렵다.

그러나 무함마드의 이슬람이 처음부터 널리 호응을 얻은 것은 아니었다. 그의 유일신 사상은 당시 다신교 우상을 숭배하던 메카 상류층의 종교적 권위와 상업적 질서를 위협했기 때문에, 메카에서 극심한 배척을 당했다. 그래서 622년 무함마드와 그 추종자들은 메디나로 이주하여 새로이 발판을 마련했다. 이때의 메디나 이주를 '헤지라'라 하여 이슬람력의 원년으로 삼는다. 메디나에서 군건한 이슬람 공동체를 형성한 무함마드는 세 차례에 걸친 전투 끝에 630년 메카를 무혈 재정복함으로써 획기적인 교세 확장에 성공했다.

정통 칼리파 시대 632~661

632년 무함마드가 타계하자, 이슬람 공동체는 후계자 선출 문제에 부닥쳤다. 이들은 '슈라shura'라 불리는 부족 합의제 방식으로 후계자인 칼리파를 뽑아 이슬람식 민주주의의 전형을 마련했다. 칼리파는 정치와 종교를 아우르는 이슬람 공동체의 최고 통치자였다. 아부 바크르(재위 632~634), 우마르(634~644), 오스만(644~656), 알리(656~661)까지 네 칼리파가 통치한 시기를 이슬람의 가르침에 충실한 '정통 칼리파 시대'라 부른다.

이 시기부터 적극적인 대외 정복이 이뤄졌다. 비잔틴 치하의 시리아를 정복하고, 사산조 페르시아를 무너뜨렸다. 불과 10년 정도 되는 짧은 기간에 이집트에서 페르시아에 이르는 대제국을 건설한 것은 거의 기적이었다. 이슬람의 급속한 세력 팽창을 두고 서구에서는 흔히 '한 손에 칼, 한 손에 《꾸란》'이란 표현을 사용했지만, 당시 비잔틴 및 페르시아의 수탈과 착취에 시달리던 민중은 오히려 이슬람의 진출을 환영했고, 이슬람 정복 과정에서 강제 개종은 실제로 거의 일어나지 않았다.

급격한 정복 사업으로 영토가 강대해지면서 부족 간의 이견과 이해관계의 대립이 깊어졌다. 특히 무함마드의 사촌이자 사위인 알리가 칼리파가 되자, 시리아 총독 무아위야가 알리에 도전했다. 이러한 갈등의 와중에 알리가 암살당하자, 그 틈을 타 무아위야는 이슬람 제국을 통일하고 우마이야 왕조를 세웠다. 그러자 알리를 추종하던 세력이 이탈하여 새로운 '시아Shīʿah(당파)'로 결집했다.

아랍인 중심 우마이야조 661~750

우마이야 왕조는 세습 군주제를 채택했다. 수도를 메디나에서 비잔틴 제국의 동부 수도였던 시리아의 다마스커스(다마스쿠스, 아랍어로는 디마시끄 Dimashq)로 옮겼다. 그리고 정복전쟁을 본격화하여 파미르고원을 경계로 중국 당나라와 접경하고, 서쪽으로는 비잔틴제국을 공격하여 두 차례나 콘스탄티노플을 포위했다. 한편 711년에는 북아프리카를 거쳐 지브롤터 해협을 건너 스페인의 이베리아반도에 도착했다. 이리하여 스페인은 15세기 말까지 약 800년간 이슬람 국가로서 유럽에 이슬람 문화를 전파하는 문호 역할을 했다. 이슬람군은 여세를 몰아 피레네산맥을 넘어 프랑크왕국을 공략했으나, 732년 샤를 마르텔의 군대에 저지당해 유럽 중심부의 이슬람화는 이루지 못했다.

정복지가 증대하고 개종자의 수가 늘면서 신분과 계층의 분화가 더욱 깊어졌다. '마왈리'라 불린 개종자들은 수적으로 우세했지만 아랍인에 비해 낮은 대우를 받았다. 불만을 품은 마왈리는 바그다드에 근거지를 둔

서기 750년경의 지중해 세계와 서아시아

시아파 세력과 결탁하여 우마이야 왕조를 위협했다. 여기에 권력에서 소외된 남부 아랍인들까지 가세했고, 결국 아불 압바스(재위 750~754)가 이끈 세력이 우마이야 왕조를 무너뜨리고 압바스 왕조를 세웠다.

우마이야 시대에 이르러 이슬람은 세계 최대 정치세력이 되었다. 이슬람은 발생한 지 겨우 100년 만에 지금의 아라비아반도를 비롯하여 북아프리카에서 중앙아시아, 동남아시아, 인도, 중국에 이르렀고 스페인까지 점령했다.

우마이야 왕조가 정복 사업에 매진했던 것은 당시 아라비아 일대의 상업과 목축업이 침체해, 커져가는 이슬람 공동체의 생존을 받쳐내기에 충분하지 못했기 때문이다. 이주지와 비옥한 경작지 획득, 공납지 확대, 안정된 교역로 확보 등이 절실히 요구되었다. 게다가 비잔틴과 사산조 페르시아 치하에서 양 제국의 끊임없는 교전으로 피폐해진 경제, 강압적인 통제 정책과 과중한 조세 수탈로 민심의 이반이 깊어진 상황에서, 살육과 직접 통치보다는 공납과 간접 통치를 선호한 이슬람 세력은 정복지 주민의 환영을 받아 무혈의 정복 사업이 대성공을 거두었다.

이슬람이 급속도로 전파된 또 다른 이유로 특유의 융화력을 들 수 있다. 아랍 이슬람 세력은 정복을 통해 역사상 최초로 오늘날의 인도와 중국의 경계 지역에서 그리스, 이탈리아 및 프랑스의 변경에 이르는 방대한 지역을 통합했다. 한동안은 군사·정치적 권력을 통해, 그 후에는 아랍어와 이슬람교를 통해 이 방대한 지역을 한 덩어리로 묶어놓았다. 이슬람 세계는 인류 역사상 가장 빠른 속도로 확장하면서 공간적으로 주위 문화를 수렴하고 역사적으로는 고대 문화를 재생시켜 이슬람 문화라는 종합 문화를 창출했다.

중세 기독교 세계에서 찾아보기 어려운 관용성은 이슬람 문화의 가장 큰 특징이다. 무슬림은 다른 종교를 인정하고 이교도의 종교 생활을 보장했다. 전쟁에서 패하면 남자는 죽임을 당하고 여자는 노예로 팔려 가던 시절에 이러한 조치는 매우 파격적인 것이었다. 다만 비무슬림에게는 사회적·법적인 차등 정책이 적용되었는데, 그 대표적인 것이 무슬림보다 비무슬림에게 조금 더 많이 부과된 인두세였다. 그러나 이 인두세도 당시 비잔틴제국이나 페르시아제국에 내던 고율 세금보다 적었기 때문에 일반 주민의 부담은 현저히 줄어들었다.

이와 같이 이슬람 권력은 비무슬림에게 종교적·경제적·지적 활동의 자유를 부여하여 그들이 이슬람 문명 창조에 눈부신 공헌을 할 수 있는 기회를 열어주었다.

이슬람 세계제국 압바스조 750~1258

일반적으로 중세 이슬람 제국이라 하면 압바스 왕조 치하를 의미한다. 이 시기에 여러 민족과 문화가 골고루 융합된 더 폭넓은 이슬람 문화가 발전하여 그 전성기를 맞았다. 압바스 왕조가 등장한 계기는 단순한 군사적 음모나 쿠데타가 아니라, 강력한 하부 조직과 선전 활동을 바탕으로 한 '아래로부터의 혁명'이었다. 압바스 지배층은 왕조의 수도를 바그다드로 옮기고, 인종과 민족을 초월한 범이슬람 제국을 지향했다. 이리하여 후대 역사가들은 압바스조를 진정한 '이슬람 제국'이라 부른다.

아랍인 개념도 인종적 의미를 벗어나 '아랍어를 사용하고 이슬람을 믿으며, 스스로 아랍인이라 칭하는 모든 사람'을 포괄하는 문화적 개념으로 바뀌었다. 이런 문화적 아랍화 물결이 이라크, 시리아, 이집트를 비롯한 북아프리카 전역에 번져, 오늘날 22개국의 아랍권을 형성하는 계기가 되었다.

압바스조는 5대 칼리파 하룬 알라시드(재위 786~809)와 그의 아들 알마문(재위 813~833) 시대에 전성기를 맞았다. 바그다드는 세계 교역과 문화의 중심지가 되어, 육·해상 실크로드를 통해 동서 문물이 물밀듯이 흘러들었다. 특히 중국의 제지술이 도입되어 종이 혁명이 일어났다. 그리스·로마의 고전이 번역, 재해석되고, 학문이 꽃을 피워 이슬람의 르네상스를 구가했다.

제지술 도입은 751년 압바스 군대의 지야드 이븐 살리히Ziyad Ibn Salih 장군과 당나라의 고선지 장군이 벌인 탈라스 전투의 결과다. 당시 당나라군이 압바스군에 패해 중국의 제지 기술자가 포로로 잡혔고, 이후 이슬람 세계 전역에 종이가 보급되었다. 더욱이 이 시기에 저술된 많은 아랍 사료에서 신라에 관한 귀중한 기록이 발견되고 있어, 당시 신라의 외교 관계와 그 폭을 짐작케 해준다.

그러나 제국 영토가 방대해지면서 중앙정부의 내분과 지방 총독들의 할거, 이민족의 잦은 침입 등으로 9세기 중엽부터 압바스조는 급격히 쇠약해졌다. 우마이야조가 망한 뒤 그 일파가 스페인에 後우마이야조(756~1031)를 세웠는데, 929년에는 코르도바를 수도로 칼리파를 자칭하며 바그다드에 맞섰다. 이집트에서는 시아파가 세운 새 이슬람 국가가 독립하여 파티마조(909~1171)를 열었다.

또한 바그다드의 약화는 중앙아시아에 퍼져 있던 소규모 국가들의 성장을 자극했다. 소그드 지방의 사만조(819~999)와 카스피해 남쪽의 부와이흐조(945~1055)는 이란 문화를 표방했다. 투르크계 세력 중에서는 사마르칸트와 카슈가르에 걸친 카라한조(999~1211)와 인도 서북부의 가즈나조(977~1186)가 특히 중요한데, 이들이 이슬람화함으로써 중앙아시아 투르크계 종족들의 이슬람화가 가속되었다.

수피즘—영적으로 알라를 만나는 새로운 방식

이슬람을 경전의 이론과 교리로만 해석하지 않고, 다양한 방식으로 영적 본질에 다가가려는 종교적 신비주의를 '수피즘Sufism', 아랍어로는 '타사우프Tasawwuf'라고 한다. 수피즘은 어떤 특정한 인물이 창안하거나 주창했다기보다는 시대적 상황에서 자연스러운 영적 운동으로 생겨난 종교적 경향이라고 할 수 있다. 이미 우마이야 왕조 시대(661~750)에도 수피즘 경향이 싹텄으나, 본격적으로 수피즘이 뿌리를 내린 시기는 압바스 왕조 시대(750~1258)였다.

수피즘을 이해하려면 먼저 두 가지 주된 배경을 알아야 한다. 첫째는 세계 제국으로 확대된 압바스 시대의 물질적 번영과 풍요가 낳은 이슬람의 세속화, 그리고 4대 학파를 중심으로 발전한 이슬람 법리 논쟁의 와중에 진정한 영적인 가치를 찾고자 했던 움직임이다. 둘째는 이슬람이 비아랍권으로 확산해 감에 따라, 아랍어로 쓰인 《꾸란》을 이해하기 어려운 사람이 많아진 상황이다. 당시 민중의 절대다수가 문맹이었으므로, 모어母語도 아닌 아랍어 문자를 배워 《꾸란》의 의미를 깨치기란 매우 어려운 일이었다.

이에 '수피'라 불린 사람들은 물질적 풍요와 기득권에 빠져 지루한 교리 논쟁을 일삼는 경직된 이슬람 율법주의에 환멸을 느끼고, 진정한 영적 가치를 찾고자 고뇌하기 시작했다. 그들은 '수프suf'라 불리는 남루한 모직 천을 걸치고 오로지 하느님에게만 매달리는 새로운 신앙의 길을 선택했다. 명상, 끊임없는 찬송과 기도, 무한한 사랑, 자신을 던지는 해탈의 몸짓 등을 통해 그들은 신을 만나고 신의 뜻에 다가가는 자신들만의 방식을 창안했고, 노래와 춤, 시와 염원이 주요한 신앙 의례가 되었다. 그들끼리는 '타리까tariqa'라 부르는 종단을 만들고, 종단의 지도자인 셰이크sheikh를 중심으로 공동체 생활을 했다. 그들은 검소와 절제, 신에 대한 절대적 의존을 기본 생활철학으로 삼고, 혼신을 다해 지도자인 셰이크의 가르침에 따랐다.

압바스 시대 말기에 일부 수피는 과도한 방식으로 이슬람의 근본 틀을 위협하는 일탈도 보였다. 악령인 진Jinn을 숭상한다든지 차력과 마술을 이용해 민중을 속이는 유사 의례가 빈번했고, 이슬람의 금기인 와인을 마시거나 죽은 자의 무덤 앞에서 기도하면서 영적인 교감을 하겠다는 무리까지 등장했다. 이들의 도를 벗어난 행위는 오늘날까지도 보수주의 이슬람 교단이 수피즘을 극도로 경계하며 백안시하는 원인이 되었다.

그러나 수피즘은 급속도로 확산했다. 특히 비아랍어권 이슬람 지역인 튀르키예, 페르시아, 중앙아시아, 인도 문화권에서 주도적인 입지를 구축했다. 더는 수피즘을 정통 이슬람의 틀에서 잘라내기 어렵게 되었다.

그때 수피즘을 합리적인 정통 이슬람의 틀로 끌어들여 새로운 이슬람의 방향을 제시한 학자가 중세 이슬람 최고의 철학자 알가잘리(1058~1111)다. 그는 스스로 수피가 되어 수피즘의 영적인 매력을 확인했고, 종래의 율법 중심 가르침과 수행을 통한 영적인 깨달음을 한데 접목해 정통 신앙 방식을 수립하는 데 성공했다. 그의 노력 덕택에 오늘날 수피즘이 이슬람 정통 교단 안에 있게 되었으며, 적어도 두 세력 간에 상호 존중하는 전통이 확립되었다. 이제 수피즘은 종파라기보다 한 가지 의례이며 경향이라고도 말할 수 있다. 수니파나 시아파 신자가 동시에 수피도 될 수 있는 것이다.

수피즘은 이슬람의 세계적인 확산에 기여했다. 사실 이슬람이 아라비아반도 외에 전 세계로 확산된 데는 수피즘의 영향이 절대적이라고 말할 수 있을 정도다. 수피즘은 각 지역의 토착 종교와 의례에 배타적이지 않으며, 지역 주민들과 일체감을 형성해 근대 러시아나 서구의 식민 침탈에 맞서 가장 강력한 저항 세력으로 독립 투쟁을 주도하기도 했다.

오늘날 가장 대표적인 수피 종단이 잘랄레딘 루미(1207년경~1273)가 결

메블레비아 수피 종단의 세마 춤 ⓒHee Soo Lee

성한 메블레비아Mevleviyah 종단이다. 튀르키예의 콘야(코니아)를 중심으로 뿌리를 내린 루미 추종자들은 알라의 99가지 속성을 외우면서 신을 찬미하는 신비주의 음악에 맞춰 세마sema라는 회전 춤을 추며 황홀감을 경험하고, 자아를 던지며 신을 만나는 영적 수련법으로 유명하다.

중세 이슬람 과학과 인류 문명에 대한 공헌

압바스 시대 세 대륙에 걸쳐 형성된 이슬람 제국은 아랍의 전통문화를 기반으로 오리엔트, 그리스-로마, 이란 및 인도 문화를 흡수하여 독창적인 이슬람 문화를 발전시켰다. 이슬람 문화의 특징은 이처럼 광대한 정복지의 문화를 파괴하지 않고 받아들여, 국제적이고 종합적인 문화를 이룬다는 점이다.

이슬람 문화는 칼리파 하룬 알라시드(재위 786~809) 시대에 가장 번성했는데, 이때 바그다드에 설립되었던 바이트 알히크마Bait al-Hikmah(지혜의 집)는 외국어 문헌을 수집, 번역하는 전문 기관으로서 이슬람 문화의 국제성을 상징하는 학문의 전당이었다.

일반적으로 종교와 삶을 일체로 여기는 이슬람 문화의 특성 때문에 이슬람 세계의 학문은 종교와 밀접하게 연관된다. 이민족에게 아랍어를 가르치기 위한 언어학, 그리고 《꾸란》 해석을 위한 법학과 신학이 학문의 중심을 이루었다. 또 무함마드와 초기 무슬림의 행적을 찾으려는 노력으로 많은 역사서가 편찬되었으며, 메카 순례와 교역로 확보를 위해 지리학도 발달했다. 한편 밤에 별을 보고 움직이는 유목 생활과 새 오아시스를 찾고자 하는 열망은 생존의 학문으로서 천문학을 발전시켰고, 아울러 심리적인 안정과 공동체적 운명을 추구하는 태도가 점성학을 발전시켰다.

압바스 왕조의 칼리파 알마문(재위 813~833) 시대에는 그리스와 오리엔트의 외래 학문에 대한 연구가 절정에 다다랐다. 이때 바그다드에 대학과 천문관측소가 세워지고, 그리스와 오리엔트의 중요한 철학서와 과학서가 아랍어로 번역되었다. 특히 서기 900년대까지 플라톤과 아리스토텔레스 같은 그리스 학자들의 많은 저술이 집중적으로 연구되었다. 이븐 시나(980~1037)와 스페인의 무슬림 학자 아베로에스(이븐 루시드, 1126~1198)는 압바스 시대에 활동하면서 아리스토텔레스 철학과 신플라톤주의에 입각한 철학 체계를 세운 대표적인 학자다. 아랍어로 번역된 그리스와 오리엔트의 풍부한 고전들이 후일 다시 라틴어로 번역되어 서유럽에 전해졌고, 유럽을 일깨우는 촉매제가 되었다.

자연과학 분야에서도 이슬람 학자들은 매우 높은 수준을 이룩했다. 수학에서는 그리스의 유클리드 기하학을 받아들였을 뿐만 아니라, 인도의 영향을 받아 아라비아숫자 체계와 영(0)의 개념을 확립했다. 그들은 삼각법, 해석기하학, 그리고 그 어원이 아랍어인 대수학Algebra에도 뛰어난 업적을 남겼다. 천문학에서는 경도와 위도, 그리고 자오선의 길이를 측정하고, 천체 관측 기구를 만들어 지구 구체설을 증명했다. 이슬람력의 원리는 원나라 때 중국과 우리나라에도 전해져, 태음력 정비와 발달에 큰 영향을 미쳤다. 의학에서는 예방의학과 외과 수술이 발달했으며, 대표적인 의학자인 알라지의 《의학대전》과 이븐 시나의 저술들은 유럽 의과대학에서 오랫동안 교재로 사용되었다. 화학 분야에서는 승화 작용이나 증류법과 같은 화학 실험 방법이 고안되었다. 알칼리, 알코올 같은 아랍어 용어가 지금까지 사용되고 있다.

이슬람의 미술도 종교적인 가르침과 밀접한 관계가 있다. 우상 숭배를 금지하는 교리 때문에 사람이나 동물을 묘사한 그림이나 조각은 발달하지 못했다. 대신 둥근 돔과 아치, 첨탑을 특징으로 하는 모스크(사원) 건축과 화초 문양을 도형으로 표현한 아라베스크 장식이 발전했다. 특히 아랍어 문구나 《꾸란》 구절을 예술적인 서체로 표현하는 이슬람 서예가 매우 발달했다. 음악도 역시 금기

아라베스크 무늬
이란 시라즈 소재 하페즈 묘당의 천장을 장식한 타일 모자이크. Pentocelo, CC BY 3.0

시되었고, 일정한 기법으로 표현되는 아름다운 음률에 따라 《꾸란》을 낭송하는 것이 최고의 음악으로 간주되었다.

이슬람 이전에 아랍 문학은 현세를 노래하는 정열적인 시와 노래가 주를 이뤄 유목민들 사이에 유행했다. 그러나 압바스 시대 이후 이슬람 문학은 페르시아 문학의 영향을 받아 산문이 발달하고, 궁정문학이 유행했다. 그중 가장 유명한 것이 '아라비안나이트'로 알려진 《천일야화》다. 이 작품은 9세기 페르시아어에서 번역된 《천 가지 이야기》를 바탕으로 아라비아와 인도 등 이슬람 세계의 다양한 요소가 복합되어, 대표적인 이슬람 문학 작품으로 알려지게 되었다.

이처럼 국제성과 보편성을 띤 이슬람 문화는 무슬림의 적극적인 활동으로 동서양 곳곳에 전파되었다. 현재 우리가 사용하는 과학용어와 일상

언어에도 아랍어에서 유래한 것이 많다는 사실은 이슬람 문화의 강한 영향력을 짐작케 해준다. 화학chemistry, 연금술alchemy, 천문학astronomy, 점성학astrology, 대수학algebra, 그리고 커피coffee, 설탕sugar, 레몬lemon, 음악music, 파자마pajama 같은 단어도 아랍어와 밀접한 관련이 있다. 이슬람 세계의 학문과 문화적 성취는 후일 유럽에서 르네상스를 일으키는 원동력이 되었다.

아랍어 서예로 장식한 도기 그릇 9세기 압바스조(왼쪽), 10세기 사만조(오른쪽), 뉴욕 브루클린박물관 소장. Gift of the Ernest Erickson Foundation, Inc.

알함브라 궁전 알베르카 중정의 벽 장식
스페인 그라나다 소재.
다양한 아라베스크 무늬 가운데
아랍어로 "승자가 아니라
오직 하느님이 계실 뿐이다"라고
쓰여 있다.
Jebulon, Public domain

과학과 학문을 대하는 중세 인식론의 차이

중세는 유럽과 오리엔트 세계 모두 종교에 지배된 시대였다. 그런데 같은 시대에 오리엔트의 이슬람 제국에서는 과학과 학문이 발달했지만, 천 년이라는 긴긴 세월 동안 인간의 합리적 창의성과 과학적 이성이 여지없이 사장당하던 유럽에서는 근대 과학을 상상하기가 거의 불가능했다. 무엇보다 이슬람 과학이 인류 문명, 특히 서양 문명에 끼친 영향은 과학이 인간에게 자연을 지배할 수 있는 힘을 준다는 깨달음이었고, 이로써 서양의 과학 시대가 화려하게 문을 열게 된 것이다.

9세기 바그다드에 설립된 중세 최고의 아카데미 '지혜의 집'은 서양이 암흑기에 머물러 있었을 때에도 인류 역사에는 찬란한 문명의 빛이 비추고 있었음을 보여주는 문화 자산이다. 칼리파나 재력가 등 지식의 후원자들은 경쟁하듯 학자들을 지원해 필요한 책을 구입하거나 필사하도록 했으며, 학자들은 책 한 권을 찾으려고 바그다드에서 다마스커스로, 알렉산드리아에서 이스탄불로 달려갔다. 오늘날에도 쉽게 할 수 없는 경탄스러운 세계 지식 여행이었다. 이슬람 제국인 압바스 왕조는 지식인을 극진히 대우했으며, 학자는 존경받는 최고의 직업이었다. 계층과 신분, 출신 지역에 상관없이 오로지 학문과 과학적 성취로만 학자를 평가했다. 선대의 업적을 낡은 것이라 버리지 않았으며, 고대 그리스의 학문과 철학을 이교도의 것이라 하여 폄훼하지 않았다.

그럼 중세 서양과 이슬람 세계 사이에 학문적 명운을 갈랐던 인식론의 차이는 무엇이었을까? 그것은 그리스-로마의 철학과 학문 전통을 이해하는 사고방식과 학문적 재해석을 통해 세속적인 지식을 수용하는 태도의 차이였다. 예를 들면 600년 이상 성 아우구스티누스의 가르침을 숭상했던 서양 기독교 세계는 플라톤에게 영감을 얻었고, 특히 3세기 이후 알렉산드리아·아테네·로마 등지의 아카데미를 지배하던 그리스 철학과 사상의 지배적인 영향을 받았다. 그러나 그러한 합리적인 사상들은 기독교 교의라는 프리즘을 거치면서, 거룩한 천국과 지상의 비천한 삶 사이에는 무엇으로도 연결할 수 없는 커다란 간극이 있다는 견고한 독단으로 변질되었다. 그 결과 인간이란 이성적 판단과 과학적 활동으로 도출된 경험을 통해서는 우주를 이해할 수 없다는 절대 한계에 갇히게 되었다.

반면 이슬람 세계는 신학과 과학이 상호 모순되는 문제를 회피하거나 억누르지 않고 치열한 논쟁의 과정을 거쳤으며, 몇몇 뛰어난 칼리파의 놀라운 지원으로 종교적 해석에 이성과 과학이라는 선물을 허용했다. 신성과 세속의 관계 정립을 위한 오랜 고뇌 끝에 양자의 유용성과 상호 합치라는 확신을 얻었고, 결국 '과학 연구는 종교적 의무'라는 놀라운 인식의 지평을 열었다. 신이 창조한 자연 현상과 우주를 연구하는 것은 신의 영역에 도전하는 것이 아니라 신의 오묘한 섭리를 이해하려는 무슬림의 고귀한 의무라고 받아들인 것이다.

이러한 신념이 형성되는 과정에서 칼리파 알마문의 역할을 놓칠 수 없다. 중세 이슬람 역사에서 학문적으로 가장 뛰어난 통치자로 꼽을 수 있는 알마문은 과학적 탐구에 종교적 사명이라는 신성한 보호막을 씌움으로써, 과학이 이단적이고 세속적인 영역이 아니라 종교의 하부 구조로 인식되게끔 하는 길을 열었다. 이로써 이슬람 중세는 과학의 시대가 된 것이다.

이슬람 세계에서는 이제 인간이 만든 합리적 추론과 이성적 판단, 축적된 경험적 관찰 등이 과학이라는 안전망 속에서 엄청난 위력을 발휘하기 시작했다. 일상에서나 여행 중에도 하루 다섯 번씩 예배를 드려야 하는 종교적 의무에 따라 무슬림은 메카 방향(끼블라 Qiblah)을 정확히 측정할 필요가 있었고, 이는 지리학과 천문학, 기하학의 발전을 가져다주었다. 초승달에서 시작하여 다음 초승달까지 라마단(단식) 기간을 정확하게 산정하기 위해 천문학과 역법이, 무함마드의 여정이나 언행을 기록하기 위해 서지학과 역사학이 중시되었다. 모든 학문이 신앙과 실과 바늘의 관계를 맺으면서 무한 진보를 거듭했다.

이러한 과정에서 그리스-로마의 철학과 사상이 재해석되고, 인도와 중국은 물론 당시 지구상에 존재하는 지식 정보가 총망라되었다. 이러한 지식의 데이터베이스 작업과 체계화 결과 2세기 동안 300만 권이 넘는 방대한 지식이 새로 도입된 중국식 종이에 필사되었다. 이런 자료 중에 신라를 기록한 필사본이 수십 권 포함되어 있다는 것은 놀랍다기보다 오히려 당연한 일이다.

압바스조 시대의 종이 문서
서기 1세기에 활동한 그리스 약학자 디오스코리데스의 저서
《약물지De Materia Medica》를 아랍어로 번역한 책의 일부다.
1224년 제작, 뉴욕 메트로폴리탄미술관 소장.

'한 손에 칼, 한 손에 《꾸란》'의 실체

일찍이 서구인들은 무슬림의 정복 사업을 '한 손에 칼, 한 손에 《꾸란》'이라는 문구로 요약하며, 이슬람의 호전성과 종교 전파의 강제성을 부각했다. 그러나 이는 비기독교 세력에 대한 그들의 적개심과 이슬람 확산에 대한 위기감이 만들어낸 용어에 지나지 않는다. 이슬람 전파는 무슬림의 종교적 의무다. 하지만 '무력에 의한 이슬람 전파'와 관계있는 어떠한 흔적도 《꾸란》에서 발견할 수 없다. 오히려 《꾸란》에서는 분명한 말로 상반된 원칙을 주장한다. 즉 '종교에는 어떠한 강요도 있을 수 없다'는 것이다.

우리는 역사를 통해 이슬람이 강제 개종과 무력보다는 공납제도와 포용 정책으로 성공을 거두었다는 사실을 잘 알 수 있다. 이슬람교는 발생하자마자 급속히 전파되기 시작했다. 당시 비잔틴과 페르시아의 수탈과 착취에 시달리던 시대 상황에서 각 지역의 민중은 이슬람의 진출을 오히려 환영했고, 이슬람 정복 과정에서 강제 개종은 실제로 거의 일어나지 않았다. 무슬림은 피정복민의 문화나 관습 및 종교 등을 존중하는 대가로 그들에게 무슬림보다 더 많은 세금만을 요구했다. 그 세금도 비잔틴과 사산조 페르시아제국의 수탈에 비하면 훨씬 가벼웠다. 시간이 흐름에 따라 세금도 적게 내고 더 많은 자유와 권한을 누릴 수 있는 무슬림으로 자진 개종하는 이들이 대거 늘어났다.

일단 이슬람 세력이 진출했던 지역은 이슬람 정복자가 물러난 후에도 원래의 토착 종교로 돌아가거나 다른 종교로 개종하지 않았으며, 오늘날까지 이슬람 문화권으로 남아 있다. 만일 무력으로 전파되었다면 이슬람 정복자들이 후퇴한 뒤 그 지역 주민들은 즉시 이슬람교를 버렸을 것이다. 그러나 이들 지역에서는 이후에도 오히려 더욱 이슬람이 번성하여 많은 이슬람 학자를 배출했다. 만일 이들 지역에서 배출된 학자들이 없었더라면 이슬람 학문의 발전은 훨씬 더뎠을 것이다.

무슬림이 발전시킨 계단식 경작지
지중해 일대의 계단식 경작지는 무슬림 농사꾼들이
발전시킨 것이다. 포르투갈령 카보베르데제도의
산투안탕섬에 있는 계단밭.
Quiebrajano, CC BY-SA 3.0

스페인 안달루시아 지방의 이슬람 800년 711~1492

　오늘날의 스페인 땅은 711년부터 1492년까지 거의 800년 가까이 이슬람 세계에 속하면서 중세 최고 수준의 학문·과학·예술·문화 등의 결실을 유럽에 전하는 문호 역할을 했다. 유럽의 르네상스보다 500년이나 앞선 중세 '아랍의 르네상스' 과정에서 생산된 지식의 보고가 스페인의 톨레도에 설치된 번역 기관에서 라틴어로 번역되어 유럽에 전해진 것이다. 10세기 즈음 이베리아반도 이슬람 제국의 수도 코르도바는 세계에서 가장 발전한 국제도시로 꼽혔다. 50만 인구가 모여 사는 대도시로서 메스키타 대모스크를 중심으로 모스크 약 1600곳이 있었고, 80여 곳 도서관에서 50만 권이 넘는 장서를 보유했던, 문화와 예술, 경제와 정치의 중심지였다.

　이슬람 역사 초기부터 서구와 직접 접촉하는 전선을 형성했던 우마이야 왕조는 지중해를 중심으로 서아시아·북아프리카·남유럽, 세 대륙에 이르는 대제국을 건설했다. 서유럽에서는 이베리아반도를 가로질러 파리에서 남서쪽으로 340km 떨어져 있는 푸아티에까지 진격했으나, 732년 프랑크왕국의 샤를 마르텔이 지휘한 유럽 연합군에 패배하여 피레네산맥 남쪽으로 물러났다. 지중해에서는 이슬람의 팽창이 지속되었다. 9세기 초 튀니지에서 시칠리아섬을 공격하여 시칠리아 에미리트(토후국)를 건국, 260년간(831~1091) 이슬람 치하에 두었다. 10세기 시칠리아의 중심 도시 팔레르모는 인구 35만 명에 이르며 스페인의 코르도바와 비잔틴제국의 콘스탄티노플에 이어 세계 3대 도시에 들 정도로 번성했다. 이 시기에 이슬람 지역에서 수확되던 오렌지, 레몬, 피스타치오, 사탕수수 같은 작물이 시칠리아에 이식되고 곧이어 유럽 남부로 퍼져가면서 새로운 음식문화가 생겨났다. 시칠리아의 이슬람 문화 번성은 모스크가 300곳 이상, 이슬람식 정육점이 150곳 이상 있었다는 사실로도 충분히 짐작할 수 있다.

양편에 말굽 모양 아치가 늘어선 회랑
코르도바 대모스크(오늘날엔 성당)의 명소다.
Turol Jones, un artista de cojones from Villanueva
del Cascajal, República Independiente de Mi Casa,
CC BY 2.0

14세기 아랍 역사학자 이븐 할둔이 "지중해는 유럽인들이 배 한 척 띄울 수 없는 이슬람의 바다가 되었다"고 호언할 정도였다.

이슬람 치하의 스페인 남부 안달루시아는 무슬림과 유대인, 기독교인이 함께 조화롭게 살던 사회였다. 주위 지역에서 모여든 우수한 문화, 수준 높은 과학기술과 절충의 미가 빛을 발하면서 새로운 문화의 꽃을 피웠다. 이슬람 세계에는 이븐 루시드라는 이름으로 알려진 아베로에스(1126~1198), 이븐 밧자(아벰파세, 1095년경~1138/39), 이븐 아라비(1165~1240), 이븐 투파일(아부바세르, 1109/10~1185/86) 같은 대학자들이 안달루시아에서 배출되어 잠자던 중세 문명을 뒤흔들었던 것은 결코 우연이 아니었다.

다중 회랑과 말굽 모양 아치를 인 대리석 기둥들로 이뤄진 코르도바의 모스크들은 절제를 강조하는 고딕 정신과 자유로운 예배 공간을 존중하는 이슬람 정신이 어우러진 상징적인 문화 합작품이었다. 안달루시아의 기념비적인 건축물인 그라나다의 알함브라(아랍어로 '붉은'이라는 뜻, 알람브라) 궁전도 문화의 섞임과 조화가 만들어낸 걸작품이다.

그러나 16세기부터 안달루시아는 과거의 화려한 문화가 철저히 부정되고 말살당하는, 편협과 독선의 무대로 바뀌었다. 1492년 아라곤왕국이 그라나다를 정복한 뒤, 1499년부터 그라나다의 무슬림에 대한 강제 개종과 추방, 그리고 문화 말살이 이어졌다. 모스크를 비롯해 이슬람다운 것은 모두 중단되거나 철폐되었고, 어떤 형태의 불만 표출도 용납되지 않았다. 1631년까지 무자비한 억압이 이어지다, 남아 있던 무슬림이 모두 그라나다를 떠남으로써 800년 가까웠던 이슬람의 안달루시아 지배는 종말을 고했다.

안달루시아 문화가 그토록 발전할 수 있었던 것은 다양한 민족이 상호 교류하며 끊임없이 새로운 민족·사상·언어 등을 접할 수 있었고, 상호 배타적으로 적대하기보다는 이질적인 종교와 이데올로기를 뛰어넘어 상보적인 조화를 이룰 수 있었기 때문이다. 이리하여 안달루시아는 이슬람 세계와 막 태동한 유럽 세계를 잇는 문화의 교량으로서 유럽 르네상스를 일으키는 튼튼한 한 축을 담당했다. 그 후 안달루시아가 기독교화하면서 가톨릭 외에 모든 종교를 배척하자, 문화 다양성의 용광로는 가동을 멈추고 말았다. 이는 17세기 이후 스페인 문화가 정체하는 데 한 가지 이유가 되었다.

투르크족의 등장과 압바스제국의 멸망

11세기 들어 셀주크 투르크조가 분열했던 이슬람 세계를 재통일했다. 셀주크 투르크는 3대 술탄 말리크 샤(재위 1072~1092) 시대에 전성기를 맞았는데, 시리아·팔레스타인·소아시아(아나톨리아)를 포함하여 동쪽으로는 톈산산맥에서 서쪽으로는 지중해에 이르는 대제국을 이룩했다. 정

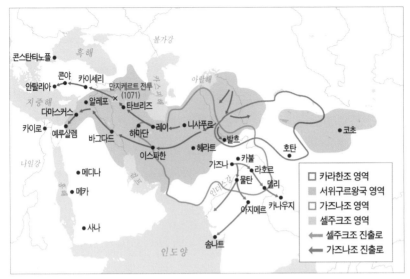

11세기의 이슬람 세계

복 지역을 확대하는 과정에서 지금의 이란 영토인 니샤푸르, 레이, 이스파한, 하마단 등을 차례로 수도로 삼았다가 아나톨리아반도 진출 후에는 콘야를 수도로 삼았다. 뛰어난 수상인 니잠 알물크(1018/19~1092)의 여러 개혁 정책이 셀주크조의 기반을 다지는 데 크게 기여했다.

1071년 셀주크가 비잔틴군을 격퇴하고 아나톨리아반도에 진출하면서 이 지역이 이슬람화하기 시작했다. 셀주크의 팔레스타인 점령과 비잔틴 제국에 대한 압박은 십자군전쟁을 유발하는 빌미가 되었다. 그러나 실상 십자군전쟁은 기독교 세력과 이슬람 세력의 격돌보다 기독교 세력 내부의 이권 다툼과 물자 약탈로 점철되었다.

셀주크조는 1157년 술탄 산자르(1118~1157)의 사후 여러 공국公國으로 갈라졌다가 몽골의 침략을 받아 종말을 고했다. 몽골 대군은 1258년 2월 바그다드를 함락했다. 이로써 500년 역사를 이어온 압바스조도 멸망했다. 이는 아랍인이 주도하던 이슬람 시대의 실질적이고 공식적인 종말을 의미했다. 이제 아랍인을 대신해서 1299년 오스만 투르크라는 새로운 세력이 등장하여 대제국으로 성장하게 된다.

16세기 들어 이슬람 세계는 이란 지방의 시아파 사파비조(1501~1736), 티무르의 후손 바부르가 인도에 건국한 무굴제국(1526~1857), 이스탄불의 오스만제국(1299~1922)으로 크게 3분되었다. 칼리파직을 승계하여 이슬람 세계의 실질적 지도국이 된 오스만제국은 1453년 콘스탄티노플을 점령하고 비잔틴제국을 무너뜨렸다. 이로써 소아시아가 확고히 이슬람 세계에 편입되었다.

이슬람권의 통치자·지도자 칭호

칼리파Khalifa는 정치적 권력과 종교적 권위를 동시에 갖춘 초월적 통치자다. 후일 정교 분리가 이뤄지면서 세속적인 최고 권력자를 칭하는 술탄sultan이란 용어가 보편화했다.

페르시아 문화권인 이란에서는 통치자를 샤shah 혹은 '왕 중의 왕'이란 의미로 '샤한샤shahanshah'라 불렀고, 중앙아시아 이슬람 국가에서는 칸khan이라 불렀다.

이맘imam은 수니파에서는 단순히 예배 인도자나 종교 지도자를 의미하며, 성인 남성 누구나 이맘이 될 수 있다. 그러나 시아파에서 이맘은 예언자 무함마드의 직계 혈통으로 신의 대리인에 버금가는 최고위 성직자다. 시아파에서는 마지막 이맘이 죽지 않고 은둔했으며, 최후의 심판이 다가오면 '마흐디Mahdi'라 불리는 구원자로 재림하리라는 믿음을 견지한다.

파샤pasha는 오스만제국 시기 장군이나 총독, 고위 관리를 칭한 말이고, 셰이크sheikh는 주로 아랍의 족장이나 고위 종교 지도자에게 붙이는 칭호다.

근세 이란을 지배한 시아파 사파비조 1501~1736

샤shah 이스마일(재위 1501~1524)이 타브리즈를 수도로 하여 건국했다. 사파비 왕조는 전통적인 수니파 이슬람 왕조와 달리 시아파를 국교로 받아들임으로써 오늘날 이란이 시아파 국가가 되는 기틀을 다졌다.

사파비 왕조의 뿌리는 이슬람 신비주의 종파인 수피즘 계열에서 출발했다. 그 종단의 지도자 이름이 '사피 알딘Safi al-Din'이었으므로 종파 이름도 '사파비예Safaviyeh'라고 했다. 처음에는 수련 종단으로 출발했으나 점차 정치적으로 성장하여, 종단을 핍박하는 수니파 기득권 정치세력에 맞서는 독자적인 정치세력으로 규합되었다.

이스마일(1487~1524)은 시아파 제7대 이맘의 자손으로, 1501년 아제르바이잔의 아크 코윤루Ak Koyunlu, 白羊 왕조를 꺾고 타브리즈에서 독립했다. 그 후 메소포타미아에서 아프가니스탄에 이르는 지역을 통일하면서 아랍 수니 정치체제에서 선호했던 '술탄' 대신 페르시아어 존칭인 '샤'를 칭호로 사용했다. 그리고 시아파 주류인 12이맘파를 국교로 정하면서 시아파를 중심으로 하는 '이란 민족의 국가'라는 정체성을 확립했다.

사파비조는 인도 무굴제국이나 우즈베크계의 칸국Khanate*들과 여러 차례 전쟁을 벌여 영토를 넓혀갔으며, 당시 수니파 종주국인 오스만제국과도 충돌했다. 사파비조의 급부상은 수니파 중심 국가인 이웃 오스만제국을 크게 자극했다. 오스만제국은 시아파의 확산을 막으려고 자국 내 시아파 반왕정 성직자들을 처형하기도 했다. 이에 상대적으로 열세였던 사파비조는 자구책으로, 이집트와 시리아를 지배하던 맘루크조(1250~1517)와 연합하여 오스만제국을 견제하려 했다. 결국 1514년 접경지대인

---

* 칭기스 칸처럼 '칸'이라 불리는 최고 통치자가 지배한 중앙아시아 국가들을 칸국이라 한다.

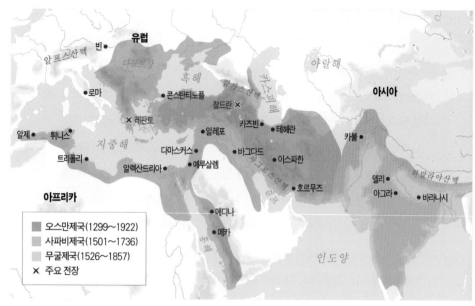

이슬람 3제국 시대

메소포타미아 북부의 찰드란에서 사파비 군대는 셀림 1세의 오스만제국 군과 격돌했다. 찰드란 전투에서 사파비군은 무기의 절대적 열세로 패배했다. 설상가상으로 동맹인 맘루크조도 오스만에게 멸망하여 병합되고 말았다.

이후 사파비조는 오스만제국에 대한 정면 승부를 피해 제국의 중심지를 아제르바이잔의 타브리즈에서 이란 내륙의 카즈빈으로 옮겼다. 오스만제국도 사파비조가 있는 동부 전선이 안정되자 본격적으로 유럽 공략에 전념할 수 있었다.

사파비조는 압바스 1세(압바스 대제, 재위 1588~1629)의 등극으로 전성기를 맞았다. 그는 1555년 이후 수도였던 카즈빈에서 이스파한으로 천도(1598)하고, 오스만제국과 우즈베크족의 침략을 격퇴해 메소포타미아 지역을 다시 회복했다. 압바스 1세는 국가 개혁을 실시하여 영국을 본보기로 군제 개혁을 단행하고, 수도 이스파한을 '세상의 절반'이란 찬사를 들을 만큼 세계적으로 아름다운 대도시로 정비했다.

하지만 압바스 대제 사후 사파비조는 다시 쇠퇴의 길을 걸었다. 오스만제국의 끊임없는 침략에 시달리며 조금씩 영토를 잃어갔고, 1722년에는 아프간족에게 수도를 점령당하기까지 했다. 사파비조는 7년 만에 이스파한을 수복했지만 결국 1736년 해체되었다. 그리고 18세기 말 카자르조(1794~1925)가 이란 지역을 재통일했다.

사파비조 시대는 네덜란드·프랑스·영국 등 유럽의 여러 나라들이 해외 식민지 확보 경쟁을 시작한 때였다. 이들 나라는 페르시아의 비단을 얻고, 인도 동쪽의 식민지와 연락할 교통로를 확보하며, 오스만제국에 대해 공동 전선을 펴고자 사파비 왕조와 적극적으로 우호 관계를 맺었다.

사파비조 시대의 별자리 책 필사본
10세기에 활동한 페르시아 천문학자 압둘 라흐만 수피Abdul Rahman Sufi의 저서 《키탑 수왈 알카와킵Kitāb suwar al-kawākib (별자리 책)》을 16세기에 필사한 판본이다. 뉴욕 브루클린박물관 소장.
Designated Purchase Fund

북아프리카의 이슬람 왕조 909~1517

파티마조(909~1171)는 북아프리카와 레반트 일대에 세력을 펼친 시아파 이슬람 왕조다. 이 왕조의 군주들이 무함마드의 유일한 딸인 파티마의 후손이라고 주장한 데서 왕조의 이름이 정해졌다.

시아파 중에서도 가장 호전적인 이스마일파의 장군인 아부 무함마드 우바이드 알라 알마흐디(873~934)가 당시 아글라브왕국 등 북아프리카 일대의 이슬람 소국들을 복속시켜 파티마 왕조를 열었다. 파티마 왕조는 요새로 둘러싸인 새 도시 알카히라(오늘날의 카이로)를 수도로 삼았다. 알카히라는 초기 인구가 1만 8000명이었던 데서 후일 20~30만 명으로 확장되어, 이슬람 세계에서 가장 큰 도시 반열에 들게 되었다. 970년경에 설립된 알아즈하르대학은 역사상 가장 이른 시기에 등장한 대학으로, 오늘날에도 신학 분야에서 이슬람권 최고의 대학으로 손꼽힌다.

파티마조는 11세기 이후 계속된 십자군전쟁으로 예루살렘을 비롯한 왕국 내 도시들이 점령당하면서 급속히 쇠퇴해 갔다. 위기 상황에서 파티마 왕조의 마지막 왕 알아디드al-Adid는 쿠르드족 출신으로 수니파 장군인 살라딘(1137/38~1193)을 재상으로 임명하며 나라를 구하려 했지만, 1171년 사망하면서 파티마 왕조도 막을 내렸다. 이때 살라딘이 권력을 쟁취했다.

살라딘은 본래 셀주크 투르크의 알레포와 다마스커스 지방 통치자인 누르 앗딘(1118~1174)의 수하였다. 누르 앗딘은 십자군전쟁 승리에 큰 공을 세우고 이집트 주위 지역에 대한 정치적 영향력을 키워갔다. 1174년 주군이었던 누르 앗딘의 사망 후 그 정치적 지분을 고스란히 물려받은 살라딘은 아이유브조(1171~1250)를 세우고, 당시 이슬람 세계를 지배하던 셀주크 투르크에 독립을 선포했다. 아이유브 왕조는 시리아 다마스커스에 도읍하고 이집트까지 지배했다. 파티마 왕조는 시아파였지만 아이유브 왕조는 수니파 교단을 회복했다. 그런 공로로 그는 수니파 신도 사이에서 '신의 친구Waliullah'란 호칭을 얻었다.

1193년 살라딘 사후 아이유브조도 내분에 휩싸였다. 아이유브 왕조의 마지막 술탄인 살리흐 사후, 왕비 샤자르 알두르가 아랍 역사상 드물게 여성 통치자로 권력을 잡았다. 샤자르는 맘루크 출신 총사령관인 아이박(아이바크)과 재혼해 이집트 일대를 함께 통치하며 1250년 새 왕조인 맘루크 술탄국(1250~1517)을 창건했다. 주로 투르크계 용병을 일컫는 '맘루크'는 오랜 십자군전쟁의 소용돌이 속에서 강력한 군벌 세력으로 등장하여 군소 이슬람 국가들의 정치에 크게 간여했다. 맘루크 술탄국은 267년 동안 무려 55명이 술탄에 등위하는 등 정치적 갈등이 끊이지 않아 크게 번성할 기회를 갖지 못했다. 결국 내분과 함께 유럽 해상 세력의 인도 진출로 인한 교역 이권 상실, 당시 휩몰아친 흑사병의 타격 등으로 1517년 오스만제국에 복속되었다. 이때부터 이란 지역을 제외하고 북아프리카와 서아시아의 이슬람 세계는 19세기까지 오스만제국으로 통합되었다.

살라딘 장군과 십자군전쟁에 대한 재평가

셀주크 투르크가 예루살렘을 지배하면서 기독교도의 성지 순례를 방해하자, 유럽 기독교 세계가 예루살렘을 되찾으려고 일으킨 군사 봉기를 십자군전쟁이라 한다. 실상 당시 서아시아 이슬람 세계는 사분오열해 있었고 셀주크 투르크도 셋으로 쪼개져 갈등하고 있었기 때문에, 교황청으로서는 어느 때보다 이슬람 세계를 공략하고 성지를 되찾기 좋은 시기였다. 교황 우르바노 2세는 성지 탈환을 호소하며 전쟁을 독려했고, 셀주크 투르크에 맞선 비잔틴(동로마) 황제 알렉시오스 1세를 지원했다. 이것이 십자군전쟁의 시작이다.

1095년부터 1291년까지 약 200년에 걸쳐 아홉 차례 큰 전쟁이 벌어졌다. 게다가 동로마제국의 그리스정교회, 기독교 이단 세력들에 대한 공격까지 십자군전쟁으로 통용되면서 역사적으로 수십 차례 '성스런 전쟁Crusader'이 이어졌다. 순수한 신앙의 열정으로 참여한 사람도 적지 않았겠지만, 로마 교황청이 십자군을 이용해 내전 중인 세속 군주들을 제압하고, 1054년 로마 가톨릭교회와 콘스탄티노플 그리스정교회의 분열로 이단 지역이 되어버린 동로마제국을 장악할 기회로 활용하고자 했다는 해석도 널리 인정된다. 1차 십자군에는 부랑자나 가난한 사람들이 '면벌부'를 받으려고 많이 참여하기도 했다.

이슬람 세계에서 이 전쟁을 바라보는 시선이나 역사적 평가는 사뭇 다르다. 우선 이슬람 역사에서는 십자군전쟁을 비중 있게 다루지 않고, 더욱이 이를 서구와 이슬람 세계의 갈등으로 보는 시각은 소수다. 그보다는 인류 역사상 가장 치욕스러운 살육 전쟁이자 서구의 야만성을 드러낸 추악한 역사로 기억한다. 십자군의 이름으로 자행된 아홉 차례 전쟁 중 빼앗긴 성지 탈환을 내걸고 순수하게 예루살렘으로 향했던 것은 1차 전쟁 정도이고, 나머지 여덟 번은 동방의 비잔틴 세계를 겨냥한 침략과 약탈이 주를 이루었기 때문이다.

1차 십자군전쟁도 성전聖戰과는 거리가 멀었다. 1099년 예루살렘을 점령한 십자군은 무슬림과 유대인을 닥치는 대로 학살했다. 성 안의 모든 사람이 가장 비종교적인 방식으로 살육당했고 여성과 어린이도 예외가 아니어서, 피로 물든 예루살렘 성 안에서 살아남은 사람은 거의 없었다.

2차 전쟁부터는 다른 주위 국가들을 약탈의 대상으로 삼았다. 콘스탄티노플 약탈이 목표가 된 1204년 4차 전쟁 때는 그리스정교회의 심장인 성 소피아 성당을 공격하여 쓰레기장으로 만들어버렸다. 온갖 폭력과 학살, 무지막지한 약탈과 파괴로 비잔틴제국은 다시 회복하기 어려울 정도로 피폐해졌다. 그리하여 결국 1453년 오스만제국의 공격에 비잔틴제국이 힘없이 무너지고 말았던 것이다.

오스만제국의 콘스탄티노플 함락 직전 교황청과 유럽 국가들로부터 그리스정교와 로마 가톨릭의 통합을 전제로 지원군을 보내주겠다는 제의가 왔을 때, 콘스탄티노플 시민들은 차라리 이교도의 터번에 무릎을 꿇을지언정 로마 교황청의 지배를 받아들이지 않겠다며 원군 파병을 거절했다. 시민들이 스스로 패망의 길을 택한 것은 4차 십자군전쟁의 악몽이 너무나 선연했기 때문이다. 물론 마지막 황제 콘스탄티노스 11세 팔레올로고스는 함락을 눈앞에 두고 모든 수단을 동원해야 하는 절박함에서 시민들의 의사와 상관없이 서유럽 국가들에게 종교 통합을 호소하며 원병을 요청했다. 그러나 막상 로마 교황령은 물론 당시 베네치아, 트레비존드(오늘날의 트라브존), 제노바, 헝가리왕국 등 주위 유럽 세력은 이미 오스만제국의 강성함을 알고 있었고, 내부 문제로 콘스탄티노플을 도울 형편이 되지 못했다.

1차 십자군의 예루살렘 정복 후 88년이 지난 1187년, 예루살렘은 다시 쿠르드 출신 아랍 장군 살라딘이 지휘하는 이슬람 군대의 수중에 떨어졌다. 1차 전쟁 때의 참혹한 학살을 기억한 예루살렘의 기독교인들은 목숨을 포기했다. 그러나 예루살렘을 점령한 살라딘 장군은 휘하의 군대에 성 안의 민간인 누구도 털끝 하나 건드리지 말도록 했다. 일정한 세금을 내는 조건으로, 원하는 기독교인은 재산을 갖고 성 밖으로 자유로이 이주할 수 있게 해주었다. 당시로서는 상상하기 어려운 관용이었다. 살라딘 장군이 오늘날 이슬람 세계보다 오히려 유럽 기독교 세계에서 더 존경과 칭송의 대상이 되는 배경이다. 당시 살라딘의 처사는 이슬람 전쟁 방식에 따르면 지극히 당연한 수칙이었기 때문에, 사실 이슬람 세계에서 살라딘이란 존재는 서구에서만큼 크게 부각되지 않는다. 참으로 재미있는 역설이다.

십자군전쟁의 계기는 1071년 만지케르트(오늘날 튀르키예의 말라즈기르트) 전투에서 셀주크 투르크군이 비잔틴군을 물리친 데서 비롯되었다. 중앙아시아 유목민 출신 용병들이 세운 셀주크 투르크는 이미 압바스 왕조의 칼리파들을 통제하면서 비잔틴제국의 영토로 급속하게 세력을 확대해 나가다가, 1071년 드디어 아나톨리아반도의 동쪽 요충지인 반 호수까지 진출했다. 당시 이 지역은 비잔틴제국의 영토였다. 이때 셀주크의 술탄 알프 아르슬란(재위 1063~1072)이 비잔틴 황제 로마노스 4세(재위 1068~1071)에게 사절을 보내 평화협상을 제의한 것으로 알려져 있다. 협상이 결렬돼 전쟁을 피할 수 없게 되었다. 셀주크군은 5만에 불과했지만, 1071년 8월 26일 만지케르트에서 벌어진 대전투는 매복과 기습 작전을 구사한 셀주크군의 일방적 승리로 끝났다. 알프 아르슬란은 비잔틴 황제를 처형하지 않고 강화조약을 체결했다. 비잔틴에게 일정한 공물, 아나톨리아 일부 지역 양도, 전쟁포로 석방 등을 요구한 것이 조약의 핵심 내용이었다. 비잔틴제국의 패배로 아나톨리아 반도는 후대까지 확고히 튀르키예의 차지가 되었다. 이 여세를 몰아 셀주크 투르크는 예루살렘까지 진격하여 유럽 기독교 세계의 공포를 증폭했다. 이것이 로마 교황청이 성지를 탈환하자는 구호를 내세우며 십자군전쟁을 독려한 빌미가 되었다.

십자군전쟁이 인류 역사에 공헌한 것이 있다면 유럽 민중과 무슬림, 서구와 이슬람 세계가 전방위로 만나면서 이슬람의 선진 문화가 서구를 크게 자극하는 계기가 되었다는 점이다. 이때 향료, 오렌지, 레몬, 커피, 설탕, 면화와 그 재배법, 고급 견직물이나 면직물 등 새롭고 진귀한 상품들이 물밀듯이 유럽으로 건너갔다. 아라베스크 문양도 이때 유럽에 들어갔다. 이슬람 건축 양식과 기술도 15세기까지 유럽의 건축과 예술에 큰 영향을 끼쳤다. 튀니지와 모로코에서 건너간 이슬람 건축은 스페인의 안달루시아 지방을 중심으로 무데하르 양식으로 발전하고, 그것이 유럽의 고딕 양식으로 이어졌다. 공중목욕탕인 하맘 문화도 새로운 사교 공간으로서 중세 유럽을 강타했다.

이슬람 양식 교회 종탑
스페인 북동부 사라고사에
있는 산타 마리아 막달레나
교회의 종탑.
본래 이슬람사원의
미나레트였다.
I, Escarlati, CC BY-SA 3.0

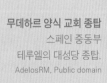

무데하르 양식 교회 종탑
스페인 중동부
테루엘의 대성당 종탑.
AdelosRM, Public domain

역사상 최대 오스만제국의 성립과 쇠퇴 1299~1922

　13세기 몽골의 침략으로 압바스조와 셀주크 투르크가 몰락하고, 1300년 경 또 다른 투르크 세력인 오스만제국이 서아시아와 이슬람 세계를 통일하게 된다. 오스만제국의 첫 건설자인 오스만 베이(1258년경~1324/26)는 셀주크 투르크 시대 부르사 지방(아나톨리아반도 북서부)을 거점으로 한 부족장이었다. 1299년부터 오스만 베이 세력은 주로 비잔틴 영토를 잠식하기 시작했고, 그의 아들 오르한(재위 1324~1360) 시대에 이미 유럽의 발

정교회 성당에서
이슬람사원이 된 아야 소피아
37년 유스티니아누스
황제가 건축했다.
양쪽에 우뚝 선 미나레트는
오스만제국 시대에
이슬람사원이 된 뒤
세워졌다.
A. Savin, FAL 1.3

기독교와 이슬람이
공존하는 아야 소피아 내부
ⓒHee Soo Lee

칸반도에 진출하여 비잔틴의 존재를 위협했다.

오스만제국이 콘스탄티노플을 함락한 것은 1453년 술탄 메흐메트 2세 (재위 1444~1446, 1451~1481) 시대였다. 점령된 콘스탄티노플의 이름은 이스탄불로 바뀌었다. 비잔틴제국의 정신적 심장이었던 성 소피아 성당은 이슬람사원으로 개조되어, 기독교 동방정교회의 비잔틴이 이슬람교의 오스만에 귀속되었다는 징표가 되었다.

오스만의 콘스탄티노플 점령은 오스만의 역사뿐만 아니라 세계사에 한 획을 그은 큰 사건이었다. 이는 중세가 종식되고 근대가 시작하는 기점이 되었다. 유럽은 오스만제국이라는 동방 문화권과 직접 접촉함으로써 동방의 새로운 기운과 문명을 급속도로 받아들이게 되었다. 이로 인해 곧바로 르네상스가 시작되었을 뿐만 아니라, 유럽인들이 스스로 '지리상의 발견'이라 불렀던 대항해시대가 도래하게 되었다.

오스만제국의 발전과 문화

1453년 콘스탄티노플 정복에서 16세기 말에 이르는 시기가 오스만제국의 전성기다. 그 영토가 북으로 헝가리에서 남러시아에 이르고, 남으로는 북아프리카의 알제리에서 걸프해까지 이르러, 과거 이슬람 세력권의 대부분을 지배했다.

여러 가지 특징적인 제도가 오스만제국의 확장과 번영을 뒷받침했다. 밀레트Millet 제도와 예니체리Yenicheri 군대가 대표적이다. 예니체리는 근위 보병 부대로서 술탄에게만 책임을 지는 강력한 권한을 행사했다. 또 술탄은 예니체리 병력의 충원을 위해 '데브쉬르메Devshirme'라는 제도를 도입했다. 데브쉬르메는 주로 발칸반도의 기독교인 소년들을 징집하여 엄격한 훈련과 투르크화 교육을 통해 이슬람으로 개종시키고, 술탄의 친위 부대인 예니체리에 배속하는 제도였다.

소수민족 보호 정책인 밀레트 제도는 유대인, 아르메니아인, 그리스정교도 등 각 공동체의 종교 지도자가 각각의 종교행정과 문화 활동을 책임지고 관장하는 제도였다. 소수민족 공동체와 조화·공존하는 것은 오스만제국 600년 역사를 관통한 기본적인 통치 이념이었다.

오스만제국과 경쟁하던 티무르·사파비·무굴

14세기 중앙아시아의 르네상스 시대를 이끈 티무르제국(1370~1507)은 기본적으로 이슬람 문화 창달을 지향하며 많은 학자를 초빙해 대수학, 연산학, 천문학과 같은 분야에서 세계 최고 수준의 학문적 업적을 쌓았다. 서구에서는 티무르를 파괴자로 평가했지만, 그는 학문을 숭상하고 학자와 전문가를 극진히 예우한 현명한 군주였으며, 그가 이룩한 중앙아시아 학문 전통은 후일 중국의 원·명을 거치면서 조선 초기 세종 시대의 과학혁명에도 간접적으로 기여하게 된다. 티무르에 대한 재평가가 꼭 필요한 시점이다.

16세기 들어 아시아에서는 동시에 3개 이슬람 제국이 번성했다. 오스만제국, 사파비조(1501~1736)와 인도의 무굴제국(1526~1857)이 그들이다. 오스만제국과 쟁패하던 이란 중심 이슬람 왕조인 사파비조는 실크로드의 요충지인 이스파한에 도읍하고, 페르시아어를 바탕으로 이란의 전통문화 회복에 기여했다. 티무르의 후예가 남진하여 건국한 무굴제국도 이슬람 전통을 이어받으면서 토착 인도문화를 받아들여, 서남아시아 인도 대륙에 단단한 이슬람 역사 전통을 남겨놓았다.

제국의 쇠퇴와 개혁운동

16세기에 전성기를 누린 오스만제국은 17세기 들어 쇠퇴하기 시작했다. 귀족 및 지방영주들의 세력이 커지고, 예니체리 군인들의 반란과 권력 남용, 정복지의 과중한 세금, 관료와 군부의 부패 등으로 사회가 혼란스러워진 것이 내부 요인이다. 외부 요인으로는 유럽인들이 신항로를 발견함으로써 오스만제국의 물자 보급로에 타격을 입혔고, 이란 지역에서 사파비 왕조의 세력이 커졌으며, 1571년 레판토 해전에서 스페인에 패배했고, 1683년 빈(오늘날의 오스트리아) 공략에 실패한 것 등을 들 수 있다.

역대 술탄들은 국력 회복을 위해 유럽 국가들을 모방하여 군사 개혁과 정교 분리를 통한 근대화를 시도했으나, 보수 기득권 세력의 반대로 실패하고 말았다. 18세기 말부터 상황은 더욱 급변했다. 나폴레옹의 이집트 원정(1798~1799)을 계기로 유럽 세력의 오스만 영토 잠식이 더욱 활발히 진행되었다. 1830년 그리스가 독립을 선포했고, 1831년 이집트 총독인 무함마드 알리도 독립운동을 일으켜 오스만에 대항하기 시작했다. 또한 프랑스가 알제리를(1830), 영국이 예멘의 아덴을 점령했다(1839).

이러한 상황에서 술탄 마흐무드 2세(재위 1808~1839)는 권력 남용의 대명사인 예니체리를 해산하고 서양식 군대를 창설했다. 그의 두 아들인 술탄 압둘 메지드(재위 1839~1861)와 압둘 아지즈(재위 1861~1876)는 선대의 개혁 의지를 계승하여 일련의 근대식 대개혁을 단행하는데, 이를 '탄지마트Tanzimat'라 한다. 탄지마트는 종교와 민족을 초월해 국민의 생명과 재산을 보호하고, 공개 재판과 군현제도 실시, 오스만은행 설립 등을 통해 국가체제의 근대화를 도모하려 한 정책이다. 그러나 국내 보수 세력의 반대와 러시아·오스트리아의 간섭으로 개혁은 성과를 거두지 못했다.

1876년 수상 미트하트를 비롯한 개혁 세력이 '메쉬루티예트Meshrutiyet'라는 새 헌법 제정을 주도했다. 새 헌법은 제국 내 모든 시민의 동등한 권리, 내각 중심 국정 운영, 언론의 자유, 근대적인 조세 및 형벌제도 등을 명시했다. 그러나 이러한 획기적인 내정 개혁도 러시아-튀르키예 전쟁의 발발과 오스만의 패배로 한계에 부딪혔다.

이란 카자르조의 개혁과 아랍의 근대화운동

사파비조가 주위 민족들의 침입으로 쇠퇴한 뒤, 18세기 말 카자르조가 이란 지역을 재통일했다. 이란 지역의 유력 세력이었던 카자르 가문의 수장 모하마드 칸Mohammad Khan이 1794년, 사파비 왕조의 몰락 후 들어섰던 쿠르드계 잔드 왕조(1751~1794)의 마지막 왕인 로트프 알리 칸Lotf Ali Khan을 몰아내고 이란의 정통 왕조를 열었다. 이 왕조는 한때 아프가니스탄까지 영역을 넓히며 번영했으나, 19세기 말부터 열강의 간섭과 침략이 갈수록 심해졌다. 따라서 이란의 근대화 과정도 유럽 열강에 대항하는 항쟁의 형태로 나타났다.

1890년 담배 전매권이 영국인의 수중으로 넘어가자 담배 보이콧 운동이 민족운동의 성격을 띠고 벌어지기도 했으나, 결국 영국과 러시아는 아프가니스탄과 캅카스 지방을 점령하고 이란 남쪽과 북쪽에 각각 자국의 세력권을 형성했다. 이에 자극받은 국왕 모자파르 에딘Mozaffar-e-din(재위 1896~1907)은 1906년 헌법 제정과 의회 설치를 통한 입헌혁명을 일으켜 근대화를 추진했으나, 제국주의 유럽에 대한 경제적 의존도를 극복하지 못한 채 사망하고 말았다. 결국 그의 입헌혁명은 결실을 보지 못하고 이듬해 1907년 좌절되었다.

카자르조는 1차 세계대전 중 오스만제국, 영국, 러시아 등 강대국들의 쟁탈 대상이 되었다가 1923년 페르시아 코사크여단 사령관 레자 칸Reza Khan의 쿠데타로 실권을 빼앗기고 1925년 마지막 왕 아흐마드 샤(재위 1909~1925)가 폐위당함으로써 막을 내렸다. 그 후 레자 칸이 왕위에 올라 파흘라비 왕조(1925~1979)를 열었다가, 1979년 호메이니가 주도한 이슬람 혁명으로 왕조가 종식되고 오늘의 이란에 이르렀다.

오스만제국 치하에 있던 아랍 세계에서는 18세기 중엽 이슬람교의 본고장인 아라비아반도를 중심으로 자주를 표방한 민족운동이 태동했다. 이러한 흐름을 대표하는 것이 와하비운동al-Wahhābiyah이다. 원래 와하비운동은 이슬람교의 변질과 개혁주의에 반대하여 《꾸란》의 순수한 가르침으로 돌아가자는 종교적 열정에서 출발했다. 그러나 이 운동이 오스만의 지배에 저항하는 사우드 가문의 호응을 받아 '와하비왕국'을 탄생시키기에 이르렀다. 와하비운동은 아랍인의 각성을 촉구하여 후일 아랍 여러 나라의 독립에 정신적 토대를 제공해주었다.

이집트에서도 나폴레옹의 원정 이후 유럽 문화의 영향을 받아 민족적 자각이 촉진되었다. 이집트의 근대화를 추진한 이는 총독 무함마드 알리(재위 1805~1848)였다. 그는 오스만 술탄의 명을 받아 아라비아반도로 출병하는가 하면 수단을 정복하고, 이집트의 근대화를 위해 나일강을 대대적으로 개발하여 농업생산 증대와 경제 부흥을 이루었다. 그 후 이스마일 파샤(재위 1863~1879)의 통치기에 수에즈운하가 완공되고, 산업·교통·교육의 혁신이 이뤄졌다.

그러나 지나친 재정 지출로 외채 부담이 커져, 결국 수에즈운하의 실권이 영국에 넘어가고 말았다. 1882년 이집트는 영국의 지배를 받게 되었다. 영국은 1878년 키프로스에 이어 이집트를 점령하고, 1892년에는 바레인, 1899년에는 쿠웨이트를 간접통치령으로 완전히 장악했다. 이에 경쟁 관계에 있던 프랑스도 1881년 튀니지, 1896년 소말리랜드(오늘날의 지부티), 1912년 모로코 등을 잇따라 침략했다. 이와 같은 열강의 지배에 맞서 서아시아 여러 나라는 이슬람교 부흥, 아랍 민족주의, 서양문물 도입 등을 통해 근대화에 힘을 쏟았다.

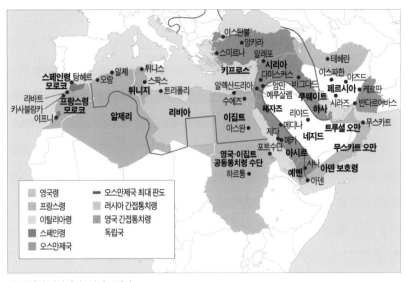

1914년의 서아시아·북아프리카

오스만제국의 종말과 서아시아의 독립

1차 세계대전이 발발했을 때, 이미 약해진 오스만제국은 끝까지 중립을 지켜 위기를 피해 가려 했다. 그러나 위협적인 적대 세력인 러시아가 영국, 프랑스와 함께하는 협상국의 일원으로 제국의 동쪽 국경 지대를 침략해 오자, 오스만 왕정은 치열한 논쟁 끝에 제국의 존속을 위해 독일과 오스트리아가 주도하는 동맹국에 가담하게 되었다. 바로 이때 1915년 4월 제국의 동쪽 변경에 있던 아르메니아인들이 러시아 편에 가담하자, 내부의 적을 분산하기 위해 시리아로 대규모 이주 정책을 펼치는 과정에서 이른바 '아르메니아 학살 사건'이 발발했다. 튀르키예 정부는 조직적인 학살이 아닌, 전쟁 중 일어난 불행한 사건이라는 입장이지만, 아르메니아 측은 오스만 정부 당국이 조직적으로 관여한 제노사이드(인종학살)라고 맞서고

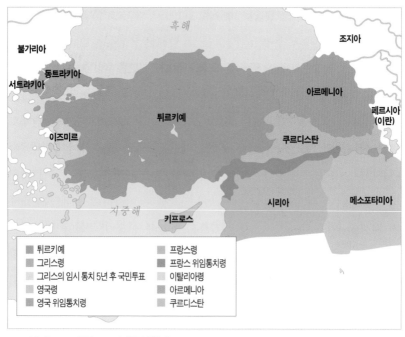

흑해

불가리아

동트라키아

서트라키아

조지아

아르메니아

페르시아
(이란)

튀르키예

이즈미르

쿠르디스탄

지중해

시리아

메소포타미아

키프로스

- 튀르키예
- 그리스령
- 그리스의 임시 통치 5년 후 국민투표
- 영국령
- 영국 위임통치령
- 프랑스령
- 프랑스 위임통치령
- 이탈리아령
- 아르메니아
- 쿠르디스탄

1920년 세브르조약의 오스만제국 분할안

있다. 희생자 수도 아르메니아 측이 120만 명을 주장하는 데 반해 튀르키예 측은 40만 명 정도로 축소해서 보고 있다.

결국 오스만제국은 1차 세계대전의 패전국으로서 대제국이 와해되는 운명을 맞았다. 1920년 세브르조약을 통해 거의 모든 제국 영토를 협상국 측에 빼앗기고 튀르키예 본토까지 그리스가 점령해 들어오자, 무스타파 케말(1881~1938)이라는 뛰어난 장군이 독립전쟁을 이끌었다. 그 결과 1923년 로잔조약에서 지금의 튀르키예 본토로 최종적인 영토 조정이 이뤄졌고, 국민적 영웅으로 부상한 무스타파 케말은 튀르키예공화국을 창설했다.

1922년 제국 통치의 핵심이었던 술탄제가 폐지되고, 1924년 이슬람 종주국의 상징이었던 칼리파 제도마저 사라짐으로써 1299년 이래 600년 넘게 존속했던 오스만제국은 종말을 맞았다.

새로운 튀르키예공화국은 국교를 철폐하고 세속주의와 국가주의를 헌법의 중추로 세우면서 이슬람 국가들 중에서 유일하게 서구식 근대화를 도입하여 급속한 발전을 이루었다. 1928년 아랍어를 버리고 라틴 문자를 도입하는 문자혁명을 이루었고, 여성의 권리 향상, 공공장소에서 히잡 착용 금지, 성씨제도 도입, 일부다처제 폐지, 이슬람 복장 규제 등 당시로서는 혁명적인 개혁을 추진해 나갔다.

이슬람 문화권을 지배하던 오스만제국의 멸망으로 아랍 세계의 민족들은 새로운 자주의식과 독립의 기운을 고취했으나, 이미 석유 개발권 등 서아시아의 이권에 혈안이 되어 있던 서구 열강의 개입과 분열 책동으로 사분오열되는 비극을 맞았다. 1, 2차 세계대전 전후로 탈식민시대가 시작되고 강대국들이 지배권을 포기했을 때, 영국·프랑스·이탈리아 등의 식민지배를 받던 각 지역 부족집단과 정치세력들이 개별 국민국가로 재탄생했다. 그리하여 아랍어·이슬람교·아랍인이라는 공통분모로 단일 문화권을 형성했던 아랍 세계는 오늘날 20개국이 넘는 개별 국가로 나뉘어 협력과 분쟁을 거듭하고 있다.

20세기 이후 서아시아—대결과 협력

    이슬람이 완성된 이후 지난 1400년 동안 이슬람 세계는 서구와 협력과 갈등을 거듭하는 애증의 관계를 이어왔다. 이슬람이 발생한 7세기부터 18세기 초까지는 이슬람 세계가 유럽에 대해 군사·정치·문화 등 모든 면에서 압도적 우위를 점했다. 스페인 안달루시아가 800년간 이슬람 문화의 영향을 받았고 프랑스 남부, 이탈리아 남부도 200년 이상 이슬람 지배 지역이었다. 지중해 동부와 오늘날의 그리스, 알바니아, 마케도니아, 불가리아, 세르비아, 몬테네그로, 보스니아, 헝가리 일부 등이 400년간 이슬람 치하에 있었다. 1683년에는 당시 유럽 최강국이었던 오스트리아 합스부르크 왕조의 심장부인 빈이 세 차례 포위당하면서 유럽 전체가 공포에 휩싸이기도 했다. 사실 711년 지브롤터해협을 건너 유럽 땅에 이슬람이 뿌리를 내린 이후 빈이 풍전등화의 위기에 몰린 1683년까지 거의 천년 가까이 유럽 세계는 이슬람 세계에 압도당한 형국이었다. 이러한 역사적 모멸감과 트라우마가 유럽이 드러내는 이슬람포비아(이슬람 공포증·혐오증)의 근원적 배경이라고 할 수 있다.

    그러나 1683년 빈 방어에 성공한 뒤로 서구는 서서히 이슬람 세계를 압도하기 시작했고, 급기야 1798년 나폴레옹의 이집트 정복을 전후로 오히려 서구가 이슬람 세계를 식민지화하기 시작했다. 이로써 '지배와 피지배'라는 숙명적 관계가 역전되었다. 먼저 1602년 네덜란드의 동인도회사 설립을 계기로 인도네시아, 인도 무굴제국, 말레이시아, 필리핀 남부 등 동남아 이슬람 지역이 차례로 네덜란드와 포르투갈, 영국, 미국 등 서구 열강의 식민지로 전락했다. 중앙아시아에서도 파미르고원 서쪽의 서투르키스탄과 위구르 지역인 동투르키스탄이 19세기 말부터 본격적으로 러시아와 중국의 지배를 받아들여야 했다.

오랜 기간 이슬람 세계의 위협과 직접 지배에 시달렸던 서구 세력은 모처럼 뒤바뀐 강약 구도를 최대한 활용해 오스만제국을 와해하려 했다. 서유럽 국가들의 일차적 목표는 기독교를 믿는 발칸반도의 오스만제국 피식민 국가들이었다. 이런 배경에서 발칸반도에서 민족주의 독립운동이 강하게 표출되었다. 오스만제국의 폭정에 시달리던 세르비아 농민 항쟁이 그 도화선이 되었다. 1804년 오스만 군대는 농민 봉기를 진압하면서 본보기로 저항의 지휘부인 농촌 자치조직 지도자들을 공개 처형했다. 그러나 이는 더 큰 저항을 불러일으켰고, 마침내 1830년 세르비아는 자치권을 획득했다.

독립을 위한 저항의 열기가 발칸반도 전체로 퍼져갔고, 1878년 오스만제국과 러시아의 전쟁에서 오스만이 패배하자 서구 열강의 적극적인 지원과 개입에 힘입어 루마니아, 불가리아가 독립하거나 자치권을 획득했다. 그런데 발칸반도에서 기독교 세력이 주도권을 쥐게 되자, 이들은 수백 년 동안 함께 뿌리를 내렸던 무슬림 주민을 억압하기 시작했다. 이것이 불씨가 되어 보스니아계 무슬림 주민에 대한 세르비아계의 민족학살, 코소보 주민 대량학살 같은 대규모 참사가 1990년대까지 이어졌다.

그 밖의 이슬람 세계는 거꾸로 서구의 혹독한 식민지배를 경험했다. 그리고 1, 2차 세계대전을 거치면서 57개 개별 국민국가로 나뉘어 독립했다. 그중 아랍 22개국은 대부분 왕정 국가로 출발했지만, 이집트·이라크·시리아·알제리·리비아 등 많은 나라가 군사 쿠데타를 거쳐 권위주의적 사회주의 체제로 탈바꿈했다. 석유 수출 때문에 복지 상태가 좋은 산유국들은 오늘날까지 왕정을 유지하고 있다. 비산유국이면서 왕정을 유지하는 나라는 요르단과 모로코뿐이다. 여기에는 그럴 만한 이유가 있다. 요르단과 모로코 왕가는 예언자 무함마드의 혈통을 이어받았다는 종교적 상징성을 지닌다. 따라서 아랍 민중 사이에 두 왕가에 대한 존경과 보호의식이 자리잡았다.

현대사의 기억과 상처는 이슬람 세계와 서구 사이에 끊임없이 불거지는 갈등의 배경이다. 서구의 '이슬람에 대한 편견'은 오늘날까지도 크게 바뀌지 않은 채 '이슬람포비아'로 이어지고 있다. 1948년 팔레스타인 땅에 이스라엘이 건국되자, 두 세계의 적대적 갈등과 이슬람 급진 세력의 극단적 저항이 갈수록 치열해졌다.

1948년 이스라엘의 건국

1차 세계대전 중 서구 열강은 오늘날 팔레스타인 땅에 치유되기 어려운 분쟁의 불씨를 심어놓았다. 영국은 '독일-오스트리아-오스만제국' 동맹의 파죽지세 공세에 맞서 승리를 끌어내기 위해 반격 카드를 준비했다. 그것은 같은 이슬람을 믿는 아랍인들을 회유하여 오스만제국을 내부적으로 약화시키는 전략이었다. 이에 따라 영국의 이집트 총독 맥마흔 경이 메카의 태수 샤리프 후사인과 접촉하여, 비밀 협정을 체결했다. 이 후사인-맥마흔협정(1915)을 통해 영국은 전쟁 후 적당한 기회에 팔레스타인 땅을 포함한 서아시아 지역에 독립 아랍국가 건국을 보장하겠다고 약속했다. 동시에 영국은 막강한 영향력을 가진 유대인들의 협조를 끌어내고 미국의 1차 세계대전 참전을 유도하기 위해 밸푸어 선언(1917)을 통해 유대 민족국가의 창설을 약속해주었다. 한편 영국과 프랑스는 사이크스-피코 비밀 협정(1916)을 통해, 팔레스타인과 요르단 지역 포함 북위 32도를 중심으로 한 동·서 아랍 지역을 영국이, 그 북쪽을 프랑스가 관할하고, 세 종교의 공동 성지인 예루살렘 일대를 국제 관리하에 두기로 결정했다. 팔레스타인이라는 한 영토를 두고 상호 모순된 협정이 3개나 중첩되었던

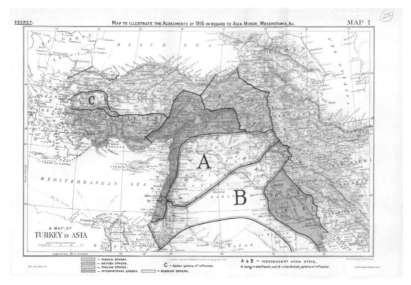

사이크스−피코협정을 기반으로 1919년 영국 정부가 작성한 서아시아 분할안 파란 면은 프랑스령, 분홍 면은 영국령, 녹색 면은 이탈리아령, 노란 면은 러시아령, 주황 면은 국제 공동 관리 구역으로 설정되어 있다. A와 B 지역에는 독립 아랍국가를 세우되 A는 프랑스 관할, B는 영국 관할, C 지역은 이탈리아 관할 구역으로 정했다. British Library 소장. Stanfords Geographical Establishment London, Public domain

것이다. 이것이 오늘날 서아시아 분쟁의 근원이 되었다.

결국 1차 세계대전을 마무리하는 협상 과정에서 영국과 프랑스의 당초 비밀 협정에 따라 팔레스타인 땅은 영국의 위임통치를 받게 되었다. 이어서 2차 세계대전 중에 독일 히틀러의 나치 정권이 저지른 홀로코스트(유대인 대학살) 후 살아남은 유럽의 유대인 약 64만 명이 점차 팔레스타인으로 이주하면서 2000년 동안 그 땅에 살아온 팔레스타인 아랍인들을 밀어내기 시작했다.

1947년 11월 29일 미국이 주도한 유엔 총회에서 팔레스타인 분할안이 통과되고, 1948년 아랍 측의 강한 반대를 무릅쓰고 이스라엘이 건국했다. 이제 서아시아는 지구촌 최대의 화약고로 변모했다. 바로 그해 이집트가 중심이 되어 이스라엘을 향해 전쟁을 선포, 1차 중동전쟁이 발발했다.[*] 1956년 2차 중동전쟁, 1967년 3차 중동전쟁, 1973년 4차 중동전쟁이 이어졌다. 특히 1967년 전쟁에서는 이스라엘이 기존 영토 보존을 넘어 이웃 시나이반도, 가자 지구, 요르단강 서안(웨스트뱅크), 골란고원과 베카 등 아랍 국가들의 영토를 강제로 점령, 갈등이 더욱 깊어졌다. 유엔 안전보장이사회는 이스라엘이 점령지에서 철수할 것을 의결했지만 이는 아직도 완전히 이행되지 않고 있다.

국가안보를 내세우며 실효적 지배를 주장하는 이스라엘과 이에 맞서는 팔레스타인의 첨예한 대결이 지금도 계속되고 있다. 이 갈등을 치유하기 위해 국제사회에서는 팔레스타인과 이스라엘이라는 두 국가 공존의 대원칙 아래 양국이 외교 관계를 수립함과 동시에 상호 불가침 조약을 체결하고, 공생 공영하면서 갈등 구도를 평화 구도로 만들어가야 한다는 목소리가 지속되고 있다.

1990~1991년 걸프전쟁과 알제리 민주화의 좌절

1990년 이라크 사담 후세인 대통령(재임 1979~2003)의 쿠웨이트 침공으로 촉발된 걸프전쟁(1990~1991)은 이슬람 세계와 서구 사이에 또 다른

---

[*] 서아시아와 북아프리카를 '중동'이라 하는 것은 유럽인의 관점이다. 19세기 대영제국은 세계 지배 전략의 일환으로 그리스를 포함한 발칸반도와 아나톨리아를 중심으로 한 오스만제국 영토를 근동(the Near East, 가까운 동방)이라 하고, 그 너머 페르시아부터 인도까지를 중동 (the Middle East), 그리고 오늘날의 동남·동북아시아 지역을 극동(the Far East)이라 했다. 그러다 2차 세계대전 때 영국군이 군사작전 용어로서 근동과 중동을 합쳐 '중동'이라 지칭하기 시작했다. 미국 등에서는 근동과 중동, 중근동을 혼용하기도 한다. 오늘날 통용되는 중동의 범위는 동으로는 이란부터 서로는 모로코까지 서아시아와 북아프리카에 걸쳐 있는데, 때로는 아프가니스탄과 파키스탄을 포함하기도 한다.

관계를 규정한 사건이었다. 아랍 지역의 패권을 노리던 사담 후세인 휘하 10만 대군이 1990년 8월 이웃 산유국인 쿠웨이트를 침공했다. 1980년부터 8년 동안이나 이어진 이란-이라크 전쟁으로 무너진 경제를 회복하고 민심을 얻으려는 목적이었다. 그러나 후세인의 도발은 즉각 미국과 서구 세계의 반발을 불러일으켰다.

쿠웨이트는 원래 오스만 시대부터 이라크의 바스라주Basra Governorate에 속한 이라크 영토였다. 그러나 1932년 이라크가 영국에게서 독립할 때, 석유 이권 때문에 영국은 쿠웨이트 지역에 대한 통치권을 계속 유지했다. 쿠웨이트는 1961년 이라크에 귀속되지 않고 독립했다. 이와 같은 역사적 배경 때문에 이라크는 계속 영유권을 주장해 오던 터였다.

그러나 아랍 국가가 다른 아랍 국가를 공격한 것은 분명 엄청난 사건이었다. 사담 후세인의 패권 확대를 두려워한 걸프 지역 일부 아랍 국가들과 함께 미국을 필두로 한 서구 세계는 유엔 안전보장이사회를 통해 이라크 제재에 착수했고, 1991년 1월 편성된 다국적군이 이라크군을 공격하기 시작했다. 다국적군 참전 42일 만에 이라크는 쿠웨이트에서 철수했다.

이 전쟁은 미국이 더욱 노골적으로 서아시아 문제에 개입하는 계기가 되었고, 동시에 이 지역에서 반미-반서구 정서가 더욱 깊어지는 결과를 가져왔다. 한편으로는 일부 아랍 국가들이 다국적군에 가담해 사담 후세인 공격에 동참함으로써 그나마 명목상 유지되던 아랍 민족주의가 퇴조하고, 각국의 자국 중심주의가 뚜렷해졌다. 게다가 아랍 국가들 사이에 군비 경쟁이 불붙으면서, 서아시아에 대한 미국의 영향력이 더욱 강해졌다. 오늘날에도 미국 무기 수입 10대국 중 1위가 사우디아라비아이고, 나머지 절반 이상을 서아시아 국가들이 차지할 정도다.

이 밖에도 걸프전쟁은 서아시아의 이슬람권에 크고 작은 변화를 유발했다. 걸프 지역의 일부 산유국 왕정 국가들은 아예 미국의 안보우산 속에 들어갔고, 이집트와 시리아는 산유국들을 위해 군사적 방패가 되어주는 대가로 재정적 혜택을 받았다. 특히 이집트는 외국 채권단에게서 상당한 부채 탕감을 얻어냄으로써 경제적으로 건실한 구조 조정을 계획할 수 있게 되었다.

반대로 이라크를 지지했던 예멘, 요르단, PLO(팔레스타인해방기구) 등은 심각한 원조 중단 사태에 직면했으며, 걸프 지역에서 자국 노동자들이 추방당함으로써 경제적으로 큰 손실을 입었다. 이러한 위기 국면은 남북 예멘의 통합을 자극해 1990년 통일 예멘공화국이 수립했다.

한편, 1980년대 후반 소련 체제가 붕괴하면서 사회주의권 이슬람 세계는 이슬람의 문화적 가치를 지키면서도 서구와 협력하는 새로운 정치 실험을 하게 된다. 가장 대표적인 실험이 알제리에서 일어났다.

1991년 알제리에서는 오랜 군부독재 체제에 변화가 보이기 시작했다. 샤들리 대통령(재임 1979~1992)이 다당제를 받아들이고 민주화 바람이 불면서 1991년 총선이 실시되었고, 그동안 정치적 연금 상태에 있던 이슬람구국전선Front Islamique du Salut(FIS)이 1차 투표에서 의석의 과반수 이상을 확보했다. 예상 밖의 선거혁명이었다. 이듬해로 예정된 2차 투표에서 이슬람 정당의 집권이 확실시되는 상황이 벌어졌다.

그러나 이슬람 정치세력의 집권을 이슬람 원리주의의 부활로 확대 해석한 알제리 군부가 프랑스를 비롯한 서구의 지지와 묵인을 받아 선거 결과를 무효화하고, 비상계엄을 선포했다. 집권을 눈앞에 두었던 이슬람구국전선이 해체되고, 야당 인사들이 구금되었다. 이 사건은 국민적 합의에 따른 민주적 선거라도 서구의 이익에 합치하지 않는다면 언제든지 폐기될 수 있다는 나쁜 선례를 남겼다. 이슬람 세계가 서구에 대해 품은 근원적인 불신이 다시 한 번 확인된 셈이었고, 두 세계의 관계 개선은 다시 요원해졌다.

1993년 오슬로평화협정과 뒤엉킨 팔레스타인 문제 해법

걸프전쟁 후 빚어진 정치 상황은 팔레스타인 문제에도 영향을 끼쳤다. 아랍 국가들끼리 서로 전쟁을 벌이는 형편에, 초강대국으로 성장한 이스라엘을 상대로 무력을 통해 고토 회복을 한다는 목표 자체가 현실과 너무 거리가 멀었다. 팔레스타인인들의 처지에 대한 국제사회의 동정과 문제 해결 요구가 어느 때보다 강해졌다. 이런 분위기에 따라 미국의 중재하에 이스라엘과 팔레스타인해방기구 사이에 항구적인 평화를 정착시키려는 노력이 힘을 얻었다. 1993년 양쪽이 상호 불가침과 외교관계 수립 등을 통해 공존할 것을 약속하는 오슬로평화협정이 체결되었고, 마침내 이스라엘 점령지인 가자 지구와 요르단강 서안 지구에 팔레스타인 자치 국가 수립이 가능해졌다. 서구와 이슬람 세계가 오랜 분쟁과 갈등을 접고 화해와 공존을 향해 나아가기로 한 중요한 선언이었다.

그러나 평화협정의 이스라엘 쪽 당사자인 이츠하크 라빈 수상이 1995년 암살당하고, 2001년 우파 리쿠드당의 아리엘 샤론이 이스라엘 수상이 되면서 오슬로평화협정의 골격이 훼손되었다. 샤론 정부가 서안 지구를 물리적으로 고립시켜 버린 분리 장벽과, 팔레스타인 자치 지역에 유대인들이 불법적으로 세운 정착촌들로 인해 이스라엘과 팔레스타인 아랍인 사이의 갈등은 지금도 여전하다. 국제 여론을 주도하는 미국이 줄곧 이스라엘 편을 지지해 왔기에, 그만큼 이슬람 세계의 반서구 감정도 깊어지고 있다.

그러나 평화를 위한 양국 간의 협상과 지루한 절충도 이어지고 있다. 가장 근본적인 해결책은 이스라엘이 1967년 6월 전쟁 이후 불법으로 점령하고 있는 팔레스타인 영토에서 완전히 철수하는 것이지만, 이미 점령지에는 약 75만 명이나 되는 유대인이 살고 있다. 이른바 유대인 정착촌 문제다. 이스라엘은 이들 유대인 정착촌을 보호한다는 구실로 주위 지역 팔레스타인인들의 주거와 이동을 심각하게 통제하고 있다. 이러한 현실과 명분, 실리 사이의 팽팽한 줄다리기가 협상의 핵심이다.

2008년 당시 이스라엘 수상 에후드 올메르트와 팔레스타인 자치정부 수반 마흐무드 압바스 대통령이 상호 영토 교환이라는 절충안을 마련한 적이 있다. 주요 골자는 유대인 정착촌이 들어선 영토 일부를 팔레스타인이 이스라엘에 양보하고, 그 대신 가자 지구와 서안 지구에 인접한 이스라엘 영토 일부를 팔레스타인에 편입한다는 것이다. 이 골자에는 양쪽이 공감했지만, 구체적으로 교환할 영토의 넓이와 위치 등에 이견이 있었다.

이런 와중에 2011년 팔레스타인은 유엔에 정식 회원국 가입을 신청했다. 미국의 반대로 정회원국 가입에 실패하고 참관국 지위에 머무르게 되었지만, 유네스코 정회원국이 됨으로써 팔레스타인은 국제사회에서 책임 있는 주권국가로 인정받게 되었다.

오랜 갈등과 협의, 양보와 협상을 통해 이제 팔레스타인 문제에 관해서는 '두 국가 해법'이 확연하게 자리를 잡았다. 이스라엘과 팔레스타인 두 국가가 상호 인정과 협력을 통해 함께 살아간다는 원칙이다. 그러나 이런 원칙은 팔레스타인 국가 영토에 유대인 정착촌이 계속 들어서고, 팔레스타인이 수도로 갈구하는 예루살렘의 귀속권을 이스라엘에 넘겨야 하는 등의 문제로 번번이 암초에 부닥쳤다. '두 국가 해법'에 찬물을 끼얹은 사건이 2020년 1월 28일 미국 도널드 트럼프 대통령이 전격 제안한, 이스라엘과 팔레스타인 평화를 위한 이른바 '세기의 협상Deal of the century' 발표다.

트럼프의 사위 재러드 쿠슈너가 구상한 평화안의 핵심은 1967년 3차 중동전쟁 이후 팔레스타인 땅에 수백 군데 들어선 유대인 정착촌에 대한 이스라엘의 실효적 지배를 인정해 이 영토의 관할권을 이스라엘이 갖고, 예루살렘을 이스라엘의 완전한 수도로 삼는다는 것이다. 그리고 누더기가 된 미래 팔레스타인 독립국에는 장기간에 걸쳐 약 500억 달러(약 60조 원)를 투자하여 경제 부흥을 돕는다는 것이다. 트럼프의 표현대로 하자면 "매일 여기저기 돈 꾸러 다니는 구걸 행각 그만하고 국가답게 제대로 살게 해주겠다"는 것이다.

그러나 두 나라의 평화로운 공존과 팔레스타인의 미래를 위한 마지막 기회라는 미국의 일방적 선언과 달리 팔레스타인인들은 즉각 반대에 나섰고, 22개국으로 구성된 아랍연맹과 이슬람 57개국 연합체인 이슬람협력기구(OIC)도 맹비난하면서 세기의 협상은 출발부터 암초에 걸렸다. 한마디로 친이스라엘 반팔레스타인 구도가 너무나 확연하고, 협상 내용의 핵심은 '자존심과 돈의 교환'이기 때문이다.

트럼프 정부의 제안은 인류 사회가 지금까지 지켜온 보편 원칙을 송두리째 무너뜨리는 독약 처방이었다. 유엔 안보리 결의안 242조, 338조 등을 통해 국제사회는 이스라엘의 점령지 반환과 군대 철수, 정착촌 건설 중지 등을 일관되게 요구해 왔기 때문이다. 무엇보다 세 종교의 공동 성지인 예루살렘은 국제 관리를 받는 공존의 도시여야 한다고 권고해 왔다. 예루살렘은 불법 점령 직전까지 1330년 동안 팔레스타인의 도시였다. 더욱이 이스라엘과 팔레스타인 양국 수뇌부는 1993년 오슬로에서 '땅과 평화의 교환'을 통해 팔레스타인 국가 창설을 합의한 공로로 노벨 평화상을 공동 수상한 바 있다. 이 합의마저 깨어지면서 중동 평화 문제는 다시 원점으로 돌아갔다.

2020년 미국에서 도널드 트럼프 대통령의 공화당 정권이 재선에 실패하고 조 바이든 대통령의 민주당 정권이 들어섰지만, 친이스라엘 축을 토대로 자국 이익 극대화를 꾀하는 대對중동 정책의 골격이 변하기는 어려울 것이다. 미국은 셰일원유 개발로 이미 세계 최대 에너지 패권국이 된 상황에서 이제 서아시아의 석유에 의존할 필요가 없기 때문에 '탈중동'

팔레스타인의 올리브나무
이스라엘인들은
팔레스타인인에게 중요한
생존 수단인 올리브나무를
베거나, 뽑아버리거나,
불태워 팔레스타인인들을
몰아내고 점령 지역을
넓히려 한다.

정책을 가시화하고 있다. 그럴수록 러시아와 중국의 진출을 견제하고 미국에 적대적인 이란 같은 국가들을 통제하기 위해서라도 서아시아에서 이스라엘에 대한 미국의 의존도는 더욱 높아질 전망이다. 공정한 중재자 역할을 해야 하는 미국의 친이스라엘 일변도 정책에 변화를 기대하기 어렵다는 점은 동시에 팔레스타인 문제 해결의 전망이 어둡다는 것을 의미한다.

여기에 인류가 기억해야 할 보편적 고뇌가 있다. 유럽인들이 잔혹하게 핍박했던 유대인과 이스라엘의 생존이 보장되었다면, 그들로 인해 나라를 잃고 고통에 빠진 팔레스타인 사람들의 생존을 보장하는 것이 인류 사회의 또 다른 책무다. 1인당 국민소득 3만 달러가 넘는 군사 강국 이스라엘은 당장 먹을 것이 없는 땅주인 팔레스타인인의 생존을 겁박하지 말고 이웃으로 끌어안는 공영의 삶을 택해야 한다. 그래야 생존의 절벽에 내몰린, 하마스(무장투쟁 단체로 출발한, 현 가자 지구의 집권당)를 중심으로 한 팔레스타인인들의 극단적 저항도 줄어들 것이다. 이스라엘 극우 정권이 아니라 이스라엘 시민들이 나서서 결자해지해야 할 때다.

2001년 9·11 테러

21세기 들어 이슬람 세계와 서구 사회의 관계에 다시 한 번 어두운 그림자를 드리운 사건이 2001년 9·11테러였다. 미국 뉴욕의 무역센터와 워싱턴의 국방부 건물을 파괴한 9·11테러는 전 세계에 큰 충격을 안겼다. 알카에다를 중심으로 한 일부 급진 이슬람 정치조직의 소행이었지만, 무고한 인명의 대량 살상과 서구의 정치적 중심부에 대한 직접적 위협이었다는 점에서 이전의 불편한 갈등과는 비교도 되지 않는 큰 사건이었다.

리비아, 이란 같은 반미 국가는 물론 지하드, 팔레스타인의 하마스, 레바논의 헤즈볼라 같은 이슬람 무장단체들도 한결같이 미국에 대한 9·11 테러를 비난했다. 아무리 서구 세계가 정의롭지 못하더라도 시민의 생명과 안전을 볼모로 한 테러는 결코 용납될 수 없고 비난받아야 할 행위라는 뜻에서 이슬람 세계가 한목소리를 냈다. 나아가 이슬람 세계는 미국과 이스라엘이 미사일과 전투기를 동원하여 팔레스타인 시민을 공공연히 학살하는 행위도 국가 테러이므로, 중지되거나 응징되어야 한다고 믿는다.

그럼에도 미국과 서구 사회는 9·11테러 후 이슬람 세계에 공격적인 태도를 취했고, 알카에다 지휘부를 비호하는 테러 지원 국가를 응징한다는 명분으로 아프가니스탄을 침공해 20년간 전쟁을 벌였다. 2003년에는 9·11 테러와 직접 관련이 없는 이라크를 침공하여 이슬람 세계에 분노와 테러를 확산하는 결정적 악수를 두었다. 9·11테러라는 사건을 계기로 자국의 전략적 이익 극대화와 서아시아의 석유 확보, 이스라엘 안보 확보라는 미국의 전통적인 중동 정책 기조가 더욱 강해졌다는 점은 이슬람 세계의 우려를 자아냈다. 무엇보다 아프가니스탄과 이라크에서 벌어진 전쟁으로 수많은 시민이 희생되고 삶의 기반이 초토화하면서, 전쟁의 정당성은 온데간데없어지고 서구 사회의 '이슬람 죽이기' 악몽이 재현되는 듯했다.

IS 궤멸과 소프트파워 전략

9·11테러의 배후였던 알카에다의 지도자 오사마 빈라덴이 2011년 5월 2일 미군에 사살되면서 알카에다는 사실상 궤멸했지만, 전 세계에 퍼져 있던 하부 조직들의 테러는 그칠 줄 몰랐다. 이런 가운데 미국이 이라크를 침공하고 시리아에서 내전이 벌어지는 등 서아시아 전역에 대혼란이 이어지는 상태에서 ISIL(이라크-레반트 이슬람 국가Islamic State in Iraq and the Levant)이라는 테러 조직이 새로이 탄생하여 시민에 대한 테러로 악명을 떨쳤다.

원래 알카에다의 이라크 지부Al-Qaeda in Iraq(AQI)가 ISIL의 전신이다. 그들은 2011년 3월 이후 시리아에 내전이 벌어지자 바샤르 알아사드 정부를 전복하려는 반군 조직에 참여하고, 2014년 6월 29일 스스로 IS 즉 '이슬람국가Islamic State'를 선포했다. IS는 시리아 락까를 수도로 삼고 거점을 확보하면서 서방에 대한 무차별 공격을 서슴지 않았다. 2015년 11월에는 파리 시내의 레스토랑과 축구 경기장 등 다중이용시설 일곱 군데를 공격, 시민들에게 무차별 사격을 퍼부어 130명이 사망하고 100여 명이 부상을 입었다. 이때부터 서방 세계는 IS 궤멸로 방향을 선회했지만, 워낙 지역사회에 뿌리를 단단히 내리고 정교하게 무장한 상태라 소탕이 쉽지 않았다. 그러나 결국 시리아 쿠르드 민병대(YPG)가 2017년 지상군을 투입한 미군과 합동으로 IS의 마지막 거점이자 수도인 락까를 점령했다.

알카에다와 IS의 궤멸로 당분간 시민에 대한 대규모 조직적 테러는 줄어들겠지만 이라크 전쟁, 아프가니스탄 전쟁, 팔레스타인 박해, 시리아 내전, 리비아 내전, 예멘 내전 등에서 서방의 개입으로 가족을 잃은 극단적 분노 세력이 여전히 이슬람 세계 깊숙이 뿌리내리고 있다. 이들에 대한 체계적이고 효율적인 치유 프로그램과 지원책이 시급히 가동되어야 한다. 이러한 정책을 소프트파워 전략이라고 한다. 무장세력 궤멸 일변도 전략으로 무고한 희생자가 늘어나면, 극단적 분노 세력도 그만큼 커지게 마련이다. 그 결과 9·11테러 후 20년간 지구촌 테러가 평균 10배 이상 늘어났다는 것이 국제사회의 비극적 현실이다. 국제 공조를 통해 극단적 테러 조직들을 제거함과 동시에 그들로 인해 피해를 입은 전쟁고아, 삶의 기반을 잃은 난민과 피해자들의 물질적·심리적·사회적 치유를 지원하는 프로그램도 같이 가동되어야 한다.

2011년 아랍 민주화 시위의 배경과 의미

2010년 말 튀니지에서 한 과일 행상의 분신으로 촉발되어 아랍권 전역으로 급속하게 번졌던 민주화 시위는 이슬람 세계를 변혁할 절호의 기회였다. 1920년대부터 독립하기 시작해서 그때까지 22개 아랍 국가 중 단 한 나라도 자유선거를 통해 평화로운 정권 교체를 이뤄보지 못한 상황에서, 이는 분명 21세기 이슬람 민주주의를 향한 의미 있는 출발로 보였다. 이른바 '재스민 혁명'으로 튀니지의 벤 알리 군사정권을 비롯해 이집트, 리비아, 예멘의 독재정권이 붕괴했고, 시리아와 알제리, 걸프 국가들도 큰 영향을 받았다.

그러나 아직 탄탄한 대안 세력과 시민사회가 부재한 정치 환경에서 '아랍의 봄' 바람이 두렵고 처참한 '아랍의 겨울'로 돌변하는 데는 그리 오랜 시간이 걸리지 않았다. 튀니지에서는 민선 정부가 들어서서 조심스런 행보를 이어가고 있지만, 이집트에서는 쿠데타가 일어나 민선 정부를 뒤엎고 다시 군사정권이 확고한 권력을 잡았다. 리비아에서는 유엔이 인정한 수도 트리폴리 중심의 리비아통합정부(GNA)와 동부 토브룩(투브루크)에 거점을 둔 리비아국민군(LNA)이 치열한 내전을 벌였다. 원유 이권이 크게 걸린 리비아 내전은 서방 국가들끼리 경쟁을 부추겨 미국·유럽연합·영국·이탈리아·튀르키예·카타르 등이 리비아통합정부를, 프랑스·그리스·러시아·이스라엘·사우디아라비아·이집트 등이 리비아국민군을 지원하는 국가이익의 충돌 전시장이 되었다.

예멘에서도 정권 이양 약속을 저버린 기득권 세력의 횡포가 또 다른 쿠데타를 유발하여 내전으로 치달았다. 과거 독재정권을 이어받은 만수르 하디 정권을 사우디아라비아가 비호하고, 이에 맞서는 후티 반군을 이란이 지원하면서 국제적 내전으로 돌입했다. 설상가상으로 남부의 분리주의자 집단과 ISIL 잔당 세력까지 끼어들면서 적어도 4개 파벌이 치열한 소모전을 벌이고 있다.

시리아에서는 독재자 바샤르 알아사드 정권을 무너뜨리려고 미국·유럽·튀르키예·사우디아라비아 등이 반군을 지원하면서 내전에 개입했고, 이에 맞서 러시아와 이란이 시리아 정부군을 지원하면서 1900만 시리아 인구 중 1300만 명이 난민이 되고 수십만 명이 희생당한, 2차 세계대전 후 최대의 참극이 벌어졌다. 시리아 내전은 사실상 러시아의 승리와 알아사드 정권의 부활로 전혀 새로운 국면을 맞고 있다. 아래로부터 시민혁명으로 민선 정권을 창출해도 그 정권이 주민들의 기본적인 의식주, 일자리 창출, 안전을 보장해주지 못한다면 언제든지 권위주의 정권이 되살아날 수 있다는 비극이 현재 아랍 사회의 현실이다. 아랍 민주화 투쟁이 실패한 근원적인 이유다.

갈등에서 미래로

　현재 미국은 서아시아에서 원유를 거의 수입하지 않는다. 사우디아라비아가 수출하는 원유의 최대 소비국은 이미 중국이다. 원유라는 절대 국익을 지키려고 서아시아에 무분별하게 개입해 왔던 미국의 탈중동 노선이 뚜렷해지고 있다. 전 세계의 반대를 무릅쓰고 2003년 침공했던 이라크에서 2011년 미군이 철수하고, 시리아 내전에서도 발을 뺐다. 예멘 내전에서는 사우디아라비아에 대한 군사 지원을 중지하면서 내전 종식을 압박하고 있다. 리비아 내전에서도 미국은 직접 개입을 자제하고 있다. 베트남전쟁 후로 가장 오랜 전쟁에 시달린 아프가니스탄 전선에서도 미군은 2021년 8월 30일 완전히 철수했다.

　서아시아를 떠나면서 미국은 오랜 적대 관계였던 이스라엘과 친미 온건 아랍 산유국들 간에 외교 관계와 군사-경제 협력 체제를 구축하면서 자신의 이익을 지키려는 놀라운 정책을 구사하고 있다. 그 결과 이미 이스라엘과 외교 관계를 맺고 있는 이집트·요르단에 이어 아랍에미리트·바레인·수단·모로코가 새롭게 이스라엘과 수교했고, 오만·카타르·쿠웨이트 등이 수교 시기를 저울질하고 있다. 강경 보수 이슬람 세력의 여론 동향을 살피고 있는 사우디아라비아가 이스라엘과 수교하는 순간 서아시아는 실용주의에 바탕을 둔 전혀 새로운 방향으로 나아갈 것이다.

　서구와 엮어온 오랜 역사가 증명하듯이, 이슬람 세계의 주류는 대결과 갈등보다는 협력하고 공존하면서 살아가기를 원한다. 절대다수 이슬람 국가들이 서방 국가들을 비롯해 세계 여러 나라와 정치·경제적 협력 체제를 함께 구축하면서 세계 평화와 발전에 중요한 한 축 기능을 하고 있다. 서구 일각에서는 '문명의 충돌'을 주장했지만, 이슬람 세계에서 문명

간 대화 제의가 더욱 강하게 제기되고 있다는 점은 눈여겨볼 만한 현상이다. 이란의 전 대통령이자 철학자인 모함마드 하타미의 '문명 간 대화' 이론이 대표적이다. 1998년 유엔 총회 연설 후 2001년을 유엔이 정한 '문명 간 대화의 해'로 선포하게 만들었던 하타미 이란 대통령은 저서 《문명의 대화》에서 다음과 같이 설파했다.

무슬림은 예로부터 유럽인들에게 역사와 철학, 시민사회가 어떤 것인지를 소개했습니다. 그리스의 과학이나 철학, 지혜가 유럽 사회에 전해진 것은 유럽인들이 무슬림과 친숙했기 때문입니다. 또한 유럽인들은 우리 무슬림으로부터 관용의 정신을 배웠습니다. 지금 유럽인들이 무슬림에게 관용과 도덕적 가치를 설명하는 것은 사실은 우리를 비꼬는 것입니다. 유럽의 위대한 문명은 이슬람 문명에 강하게 뿌리를 둔 것이며, 이슬람 세계는 위대한 문명 세계였습니다.

모함마드 하타미, 《문명의 대화》에서

현재 수많은 무슬림이 서구 사회에서 당당한 시민으로 그 몫을 다하고 있다. 유럽에만 약 3000만 명 이상이 거주하고, 미국에서도 800만 명가량 되는 무슬림이 모스크를 1500곳 이상 짓고 분명한 종교적·문화적 정체성을 유지하면서 살아가고 있다. 한국에서도 2021년 현재 약 20만 무슬림이 살고 있는데, 외국인 무슬림을 제외하면 한국인 무슬림의 수는 약 6만 명으로 추산된다(한국이슬람중앙회 공식 통계). 모스크는 전국 대도시 중심으로 25곳이 있고, 건물 등을 임대해서 종교 생활을 하는 임시 예배소도 200여 곳에 이르는 것으로 나타났다.

분쟁과 갈등 속에서도 서아시아의 이슬람 국가들은 산유국을 중심으로 사회기반시설 투자를 늘리면서 탈석유시대를 대비해 농업국으로, 금융 허브로, 물류 중심지로, 관광 대국으로 나아가는 다양한 생존 전략을 구사하고 있다. 사우디아라비아·아랍에미리트·리비아가 곡물 수출국으로 등장했고, 아랍에미리트의 두바이는 세계적인 금융과 물류 허브로 눈부시게 성장 중이다. 시리아·예멘·리비아 내전 종식, 이라크·아프가니스탄·팔레스타인의 분쟁 해결, 세계적 코로나 대유행이 계속되는 위기 상황에 따른 보건·의료체계 확충 등 현재 서아시아 국가들이 해결해야 할 절실한 과제가 있지만, 거의 모든 서아시아 국가가 내부 개혁과 민주화의 가속화, 정부 투명성과 공평한 복지 증진, 여권 신장과 시민사회 형성으로 갈등과 대결보다는 공존하고 협력하는 정책을 추구한다. 이제는 더 많이 가진 서구가 더 많이 나누면서 함께 사는 지혜를 서아시아에 모아가야 할 때다.

세계 금융의 허브 두바이

참고문헌

김정위, 2003, 《중동사》, 대한교과서.

김정위 편저, 2001, 《이란사》. 한국외국어대학교출판부.

마이클 하워드 외, 2000, 《20세기의 역사》, 가지않은길.

모함마드 하타미, 이희수 옮김, 2002, 《문명의 대화》, 지식여행.

박구병 외, 2015, 《세계의 역사》, KNOU.

버나드 루이스, 1998, 《중동의 역사》, 까치.

아민 말루프, 김미선 옮김, 2002, 《아랍인의 눈으로 본 십자군 전쟁》, 아침이슬.

아이라 M. 라피두스, 신연성 옮김, 2008, 《이슬람의 세계사》 1, 2, 이산.

이희수, 2005, 《터키사》, 대한교과서.

이희수, 2011, 《이희수 교수의 이슬람: 9.11 테러 10년과 달라진 이슬람 세계》, 청아.

이희수, 2015, 《이슬람 학교》 1, 2, 청아.

이희수, 2022, 《인류본사》, 휴머니스트.

전국역사교사모임, 2019, 《살아있는 세계사 교과서》, 휴머니스트.

조너선 라이언스, 김한영 옮김, 2013, 《지혜의 집, 이슬람은 어떻게 유럽 문명을 바꾸었는가》, 책과함께.

타밈 안사리, 류한원 옮김, 2011, 《이슬람의 눈으로 본 세계사》, 뿌리와이파리.

한국방송통신대학교 문화교양학과 편, 2011, 《제3세계의 역사와 문화: 워크북》, KNOU.

동서 세계의 중심, 중앙아시아

이평래

일러두기
인·지명은 기본적으로 국립국어원에서 정한 규범 표기대로 쓰되, 때에 따라 학계에서 널리 쓰이는 관용 표기를 채택했다. 규범 표기와 관용 표기가 다를 경우, 그리고 국제적으로 알려진 발음이 2개 이상인 경우에도 그 이름이 처음 나올 때 괄호나 빗금을 쳐서 각각의 표기를 병기했다.

1 서술의 범위

중앙아시아의 역사만큼 복잡하고, 정해진 틀에 맞추어 쓰기 어려운 역사도 없을 것이다. 이유는 중앙아시아가 지리적으로 광대하고, 그 안에 다양한 언어를 쓰는 수많은 민족과 나라를 포괄하고 있기 때문이다. 그래서 지금까지 출간된 중앙아시아사 개설서는 다른 지역의 역사서와 다른 체계를 갖추고 있고, 저자마다 서술 범위와 내용에 상당한 편차를 보인다. 가장 큰 고민거리는 서술 범위다. 이는 무엇보다 중앙아시아의 범위가 일정치 않다는 데 원인이 있다.

'중앙아시아'는 '아시아의 중심부'를 뜻하는 말로, 그 범위가 대단히 애매하다. 일차적으로 아시아의 각 권역을 정확히 확정하기 어렵다는 근본적인 문제가 있다. 역사적으로 중앙아시아의 거주민인 북방 초원의 유목민과 그 주변 농경민의 활동 반경이 넓어지고 좁아짐에 따라 중앙아시아가 늘어나거나 좁아진 것도 그 범위를 확정짓기 어렵게 만든다. 따라서 중앙아시아 역사를 쓸 때는 우선 지리적 범위를 설정하고, 거기에 맞춰 서술 범위를 정할 필요가 있다.

현재 신문·잡지·TV에서 '중앙아시아'라는 명칭을 사용할 때는 대부분 카자흐스탄·우즈베키스탄·키르기스스탄·투르크메니스탄·타지키스탄 등 이른바 중앙아시아 5개국을 가리킨다. 이것이 가장 좁은 의미의 중앙아시아다.

그런가 하면 많은 학자들은 동서로 중국의 대싱안링산맥에서 흑해 북방까지, 남북으로 시베리아 바이칼호 남방에서 힌두쿠시산맥과 티베트 및 고비사막에 이르는 지역을 중앙아시아의 범위로 설정한다. 여기에는 중앙아시아 5개국 외에도 중국의 신장新疆, 몽골, 티베트, 캅카스, 흑해

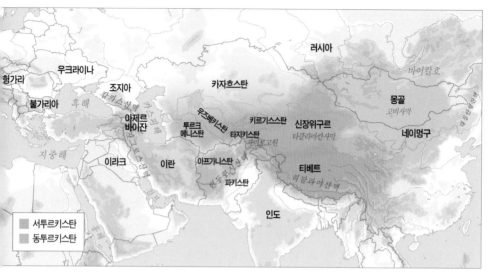

유라시아 대륙

북방, 서아시아 동부와 서북 인도까지 포함된다. 이는 가장 넓은 의미의 중앙아시아로 흔히 '중앙유라시아'라고 불린다.

또한 파미르고원의 동서, 즉 동투르키스탄(중국령 중앙아시아)과 서투르키스탄(옛 소련령 중앙아시아)으로 그 범위를 한정하는 학자들도 있다. 마치 위의 두 범위를 절충한 것 같은 느낌인데, 실은 이것이 고전적 의미의 중앙아시아다.*

필자는 이 중 세 번째 범위에 따라 동·서 투르키스탄에 중점을 두어 서술하려고 한다. 서술 범위를 이렇게 설정한 데는 두 가지 이유가 있다. 먼저 넓은 의미의 중앙아시아, 즉 중앙유라시아에서 몽골과 티베트를 제

---

* 참고로 학계에서는 중앙아시아와 비슷한 개념으로 '내륙아시아(Inner Asia)'라는 용어도 자주 사용하는데, 그 범위는 동투르키스탄과 서투르키스탄에 티베트고원과 몽골초원 등 티베트 불교권까지 좀 더 넓은 지역을 포괄한다.

외한 지역은 대부분 투르크어를 사용하는 투르크계 민족의 거주지이자 종교적으로 이슬람을 신봉하는 투르크-이슬람 세계다. 반면에 몽골과 티베트는 민족과 언어가 다르고 불교를 믿는 티베트불교 세계로서, 일정한 시기 이후에는 양쪽의 역사가 매우 다르게 전개된다. 다음으로는 이 글의 제한된 지면 때문이다. 중앙아시아사만을 다룬 책들 사이에서도 서술 범위가 일정치 않은데 좁은 지면에 중앙유라시아 전 지역을 다루기가 어려워, 불가피한 경우를 제외하고는 투르크-이슬람 세계에 중점을 두었다.

물론 중앙아시아의 역사는 어느 한쪽만 다루거나 어느 한쪽을 제외하고 기술하기 어려운 측면이 있다. 그렇게 할 경우 오히려 중앙아시아사를 체계적으로 이해하는 데 방해가 된다. 특히 몽골초원에서 흥기한 역대 유목국가들은 중앙아시아 동서 세계에 두루 영향을 미쳤기 때문에, 이를 둘로 나누어 기술하는 것은 사실상 불가능에 가깝다. 또한 특정 시기부터 몽골과 티베트가 종교·문화적으로 다른 길을 갔다고 해도, 두 지역을 포함한 중앙아시아 전역이 17세기 이후 청조와 러시아의 영향권 아래 들어갔고, 20세기에 들어서는 옛 소련과 중국의 일원으로 공산혁명과 그 체제를 강요받았다. 따라서 고·중세와 근·현대를 막론하고 중앙아시아 동서를 일관된 체계에 따라 서술할 필요가 있다. 필자 역시 이 점을 고려하여 동·서 투르키스탄을 서술의 중심에 두되 가능한 다른 지역의 역사도 함께 다루려고 한다.

중앙아시아의 두 세계

중앙아시아는 자연환경에 따라 북쪽의 초원과 그 남쪽의 사막, 그리고 파미르고원을 중심으로 하는 산악 지대로 나눌 수 있는데, 모든 곳이 건조하다는 공통점을 지닌다. 예컨대 사막 지대인 신장 남부는 연평균 강수량이 50mm인 지역도 있고, 반사막 지대가 많은 우즈베키스탄은 160~450mm 정도다. 북방 초원의 경우 몽골초원이 평균 220mm, 카자흐초원이 250~580mm 정도로 사막 지대보다 강수량이 많지만 건조하기는 마찬가지다.

이처럼 건조한 초원과 사막과 산악이 펼쳐진 열악한 자연환경에서도 사람들은 먼 옛날부터 이곳에 삶의 터전을 마련하고 인류 역사에 커다란 발자취를 남겼다. 북방 초원과 산악 지대에서 목축을 하면서 살아온 유목민과, 사막의 오아시스에서 농경과 상업으로 삶을 이어온 정주민이 그 주인공이다. 중앙아시아사는 이들 유목민과 오아시스 정주민이 만든 역사다.

두 집단은 생계 방식이 달랐지만 지리적 인접성 때문에 남북 관계를 형성하여 끊임없이 접촉하고, 그 과정에서 정치·경제·군사·문화적으로 공생 관계를 유지해 왔다. 유목민은 강력한 군사력으로 오아시스 정주민의 무역 활동을 보호하고, 대신 통행세 또는 보호세 명목으로 정주민에게서 무역 이익의 일부를 수취했으며, 이들을 통해 문화적 욕구를 충족시켰다. 이러한 관계가 수천 년 동안 이어지면서 초원과 사막을 아우르는 중앙아시아라는 독자적인 세계가 형성되었다. 이런 점에서 중앙아시아는 지리적 개념이자, 그 거주민들이 역사와 문화를 공유한다는 점에서 역사 및 문화적 개념이기도 하다. 이는 동아시아와 서아시아가 지리적 개념이면서 동시에 한자·유교 문화권과 이슬람 문화권으로 분류되는 것과 같은 이치다.

유목민은 말 그대로 유목으로 삶을 영위하는 사람들을 가리킨다. 유목은 계절의 변화와 물과 풀의 형편에 따라 규칙적으로 거처를 옮기는 이동 목축이다. 유목의 기원에 관해서는 여러 설이 있다. 일부 학자들은 처음에 수렵에서 유목이 생겨났다고 주장한다. 이들은 수렵민이 무리 지어 이동하는 동물을 따라 다니는 과정에서 동물과 인간의 공생이 시작되었다고 본다. 이는 인간이 능동적으로 동물을 가축화한 것이 아니고, 사냥할 동물을 따라 이동하는 과정에서 그 동물 무리를 통제하는 목축이 시작되었다는 설인데, 지금은 거의 지지를 받지 못하고 있다. 현재는 신석기시대 서아시아의 비옥한 초승달 지대에서 농경민이 목축을 시작했다는 설이 유력하다. 서기전 7600년경 양과 염소가 처음 가축화했다. 이렇게 하여 성립된 농경-목축 복합 경제가 중앙아시아(흑해 북방)로 전해지고, 그 후 기후가 변화하고 건조화가 진행되면서 청동기시대 말기(서기전 1000년 전후) 변화한 자연환경에 맞춰 유목이 시작되었다고 본다.

여기서 주목해야 할 점은 유목의 발생이 말의 가축화 및 탈것으로 이용된 점과 밀접한 관련이 있다는 것이다. 말의 가축화에 관해서는 이론이 분분하다. 우크라이나의 드네프르강 서안西岸에서 발굴된 데레이프카 Dereivka 유적에서 많은 말뼈와 함께 재갈멈치가 발견되었는데, 연구자들은 이를 근거로 서기전 4000년경 말이 가축화하고, 이때부터 탈것으로 이용된 것으로 본다. 그들은 또한 서기전 3500~3000년경의 것으로 추정되는 카자흐스탄 북부 보타이Botai 유적에서 출토된 말뼈와 치아 및 뿔 제품에 대해서도 유사한 결론을 내렸다. 물론 이런 주장에 대한 반론도 만만치 않아, 말의 가축화와 탈것으로 이용되기 시작한 기원 문제는 충분하게 해명되지 않았다.

그러나 말의 가축화 시기를 어떻게 보아도 가축화와 동시에 기마 관행이 보편화했다고 보기는 어렵다. 말은 양과 염소나 소보다 늦게 가축화되

데레이프카 유적에서
발굴된
말 머리뼈(위)와 아래턱뼈(아래)

었다. 처음에 가축의 용도는 식량이었다. 사람들은 말의 젖으로 마유주
馬乳酒를 만들고 그 고기를 식용으로 이용했을 테지만, 고기와 젖의 활용
측면에서 말은 다른 가축에 비하여 결코 우월하지 않았다. 번식하는 데
걸리는 시간이 길고, 길들이기도 쉽지 않았기 때문이다. 가축으로서 말
의 우수성은 끌것과 탈것으로 이용할 수 있다는 데 있다. 특히 탈것으로
서 말의 기능은 착유搾乳 및 거세 기술과 함께 유목 목축을 구성하는 중
요한 요소가 된다.* 말을 타면 걷는 사람에 비해 열 배 이상 많은 가축을
관리할 수 있고, 발이 빠른 대형 가축을 사육할 수도 있다. 따라서 재갈
과 재갈멈치, 등자 등 말 다루는 기술이 발달해 비로소 기마가 보편화하

* 착유 기술은 가장 중요한 식량을 얻는 방법이고, 거세 기술은 유목 생산에 중요한 번식 조절
기법이다. 이것들이 유목 목축의 3대 구성요소다.

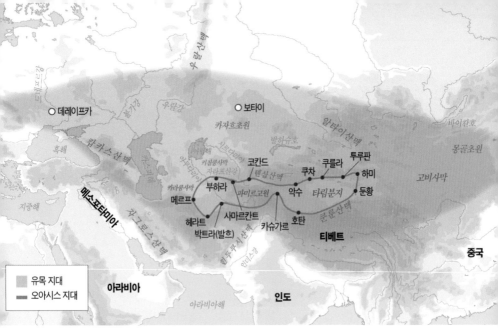

초원·산악의 유목 지대와 정주민이 살던 오아시스 지대

면서 더 많은 가축을 더 넓은 지역에서 사육하는 유목이 가능해졌다고 할 수 있다. 이는 곧 말이 가축화한 이후 탈것으로 이용되고, 기마 관행이 보편화된 일련의 과정에서 유목 목축이 발생했다는 의미다.

몽골초원에서 톈산산맥 북부를 지나 아랄해·카스피해·흑해 북방에 이르는 유라시아 초원과 파미르고원을 중심으로 하는 산악 지대가 유목민의 고향이다. 스키타이·흉노匈奴·훈족·선비鮮卑·유연柔然·돌궐突厥·회흘回紇(회골回鶻)·몽골 등 이란계·투르크계·몽골계 유목민들이 바로 이곳을 무대로 활동했다.

한편 신장웨이우얼자치구(신장위구르자치구), 우즈베키스탄, 카자흐스탄, 타지키스탄, 투르크메니스탄 등 동·서 투르키스탄에는 타클라마칸, 키질쿰, 카라쿰 등 광대한 사막이 있다. 이들 척박한 사막에서 천수泉水와 파미르고원, 톈산산맥, 쿤룬산맥 등 주위 높은 산맥의 만년설이 녹아내린

카레즈의 구조

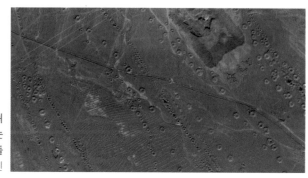

투루판 근처
지면에 보이는
카레즈 우물들
구글 위성사진

물을 모아 농사를 짓고 인간이 살 수 있도록 조성한 촌락과 도시를 오아시스라고 한다. 이런 점에서 오아시스는 인간의 노력에 의하여 조성된 인공적인 거주 공간이라 할 수 있다. 그 크기는 작은 샘에 의존하는 소규모에서 카레즈Karez*처럼 복잡한 관개시설을 갖춘 오아시스, 그리고 하천 주변에 형성된 대규모 도시에 이르기까지 각양각색이다.

오아시스 정주민의 기본 생업은 농업이다. 그러나 강수량이 적은 사막에서 인위적으로 물을 모으는 데는 한계가 있다. 따라서 오아시스 농경

* 카레즈란 중세 이란어로 '파서 물을 통하게 하는 시설'이라는 뜻이다. 아랍어로는 '카나트(kanat),' 중국에서는 카얼징(坎兒井)이라 한다. 중앙아시아 오아시스 지대에서 만년설이 녹아 흘러내린 물이 사막으로 흡수되는 것을 방지하고 이를 효과적으로 모으기 위해 만든 시설이다. 산록 근처에 20~30m 간격으로 구덩이를 파고, 이를 약간 경사진 지하 수로로 연결하여 수원지의 물을 오아시스 근처까지 끌어온다.

에는 인구와 생산의 균형이 깨질 가능성이 상존한다. 오아시스 주민들은 이를 타개하기 위해 수공업과 상업에 종사하고, 부족한 물자를 조달하기 위해 인근 오아시스와 교역했다. 이 과정에서 뜨거운 사막을 오가며 상업에 종사하는 상인 집단이 출현하고, 그들이 점점 상거래의 이익에 젖게 됨에 따라 교역을 위한 새로운 거점 도시의 필요성이 증대했다. 중앙아시아 동부의 타림분지 남북과 중앙아시아 서부의 시르다리야, 아무다리야, 자라프샨강 등 큰 강 유역에 형성된 오아시스는 모두 이렇게 생겨났다. 인구가 증가하면 오아시스는 성벽을 갖춘 성곽도시나 주변 지역을 포괄하는 도시국가로 발전했다. 이런 곳에서는 일찍부터 도시문명이 꽃피고, 예로부터 오아시스와 오아시스를 연결하는 육상 교통로가 발달했다. 헤라트와 발흐, 사마르칸트와 부하라, 투루판과 둔황이 모두 이렇게 생긴 거점 도시다. 실크로드는 이들 오아시스 도시들을 동서로 연결하는 국제 통상로를 말한다.

실크로드를 통한 물자의 이동은 문화와 사람의 이동을 수반하고, 그래서 물자의 중개를 담당한 오아시스 주민은 항상 동서양의 새로운 문화를 접할 수 있었다. 그들은 중국인에 앞서 서방의 종교를 받아들이고, 서방 사람들에 앞서 중국의 제지 기술을 습득했다. 선진문화 수용은 새로운 문화 창조로 이어졌고, 특히 중개무역을 통하여 축적된 경제력은 새 문화 창조의 밑거름이 되었다. 간다라 불교미술이 그 대표적인 사례다. 간다라 양식은 인도 불교와 그리스 예술이 만나 이뤄진 것으로, 파미르고원을 거쳐 동아시아 각지에 전해졌다.

오아시스 주민은 또한 동서 세계에서 흡수한 이질 문화와 자신들이 창조한 혼합 문화를 주위 세계로 전파하는 역할도 했다. 사마르칸트에 본거지를 두고 활동한 소그드인들도 이런 부류 사람들이다. 이들은 4~5세기경부터 유라시아 육상 교통로를 이용하여 각지에 거류지를 만들고 동서 무역을 독점했다. 어려서 글을 깨치면서 장사를 배웠다는 소그드인들은 당나라에서 '호상胡商'이라 불리면서 진귀한 외국 상품을 팔고, 고리대금업으로 재산을 모았다. 소그드인들은 몽골, 중국, 서아시아에 이르기까지 이익이 남는 곳이면 어디든 달려갔는데, 이 과정에서 문화 중개자로서도 역할을 했다. 예컨대 9세기 후반에 만들어진 위구르 문자는 소그드 문자를 기본으로 한 것이고, 13세기 몽골인들은 위구르 문자를 차용하여 자신의 문자로 사용했다. 조로아스터교, 마니교, 네스토리우스교 등 서아시아에서 기원한 종교 역시 이들을 통해 초원에 전해졌다.

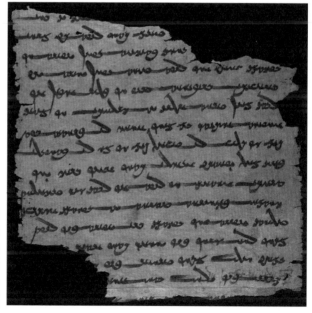

9세기경의 소그드문자 자료
페르시아 신화 속 영웅인 로스탐의 이야기가 쓰여 있다.
ⓒThe British Library Board

고대 유목국가와 오아시스국가

고대 유목국가

중앙아시아 북부의 초원 지대에서는 서기전 10세기를 전후하여 이동 목축을 영위하는 기마 유목민이 탄생했다. 사계절 이동하면서 생활한 유목민들은 거칠고 황량한 자연환경 외에도 항상 외적이나 야수로 인한 위험에 노출되어 있었다. 그 때문에 유목민은 개별 가호家戶('1가호'는 천막 하나를 말하고, 1가호를 이루는 가족은 보통 5~6명으로 구성된다) 단독으로 생활하는 경우가 매우 드물고, 대개 3~4가호나 4~5가호가 무리 지어 생활했다. 이 집단이 이동 등 모든 생활을 함께하는 가장 작은 규모의 유목 공동체다. 이것이 10여 개 어우러져 한 씨족을 이룬다. 역사상 유목민들의 모든 활동은 씨족 범위에서 이뤄졌다. 이런 점에서 씨족은 유목민들의 생활을 규정하는 가장 기초적인 사회단위라고 할 수 있다.

씨족들이 어떤 목표를 달성하고자 특정 씨족을 중심으로 씨족연합체(부족)를 이루고, 부족들이 다시 특정 부족을 중심으로 부족연합체를 형성하는데, 이것이 우리가 아는 유목국가다.* 따라서 유목국가는 외형적으로 농경 정착국가와 큰 차이가 없다. 그러나 유목국가의 형성 과정과

---

* 최근 국가의 형성 과정에 대한 이 전통적 견해에 새로운 비판이 제기되었다. 즉 씨족·부족은 국가 단계에 존재한 사회조직이 아니라, 그 반대로 국가에 의해 규정되고 '만들어진' 조직이라는 것이다. 또한 우리가 아는 씨족·부족은 특정 가족이나 종족이 지배권을 행사하는 단위일 뿐 친족 조직과는 무관하다고 한다. 말하자면 지배 가문과 씨족 내 다른 사람들은 혈연적으로 무관했고, 지배 가문에 속하지 않은 일반인들은 성씨도 갖지 못했다. 따라서 씨족·부족은 같은 조상에서 나온 친족으로서 상호 평등한 조직이 아니라, 집권 국가가 없을 때에도 국가와 유사한 정치 관계에 따라 작동되는 조직이었다. 인류학자인 데이비드 스니스(David Sneath)는 이를 '머리 없는 국가(the headless state)'라고 불렀다.

내부 구조를 살펴보면 둘 사이에 현격한 차이가 있음을 알 수 있다.

유목민들은 유목국가가 성립된 뒤에도 이전처럼 독립적인 씨족 또는 부족 단위 생활을 영위했다. 단순하게 말하면 그들의 지배자는 유목군주가 아니고 여전히 씨족장과 부족장이었다. 물론 군주는 자신의 심복(관리)을 파견하여 이들을 통제하려고 했을 테지만, 그들의 권한은 군사 징발과 세금 징수 등에 한정되고 군주권의 행사도 매우 제한적이었다. 유목국가는 군주가 속한 집단(씨족이나 부족)을 중핵으로 해서 그 아래에 여러 집단이 느슨하게 연대하는 부족연맹체에 가깝다. 이런 점에서 유목국가는 권력 분산형 국가라 할 수 있다. 따라서 권력 구조도 상대적으로 취약할 수밖에 없다. 역사상 유목국가들이 한 영웅의 출현을 계기로 거대한 제국을 이루었다가 한순간에 멸망해버린 이유도 이 때문이다.

이렇게 하여 성립된 최초의 유목국가가 흑해 북방에서 위세를 떨친 '스키타이'다. 스키타이 시대(서기전 7~3세기) 몽골고원에서 흑해 북방에 이르는 유라시아 초원 지대에는 대형 쿠르간Kurgan(대형 무덤을 뜻하는 러시아 고

코젤 쿠르간 스키타이가 남긴 쿠르간의 하나로 우크라이나 남단, 흑해 북쪽의 헤르손주에 있다.
Валерий Дед, CC BY 3.0

고학 용어)이 조영되었다. 이는 이 시기를 전후하여 그곳에 거대한 권력을
가진 정치세력이 형성되었음을 말해준다. 쿠르간은 이를테면 권력의 상징
이었다. 우리는 이들 쿠르간의 구조와 크기, 형태, 부장품을 통해 그 시대
사회구조와 종교 관념을 이해할 수 있다. 이와 관련하여 주목되는 것이
스키타이 쿠르간에서 출토된 각종 예술품이다. 특히 그들이 창안한 예술
양식(동물 양식)은 시베리아와 중국 북방 및 한반도에까지 영향을 미쳤다.

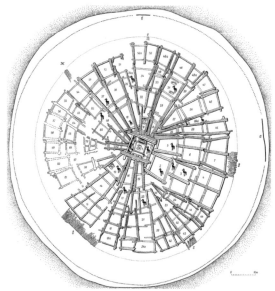

아르잔 쿠르간 평면도
러시아 남부 투바공화국에 있는
아르잔Arzhan 쿠르간은 서기전
9~8세기에 만들어진 것으로 추정된다.
여러 장신구, 도끼, 화살촉과 함께
수많은 말뼈, 재갈 같은 말갖춤이
출토되었다.
출처 М.П. Грязнов, 1980, 《Аржан.
Царский курган
раннескифского времени》.

스키타이 금제 허리띠 장식
서기전 7세기,
아제르바이잔 밍가체비르
유적 출토.
Urek Meniashvili, CC BY-SA 3.0

흉노의 말재갈멈치
몽골 노인울라 유적 출토,
가로 16.4cm, 세로 11.9cm,
상트페테르부르크
에르미타주박물관 소장.

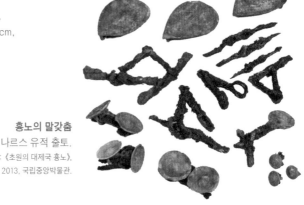

흉노의 말갖춤
몽골 도르릭 나르스 유적 출토.
출처 : 《초원의 대제국 흉노》,
2013, 국립중앙박물관.

　　서기전 4세기 카스피해 북방에서 흑해 북방에 이르는 유라시아 서부 초원에 '사르마타이Sarmatai'라는 유목민 집단이 출현했다. 학자들은 스키타이 시대 흑해 북방에 있던 사우로마타이Sauromatai와 동방에서 온 유목민이 섞여 사르마타이 집단이 된 것으로 보고 있다.

　　이보다 약간 늦은 시기인 서기전 3세기 유라시아 동부 초원(몽골초원)에서는 '흉노'가 두각을 나타냈다. 흉노는 서기전 219년 내몽골(오늘날의 중국 네이멍구) 오르도스鄂爾多斯를 중심으로 발흥하여 동호東胡와 대월지大月氏 등 주변 세력을 격파하고 만리장성 북방에 처음으로 통일 국가를 수립했다. 그 후 그들은 타림분지를 지배하에 두고 동서 교역로를 장악하여 중원의 한나라와 대치하는 강력한 유목국가로 성장했다.

　　한편 흉노가 흥기할 무렵 오늘날 중국 서부 간쑤성甘肅省의 하서河西 지방에서는 '대월지'라는 이란계 사람들이 동서 교역으로 번영을 누렸

서기전 2세기 전반의 유라시아

다. 그들은 서기전 2세기 흉노에게 그 군주가 살해된 후 하서 지방을 떠
나 소그디아나(사마르칸트와 그 인근)로 이주하고, 다시 아무다리야 상류의
토하리스탄Tokharistan(우즈베키스탄 남부와 아프가니스탄 북부)으로 진출하여
그곳에 있던 박트리아왕국*을 정복했다. 물론 이것은 한 가지 가설일 뿐
대월지는 지금도 수수께끼 민족으로 남아 있다. 일부 학자들은 대월지의
원거주지를 아무다리야 유역으로 보고, 그중 일부가 서기전 4~3세기경
중국 서부로 진출하여 동서 교역에 종사하다가 서기전 2세기 흉노에게
쫓겨 본거지로 돌아온 것으로 본다.

흉노가 남북으로 분열되어(서기 48) 쇠퇴한 후, 서기 2세기경 몽골고원

---

* 서기전 250년경부터 서기전 145년경까지 박트리아에 있었던 그리스계 왕조. 알렉산드로스 원
정 후 이곳은 셀레우코스조의 지배를 받다가, 서기전 250년경 박트리아 태수 디오도토스가
독립해 박트라(현재의 아프가니스탄의 발흐)를 수도로 하는 박트리아왕국을 세웠다. 이는 전
형적인 그리스 식민국으로 그리스어와 그리스 문자를 사용했으며, 서기전 145년경 대월지의
침략을 받고 멸망했다.

동부에서 흥기한 '선비'가 초원의 패자가 되었다. 그러나 그들은 흉노보다 세력이 약해 중앙아시아까지 힘을 미치지는 못했다. 선비는 3세기 전반 초원의 지배권을 상실하고 여러 집단으로 분열된 후, 그 일부가 4세기에 중국 북부로 이동하여 5호16국 시대를 열었다. 북중국에 북위北魏(386~534)를 세운 집단이 선비 계통의 한 갈래인 '타브가치Tabghach(탁발拓拔) 선비'다. 이 무렵(350년경) 유라시아 서부 초원에서는 흉노의 일파로 추정되는 훈족이 나타나 카스피해 북방에서 흑해 북방에 걸쳐 살고 있던 알란족을 병합하고 거대한 세력을 형성했다. 그들은 이어 게르만족 계통의 고트족을 압박하여 유럽에서 민족 이동 시대를 촉발했다.

5세기 들어 몽골초원에서는 '유연'이 흥기하여 한때 중앙아시아까지 세력을 떨쳤지만, 중국 북부를 통일한 북위의 견제 때문에 크게 발전하지 못했다. 유연은 6세기 중반 자신의 지배하에 있었던 돌궐에게 멸망했다. 일부 학자들은 6세기 후반 유럽에 나타나 7세기 전반 비잔틴제국의 수도 콘스탄티노플을 포위한 아바르Avar를 몽골초원에서 이주한 유연으로 보고 있다.

유연 지배하의 몽골초원에서는 투르크계의 '고차高車'라는 유목민이 활동했다. 고차는 '고차정령高車丁零' 즉 '높은 바퀴가 달린 수레를 사용하는 정령'의 약칭이다. 이들은 5세기 말 서쪽으로 이동하여 큰 세력을 이루지만, 중앙아시아 서부의 '에프탈'*과 유연의 협공으로 541년경에 멸망했다.

---

* 5세기 중반부터 한 세기가량 아무다리야 상류의 토하리스탄을 중심으로 중앙아시아 서부를 지배한 국가. 이들의 구성원은 단일하지 않고 투르크계와 이란계, 유목민과 정주민, 기타 여러 집단이 섞여 있었다. 6세기 초 전성기에는 동쪽으로 신장의 호탄을 장악하고, 서쪽으로 이란 사산조의 내분에 개입하고, 남쪽으로 간다라(인도 서북부)에서 이란 북부까지 제압했다. 557년에서 561년 사이 돌궐과 사산조의 협공으로 멸망했다.

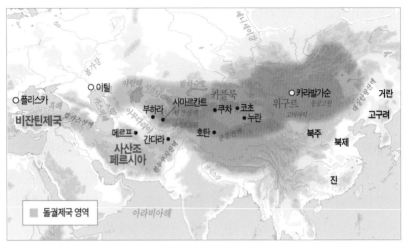

돌궐제국의 강역

6세기 중반(552) 알타이산맥에서 몽골고원에 진출한 '돌궐'은 주변의 유목민을 통합해 초원의 패자가 되었다. 돌궐은 흉노 이후 가장 강력한 유목국가로서 약 200년 동안 대싱안링산맥에서 카스피해에 이르는 중앙아시아 동서 세계에서 세력을 떨쳤다. 특히 돌궐의 서방 진출은 그 후 중앙아시아에서 투르크계 유목민의 활동이 본격화하는 계기가 되었다. 돌궐은 582년 동서로 분열되었다. 동돌궐은 몽골초원에 본거지를 두고, 서돌궐은 톈산에 본거지를 두었다. 돌궐인들은 중앙아시아 유목민으로서는 처음으로 문자를 사용했다. 그들은 '돌궐 문자'로 알려진 문자를 사용하여 군주와 공신의 업적을 기록한 많은 비문을 남겼는데, 현재 오르홍강 유역 등 몽골초원 여러 곳에 그 비문이 남아 있다.

8세기 중반(744) 몽골초원에서 같은 투르크계의 '회골(위구르)'인들이 돌궐을 격파하고 유목제국을 건설했다. 그들의 지배는 약 100년 동안 이어졌다. 위구르제국은 9세기 중반(840) 자연재해와 내분이 겹친 가운데 예니세이강 유역에 살던 키르기스의 침략을 받고 멸망했다. 특이한 것은 위구르제국이 멸망한 후 위구르인들이 초원을 떠나 오아시스 지대로 이주하여 그곳에 정착했다는 점이다.

한편 7세기 중반 무렵 캅카스 북방에서는 투르크계의 하자르Khazar가, 볼가강 중류와 도나우(다뉴브)강 하류에서는 역시 투르크계인 불가르Bulgar가 각각 국가를 건설했다. 학자들은 이들이 모두 동방에서 왔으며, 투르크계 언어를 쓴 유목민으로 보고 있다. 주목되는 점은 유라시아 동부 초원의 위구르, 서부 초원의 하자르와 불가르가 모두 도성을 건설하고 고등 종교를 신봉했다는 점이다. 위구르인들은 몽골초원 중부에 카라발가순Qarabalghasun을, 하자르인들은 볼가강 하구에 이틸Itil을, 불가르인들은 도나우강 이남에 플리스카Pliska를 건설했다. 또한 위구르인은 마니교를, 불가르인은 기독교를, 하자르인은 유대교·기독교·이슬람교를 신봉했다. 이는 스키타이 시대 쿠르간과 동물 양식이 널리 퍼진 것처럼 북방 초원의 문화적 일체성 또는 문화 교류의 상황을 보여주는 좋은 사례라고 할 수 있다.

고대 오아시스국가

초원과 달리 오아시스 지대에서는 강력한 통일 국가가 수립되지 못했다. 이 때문에 오아시스는 항상 정치·군사적 열세를 면치 못하고, 주위 유목국가와 중국, 이란 등 외부 세력의 침략과 지배를 받았다. 그렇다고 오아시스 지대에 전혀 국가가 존재하지 않았던 것은 아니다. 유목국가와 같은 강력한 국가는 없었지만 이곳에도 역사서에 분명히 국가로 기록된 정치 연맹체가 존재했다. 중앙아시아 오아시스 지대에는 서기전 10~7세기경 대규모 관개망을 갖춘 성곽도시가 출현했다. 이들 성곽도시는 대부

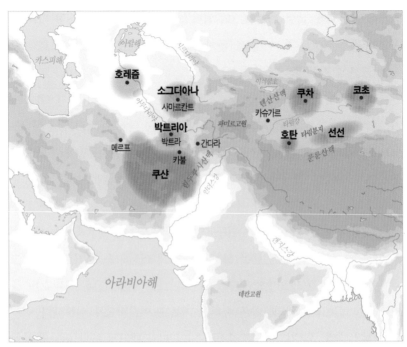

고대 오아시스 도시국가들

분 사막에 가로막혀 고립·분산적으로 존재했다. 한나라 사람들은 이를 국가로 보고 '서역西域 36국' 또는 '55국' 등으로 불렀다. 시간이 가면서 한 오아시스를 중심으로 몇몇 오아시스가 연합하여 광역에 걸친 도시연맹체를 형성했는데, 이것이 오아시스국가다.

예컨대 서기전 6세기 중반경 중앙아시아 서부 오아시스 지대는 아케메네스조(서기전 550~330)의 지배하에 있었고, 이때 이 일대에 박트리아, 수구다(소그드), 우와라즈미Uwarazmi(호레즘/호라즘), 마르기아나(메르프/메르브) 등의 국가가 존재했다. 또한 서기전 4세기 후반 알렉산드로스가 중앙아시아를 침공했을 때 이곳에는 여전히 박트리아, 소그드, 호레즘(호라즘) 등의 국가가 있었고, 그중에서 소그드인들은 3년 동안 알렉산드로스에 저

'박트리아 공주상' 서기전 3000년~2000년. 높이 10cm 안팎인 작은 조각상들이다. (순서대로) 제네바 Barbier-Mueller Museum, 로스앤젤레스카운티미술관, 뉴욕 메트로폴리탄미술관 소장.

6세기 소그드인의 모습 중국 허난성 안양에서 발굴된 북제 시대(서기 550~577) 소그드인의 무덤 석관 부조. 파리 Musée National des Arts Asiatiques-Guimet 소장.

6세기경 쿠차(구자) 왕가의 모습
키질 17호 석굴 벽화.
에르미타주박물관 소장.

코초(고창)에서 발견된, 네스토리우스파 교도를 그린 벽화
7~9세기 작품. 베를린 Museum für Indische Kunst 소장.

항했다고 전해질 정도로 강력했다. 타림분지 남북 오아시스 도시들도 위진남북조魏晉南北朝(서기 3~6세기)의 혼란기에 전에 없었던 발전을 이룩하고 호탄, 선선鄯善(옛 누란왕국), 쿠차(구자龜玆), 코초Qocho(고창高昌) 등 특정 오아시스를 중심으로 한 정치연합체를 이루었다.

또한 이 무렵 오아시스 지대에는 초원의 강력한 유목국가에 미치지는 못하지만, 도시연맹체를 능가하는 광역에 지배력을 미친 특이한 통일 국가도 출현했다. 그 대표적 사례가 서기 1세기 중반 아무다리야 상류의 토

키질쿰사막을 내려다보는 호레즘 성채 우즈베키스탄 북부의 아야즈 칼라Ayaz Kala 2 요새. 6~8세기 건설. Arian Zwegers, CC BY 2.0

하리스탄에 건설된 쿠샨조(1~3세기)다. 쿠샨조의 개창자 쿠샨Kushan, 貴霜이 서기전 2세기 흉노에 쫓겨 중국 하서 지방에서 토하리스탄으로 이주한 대월지인지, 대월지에 정복당한 현지 토착민인지는 분명하지 않다. 그러나 쿠샨조가 정복자인 대월지의 군사력과 피정복민인 토하리스탄 정주민의 경제력에 의존했던 것은 확실하다. 쿠샨조는 2세기 중반 카니슈카 Kanishka(재위 143/4~160년경) 시대에 전성기를 맞았다. 그의 치세기에 왕조의 영역은 북으로 시르다리야, 남으로 간다라와 데칸고원 서부, 동북으로 신장 서부의 카슈가르와 호탄에 이르렀다.

실크로드와 동서 문화교류

실크로드라는 말을 처음 사용한 사람은 독일의 지리학자 리히트호펜(1833~1905)이다. 그는 1877~1912년 순차적으로 《중국China》(전 5권)이라는 책을 출간했는데, 제1권 후반부에서 고대 중국과 서투르키스탄, 그리고 인도 사이의 무역로를 '비단의 길들Die Seidenstrassen'이라 명명했다. 이 길을 통해 중국의 비단이 서쪽으로 전해졌다는 의미인데, 리히트호펜은 이 말을 중앙아시아 지역의 무역로를 가리키는 한정적인 뜻으로 사용했다. 그 후 알베르트 헤르만Albert Herrmann(1886~1945)이 1910년에 출간한 《중국과 시리아 사이의 고대 실크로드Die alte Seidenstrassen zwischen China und Syrien》에서, 이 길의 서쪽 경계를 인도와 서투르키스탄 너머 시리아까지 확장할 것을 제안했다. 이유는 동방에서 전해진 비단의 최종 집하지가 시리아였기 때문이다. 이처럼 중국과 인도, 또는 중국과 서투르키스탄 사이의 통상로를 가리키던 실크로드가 점점 더 넓은 지역을 지칭하는 말로 그 범위가 확대되어 현재는 유라시아 대륙을 관통하는 동서 교통로를 총칭하는 말로 쓰이고 있다. 따라서 오늘날 '실크로드'는 사막의 오아시스를 경유하는 사막길Oasis Route, 북방 초원을 동서로 관통하는 초원길Steppe Route, 남중국해와 인도양을 통과하는 바닷길Marine Route을 총칭하는 말로 쓰인다. 여기서는 흔히 '본선 실크로드'라 불리는 사막길을 중심으로 실크로드의 성립과 전개에 관해 이야기하겠다.

파미르고원 서쪽의 사막길은 서기전 9~7세기경 서아시아를 통일한 아시리아에 의해 기본적인 도로망이 갖춰졌고, 그 뒤 서기전 6세기경 아케메네스조의 힘이 서아시아와 이집트뿐 아니라 서북인도와 서투르키스탄까지 미치면서 페르시아를 중심으로 하는 국제 교역로가 정비되었다. 반면 파미르 동쪽의 사막길은 서기전 2세기에 처음 공식 문헌에 등장한다. 당시 적대 관계에 있었던 한나라와 흉노는 서역의 교역로를 두고도 치열한 공방을 벌였다. 이 과정에서 한나라 관리 장건張騫의 서역 사행(서기전 139~126)으로 중앙아시아 각 지역에 대한 정보가 중국에 알려지면서 한 무제武帝(재위 서기전 141~87)의 흉노 작전이 가속되었다. 그 후 한은 하서회랑河西回廊*에서 흉노를 몰아내고, 여기에 우웨이武威·주취엔酒泉·장예張掖·둔황敦煌 등 하서 4군을 설치하여 서역 경영의 교두보를 마련했다. 이리하여 장안長安에서 타림분지와 파미르고원을 넘어 인도와 서아시아에 이르는 사막길이 연결되었다. 장건의 서역 사행 이전에도 동서 교역이 없었던 것은 아니지만, 이 지역이 한의 세력 범위에 들어오고 교역로의 안전이 보장되면서 동서 교역이 더욱 확대되었다.

사막길이 절정에 달한 것은 당나라 시대다. 당의 국제성도 실크로드 교역에 힘입은 바가 컸다. 그러나 대체로 서기 8~9세기를 기점으로 항해

---

* 황하 서쪽으로 약 1000km에 걸쳐 띠처럼 뻗어 있는 오아시스 지대. 옛 장안에서 서역으로 가는 가장 중요한 통로였다.

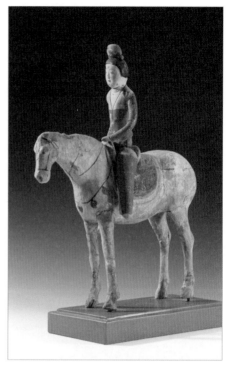

투루판 출토 '공양보살상' 베제클리크 석굴사원 15호 굴 벽화의 일부분. 국립중앙박물관 소장.

투루판 출토 말 탄 여인 도용 국립중앙박물관 소장.

술과 조선술이 발달하고 이슬람 세력의 대외 팽창이 확대됨에 따라 서아시아에서 인도양을 거쳐 중국에 이르는 바닷길이 활짝 열리고, 내륙 통상로가 서하西夏와 토번吐蕃 등의 지배하에 들어가면서 사막길의 기능은 점점 줄어들기 시작했다. 그 후 15~16세기에 해상무역이 본격화되자 사막길은 동서 교역로로서 주요한 지위를 바닷길에 넘겨주게 된다.

사막길이 다시 세인의 주목을 받게 된 것은 19세기 말에서 20세기 초기다. 그 무렵 영국·독일·러시아·프랑스·일본 등 제국주의 열강은 중앙아시아에 학자들을 보내 지리와 지질 조사를 실시했는데, 이 과정에서 과거 실크로드의 영화를 말해주는 각종 유물과 유적이 대량으로 발견되었다. 모래 속에 묻힌 누란왕국, 둔황문서 등 우리가 아는 실크로드에 관한 거의 모든 지식이 이때 발견되거나 그 단초가 마련되었다. 유명한 혜초의 《왕오천축국전》도 1908년 프랑스 학자 펠리오Paul Pelliot(1878~1945)가 둔황 17굴에서 발견했고, 우리나라의 국립중앙박물관에 소장되어 있는 중앙아시아 출토 벽화와 유물도 일제강점기 오오타니 고즈이大谷光瑞(1876~1948) 탐험대가 키질석굴 등지에서 절취해 온 것이다. 이처럼 오아시스 각지에서 수많은 자료가 출토됨으로써 과거 중국 자료에만 의존했던 실크로드 연구의 한계를 넘어서며, 토착 자료를 바탕으로 동서 문화 교류 연구의 지평이 확대되었다.

동서 교역의 확대는 동서 간의 문화 교류로 이어졌다. 서기전 6세기 인도에서 발생한 불교가 인도-파미르-서역을 잇는 통상로를 따라 동아시아에 전해지고, 이슬람 역시 해상 실크로드와 서아시아-동서 투르키스탄으로 이어지는 중앙아시아 교역로를 따라 동으로 전해졌으며, 조로아스터교·마니교·네스토리우스교도 이 무역로를 따라 동으로 전해졌다. 종교가 서방에서 동방으로 전해졌다면 과학기술은 주로 동방에서 서방으로 전해졌다. 그 대표적 사례가 비단 제조 기술과 제지술이다. 널리 알려진 것처럼 비단과 비단 제품은 고·중세기 동서 교역에서 가장 중요한 상품이었다. 따라서 역대 중국 왕조는 비단의 생산과 유통을 국가 차원에서 통제했다. 일종의 고급기술 유출을 막기 위한 조치였던 것이다. 반대로 서방 각 지역에서는 비단 제조 기술을 습득하려고 부단한 노력을 기울였다. 그 결과 비록 설화 형태로 전해지지만 타림분지 남쪽의 호탄에서 서기전 2세기에, 동로마제국(비잔틴제국)에서는 유스티니아누스 황제(재위 527~565) 시대에 비단이 생산되었다는 자료가 있다. 페르시아의 경우 늦어도 7세기에 질 좋은 비단이 생산되었다.

제지 기술의 서방 전파 과정은 비교적 명료하다. 751년 중앙아시아의 탈라스 평원에서 동진하던 이슬람 세력과 고구려 유민의 아들 고선지高仙芝(?~755)가 이끌던 당나라 군대가 충돌했다. 이른바 탈라스 전투인데, 이때 당군이 패하여 많은 사람이 포로로 잡혔고, 이 중에 제지 기술자가 있어 사마르칸트에서 처음 종이를 만들었다고 전해진다. 사마르칸트 종이는 아랍 세계에 전해져 10세기경에는 당시의 주요 기록재인 양피지의 지위를 대체했다. 유럽인들은 시리아에서 생산된 종이를 수입하다가 12세기 이후 유럽 현지에서도 종이를 생산했다. 제지술 전파는 인쇄술 보급과 함께 지식과 정보를 전하는 매체로서 유럽의 근대를 여는 데 중요한 역할을 했다.

또한 한대와 당대에 걸쳐 서방의 환술幻術(마술)과 참깨·마늘·포도·석류·오이·당근·누에콩·완두콩·호두 같은 작물이 중국에 전해졌으며, 당대 장안에서는 복식·음식·무용·음악 등 여러 방면에서 이른바 호풍胡風(소그드풍)이 유행하고, 심지어 화장법과 미인의 기준도 바뀌었다.

실크로드를 통한 동서 문화교류는 한반도에도 영향을 미쳤다. 사막길, 초원길, 바닷길 거의 모든 경로를 통한 문화 교류의 흔적이 확인된다. 알타이 지역의 쿠르간과 신라의 돌무지덧널무덤積石木槨墳의 관련성은 오래전에 제기되었고, 그 고분에서 출토된 금관과 장식보검裝飾寶劍과 유사한 출토 사례가 흑해 북방의 초원과 중앙아시아 여러 지역에서 확인된다. 사마르칸트 아

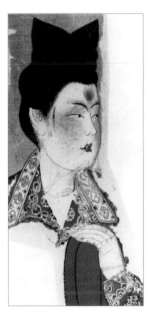

호복胡服 미인도
투루판 아스타나 무덤 출토.

프라시아브(아프라시압) 궁전 벽화의 고구려 사신과 둔황 벽화의 고대 한국인, 그리고 지중해 연안산 로만글라스Roman glass와 사산조(226~651)에서 기원한 컷글라스cut glass는 한반도와 이들 지역의 문화 교류를 말해 주는 대표적인 자료들이다. 또한 인도에서 기원한 석굴사원이 아프가니스탄, 서역, 중국을 거쳐 한반도 동남에 위치한 경북 군위의 석굴사원과 경주의 석굴암으로 이어졌다.

경주 황남대총 출토 컷글라스
국립경주박물관 소장.

둔황 335굴 벽화 '유마경변상도' 속 고대 한국인 유마거사의 설법을 듣는 청중 가운데 조우관鳥羽冠을 쓴 고대 한국인 두 명이 서로 마주보고 있다(흰색 동그라미 안).

중앙아시아의 투르크화와 이슬람화

중앙아시아는 동부와 서부를 막론하고 이슬람을 신봉하는 투르크계 민족이 다수를 점하는 투르크-이슬람 세계다.

고대 초원 지대 거주민 중 아리아(인도-이란) 계통인 스키타이, 사르마타이 등 일부를 제외한 나머지는 모두 알타이 계통이었다. 알타이계 유목민 중 몽골계인지 투르크계인지가 확실치 않은 흉노, 선비, 유연을 제외한 나머지는 투르크계다. 다만 유라시아 서부 초원의 불가르와 하자르는 투르크계 언어를 사용했지만 종족의 계통은 분명하지 않다.

반면 고대 오아시스 지대 거주민은 동부와 서부를 막론하고 주로 아리아계였다.

신앙 면에서도 고대 중앙아시아 거주민들은 샤머니즘, 불교, 조로아스터교 등 토착 신앙과 인도나 서아시아에서 전해진 종교를 신봉했다. 따라

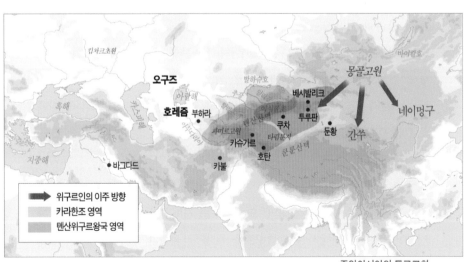

중앙아시아의 **투르크화**

서 중앙아시아가 현재와 같이 투르크-이슬람 세계로 변한 것은 특정 시기부터 언어가 투르크화하고 종교적으로 이슬람화한 결과다.

투르크화

투르크화는 투르크계 유목민들이 중앙아시아로 진출한 후 현지 거주민들이 자신들의 고유 언어 대신 투르크어를 사용하게 된 역사적 현상을 말한다. 이 현상은 특정 시기에 갑자기 일어나지 않고 장기간 서서히 진행되었다. 초원 지대와 오아시스 지대의 투르크화는 각기 다르게 진행되었다. 따라서 두 지역의 투르크화를 별개로 다룰 필요가 있다. 그러나 오아시스 지대의 투르크화가 역사적으로 더 중요하고, 초원 지대의 경우 그 과정에 불분명한 점이 많아 오아시스 지대를 중심으로 이야기하겠다.

오아시스 지대의 투르크화는 840년 위구르제국의 멸망을 계기로 본격화되었다. 앞서 말한 대로 위구르제국이 멸망한 후 그 구성원들은 몽골 초원 남쪽과 서남쪽으로 이주했다. 일부는 오늘날의 중국 북부 네이멍구와 서부 간쑤 지방으로, 다른 일부는 톈산산맥 동부의 베시발리크(베쉬발릭, 당대의 북정北庭)과 투루판분지로, 또 다른 일부는 톈산 서부의 추강 Chu River과 탈라스강 방면으로 이주했다. 이 중에서 두 번째와 세 번째 이주민에 의해 오아시스의 투르크화가 본격적으로 이뤄졌다.

톈산 동부로 이주한 집단은 850년대에 베시발리크를 점령하고, 860년대에 그 남쪽의 투루판분지를 지배했다. 이들은 투루판을 중심으로 세력을 확장해 타림분지 일대의 오아시스를 지배하고, 한때 파미르고원까지 영향력을 행사하며 톈산위구르왕국[*]을 건설했다. 위구르인들은 12세기 거란契丹의 일파가 세운 카라키타이Qara Kitai, 西遼[**]의 지배를 받고,

13세기 초 몽골제국에 복속되지만, 1280년대까지 왕조의 명맥을 유지하면서 타림분지 동부의 투르크화에 결정적 역할을 했다. 구체적으로 인도-유럽어계 토착민과 한인漢人들이 위구르인들의 언어인 투르크어를 받아들이고 위구르 사회에 동화되었다. 이는 왕국 각지에서 발견된, 위구르 문자로 쓰인 문서 자료를 통해 확인된다. 위구르인들은 몽골초원에 있을 때는 돌궐 문자를 사용해 자신의 언어를 표기했지만, 이주 후 새로운 문자를 만들어 사용했다. 이는 과거 위구르제국 시기부터 그들의 문화에 큰 영향을 미친 소그드인들의 문자를 개량한 것이다.

코초(고창) 유적 벽면에 쓰인 위구르 문자
ⓒStaatliche Museen zu Berlin, Museum für Asiatische Kunst

톤유쿠크 기념비에 새겨진 돌궐 문자
톤유쿠크Tonyukuk는 7~8세기에 활동한 인물로, 돌궐의 재상이었다. 이 기념비는 몽골 울란바타르에서 동남쪽으로 50여 km 떨어진 지점에 서 있다.
Vezirtonyukuk, CC BY-SA 4.0

한편 톈산 서부로 이주한 위구르인들은 탈라스에서 일리강 계곡과 카슈가르에 이르는 광대한 영역을 지배하며 카라한조를 세웠다. 카라한조 구성원의 민족 계통은 분명하게 밝혀져 있지 않다. 이 왕조가 위구르제국이 멸망한 9세기 중반 이후에 성립했으며 지배 집단도 투르크계 유목민이었던 것은 분명하지만, 그 주체가 위구르인지, 그들의 지배하에 있었던 카를루크(카를룩)Qarluq***인지, 또는 돌궐의 지배 씨족인 아사나씨阿史那氏와 관련 있는 사람들인지 확실하지 않다. 카라한조는 9세기 말 타림분지 서부의 카슈가르를 점령하여 이슬람교를 받아들이고, 11세기 초엽에는 호탄, 중엽에는 쿠차까지 지배력을 미쳤다. 이때 카라한조에 정복된 오아시스 선주민들이 지배자의 언어와 종교를 받아들이면서 이 지역이 급속하게 투르크화되었다. 또 카라한조는 10세기 말 중앙아시아 서부로 진출하여 999년 부하라를 정복하고 이란계 이슬람 왕조인 사만조(873~999)를 멸망시켰다.

카라한조의 서투르키스탄 지배는 투르크계 유목민이 이곳으로 진출할 수 있는 길을 열었다. 그 대표적인 사례가 시르다리야 북방에 살던 셀주크 투르크의 이주를 들 수 있다. 그들은 10세기 중엽 오구즈Oguz(아랄해 북방에 거주하던 투르크계 유목민 연합체)에서 갈라져 나와 시르다리야 부근에서 유목하다가, 사만조의 붕괴와 함께 부하라 부근으로 옮겨 왔다. 그중 일부는 다시 서쪽으로 이주하여 1055년 바그다드에 입성한 뒤 서아시아

---

* 위구르인들이 서쪽으로 이주하여 세운 나라라 하여 '서위구르왕국'이라고도 한다.
** 거란 멸망 후 왕족인 야율대석(耶律大石)이 거란의 부흥을 제창하며 1132년 추강 상류의 발라사군을 중심으로 세운 국가로서, 한문 자료에서는 서요(西遼)라고 한다. 3대 80여 년에 걸쳐 동·서 투르키스탄을 지배하는 강대한 세력으로 군림했지만, 1210년 호레즘에게 서투르키스탄을 잃고, 1211~1212년 칭기즈칸에게 쫓겨 몽골고원에서 온 투르크계의 나이만족 왕자 쿠출루크(쿠출룩)에게 국권을 빼앗겼다.
*** 7~13세기 파미르고원 동서와 몽골초원에 거주한 투르크계 유목민. 중국 역사서에 '갈라록(葛邏綠)'으로 기록되어 있다.

일대에서 세력을 떨쳤다. 이어 11~13세기에는 호레즘 군주의 부름을 받고 카스피해·흑해 북방의 킵차크(킵착) 유목민이 대거 남하했다. 13세기 중앙아시아를 정복한 몽골인들은 1세기도 안 되어 투르크화되었는데, 이는 그만큼 몽골인들 주위에 투르크어를 사용하는 투르크계 사람들이 많았음을 말해준다.

중앙아시아 동부 오아시스 지대의 투르크화는 전체적으로 서부에 비해 훨씬 신속하고 철저하게 진행되었다. 그 결과 11세기 후반에는 이 일대 거주민들이 투르크어로 대화할 정도가 되었다. 이곳은 오아시스 규모가 작고, 인구가 적고, 텐산의 율두즈Yulduz 계곡을 제외하면 주위에 초원이 거의 없었다. 따라서 이곳으로 이주한 투르크계 유목민들은 일찍부터 오아시스와 그 주변에 정착하여 토착민들과 섞여 살았다. 이 과정에서 현지민들이 이주한 지배자의 언어와 종교를 동시에 받아들였다.

반면 중앙아시아 서부는 오아시스 규모가 크고, 거주 인구가 많고, 오아시스 주위에 유목할 수 있는 공간도 많았다. 따라서 이곳으로 이주한 유목민들은 대부분 오아시스 외곽에 거주했다. 그 결과 이주민과 토착민의 접촉이 상대적으로 많지 않았고, 현지민들이 이주자의 언어를 받아들일 기회도 적었다. 따라서 이 일대의 투르크화는 매우 완만하게 진행되었고, 그런 만큼 토착민들의 전통문화가 잘 유지되었다.

이슬람화

중앙아시아의 이슬람화는 이슬람교가 중앙아시아에 전해짐으로써 토착민들이 전통 종교 대신 이슬람을 신봉하게 된 역사적 현상을 말한다.

먼저 오아시스 거주민들이 이슬람을 받아들이고, 이어 초원의 유목민에게 전파했다. 따라서 이슬람화 역시 오랜 역사 과정에서 서서히 진행되었다. 이슬람화는 단지 중앙아시아 거주민들의 종교가 바뀌었음을 뜻하지 않는다. 널리 알려진 것처럼 이슬람은 신도들의 신앙생활은 물론이고 사회생활까지 규제하는 실천종교다. 따라서 이슬람화한 결과 결혼, 재판, 재산 상속 등 중앙아시아 거주민들의 사회생활 전반에 걸쳐 큰 변화가 일어났다.

중앙아시아 서부 오아시스 지대의 이슬람화는 아랍군의 침공과 함께 시작되었다. 아랍군이 7세기 중엽 소그디아나까지 진출했기 때문에 이때부터 이슬람이 전파되었다고 할 수 있다. 그러나 이를 곧바로 이슬람화로 보기는 어렵다. 아랍의 침략을 받기 전 중앙아시아에는 다양한 종교가 존재했다. 동부 이란의 호라산(후라산) 지역은 조로아스터교가 우세했지만, 네스토리우스교와 야곱파 기독교, 유대교 신봉자도 있었다. 또한 박트리아왕국에는 불교사원도 있고 마니교와 기독교 신도도 활동했으며, 마와란나흐르Mawara an-Nahr* 거주민들은 주로 조로아스터교를 신봉했다.

처음에 아랍 정복자들은 적극적으로 토착민을 개종시키지 않았다. 따라서 정복 초기 현지 거주민들은 전래의 종교를 그대로 신봉했다. 그 결과 농촌 거주민들은 아랍군에 정복되고 나서 수 세기가 지난 뒤에 이슬람을 받아들였다. 반면 도시 거주민들의 개종은 신속하게 적극적으로 유도되었다. 예컨대 8세기 초 호라산 총독으로 아랍군의 중앙아시아 원정을 지휘한 꾸따이바(쿠타이바)Qutayba ibn Muslim(669/70~715)는 특정 지역 거주민의 반 정도를 아랍인으로 채우도록 하고, 모스크를 건설하고, 예

* 서투르키스탄의 아무다리야(옥수스)와 시르다리야(약사르테스) 두 강 사이에 위치한 지역을 가리킨다. 옥수스강 건너편이라는 뜻으로 '트란스옥시아나(Transoxiana)'라고 부르기도 하는데, 마와란나흐르는 아랍어로 '두 강 사이의 지역'이라는 뜻이다.

배 참석자에게 장려금을 주는 다양한 방법으로 현지민 개종에 힘썼다. 물론 그의 노력이 어느 정도 성공을 거두었는지에 관해서는 알려진 것이 없다. 다만 그가 현지인의 이슬람화에 열의를 갖고 있었고, 그의 원정이 실제로 중앙아시아의 이슬람화에 큰 영향을 미친 것은 분명하다.

부하라의 이스마일 사마니 묘당
사만조의 위대한 군주 이스마일 사마니 Ismail Samani (재위 892~907)와 그의 아버지 아흐마드Ahmad, 손자 나스르 2세Nasr II가 묻혀 있다.
Apfel51, CC0

사마니 묘당의 돔 내부
Faqscl, CC BY-SA 3.0

사만조 시대 유리병
9~10세기 제작,
코펜하겐 The David
Collection 미술관 소장.
© THE DAVID COLLECTION

751년 탈라스 전투에서 아랍군이 고선지 군대에 승리하고 마와란나흐르를 확고히 지배하게 됨에 따라 이곳의 이슬람화가 본격화되었다. 부하라에 도읍을 둔 이란-이슬람 왕조인 사만조(873~999)의 등장은 이 일대의 이슬람화에 결정적 역할을 했다. 실제로 이 시기에 중앙아시아 서부 오아시스 지대에서 조로아스터교와 불교 등 토착 종교가 서서히 사라졌다. 또한 이때 소그드어와 호레즘어 같은 고유 언어를 대신하여 아랍어 어휘를 받아들이고 아랍 문자를 사용하는 이란어(근세 이란어)가 탄생했다. 사만조 궁정에서는 이란어에 의한 문예 활동이 활발히 전개되어 이란-이슬람 문화가 꽃피었다.

사만조 시기 중앙아시아에서는 하디스학(전승학), 철학과 함께 수학과 천문학 등 자연과학도 크게 발전하여 유럽에까지 영향을 미쳤다. 1차 방정식과 2차 방정식의 해법을 발견한 알콰라즈미Al-Khwarazmi(850년경 사망)는 그중 가장 저명한 학자다. 대수학에 관한 그의 저서《알자브르 왈무카발라Al-Jabr Wal-Muqabala》의 일부가 1145년 라틴어로 번역되었으며, 제목도 아랍어 어휘를 그대로 차용해서《리베르 알게브레 에트 알무카발라Liber Algebrae et Almucabala》로 소개되었다. 대수학이라는 낱말(algebra)이 여기에서 유래하고, 수학 용어인 알고리즘algorism(연산법)은 저자의 라틴어 이름인 알고리스무스Algorismus에서 기원한다. 그 밖에 삼각함수를 고안한 알마르와지Al-Marwazi(870년경 사망), 천문학 지식을 집성한 알파르가니Al-Farghani, 육분의六分儀를 발명한 알후잔디Al-Khujandi, 구면삼각법을 발전시킨 알부즈자니Al-Buzjani(940~998) 등이 배출되었다.

이 시기 빼놓을 수 없는 학자가 '아비센나Avicenna'('아비첸나' 혹은 '아비

켄나'로도 읽음)라는 라틴어 이름으로 널리 알려진 이븐 시나Ibn Sina(980~ 1037)다. 부하라 출신인 그는 당대 세계 최고의 대학자이자 이슬람 세계가 배출한 최고의 지식인으로 평가받고 있으며, 유럽의 의학과 철학에도 큰 영향을 미쳤다. 현대 연구자에 따르면 그의 저작은, 그의 저작임이 확실히 입증되지 않은 것까지 포함해 총 276종에 달한다. 이 중에서《의학전범Al-Qanun fi al-Tibb》은 이슬람 세계는 물론 서양에서도 가장 권위 있는 의학서였다. 또한 제목에서 의학서가 연상되는《치유의 책Kitab Al-Shifa》은 이슬람 세계에 전승된 아리스토텔레스 철학을 구사하여 이슬람 철학을 수립한 저작이다.

사만조는 투르크계 유목민의 이슬람화에도 큰 역할을 했다. 사만조 군주들은 투르크계 유목민들을 불러들여 군사적 기반으로 삼았을 뿐 아니라, 초원과의 경계 지대에 노예 시장을 만들어 투르크계 노예를 이슬람 세계로 들여왔다. 사만조가 이란 동부의 호라산에까지 세력을 미치는 강력한 국가로 발전할 수 있었던 것은 '굴람ghulam(군사노예)'이라는 투르크계 유목민의 군사력과 오아시스 정주민의 경제력을 효과적으로 결합한 덕분이었다. 사만조 군주들은 강력한 국력을 바탕으로 북방의 이교도에 대해 지하드(성전聖戰)를 감행하고, 그곳에 모스크를 건설했다. 이와 더불어 사만조의 왕족, 학자, 상인, 수피(이슬람 신비주의자)들도 초원에 진출하여 이슬람을 전파했다. 반면에 유목민들은 정주 문화의 상품과 새로운 종교의 매력에 끌려 이슬람으로 개종했다.

이처럼 투르크계 유목민의 이슬람화는 동시다발적으로 이뤄졌다. 그러나 그 추세를 결정지은 것은 카라한조의 개종이다. 카라한조의 이슬람 수용은 초대 군주의 손자 사툭 부그라칸Satuq Bughra Khan(재위 ?~955) 때 이뤄졌다. 그는 즉위 전 이슬람을 받아들이고, 즉위 후 카라한조를 투르크-이슬람 국가로 바꾸고 카슈가르를 중심으로 영내의 이슬람화에 크게 공헌했다. 그 후 적어도 14세기 전반에는 톈산 북방의 유목민들도 이슬람을 받아들였다.

투르크-이슬람 문화의 발전

이슬람 전파 이전 중앙아시아 오아시스 지대에는 불교 문화, 이란 문화, 그리스 문화 등 다양한 문화가 꽃피었다. 이들 문화는 실크로드를 통해 중앙아시아에 전해져 새로운 발전을 이룩했다. 그러나 7~8세기경 이곳에 이슬람이 전해지면서 토착 문화는 점점 자취를 감추고 이슬람 문화가 그 자리를 대신했다. 그 선구는 사만조 치하에 성립된 이란-이슬람 문화인데, 이를 바탕으로 11세기 카라한조 시기에는 투르크-이슬람 문화가 탄생했다. 이란-이슬람 문화가 중앙아시아에서 탄생한 근세 이란어를 기반으로 전개된 것처럼 투르크-이슬람 문화도 투르크어를 바탕으로 발전했다. 이슬람 문화는 원래 이슬람과 아랍어를 축으로 형성된 문화다. 그리하여 이슬람을 수용한 비非아랍 민족도 초기에는 신성한 언어인 아랍어로 문화생활을 했다. 그러나 시간이 가면서 이슬람을 수용한 비아랍 민족들은 아랍어뿐 아니라 자신의 언어를 사용해 문화 활동을 하기 시작했다. 사만조 때 성립된 이란-이슬람 문화가 대표적인 사례다. 이는 아랍 문자를 차용하고 아랍어 어휘를 수용하여 창안된 새로운 이란어 기반 위에서 이뤄졌다. 마찬가지로 카라한조 시기 투르크인들도 아랍 문자를 차용하여 자신의 언어를 표기하고, 이를 통해 문화를 발전시켰다.

그 문화가 이룩한 최초의 기념비적 작품은 1069년(또는 1070년) 발라사군 출신인 유수프 하스 하집Yusuf Khass Hajib이 저술해 카슈가르의 지배자인 타브가치 부그라칸에게 봉정된 《행복을 주는 지혜Qutadgu bilig》다.

6500개가 넘는 대구對句로 이뤄진 이 작품은 군주가 취해야 할 자세를 설교한 교훈서다. 이 책은 투르크어를 아랍 문자로 표기했다는 점, 서술 방식이 페르시아의 운문체에서 사용하는 마스나비Masnavi(이언대구二言 對句) 형식을 따른다는 점에서 이란-이슬람 문화의 영향을 받았다고 할 수 있다. 이 책이 완성된 후 얼마 지나지 않은 1072~1074년 카라한조 문화를 대표하는 또 한 작품인《투르크 제어 집성Diwan Lughat at Türk》이라는 투르크-아랍어 사전이 바그다드의 칼리파 알무크타디에게 헌정되었다. 이 책의 저자 마흐무드 알카슈가리Mahmud al-Kashgari는 카라한조 출신으로 중앙아시아 각지를 유랑한 뒤, 셀주크조(1038~1308)가 수립된 직후 바그다드에 가서 이 책을 저술했다.

이처럼 투르크어는 중앙아시아에서 이란어에 버금가는 문화언어의 지위를 얻게 되었는데, 그 과정을 보면 12~13세기 호레즘에서 발전하기 시작해서 14~16세기 티무르제국 시기(1370~1507) 들어 본격화되었다. 그 과정을 통해 차가타이(차가다이)-투르크어라는 더욱 새로워진 투르크어가 탄생하면서, 투르크인들은 이를 사용하여 독특한 투르크-이슬람 문화를 이어갔다.

몽골제국의 성립과 동서 문화교류

몽골제국의 형성과 전개

1206년 칭기즈칸(칭기스 칸)은 몽골고원을 통일하고 '에케 몽골 울루스 Yeke Mongghul Ulus(대몽골국)'의 군주로 즉위했다. 칭기즈칸은 내부 정비를 마치고 곧바로 대외 원정에 착수했다. 1207년에는 큰아들 조치(주치)를 시켜 몽골 북방의 삼림민森林民을 토벌하고, 1209년에는 탕구트족이 세운 고비사막 남부의 서하西夏를 공격했다. 이처럼 인근 지역을 평정한 다음 그는 전군을 동원하여 1211년 봄 금나라 원정에 나섰다. 1215년 금의 수도 중도中都가 함락되고, 칭기즈칸은 황하 이북의 땅을 지배하게 되었다. 1218년 중앙아시아의 호레즘에 파견한 사절단이 시르다리야 중류의

몽골제국의 확장 과정

오트라르 성주에게 살해되고 상품은 몰수된 사건이 일어났다. 칭기즈칸은 이를 빌미로 1219년 가을 15만 대군을 이끌고 중앙아시아 원정에 나섰다. 그해 말 오트라르에 도착한 몽골군은 네 갈래로 나뉘어 공격을 시작했다. 칭기즈칸의 장남 조치가 지휘하는 몽골군 우익右翼은 시르다리야 하류의 잔드를 공격하고, 좌익左翼은 강 상류의 호젠트로 진군했다. 둘째 차가타이와 셋째 오고타이(우구데이)는 오트라르를 공략하고, 칭기즈칸과 막내 톨로이(톨루이)는 중군中軍을 이끌고 키질쿰사막을 횡단하여 부하라로 진군했다. 호레즘 군주 무함마드(재위 1200~1220)는 사마르칸트를 버리고 동부 이란의 호라산으로 도망쳤다. 칭기즈칸은 제베와 수베에데이(수부타이)로 하여금 그를 추격하게 했는데, 무함마드는 이란 각지를 떠돌다 그해 12월 카스피해의 작은 섬에서 병사했다. 몽골군 본대는 무함마드의 후계자 잘랄 앗딘을 쫓아 아무다리야를 건너 아프가니스탄으로 들어갔지만, 험난한 지형 때문에 전과를 올리지 못하고 철수했다. 정복지로 돌아온 칭기즈칸은 현지 통치를 야율아해耶律阿海에게 위임하고, 1225년 봄 대군을 이끌고 몽골초원으로 돌아갔다.

1226년 칭기즈칸은 다시 서하 정벌에 나섰다. 명목은 호레즘 원정 때 협력을 거부한 데 대한 응징이었다. 그는 서하 수도 흥경興慶 함락을 눈앞에 두고 1227년 8월 15일 오늘날의 닝샤후이족자치구寧夏回族自治區 리우판산六盤山 남쪽 청수이하清水河에서 파란만장한 생을 마감했다.

칭기즈칸이 사망하고 2년이 지난 1229년 셋째아들 오고타이(재위 1229~1241)가 카안, 즉 대大칸*에 즉위했다. 그는 즉위 후 곧바로 금나라 원정

---

* 칭기즈칸 이후 대몽골국 군주는 '칸 중의 칸'을 뜻하는 '카안(Qa'an)'이라 칭했다. 좀 더 정확하게 말하면 오고타이가 스스로 카안을 칭하자, 그 뒤를 이은 군주들이 자신의 칭호에 카안을 붙였다. 쿠빌라이 카안이 대표적 사례다.

에 착수하여 1232년 1월 금의 새로운 수도 카이펑開封을 함락했다. 이어 1235년 오고타이는 몽골고원 중앙부에 수도 카라코룸을 건설하고 행정 기구를 정비한 다음, 다시 대규모 원정에 착수했다. 이번에는 동서 두 방면에서 원정이 이뤄졌다.

하나는 오고타이의 셋째아들 쿠추가 지휘한 남송南宋 원정이었다. 그러나 이 원정은 개전 초기(1236년 3월) 쿠추가 급사하면서 실패로 끝났다. 서방 원정군의 총사령관에는 칭기즈칸의 장남인 조치의 둘째아들 바투가 임명되었다. 조치 가문의 영지로 예정되어 있던 킵차크초원(오늘날의 카자흐초원과 남러시아초원)을 평정하는 것이 목적이었다. 1235년 몽골초원을 떠난 원정군은 이듬해 킵차크초원의 투르크계 유목민을 모두 흡수했다. 몽골군은 이어 볼가강 중류의 불가르를 함락하고, 이듬해 1237년에는 루시(러시아)의 랴잔공국을 정복했다. 계속하여 몽골군은 볼가강 하류에서 캅카스 방면으로 군대를 돌려 아스As족(고대의 알란족으로 현대의 오세트인)을 평정한 다음, 1240년에는 키예프(오늘날의 키이우)를 함락하고, 한 부대는 폴란드로 진격하여 1241년 4월 9일 리그니츠(오늘날의 레그니차)에서 폴란드와 독일의 연합 기사단을 격파했다. 한편 바투 휘하의 본대는 헝가리로 진격하여 같은 해 4월 11일 모히초원에서 헝가리군을 격파했다.

1242년 3월 원정군 사령관 바투의 장막에 오고타이의 사망 소식과 원정군 귀환 명령이 전해졌다. 이 소식을 접한 몽골군은 차례로 동방으로 돌아갔다. 그러나 이때 바투는 몽골로 돌아가지 않고, 자기의 본영인 볼가강 하류로 가서 원정 과정에서 얻은 광대한 영역을 자기 영지로 삼았다. 이렇게 하여 역사적인 '조치 울루스(킵차크칸국)'가 성립했다.

오고타이가 사망하고 5년이 지난 1246년, 그의 아들 구유크(구육, 재위 1246~1248)가 대칸에 즉위하지만, 그는 즉위한 지 2년 만에 사망했다. 그로부터 3년이 지난 1251년 칭기즈칸의 막내아들인 톨로이의 장남 뭉케

(재위 1251~1259)가 대칸에 즉위했다. 뭉케는 동생 쿠빌라이에게 남송 정벌 등 동방 경략을 맡기고, 그 아랫동생 훌레구에게 이란 방면의 통치를 위임했다. 쿠빌라이는 오고타이 시대 남송 원정의 실패를 교훈 삼아 정면 공격을 피하는 전략을 구사했다. 뭉케는 쿠빌라이의 이러한 전략을 달갑게 여기지 않고 스스로 출전했는데, 이때 이름이 알려지지 않은 전염병이 뭉케의 군영을 급습하여 1259년 7월 30일 그는 쓰촨성四川省 조어산釣魚山 진중陣中에서 급사했다.

1260년 4월 쿠빌라이(원 세조, 재위 1260~1294)가 네이멍구 상도上都에서 쿠릴타이(부족장 회의)를 개최하고 대칸에 즉위했다. 수도 카라코룸에 남아 있던 막냇동생 아리크 부케(아릭 부케)도 그해 5월 쿠릴타이를 개최하고 대칸에 즉위했다. 이렇게 제국에 대칸이 두 명 있는 비상 상황이 발생했다. 새 대칸 자리를 둘러싼 싸움은 군사력·보급·외교 면에서 열세에 있었던 아리크 부케의 투항(1264년 7월)으로 마무리되었다. 실력으로 제위를 장악한 쿠빌라이는 수도를 몽골초원의 카라코룸에서 자기 본거지인 상도로 옮기고, 이어 현재의 베이징 땅에 제국의 새 수도로서 대도大都 건설을 명했다. 그리고 1271년에는 중국식 국호를 채택했는데 이것이 '대원大元', 이른바 '카안 울루스'다.*

한편 대칸 뭉케의 명을 받고 서방 원정에 나섰던 훌레구는 1253년 가을 몽골을 출발하여 중앙아시아를 거쳐 1258년 2월 바그다드를 접수했다. 이어 그는 1260년 시리아에 진출하여 알레포와 다마스쿠스를 함락한 뒤 이집트로 진격할 채비를 갖추고 있었다. 이때 대칸 뭉케의 사망 소식이 전해졌다. 훌레구는 선봉 부대인 키트 부카에게 후사를 맡기고, 남

---

* 이 무렵 카안 울루스의 지배 영역은 몽골초원, 여진의 영역이었던 북중국, 서하의 영토였던 하서 지방, 티베트 등이다.

은 군단을 거느리고 귀환 길에 올랐다. 그러나 그는 타브리즈 부근에서 쿠빌라이의 즉위 소식을 듣고, 귀환을 포기하고 이란과 이라크에 새 정권을 수립했다(재위 1256~1265). 이렇게 하여 역사적인 '훌레구 울루스(일칸국)'가 성립했다.

중앙아시아 상황은 복잡하게 전개되었다. 칭기즈칸이 중앙아시아에서 철수한 후 통치를 위임받은 관리들의 노력으로 오아시스 지대는 빠른 속도로 복구되었다. 이곳은 원래 칭기즈칸의 둘째아들 차가타이 가문의 영지로 정해졌지만, 오고타이는 무슬림 상인들을 총독으로 임명하고 중앙아시아 경영에 직접 관여했다. 쿠빌라이가 동생 아리크 부케에게 승리할 수 있었던 것도 중앙아시아를 관할하던 차가타이 가문의 수령 알구(재위 1260~1266)가 그를 지지했기 때문이다. 아리크 부케는 보급 물자를 주로 중앙아시아에 의존하고 있었다. 그러나 쿠빌라이의 지지자인 알구가 사망하고, 그를 계승한 바라크(바락, 재위 1266~1271)가 오고타이 가문 및 조치 가문과 연대하여 쿠빌라이에게 반기를 들면서 중앙아시아 상황이 복잡해졌다. 이 틈을 이용해 오고타이의 손자인 카이두(1235~1301)가 중앙아시아의 지배권을 장악했다. 그는 차가타이 가문의 수령 바라크를 살해하고, 그들의 속민과 아리크 부케의 아들을 자기 진영으로 끌어들였다. 이리하여 카이두는 알타이산맥에서 마와란나흐르에 이르는 광대한 지역의 지배권을 장악하고 쿠빌라이와 대치했다.

1294년 쿠빌라이가 죽은 후 테무르(원 성종, 재위 1294~1307)가 카안 울루스(대원)의 대칸에 즉위했다. 그 후 1300년부터 이듬해에 걸쳐 몽골 서부와 알타이 일대에서 카이두와 대원의 군대가 충돌했다. 수차 회전을 치른 후 카이두가 패주하고, 그때 입은 상처로 그는 사망했다. 이때 차가타이 가문의 수령 두아(재위 1284~1306)와 카이두의 아들 차파르가 테무르에게 복속했다. 이 화합은 훌레구 울루스와 조치 울루스로부터도 환영을 받았

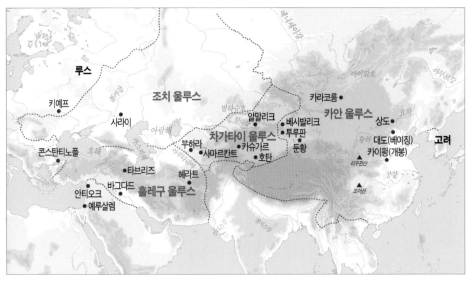

몽골제국 4울루스

다. 40년 동안 계속된 중앙아시아 분쟁이 1305년을 전후하여 종식되었다. 두아는 대원의 군대와 협력하여 오고타이 가문의 잔존 세력을 하나씩 격파했다. 그 후 중앙아시아에는 두아를 중심으로 차가타이 가문이 단독 지배권을 확립했다. 이것이 이른바 '차가타이 울루스(차가타이칸국)'다.

동서 교류의 확대

14세기 초 유라시아 대륙의 동서에 칭기즈칸의 후손들이 건설한 카안 울루스(대원), 차가타이 울루스(차가타이칸국), 조치 울루스(킵차크칸국), 훌레구 울루스(일칸국)라는 거대한 네 울루스가 탄생했다.* 몽골제국의 출현은 제국의 크기만큼 각 지역의 역사는 물론 세계사에도 지대한 영향을 미쳤다. 유라시아 대륙은 그때까지 밀접한 관계를 유지하고 있었지만 각 지역의 역사는 사실상 개별적으로 움직여왔다. 그러나 이들이 몽골에 의해 통합되면서 북아프리카를 포함한 아프로-유라시아 전역의 역사가 긴밀하게 연동되었다.

첫째, 몽골제국의 등장은 인간 집단의 대대적인 이동을 촉진했다. 원정군에 동원된 몽골 전사들은 원정지에서 새로운 삶을 시작하고, 정복지의 유능한 인재와 장인들이 몽골 땅으로 끌려왔다. 대원의 쿠빌라이는 킵차크초원 출신 킵차크족, 아스족, 캉글리족 등 유목민을 이주시켜 자신에게 충성하는 친위군을 조직하고, 중국 남부 윈난雲南 지역을 개발하는데 중앙아시아의 무슬림과 위구르인들을 참여시켰다. 인간의 집단적 이동은 주변 지역으로도 파급되었다. 몽골군의 침략으로 투르크계 유목민들이 아나톨리아반도로 이주하고, 이를 계기로 11세기 이후 계속된 이지역의 투르크화가 촉진되었다. 또한 몽골군의 침략을 받고 중앙아시아, 이란, 아프가니스탄 지역 거주민들이 북인도로 이주하면서 이 지역의 이슬람화가 급속하게 진행되었다.

둘째, 몽골제국의 출현은 동서 세계의 교역과 교류를 촉진했다. 제국 각지를 연결한 역참驛站, Jamchi이 정비되어 육상 교통로가 완성되고, 동아시아에서 서아시아와 북아프리카로 이어지는 해상 교통로가 완성되었다. 이러한 교통로를 이용해 위구르 상인과 무슬림 상인 등이 대규모 상업 활동을 전개했다. 몽골제국을 축으로 하는 상업망은 훌레구 울루스와 우호 관계를 유지하던 제노바와 베네치아 등 이탈리아와 비잔틴의 상인들이 참여하면서 지중해까지 확대되었다. 14세기부터 본격화한 이탈리

* 지금까지는 이들 4개 울루스의 출현을 계기로 몽골제국이 분열되었다고 이해해 왔다. 그러나 최근 몽골제국사 연구자들은 종가(宗家)인 카안 울루스가 멸망할 때까지 이들 4개 울루스가 통합성을 유지했다는 점을 들어, 쿠빌라이 이후의 몽골제국을 일종의 연방제 국가로 보고 있다. 현재 이 문제에 대해 완전히 결론이 나지는 않은 상황이지만, 분열보다는 연방제로 보는 견해가 설득력을 얻고 있다.

아의 르네상스는 몽골제국이 이룩한 세계 규모의 경제 교류와 발전이 그 배경이 되었다.

셋째, 교통로의 안정이 보장되면서 동과 서를 오가는 장거리 여행자가 출현했다. 우선 서방 3왕가를 비롯한 제국 각지의 왕족과 군주의 사절단이 대원의 수도 대도로 몰려들었다. 그들은 최고급 특산품과 진기한 물건을 가져온 공식적인 통상 사절단으로서, 때로는 규모가 수백 명에 이르렀다. 종교인의 왕래도 활발하게 이뤄졌다. 중국 도교 교단의 장로 장춘진인長春眞人(1148~1227)은 칭기즈칸의 부름을 받고 중앙아시아를 다녀왔으며, 네스토리우스파 기독교의 사제 랍반 사우마(1220~1294)는 대도에서 훌레구 울루스로 순례 여행을 떠나 그곳에서 아르군 칸(재위 1284~1291)의 명으로 유럽 각지를 다녀왔다. 또한 프란체스코파 수도사 플라노 카르피니가 1245~1247년 교황 인노첸시오 4세의 명으로 중앙아시아를 거쳐 카라코룸을 다녀왔고, 같은 교단의 수도사 루브루크(루브룩)는 1253~1255년 프랑스 왕 루이 9세의 사절로 역시 몽골을 방문했다. 열일곱 살 때 아버지를 따라 동방으로 갔던 마르코 폴로(1254~1324)는 고향으로 돌아와 《동방견문록》이라는 불후의 명저를 집필했고, 모로코 태생인 이븐 바투타(1304~1368/69)는 각지에 사는 무슬림의 도움으로 서아시아에서 중앙아시아와 인도를 거쳐 중국을 여행했다. 이 과정에서 동양의 사정이 서양에 알려지고, 서방의 정보가 동방 세계에 알려지게 되었다. 《성서》 다음으로 많이 팔렸다는 마르코 폴로의 《동방견문록》이 서양인이 쓴 최초의 본격적인 동방 소개서였다는 사실이 말해주듯, 양쪽 사람들은 몽골제국 출현 이전에 상대방을 거의 모르고 있었다.

넷째, 동서 간 과학·학술 교류도 확대되었다. 특히 대원과 훌레구 울루스의 교류가 두드러졌다. 대원의 수도 대도에 이란과 이슬람권 학자들이 상주하고, 훌레구 울루스의 수도 타브리즈에서도 여러 중국 학자가 활동했다. 예컨대 1271년 대도에 건설된 회회사천대回回司天臺에서는 이란 출신으로 당대 최고의 천문학자였던 자말 앗딘Jamal ad-Din Bukhari이 천문 관측과 역서曆書 편찬을 주도했다. 회회사천대의 관측기기는 모두 이란에서 제작된 것이고, 도서관에는 페르시아어 서적이 갖추어져 있었다. 자말 앗딘을 비롯한 이란·이슬람권 학자들이 소개한 서아시아의 우수한 천문학은 그 후 중국 천문학 발전에 지대한 영향을 미쳤다. 그 대표적 사례가 《수시력授時曆》 편찬이다. 1276년 곽수경郭守敬을 비롯한 대원의 천문학자들이 우수한 서아시아의 관측기기와 천문학을 응용하여 새로운 역서인 《수시력》을 편찬했다. 이는 1281년부터 사용되기 시작했는데, 명나라 시대의 《대통력大統曆》도 기본적으로 여기에 의거했다. 따라서 《수시력》은 중국 역사상 최장기로 350여 년에 걸쳐 사용되었다고 할 수 있다. 한편 홀레구

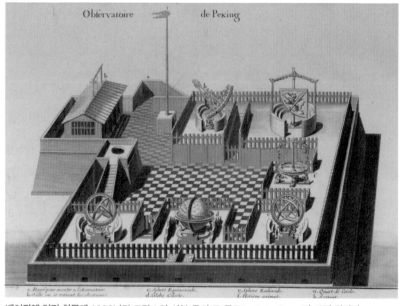

베이징에 있던 천문대 1696년경 프랑스인 신부 루이 르 콩트Louis Le Comte가 그린 것이다.

울루스에서도 마라가(타브리즈 남쪽의 작은 마을)에 나시르 앗딘 투시(1201~1274)가 설계한 천문대가 건설되었는데, 1271년에는 중국 학자들까지 참여한 천문 관측에 기초하여 작성한 '일한 천문표Zij-i Ilkhani'를 봉정했다.

농학과 의학 분야의 교류도 다방면에 걸쳐 이뤄졌다. 훌레구 울루스에서 편찬된 농서農書에는, 이게 과연 가능한 일인가 하는 의문이 들 정도로 중국의 농서 내용이 광범위하고 구체적으로 반영되어 있다. 특히 중국과 인도 작물의 특성과 번식에 관한 서술에 많은 지면을 할애했는데, 이란에 도입된 대표적 품종으로 기장粟을 특기해놓았다. 이란에 집단 거주한 중국인들이 새로운 품종을 시험 재배했다. 또한 훌레구 울루스에는 많은 중국 의사가 활동했다는 기록이 남아 있으며, 당시 이란에서는 중국 의술 중 특히 진맥診脈이 인기 있었다. 대원에서도 1292년 대도와 상도에 회회약물원回回藥物院을 세워 이슬람 의학을 관리하도록 했으며, 1273년에는 이븐 시나의 《의학전범》이 《의경醫經》이라는 제목으로 번역되었다.

제국의 규모와 인적·물적 교류는 동서 간의 문화 교류로 이어졌다. 제국 내 빈번한 인적 교류는 음식 문화에도 영향을 미쳤다. 이 시기 이란에서 중국 요리사들이 여럿 활동했고, 많은 무슬림 요리사가 중국에 진출했다. 이들은 당연히 현지의 음식 문화에 영향을 미쳤다. 쌀 음식과 미주米酒를 이란에 소개한 사람들도 동방 출신자들이었다. 특히 몽골식 양고기 수프와 치즈, 중국의 쌀가루, 만주의 잣, 서아시아의 꿀·호두·완두가 어우러진 이슬람식 퓨전 요리의 존재는 몽골제국 시기 문화 전파의 실상을 보여주는 좋은 사례다. 몽골제국 시기 증류주의 전파도 세계적 규모로 이뤄졌다. 최근 이 시기 몽골인들이 중국의 증류 기술을 발전시켜, 간편하고 휴대하기 쉬운 증류기를 개발하여 세계 각지에 보급했음을 입증하는 연구가 이뤄지고 있다. 고려 말 한반도에서 크게 유행한 소주가 그 대표적 사례인데, 이 소주 제조법은 군인이나 목부牧夫 등 여러 가지 목

경덕진에서 만든 백자 청화 능화모양 접시
국립중앙박물관 소장.

적으로 고려에 온 몽골인들이 전파한 것으로 보인다.[*]

14세기 전반 중국의 경덕진景德津에서 생산된 청화백자는 이 시기 동서 간의 문화 교류를 보여주는 대표적인 상품이다. 중국의 우수한 도자 기술과 이란의 도자기 겉그림 기법, 그리고 코발트 안료가 결합되어 청화백자가 만들어졌다. 청화백자는 서아시아에서 인기를 얻어 값비싼 국제 상품으로서 세계 각지로 수출되었다. 또한 중국의 도자기 제작 기술은 이란에서 빼어난 도자기와 채색 타일 제조를 촉진했다. 이 시기 이란의 세밀화에 중국 회화의 영향이 나타난 것도 동서 간 문화 교류를 보여주는 좋은 사례라고 할 수 있다.

활발한 동서 교류는 무서운 전염병의 유행을 불러왔다. 흑사병의 발생과 서방 전파다. 이 병은 원래 야생 설치류에 나타나는 전염병인데, 몽골 제국 시대 인적·물적 교류가 확대되면서 서방으로 전해졌다. 최근 연구에 따르면 칭하이青海·닝샤寧夏 인근에서 처음 흑사병이 발생하여 제국 전역으로 퍼지고, 다시 유럽까지 확산했다고 한다. 훌레구 울루스의 마지막 칸인 아부 사이드도 1335년 흑사병으로 사망했으며, 1338~1339년 중앙아시아 이식쿨호 부근에 거주하던 네스토리우스파 기독교인들도 이 병으로 집단 사망했다. 정확하게 밝혀진 바는 없지만 이때 유럽 인구의 최소한 3분의 1 정도가 사망했다고 전해진다.

---

[*] 박현희, 2016, 〈燒酒의 홍기—몽골 시기(1206~1368) '중국'에서 한반도에로 증류기술의 전파—〉, 《중앙아시아연구》 21-1.

몽골제국의 해체

세계사에 큰 족적을 남긴 몽골제국도 14세기 중엽 대원의 몰락을 전후하여 서서히 해체의 길을 걷기 시작했다.

몽골제국의 종가인 대원은 쿠빌라이의 손자 테무르(원 성종, 재위 1294~1307)가 죽은 뒤 계속된 제위 계승 분쟁으로 국력이 크게 약해졌다. 또한 장기간에 걸친 궁정의 낭비와 방탕한 재정 운용은 국가 재정을 파탄에 이르게 했다. 여기에 자연재해와 역병으로 농민 반란이 빈발하고 각지에서 무장 세력이 할거했다. 이런 혼란 속에서 농민 출신인 주원장朱元璋(재위 1368~1398)이 1368년 난징에서 즉위하고 명나라를 창건했다. 자연재해와 내분에 시달리던 대원의 토곤 테무르(원 혜종, 재위 1333~1370)는 대도를 떠나 몽골초원으로 퇴각하고, 명나라 군대에 점령된 대도는 잿더미로 변했다. 북방으로 퇴각한 몽골인들은 그 후 수백 년 동안 군소 집단으로 나뉘어 상호 항쟁을 거듭하다, 17세기 초 네이멍구를 시작으로 차례로 청의 지배하에 들어갔다.

킵차크초원의 조치 울루스는 14세기 전반 우즈베크(우즈벡) 칸(재위 1313~1341) 시기에 전성기를 맞이하고 수도 사라이는 교역과 수공업 중심지로 번영했다. 그러나 그의 손자 베르디 벡(재위 1357~1359)이 죽은 후 창업자 바투 가문의 적통이 끊기면서 조치 울루스는 20년 동안 25명 이상이 칸의 자리에 오르내리는 극심한 혼란에 빠졌다. 이런 혼란 속에서 토카 테무르(조치의 13남)의 7대손 톡타미쉬(재위 1378~1395)가 등장하여 분열되었던 울루스를 잠시 통합했다. 그러나 그가 티무르제국의 창건자 티무르(1336~1405)의 침략을 받고 패하면서 조치 울루스는 통합을 유지하지 못하고 여러 군소 정권으로 분열했다.

훌레구 울루스는 개혁군주 가잔(재위 1295~1304)과 그의 동생 울제이투(재위 1304~1316) 시기에 중흥을 맞이했다. 그러나 1335년 울제이투의 아들 아부 사이드(재위 1316~1335)가 사망하고 훌레구의 적통이 끊기면서 각지에서 지방 정권이 자립했다.

중앙아시아의 차가타이 울루스도 1340년대에 들어 파미르고원을 중심으로 동서로 분열되는 혼란을 거듭하다 1370년 티무르에게 정권을 내주고 역사에서 사라졌다.

티무르제국의 흥망

14세기 초 하나로 통합된 차가타이 울루스는 케벡Kebek(재위 1318~1326) 집권기에 안정을 맞이했다. 케벡은 대원 및 훌레구 울루스와의 갈등 관계를 해소하기 위해서도 노력했다. 그는 무슬림은 아니었지만, 오아시스의 경제적 중요성을 인식하고 무질서한 수탈을 억제하는 등 이슬람 사회의 발전에 힘썼다.

케벡이 죽은 후 동생 타르마시린(재위 1326~1334)이 그를 계승했다. 타르마시린은 경건한 무슬림으로서 투르크어를 사용했다. 그러나 그의 정책은 차가타이 울루스의 본거지인 북방 초원 지대(세미레치에)의 보수적인 귀족들에게 반발을 샀다. 타르마시린은 결국 그들에게 피살되었다. 이는 마와란나흐르를 중심해서 오아시스의 경제력을 바탕으로 정권을 운영하려고 한 세력과, 초원 지대를 중심으로 유목민의 법과 관습에 따라 유목 정권을 유지하려고 한 세력의 대립에서 비롯되었다. 전자는 스스로를 '차가타이'라 칭하고, 정주민을 수탈 대상으로 보는 후자를 '자타Jatah(도적)'라고 불렀다. 후자는 자신을 '모굴Moghul(몽골)'이라 칭하고 투르크화·이슬람화한 전자를 '카라우나스Qaraunas(혼혈아)'라고 멸시했다. 1340년대에 이르자 양자의 반목으로 차가타이 울루스는 동서로 분열했다.

이 중 서부의 마와란나흐르에서는 유력 부족의 지배자들이 차가타이 후손을 대신해 실권을 장악했다. 티무르도 이러한 귀족 중 한 사람이었다. 그는 1336년 4월 8일 케슈(오늘날의 샤흐리삽스) 근교의 호자 일가르 마을에서 바를라스 부족의 귀족 타라가이 가문의 아들로 태어났다. 티무르는 13세기 초 칭기즈칸의 둘째아들 차가타이에게 분봉되어 몽골에서 중앙아시아로 이주한 몽골 귀족의 후손이다. 이주 후 5세대를 거치면서 그는 언어적으로 투르크화하고 이슬람을 수용했지만, 몽골 유목민의 기질을 그대로 간직하고 있었다. 그의 아버지는 칭기즈칸 시대부터 전통을 자랑하던 명문에 속했지만, 티무르가 태어날 무렵에는 유력자로서 지위를 상실한 미미한 존재로 전락했다.

티무르는 부족 원리에 얽매이지 않은 가신단을 조직하고, 유력한 차가타이 귀족들을 자기편으로 끌어들여 경쟁 귀족들의 저항을 제압한 다음, 1370년 사마르칸트에서 정권을 수립했다. 또한 그는 계속된 귀족들의 반란에 대하여 그들을 처형하고, 정권의 주요 직책에 임명하고, 그들 휘하의 부족을 강제로 해산하는 방법으로 그들의 권력을 억압했다. 그러나 티무르도 자기 마음대로 할 수 없는 것이 하나 있었다. 스스로를 '칸'이라고 부를 수 없었던 것이다. 칭기즈칸이 몽골제국을 창건한 이후 중앙아시아에서는 그의 후손이 아니면 누구도 칸을 칭할 수 없었다. 따라서 티무르도 칭기즈칸의 후손 가운데 하나를 허수아비 칸으로 세우고, 자신은 칭기즈 일족의 여자와 혼인한 뒤 귀레겐güregen(부마)이라는 칭호로 만족해야 했다. 티무르의 통치 기간 중 꼭두각시 군주가 여럿 임명되었는데, 티무르는 그들의 이름으로 자신의 행위를 정당화했다.

티무르는 1370년 마와란나흐르를 통일한 후 1405년 사망할 때까지 끊임없이 정복전쟁을 벌였다. 그는 1370년 정권을 수립한 후 호레즘과 모굴리스탄(세미레치에를 중심으로 한 초원 지대) 등 주변 지역을 평정했다. 이어 그는 1380년대부터 서아시아·캅카스·킵차크초원·서북인도를 원정하고 1402년 앙카라 전투에서 오스만제국을 격파하여, 동서로 중국의 서부 변경에서 소아시아까지, 남북으로 인도 북부에서 킵차크초원에 이르는 대제국을 건설했다. 몽골제국의 부활을 꿈꾸던 티무르의 마지막 목표는 대원을 북방으로 축출한 명나라였다. 그는 1404년 11월 명나라를 정복하고자 20만 대군을 이끌고 사마르칸트를 출발했다. 그러나 원정군이 키질쿰사막을 횡단하여 오트라르에 이르렀을 때 티무르는 병을 얻어 1405년 2월 18일 생을 마감했다.

　티무르는 단기간에 권력을 장악하고 거대한 제국을 건설했다. 이처럼 짧은 시간에 성공을 거둘 수 있었던 것은 그가 강력한 군사력을 갖추고 있었기 때문이다. 그는 원래 마와란나흐르의 오아시스 주변에서 성장했지만, 그 자신과 군대는 정주 사회에 동화되지 않고 도시 인근에 조성된 정원이나 초원에 살면서 유목민의 생활 양식을 고수했다. 그들은 기마를 이용한 강력한 군사력을 유지했고, 티무르는 기마 전술에 뛰어난 그 유목 군단을 지휘하여 전쟁을 승리로 이끌었다. 이런 점에서 티무르는 칭기즈칸과 유사하고, 유목 전통의 우수한 계승자라고 할 수 있다. 그러나 티무르와 칭기즈칸 사이에는 시간적 격차만큼 커다란 차이도 있었다.

　티무르는 도시 같은 정주 사회의 발전에 큰 관심을 표명하며 많은 건축 활동을 했던 반면, 칭기즈칸에게 정주 사회는 수탈 대상에 불과했다. 양자의 차이는 정주 사회에 대한 두 사람의 인식 차이에서 비롯되었다. 초원에서 태어나 성장한 칭기즈칸은 정주 사회에 대한 이해가 부족했다. 이 때문에 정주 사회의 성격과 이용 가치를 제대로 알지 못했다. 그러나 칭기즈칸의 후계자들은 정주 지대에 진출하고 정주 사회와 깊은 관계를 맺으면서 그것을 보호·육성하는 것이 자신들에게 유리함을 깨달았다. 티무르의 생각도 그들과 같았다. 그는 도시에서 태어나지는 않았지만 그의 일족은 여러 세대 전부터 도시 근교에서 생활하면서 도시의 경제적 중요성을 잘 알았다. 그 때문에 그는 사마르칸트에 바자르(시장)를 건설하고 통상 활동을 활성화하고자 노력했다. 그의 노력은 결실을 맺어 티무르제국 영내에서 여러 도시가 번영을 누렸다. 이는 상인을 비롯한 정주민들에게도 유리한 상황을 조성했다. 그들의 이익이 티무르의 이익과 일치하니, 그들은 스스로의 이익을 위해 티무르를 지원했다. 이 과정에서 티무르의 정복 활동은 점점 확대되고 지배 지역도 넓어졌다. 지배 영역의 확대는 상인들에게 통상 범위의 확대와 활동의 활성화를 의미했다. 이처럼 티무르는 도시 주변 거주민으로서 정주 사회의 중요성을 이해하고 그것이 갖는 힘을 충분히 이용한 정복군주였다.

티무르가 성공한 또 다른 요인은 명민한 두뇌와 뛰어난 정치감각을 들수 있다. 그는 지배 초기에 부족 조직에 기초한 귀족층을 억누르고 부족의 배경이 없는 사람들을 발탁하여 자기에게 충성하는 군단을 만들었다. 정복전쟁은 그들에게 막대한 전리품을 약속했는데, 오직 티무르에게 충성하는 심복과 일족의 왕자들을 위해 새로운 영토와 직무를 창출한 것이었다. 티무르는 권력 기반을 확고하게 다진 뒤 자신에게 권력을 집중하는 동시에 권력 분산을 막기 위한 여러 대책을 강구했다. 그는 자기 아들이나 손자를 군단과 함께 정복지로 파견하면서 유력한 부하를 후견인으로 임명하여 왕자들의 행동을 감시하게 했다. 또한 그는 그들의 통치에 개입하고 지배 영역을 교체하는 방식으로 왕자들이 대항 세력으로 성장하지 못하게 막았다. 그는 심복들에 대해서도 경계를 늦추지 않았다. 그들의 지위와 직책은 자손들에게 물려주고 사회적 우위도 보증되었지만, 그들에게 영토와 군대를 동시에 주지는 않았다.

티무르는 정권을 창출할 때부터 이슬람의 권위를 이용했다. 티무르 시대 그의 지배하에 있었던 주민은 대부분 무슬림이었다. 이슬람과 함께 몽골 전통에 의지한 티무르는 술을 좋아하고, 몽골의 전통 신앙인 무속 신봉자들에게 개종을 강요하지 않았다. 또한 그는 같은 이슬람교도를 살해하고, 노예로 삼고, 모스크를 어지럽히고, 이맘(이슬람 교단의 지도자)을 처형하는 등 경건한 이슬람교도로 보기 어려운 행동을 했다. 그러나 그는 신앙심을 어느 정도 갖고 있었고 아버지 타라가이의 영향으로 특히 수피즘에 관심이 많았다. 그런가 하면 티무르가 교회의 신성성과 기독교도의 신앙심에 이해를 표했다는 전승도 있다.

티무르제국은 티무르 개인을 중심으로 구성되어 있었다. 대부분 시간을 전쟁터에서 보낸 티무르는 일이 생길 때마다 부하에게 맡겨 처리하게 하고, 치밀한 행정체계를 구축하지 않았다. 티무르 사후 제국이 분열의 위기에 처하고, 각지에 분봉된 왕족들이 후계자 자리를 놓고 치열한 싸움을 벌인 것도 이 때문이다. 분봉은 정복지를 일족의 공유 재산으로 간주하는 몽골-투르크계 유목민의 전통에서 나왔다. 그리고 일족 중에서 가장 출중한 사람이 왕족과 유력자들의 지지를 받아 군주 자리에 오르는 것도 유목민의 전통이다.

티무르가 사망한 후 제위를 놓고 4년 동안이나 분쟁이 이어졌다. 이 분쟁은 헤라트에 본거지를 두고 있던 티무르의 자식 샤 루흐(재위 1409~1447)가 마와란나흐르를 정복하면서 겨우 종식되었다. 그 후 샤 루흐는 장남 울루그 벡(울룩 벡/울루그베그)에게 마와란나흐르의 통치를 맡기고 자신은 헤라트로 돌아갔다. 그는 학문에 관심을 기울이고 샤리아(이슬람법)를 준수하는 경건한 이슬람 군주였다. 또한 그는 명나라와 외교 관계를 복원하고 상업과 농업을 진작했다. 약 40년에 걸친 샤 루흐의 치세는 티무르제국 전체에 걸쳐 가장 안정된 시기였다. '티무르제국의 르네상스'라 불릴 만큼 이때 이란 문학과 예술이 황금기를 누렸다. 그가 수도로 삼았던 헤라트와 그의 아들 울루그 벡이 다스린 사마르칸트는 이 르네상스의 가장 화려한 중심지였다.

샤 루흐를 계승한 울루그 벡(재위 1447~1449)은 즉위 2년 만에 아들 압둘 라티프에게 살해당했다. 울루그 벡이 죽은 뒤 다시 티무르 일족의 내분이 시작되고, 이때 티무르의 셋째아들인 미란 샤의 손자 아부 사이드(재위 1451~1469)가 실권을 장악했다. 그는 북쪽 킵차크초원에서 내려온 우즈베크 유목민* 집단의 수령 아불 하이르(재위 1428~1468)의 지원과 수피 종단의 하나인 낙슈반디 교단의 지도자 호자 아흐라르(1404~1490)의 종교적 권위에 기대 마와란나흐르를 지배했다. 그러나 그가 1469년 투르크멘 부족에게 살해되면서 제국은 곧바로 분열되었다.

아부 사이드는 티무르제국을 복원하려고 한 마지막 군주였다. 외적보다 친족 내부의 끊임없는 도전에 시달린 그의 죽음은 티무르의 업적에 확실한 종지부를 찍었다. 아부 사이드가 죽은 후 장남 아흐마드(재위 1469~1494?)가 그의 뒤를 이었지만, 통치 영역은 마와란나흐르에 한정되었다. 이 무렵 티무르의 둘째아들인 우마르 샤이흐의 증손자 술탄 후세인(재위 1470~1506)이 호라산에 헤라트 정권을 수립했다. 그 후 사마르칸트 정권은 1500년 북방에서 내려온 우즈베크 유목 군단의 침략을 받고 붕괴되었다. 헤라트 정권 역시 1507년 우즈베크의 침략으로 멸망했다. 이리하여 티무르제국은 성립 후 137년 만에 공식적으로 막을 내렸다.

티무르제국 시기에는 풍부한 경제력과 교양인으로서 칭송받던 역대 군주들의 지원으로, 이란 문화를 계승한 고급 문화가 꽃피었다. 특히 화려한 도시문화와 궁정문화가 만개했다. 역대 군주들은 자신의 위세와 이슬람 문화의 보호자임을 백성에게 보여줄 수 있는 건축물(모스크와 이슬람 신학교, 성묘와 궁정이 딸린 정원, 공공 숙박시설과 공중목욕탕)을 짓는 데 힘썼다. 예컨대 티무르는 정복지에서 강제로 끌고 온 장인들을 시켜 수도 사마르칸트에 중앙 모스크(비비 하눔) 등 수많은 건축물을 축조했다. 특히 몽골 지배기에 높은 수준에 도달한 이란의 건축 기술과 예술·학술 분야의 많은 것이 중앙아시아에 이식되었다. 티무르에 의해 사마르칸트에서 꽃피기 시작한 도시문화와 궁정문화는 술탄 후세인 시대 헤라트에서 절정기를

* 이슬람을 국교로 선포한 우즈베크 칸(재위 1313~1341) 치세 이후 킵차크칸국(조치 울루스)의 유목민 집단에 새로이 붙여진 이름이다.

'춤추는 데르비시Dervish'를 묘사한 헤라트 세밀화 수피즘의 일파인 '춤추는 데르비시'들은 빙글빙글 춤을 추면서 신과 만난다고 한다. 1480년경 그림, 뉴욕 메트로폴리탄미술관 소장. Rogers Fund, 1917

비비 하눔 모스크 우즈베키스탄 사마르칸트 소재. David Stanley from Nanaimo, Canada, CC BY 2.0

맞았다. 또한 티무르제국의 궁정에는 당대 최고 수준의 예술가들이 모여 있었다. 특히 몽골제국 시대 이란에서 새롭게 발전한 세밀화는 헤라트에서 높은 예술 수준에 이르렀다.

울루그 벡은 학술 분야에서 오늘날까지 세계적인 명성을 떨치고 있다. 울루그 벡은 수학·천문학·의학 등 자연과학의 여러 방면에 조예가 깊은 학자였다. 그는 사마르칸트의 레기스탄 광장에 마드라사(이슬람 신학교)를 세우고 저명한 천문학자, 수학자, 의학자를 초빙하여 연구와 토론을 함께 했다. 또한 그는 사마르칸트 동북쪽 교외에 천문대를 건설하고 당시의 최첨단 기기를 사용해 천체를 관측했다. 이에 기초하여 새로이 작성된 이른 바 '울루그 벡 천문표'는 그 당시 세계에서 가장 정확한 천문표로 알려졌다. 이 천문표는 그 후 아랍어와 오스만어로 번역되어 이슬람 세계에서 널리 이용되었으며, 라틴어로 번역되어 유럽에서도 사용되었다. 현재 사

울루그 벡 천문대 내부 통로
Igor Pinigin, CC BY-SA 4.0

사마르칸트의 울루그 벡 천문대 유적 Michel Benoist, CC BY-SA 3.0

마르칸트 교외에 울루그 벡 천문대의 일부가 남아 있다.

당시 주요 학술어는 이란어였고, 종교 분야에서는 아랍어가 사용되었다. 그러나 15세기 후반 이후 투르크어에 의한 문학 활동이 성행해 군주와 왕자들도 이란어뿐 아니라 차가타이-투르크어(티무르제국 시대 중앙아시아에서 발달한 투르크어 문어)로 시를 지었다. 또 그들은 시인을 고용해 기예를 겨루도록 했는데, 이런 일련의 과정에서 차가타이-투르크어는 문학어로서 독립적 지위를 얻었다. 그동안 일부 뛰어난 작품이 저술되었음에도 투르크어는 종교언어인 아랍어와 문예언어인 이란어에 비해 문어로서 중시되지 않았다. 이런 점에서 차가타이-투르크어 문학의 확립은 이 시대 문화의 최대 성과라 할 수 있다. 그 후 중앙아시아에서는 투르크어로 된 작품이 늘어나고 문어의 투르크화가 진행되었다.

차가타이-투르크어 서예 작품
가운데 부분은 차가타이-투르크어,
사방 가장자리는 이란어로 쓰여 있다.
무굴제국 시대의 서예가
미르 이마드 알하사니
Mir 'Imad al-Hasani(1552~1615)의
작품이다.

7

티무르제국 이후의 중앙아시아

 앞서 언급한 것처럼 톡타미쉬 정권 몰락 후 조치 울루스는 여러 소국으로 분열되었다. 토카 테무르(조치의 13남)의 후손들이 울루스 서부에서 카잔칸국(1438~1552), 아스트라한칸국(1466~1556), 크림칸국(15세기 전반~1783)을 세웠다.

 한편 조치의 다섯째 아들 시반(샤이반)의 후손 아불 하이르는 울루스 동부에서 우즈베크 유목민을 통합하여 1446년 독립 정권을 수립했다. 그리고 그의 손자 무함마드 샤이바니(재위 1500~1510)가 1500년 티무르제국의 수도 사마르칸트를 정복했다. 이때부터 1599년까지 아불 하이르의 자손이 마와란나흐르를 지배했는데, 학자들은 이 왕조를 '샤이바니조'라고 부른다.

티무르제국 이후의 중앙아시아

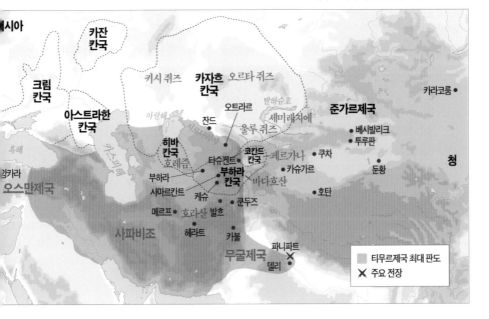

샤이바니는 아무다리야 상류의 쿤두즈와 페르가나분지, 타슈켄트, 호레즘을 차례로 점령하고, 1507년에는 헤라트를 정복하여 지배 영역을 호라산까지 확장했다. 그 무렵 이란에서 흥기한 사파비조(1501~1736)의 샤이스마일(재위 1501~1524)이 호라산으로 진군을 개시했는데, 이를 저지하려고 출전한 샤이바니는 1510년 메르프(메르브) 교외에서 벌어진 전투에서 사망했다.

이런 혼란 속에서 티무르제국의 왕족이자 장차 무굴제국(1526~1857)의 제왕이 될 바부르(1483~1530)가 역사의 전면에 등장했다. 바부르는 티무르제국 페르가나령 군주의 아들로 태어나, 1494년 부친이 사망한 후 페르가나의 지배자가 되었다. 그는 1497년 사마르칸트를 점령하고 티무르제국의 군주 자리에 올랐지만, 페르가나에서 일어난 반란 때문에 다시 본거지로 돌아갔다. 바로 이때(1500) 무함마드 샤이바니가 사마르칸트를 정복하고 티무르제국을 무너뜨렸다. 바부르는 그해 가을 두 번째로 사마르칸트를 점령했지만, 우즈베크 군단의 반격으로 그의 사마르칸트 지배는 3개월에 그쳤다. 그 후 1504년 우즈베크 유목민들이 페르가나까지 점령하자, 바부르는 아프가니스탄으로 가서 카불을 정복했다. 샤이바니 사망 후 혼란이 이어지자, 바부르는 사파비조의 샤 이스마일에게서 도움을 받아 1511년 세 번째로 사마르칸트를 점령했다. 그러나 이듬해부터 시작된 우즈베크의 반격을 받고, 1514년 바부르는 중앙아시아 지배를 포기하고 카불로 돌아갔다. 그는 카불을 중심으로 소왕국을 유지하다 1519년부터 새 땅을 찾아 인도 원정에 나섰다. 이어 바부르는 1526년 파니파트에서 로디조(인도의 이슬람 왕조)를 격파하고 델리와 아그라를 점령하여 인도에서 티무르제국을 재건했는데, 학자들은 이 왕조를 무굴제국이라 부른다.

바부르는 세 번에 걸쳐 사마르칸트에 입성하여 제위에 오르고, 아프간의 카불을 정복했으며, 인도에서 무굴제국을 창건한 뛰어난 무인이자 유능한 정치가였다. 이와 함께 그는 차가타이–투르크어뿐 아니라 이란어와 아랍어에도 능통하고, 문학·역사·지리를 좋아하고, 자연을 사랑한 문인이었다. 그래서 그는 끊임없는 전란 속에서도 6종에 이르는 저작을 남기고, 아랍 문자를 개량해 이른바 '바부르 문자'를 만들었다. 그는 차가타이–투르크어로 쓴 회상록 《바부르 나마Babur Nama》의 저자로도 유명하다.

《바부르 나마》의 한 장면 바부르가 카불에 입성하는 장면, The Walters Art Museum 소장.

바부르가 아프간으로 돌아간 후 마와란나흐르 전역은 샤이바니조의 지배하에 있었다. 샤이바니조는 압둘라 2세(재위 1583~1598) 시기에 전성기를 맞았다. 그는 새 화폐를 주조하고, 수도를 건설하고, 관개시설을 정비해 농업 증산에 힘을 쏟았다. 1584년부터 압둘라는 아무다리야 상류의 바다흐샨(바닥샨) 점령을 시작으로 대외 원정에 착수했다. 그는 1588년 헤라트를 점령하고, 1593~1594년 호레즘을 정복하여 중앙아시아에서 아프가니스탄 북부와 이란 동북부에 이르는 광대한 영역을 지배하는 절정기를 맞았다.

1598년 압둘라가 사망한 후 샤이바니조의 남자 계보가 끊어지자, 압둘라의 조카(누이의 아들)인 바키 무함마드(재위 1603~1605)가 즉위하여 잔 조Janid Dynasty를 개창했다. 그는 토카 테무르(조치의 13남)의 후손으로, 아스트라한에서 온 망명자의 자손이었다. 따라서 잔조는 토착 군사 기반을 갖고 있지 않았다. 18세기 들어 잔조의 실권은 유력한 귀족들의 수중에 떨어지고, 결국 1756년 우즈베크 집단의 망기트 부족 수령 무함마드 라힘(재위 1756~1758)에게 정권이 넘어갔다. 이것이 부하라를 중심으로 한 망기트조인데, 학자들은 망기트조와 이전의 잔조를 통칭하여 '부하라칸 국(1599~1920)'이라 부른다.

한편 샤이반(조치의 5남)의 후손인 일바르스(재위 1511~1518)는 사파비조로부터 호레즘을 탈환하고 이곳에 새 왕조를 개창했다. 이 왕조는 한때 샤이바니조의 지배를 받았지만, 1644년 즉위한 아불가지(재위 1644~1663) 시기에는 부하라를 일곱 차례나 원정할 정도로 국력이 팽창했다. 그러나 18세기 들어 왕가의 내분, 우즈베크와 투르크멘 부족들의 갈등, 부하라 칸국과 러시아의 개입이 겹치면서 칸의 권위가 심각한 타격을 받았다. 그 후 1804년에 콩그라트 부족의 일튀제르(재위 1804~1806)가 스스로 칸이 되어 콩그라트조를 개창했는데, 학자들은 콩그라트조와 일바르스 정권을 통칭하여 히바칸국(1512~1920)이라 부른다.

바부르가 카불로 떠난 후 페르가나는 17세기 말까지 명목상 샤이바니 조와 부하라칸국의 지배하에 있었지만, 곳곳에 지방 권력이 할거하여 통일 정권이 수립되지 못했다. 18세기 들어 부하라칸국이 쇠퇴하면서 우즈베크 집단의 한 지파인 밍족이 독립 정권을 수립했다. 밍족의 수령 나르부타 비Narbuta bi(재위 1770~1798/99)는 안정된 통치를 바탕으로 페르가나를 통합하고 국가의 기틀을 다졌다. 그의 아들 알림(재위 1798~1810)이

처음으로 칸을 칭했고, 학자들을 이 정권을 코칸드칸국(18세기 초~1876)이라 부른다.

이와 같이 18세기 이후까지 마와란나흐르에는 우즈베크 유목민들이 세운 부하라칸국, 히바칸국, 코칸드칸국이 자리를 잡고 있었다. 3국은 자라프샨, 아무다리야, 시르다리야의 풍부한 수자원에 기댄 농업 생산과 러시아, 카자흐, 인도, 신장을 연결하는 국제 교역을 기반으로 번영을 누렸다. 특히 18세기 말기부터 페르가나분지와 호레즘에서 관개 수로가 건설되고 복구되어 농업 생산이 크게 증진했다.

한편 오늘날의 카자흐스탄 영토에는 15~19세기에 이른바 카자흐칸국이 존속했다. 앞서 언급한 것처럼 우즈베크 집단의 수령 아불 하이르는 1446년 킵차크초원 동부를 통일하고 같은 해 시르다리야 중류로 진출했다. 이때 그곳에 거주하던 유목민들은 그의 압박을 피해 케레이Kerei와 자니 벡Jani Beg을 따라 북부 변경(모굴리스탄)으로 이주했다. 이들이 '카자흐' 또는 카자흐-우즈베크 집단으로 오늘날 카자흐인들의 조상이다.[*] 카자흐는 1470년경 추강 유역에서 국가체제를 갖춘 정권을 수립했다. 그들은 우즈베크 집단이 남쪽 오아시스로 이주한 후 킵차크초원으로 세력을 확대했다. 또한 그들은 노가이(카자흐초원 서부에서 우크라이나에 걸쳐 큰 집단을 형성했던 투르크계 유목민)와 세미레치에 지역의 유목민을 흡수하여, 자니 벡의 아들 카심 칸(재위 1511~1521?) 시기에는 강력한 유목국가로 성장했다.

---

[*] 고대 투르크어에서 기원한 카자흐(Kazakh)라는 말은 '(자신이 속한 집단으로부터) 떨어져 나온 사람'을 의미한다. 여기에 '방랑자' 또는 '독립생활을 영위하는 자유인' 등 여러 가지 뜻이 더해졌다. 참고로 우크라이나와 남러시아 초원 변경지대에 거주하는 슬라브계 자유민인 카자크(Kazaq) 또는 코자크(영어로는 코사크Cossack)도 어원이 같다.

그 후 카자흐인들은 시르다리야 중류와 세미레치에 지역의 여러 도시를 지배하에 넣고 중앙아시아 각지를 공격하여 주위 세력을 두렵게 했다.

그러나 18세기 들어 카자흐칸국은 정치적 통합성을 잃고 3개 쥐즈Jüz* 로 분열되었다. 당시 카자흐의 최대 위협은 서몽골에서 발흥한 준가르제 국의 거듭되는 침략과 약탈이었다. 특히 1723년 이후의 침략은 그들의 구비 전승에 '맨발의 도주aktaban shubyryndy'라고 전해질 정도로 큰 타 격을 주었다.

준가르의 침략은 두 가지 점에서 카자흐 역사에 중요한 영향을 미쳤다. 무엇보다도 15세기 말부터 형성되기 시작한, 카자흐인이라는 일체성이 준 가르에 대한 항쟁을 거치면서 더욱 명확해졌다. 이를 계기로 카자흐칸국 을 구성한 유목민들은 자신이 속한 씨족·부족의식과는 별개로 큰 테두 리에서 동족이라는 집단적 정체성을 갖기 시작했다. 또 하나는 외세의 침 략이 카자흐 지배자들을 동요시켜 결국 또 다른 외세를 불러들이게 된 것이었다. 1731년 소쥐즈의 아불 하이르 칸(재위 1710~1748)이 러시아에 사신을 보내 복속을 청원했는데, 이를 계기로 다른 쥐즈의 칸들도 러시아 에 복속했다. 그 무렵 중쥐즈의 아블라이 칸을 시작(1757년)으로 각 쥐즈 의 수령들은 청조淸朝에도 신속臣屬을 맹세했다. 이는 그 대상이 어떻든 외 세에 신속한 것이 안보와 통상을 위한 외교적 책략에서 비롯되었음을 말 해준다. 말하자면 당시 카자흐 군주들은 두 강대국의 세력 균형을 이용하 여 자국의 안보와 독립을 지키려고 했던 것이다. 이는 러시아의 카자흐 침 략이 본격화한 1820년대까지 청과 관계를 지속한 것으로도 확인된다.

---

* 일종의 부족연합체. 세 쥐즈는 카자흐스탄 동남부의 울루 쥐즈(Ulu jüz, 大部), 중앙부의 오 르타 쥐즈(Orta jüz, 中部), 서부의 키시 쥐즈(Kish jüz, 小部)다. 카자흐칸국이 정확히 언제 무슨 이유로 세 쥐즈로 나뉘었는지는 자료 부족으로 확인되지 않는다.

앞서 말했듯이 차가타이 울루스는 1340년대에 파미르 동서 양편으로 분열했다. 이때 투글루크(투글룩) 테무르(1347/48~1363)가 차가타이 울루스 동부를 지배했다. 학자들은 그가 재건한 차가타이 울루스를 '모굴 울루스(또는 모굴칸국)'라 한다. 모굴 울루스는 15세기 후기 중앙아시아에서 새로운 유목민들이 흥기하면서 쇠퇴하기 시작했다. 즉 타슈켄트는 우즈베크 유목민에게 빼앗기고, 우즈베크의 압박을 피해 동쪽으로 이주한 카자흐에게 본거지인 일리 계곡을 내주었으며, 유력한 부족 중 하나인 두글라트 부족의 일부 유목민은 카자흐에 합류했다. 이런 상황에서 모굴인들은 활동의 중심을 타림분지의 오아시스 지대로 옮겨 동방 진출을 도모했다. 그 후 모굴인들은 17세기 말기 준가르제국의 지배를 받다가 준가르 멸망 후 1759년 청조에 정복되었다. 모굴인들의 이주로 그때까지 불교 문화를 간직하던 투루판분지가 이슬람화했다.

한편 17세기 중엽부터 텐산 북방의 준가르분지를 중심으로 오이라트(서몽골)인들이 거대한 세력을 형성했다. 17세기 말 오이라트 연맹체의 일원인 준가르 지도자 갈단(1644~1697)이 오이라트를 통합하고 거대한 유목제국을 수립했다. 학자들은 이를 준가르제국이라 부른다. 오이라트를 통합한 갈단은 주변 지역에 대대적인 원정을 수행했다. 그는 동쪽으로 몽골고원, 남쪽으로 타림분지, 서쪽으로 마와란나흐르, 북쪽으로 남시베리아와 카자흐초원을 잇달아 공격했다. 갈단 사후 그의 조카 체왕 랍탄(재위 1697~1727), 그리고 체왕 랍탄의 아들 갈단 체링(재위 1727~1745)이 차례로 제위에 올라 대외 원정을 이어갔다. 1755~1757년 청조는 갈단 체링 사후 혼란에 빠진 준가르제국을 공격하여 중앙아시아에서 오이라트의 지배를 종식했다.

그 후 유라시아 초원에는 두 번 다시 거대한 유목국가가 출현하지 않왔다. 준가르제국을 최후의 유목국가라고 하는 것도 이 때문이다. 또한 준가르의 멸망은, 이 시기를 기점으로 중앙아시아 몽골-투르크계 유목민들이 주위 강대국(러시아와 청조)의 지배하에 들어갔다는 점에서, 유목 세력의 쇠퇴를 상징하는 역사적 사건으로 평가받는다.

8

청조와 러시아의 중앙아시아 지배

청조의 동투르키스탄 지배

16세기 후반 몽골고원 동쪽의 만주 지역에 거주하던 여진女眞(주션 Jušen)은 건주여진, 해서여진, 야인여진 등으로 나뉘어 있었다. 1616년 건주여진 완안부 출신인 누르하치(재위 1616~1626)가 이들 여러 집단을 휘하에 통합하여 국가를 세우고, '겅기연 한Gengiyen Han'을 칭했다. 이리하여 대청제국의 전신인 '아마가 아이신 구룬Amaga Aisin Gurun, 後金國'이 탄생했다. 누르하치의 후계자인 홍타이지(재위 1626~1643)는 1632년 대원의 직계인 릭단 칸(재위 1604~1634)을 격파하고 남몽골(내몽골)을 병합한 후, 1636년 주션(여진)과 아마가 아이신 구룬(후금국) 대신 '만주滿洲'와 '다이칭 구룬Daiching Gurun, 大淸國'이라 칭하도록 선포했다.

청군은 군사 공세를 강화하여 한반도를 세력권에 넣고, 중국 본토로 진격을 개시했다. 홍타이지는 1643년 사망하고, 그를 이은 순치제順治帝(재위 1643~1661)가 이듬해 베이징으로 수도를 옮기며 중국 전역을 지배하에 넣었다.

순치제를 이은 강희제康熙帝(재위 1661~1722)는 내정을 안정시킨 다음 그 힘을 외부로 돌렸다. 그 무렵 러시아는 만주족의 본거지인 동북 지방 진출을 노리고 있었는데, 강희제는 1689년 러시아와 네르친스크조약을 체결하여 이를 저지했다. 또한 청조는 이 시기를 전후하여 북몽골(외몽골) 문제에도 개입했다. 이때 준가르제국의 갈단이 할하(북몽골)를 침공한 사건이 발생했다. 강희제는 세 번에 걸친 친정 끝에 갈단을 패주시키고(1697), 이를 계기로 할하를 청의 영역에 끌어들였다. 또 그는 준가르제

국 체왕 랍탄의 티베트 침공을 계기로 1720년에 티베트도 평정했다. 강
희제를 이은 옹정제雍正帝(재위 1722~1735)는 1727년 러시아와 캬흐타조
약을 체결해 몽골 북쪽의 국경 문제를 해결했다. 옹정제 다음의 건륭제乾
隆帝(1735~1795)는 18세기 중엽(1755~1757) 준가르제국을 무너뜨리고, 그
들의 지배하에 있던 타림분지 오아시스 지대를 청의 강역疆域으로 편입
했다. 이리하여 중원에서 중앙아시아 동북부에 이르는 거대한 대청제국
이 탄생했다.

청조는 새로이 정복한 타림분지의 오아시스와 그 북방 초원을 '새로운
강역'이라는 뜻으로 '신장新疆'이라 불렀다. 이는 신장이 공식적으로 청
에 편입되었음을 의미한다. 이로써 서기전 2세기 한 무제의 서역 진출 후
끊임없이 시도된 중원 왕조의 신장 지배가 완수되었다고 할 수 있다. 청
의 신장 통치는 준가르제국의 지배 방식을 답습했다. 청은 지배 중심지를
북부의 일리강 유역에 두고, '회부回部'라 불린 오아시스 지대를 현지 유
력자에게 맡겨 통치하도록 했다.

이러한 청조의 통치 방식은 19세기 후반에 들어와 근본적인 변화를 겪
었다. 이 무렵 열강의 중국 침탈이 본격화하고 중화 질서가 동요하면서
청의 변강 지배력이 현저하게 약해졌다. 그 결과 변방 각지에서 이탈 움

야쿱 벡

직임이 일어나, 건륭제 때 완성된 청의 이민
족 지배 체제가 흔들리기 시작했다. 1864년
신장에서도 무슬림의 반反청 봉기가 일어나
고 각지에 독립 정권이 세워졌다. 이때 신장
에 진출한 코칸드 출신 야쿱 벡(?~1877)이
대규모 군사 활동을 펼쳐, 일리 계곡을 제외
한 신장 전역을 지배하는 이슬람 국가를 수
립했다. 야쿱 벡은 코칸드칸국에서 온 군인

과 관료 집단을 중심으로 정권 기반을 세운 다음, 내적으로 이슬람법을 관철하고 외적으로 오스만제국·영국·러시아와 우호 관계를 맺는 등 국가체제를 확립해 갔다.

청조는 한족 관료 좌종당左宗棠(1812~1885)의 제안에 따라 대규모 원정군을 파견해 1877년 신장을 재정복했다. 신장을 수복한 청조는 1884년 이곳을 중국의 성省으로 편입하고 중국의 영토로 만들려는 조치를 취하기 시작했다. 우선 청은 일리에 지배 중심지를 두고 현지 관리를 통해 지배하던 방식을 바꾸어 중앙정부의 직접 지배를 시행했다. 이와 함께 본토에서 한족을 이주시키고 현지인에게 한어 교육을 강제하는 등 중국화를 추진했다. 현지 투르크계 주민을 중국에 동화하려는 이러한 방침은 현지민의 반발을 불러왔고, 그 후 중화민국(1912~1949) 시기 무슬림 민족운동이 일어나는 배경이 되었다.

1864년 무슬림 봉기와 야쿱 벡 정권의 성립은 신장의 역사에 한 획을 그을 만한 중요한 사건이었다. 야쿱 벡 정권은 18세기 후반 이후 신장을 통치해 온 청군을 몰아내고 이곳에 진정한 이슬람 국가를 건설했다는 점에서 중요한 의미를 지닌다. 또한 신장에서 막강한 영향력을 행사해 온 호자Khoja(종교귀족)가 야쿱 벡 정권 통치하에서 몰락하고, 맹목적인 신앙에 비판적인 새로운 지식인들이 나타났다. 이들은 중앙아시아 서부에서 활발하게 전개된 자디드Jadid 운동(신문화운동)의 영향을 받은 지식층으로, 그 후 무슬림 대중운동을 주도했다.

러시아의 서투르키스탄 지배

모스크바 대공 이반 4세(재위 1533~1584)는 1552년 볼가강 중류의 카잔을 공격해 조치 울루스의 후예가 건설한 카잔칸국을 무너뜨렸다. 4년 후인 1556년에는 볼가강 하류의 아스트라한칸국도 러시아군에 항복했다. 카잔의 함락은 러시아와 투르크계 무슬림 모두에게 역사적 사건으로 기록되었다. 이를 계기로 러시아의 중앙아시아 정복이 시작되고, 그 후 약 3세기에 걸쳐 광대한 러시아령 중앙아시아가 완성되었던 것이다.

카잔칸국의 타타르인들*은 러시아 통치하에서 갖은 차별과 억압에 시달렸다. 러시아인들은 타타르인들의 토지를 빼앗고 수많은 모스크를 파괴했다. 이에 대한 타타르 무슬림의 저항은 러시아의 이슬람 정책을 근본적으로 바꾸었다. 예카테리나 2세(재위 1762~1796년)는 반反이슬람 정책이 무슬림의 반발을 부를 뿐 실익이 없다고 판단했다. 그는 유능한 타타르 상인을 활용하여 러시아의 동방 무역을 확대하고, 타타르인을 통해 유목민들을 이슬람으로 개종시키고, 그들을 문명화해 변경을 안정시키고자 했다.

앞서 말했듯이 러시아는 18세기 전반기부터 카자흐칸국 쥐즈의 칸들과 외교 관계를 맺었고, 19세기에 들어서는 직접 지배로 정책을 전환했다. 이어 러시아는 19세기 후반까지 캅카스와 오늘날의 카자흐스탄 지역에 대한 정복을 완료하고, 키질쿰사막과 카스피해 건너편 오늘날의 투르키스탄 지역으로 눈을 돌렸다. 투르키스탄은 인도를 거점으로 중앙아시아 진출을 노리던 영국을 견제하는 데 필요한 전략적 요충지였다. 또한 이곳은 경제적으로도 매우 중요했다. 미국의 남북전쟁(1861~1865)으로 미

---

* 볼가강 유역 타타르의 기원에 대해서는 투르크계 볼가 불가르족 기원설과 몽골족 이주설 등의 논란이 있다. 현재는 몽골 지배 시기에 토착 불가르인과 투르크계 킵차크인 및 몽골인의 혼혈 집단으로 형성되었다는 설이 유력하다. 참고로 '타타르'는 중세기 아랍어·페르시아어 문헌, 서구·러시아 문헌에서 조치 울루스 제민족을 총칭하는 말로 쓰였다. 그리고 이 말은 몽골제국 창건(1206) 이전 몽골족과 인접하며 적대하던 부족 이름에서 유래한다.

국 면화 수입이 중단되자 투르키스탄 면화의 중요성이 더욱 커졌고, 인구가 조밀한 투르키스탄 주요 지역은 러시아의 산업 발전을 위한 시장으로 기대를 모았다.

1864년 러시아군은 코칸드칸국을 공격하고, 이듬해 중앙아시아 최대 상업도시 타슈켄트를 점령했다. 러시아군은 계속해서 사마르칸트(1868)와 히바(1873)를 점령하고, 이들 지역을 제국에 편입했다. 그 후 러시아군은 1881년 괴크테페 전투에서 테케족(투르크멘의 한 씨족)의 저항을 분쇄하고, 1883~1884년에는 메르프의 투르크멘 부족을 평정했다. 이리하여 러시아령 투르키스탄이 완성되었다.

러시아의 중앙아시아 통치는 총독부·주·군 단위에서는 러시아계 군인과 행정관이, 향·촌 단위에서는 현지인이 담당했다. 러시아인들은 치안과 징세만 담당하고, 무슬림 사회에 대한 간섭을 가능한 한 삼갔다. 또한 러시아 당국은 현지 관습법과 이슬람법을 존중했다. 투르키스탄 정주 지대에서는 와크프(이슬람의 공공 기부 재단) 제도도 인정했다.

그러나 면화 재배가 확대되고 슬라브계 농민이 대거 이주하면서 중앙아시아 사회에 큰 변화가 일어났다. 특히 1890년대 이후 이주민의 증가는 현지민과 이주민의 갈등을 고조시키고, 행정 당국의 민족 차별 정책은 러시아 지배에 대한 저항을 불러왔다. 카자흐초원에서 일어난 케네사리 반란과 안디잔 봉기가 대표적인 사례다. 카자흐의 통일을 목표로 내걸고 1837년 케네사리(1802~

케네사리 칸 기념비 카자흐스탄 누르술탄 소재. Qarakesek, CC BY-SA 3.0

1847)가 주도한 반란은 그의 아들 시즈딕Syzdyk(사딕Sadyk)까지 2대에 걸쳐 40년 동안 이어졌다. 1898년 우즈베키스탄 동부 페르가나 지방에 있는 안디잔에서 일어난 봉기는 수피 지도자 둑치 이샨Dukchi Ishan의 지휘 아래 이슬람 사회의 정화와 이주민 축출을 목표로 내걸었다.

반면 러시아의 지배를 수용하거나 러시아의 통치를 이용하려 한 집단도 있었다. 후자는 중앙아시아 거주민들의 지적·민족적 각성을 촉구하고 사회 개혁을 이루기 위해 러시아 문화를 수용해야 한다고 주장했다. 카자흐 문화가 이슬람에 물드는 것을 우려하며, 러시아 문화를 받아들여 사회 발전을 도모하려 한 카자흐 민족운동이 대표적 사례. 그들은 카자흐 문화의 독자성을 인식하면서 전통 생활양식과 관습의 악폐를 비판하고 정주화의 길을 역설하는 등 서구 문화를 받아들여 카자흐인 사회의 발전을 이루려고 했다. 발리하노프(1835~1865)가 그 대표적인 사례. 그는 어린 시절부터 러시아식 교육을 받고, 그 뒤 동양학 연구자로서 명성을 얻었다.

발리하노프의 초상을 담은 옛 소련 우표 1965년 제작.
Processed by Andrei Sdobnikov, Public domain

이와 대조적으로 이슬람 개혁운동에 중점을 두고 중앙아시아를 이슬람 사회로 발전시키려는 집단도 있었다. 이들은 1880년대부터 교육 개혁을 역설했다. 즉 이들은 무슬림이 문화적으로 부흥할 수 있는 요체는 교육 개혁에 있다고 보고, 구어체 교육과 세속 교과목의 도입을 특징으로 하는 근대적 초등학교를 창립했다. 이 학교는 마크탑Maktab(전통 초등학교)과 견주어 뚜렷한 교육 효과를 발휘했다. 이러한 교육 개혁은 20세기 초기 타타르인들의 상업망을 통해 중앙아시아 곳곳에 보급되었다. 이 운동에 찬동한 개혁주의자를 자디드, 그들의 개혁운동을 '자디드운동'이라 한다.

자디드운동은 끊임없는 탄압에 시달렸다. 러시아 당국은 자디드의 활동을 제국의 통합과 안전을 위협하는 범이슬람주의 또는 범투르크주의로 인식했다. 한편 보수적인 울라마(이슬람학자)들은 자신들이 독점해 온 지위와 권위가 위협받을 것을 우려하며 교육개혁 운동을 이슬람법에서 일탈한 것으로 단정했다. 그러나 무슬림 보수파의 아성인 부하라에서도 개혁파 조직이 생기는 등 자디드운동은 20세기 초기에 활기차게 약동했다. 러시아혁명 후 중앙아시아의 정치와 문화 방면에서 활동한 무슬림은 대부분 이 운동을 통해 성장했다.

9

현대의 중앙아시아

동투르키스탄

20세기 초기 중국 각지에서 전개된 혁명운동은 신장에도 영향을 미쳤다. 청조의 마지막 황제 선통제宣統帝(1908~1912)의 퇴위 소식이 전해지자, 우루무치(우룸치)의 성 정부 수뇌부는 사실상 업무를 방기했다. 이때 우루무치 지사知事 양쩡신楊增新(1864~1928)이 성 정부의 실권을 장악하고, 행정 수단을 활용하여 신장을 독자적으로 지배했다. 그의 통치하에서 투르크계 무슬림은 중앙아시아 서부에서 일어난 자디드운동의 영향을 받아, 근대식 교육을 촉구하는 개혁운동을 추진했다. 이때 발흥한 위구르인 자본가와 근대 지식인들의 개혁운동은 신장의 근대화에 중요한 역할을 했다.

양쩡신은 특유한 권모술수로 17년 동안 신장을 안정적으로 지배했다. 그러나 이는 신장을 외부와 격리한 채 폭정을 통해 얻은 안정이었다. 양쩡신의 폭정에 불만을 품은 인사들이 1928년 7월 7일 양을 암살했지만, 그의 심복 진수런金樹仁(1879~1941)이 권력을 장악하고 이전의 학정을 이어갔다. 이에 개혁 성향을 띤 위구르 지도자들이 곳곳에서 봉기하여 1933년 카슈가르에서 '동투르키스탄 이슬람 공화국'을 수립했다. 이 공화국은 몇 개월 만에 소멸되지만, 내적으로 교육과 사회 개혁을 포함한 엄격한 이슬람주의를 채택하고, 외적으로 영국과 튀르키예(터키)로부터 공식 국가로 인정받으려고 했다.

봉기 후 신장성 정부의 실권을 장악한 성스차이盛世才(189?~1970)가 친소 정책을 폄에 따라 신장은 한때 소련의 영향하에 놓였다. 성스차이는 투르크계 간부를 등용하고 민족어에 의한 학교 교육을 추진하는 등 진보적인 정책을 시행하지만, 이전의 독재 체제는 오히려 강고해졌다.

성스차이가 1944년 9월 국민당 정부로부터 해임되어 충칭으로 돌아간 뒤, 일리에서 다시 반란이 일어나고, 그해 말 일리를 중심으로 '동투르키스탄공화국'이 수립했다. 이 역시 민족운동의 성과로 볼 수 있지만, 성스차이 시기 신장에서 누리던 권익을 계속 지키려 한 소련의 원조도 큰 영향을 미쳤다. 중국 정부는 소련과 교섭하여 공화국을 해체하고, 반란 세력과 협력하여 1947년 7월 '신장성 연합정부'를 수립했다. 그 후 중국공산당의 군사력이 중국 서부 지역에 미치면서 신장은 중화인민공화국에 흡수되었다. 1949년 중화인민공화국 수립 후 중앙정부는 소수민족 거주지를 민족 자치 구역으로 편제했고, 이에 따라 1955년 10월 신장웨이우얼자치구가 설정되어 현재에 이른다.

신장은 다민족 국가인 중국에서 반정부 투쟁이 빈발하는 티베트와 함께 민족 문제가 가장 심각한 곳이다. 그 이유는 첫째 1100만 명이 넘는 거대한 민족집단(위구르인)이 실천종교인 이슬람으로 단결해 있고, 중국 내에서 자신의 문화와 전통을 가장 충실하게 보존하고 있어 중국으로 동화되기 쉽지 않기 때문이다. 경제적 측면에서도 동남부 연해 지역과 신장 같은 변방의 격차가 심할 뿐 아니라 1980년대 이후 신장은 내지에서 생산한 상품의 시장과 원료의 공급지로 전락했다. 개혁개방 이후 한족 자본의 경제적 지배력이 강해지면서 언어 등 경제 외적으로도 여러 방면에서 동화의 압력이 거세졌고, 이 역시 불만의 한 이유가 되었다. 1990년대 옛 소련령 중앙아시아 각국의 독립, 그리고 민족주의와 이슬람주의의 부흥도 위구르인들의 민족의식을 자극했다.

이러한 상황 때문에 그동안 신장에서 크고 작은 사건이 일어났고, 중국 정부는 신장에 대한 관리와 통제를 강화하는 한편 경제 개발을 적극 추진해 소수민족의 불만을 줄이려 노력했다. 또한 중앙정부는 2001년 '상하이협력기구' 창설을 주도했는데, 여기에는 여러 가지 목적이 있겠지만 그중에는 서쪽에서 밀려올지도 모르는 이슬람주의의 영향을 차단하려는 목적도 있다. 1990년 이후 한동안 신장에서 눈에 띄는 큰 사건은 발생하지 않아 중국 정부의 정책이 외형상 성공을 거둔 것으로 평가받았다. 그러나 근래 고등교육 과정에서 한어를 전면 사용하게 하는 등 관리와 통제가 노골적으로 강화되고, 석유와 천연가스도 마구잡이로 개발되면서 위구르인들의 불만이 축적되고 있다. 2008년 베이징 올림픽을 전후한 시기부터 현재까지 신장 각지에서, 또는 신장 출신 위구르인들에 의해 벌어진 폭력 사태가 말해주듯 '신장 문제'는 여전히 '현재 문제'로 남아 있다. 최근에는 위구르인에 대한 중국 정부의 직접적인 탄압이 국제사회에서 큰 문제가 되기에 이르렀다. 신장의 민족 갈등은 현재 진행 중이다.

2017년 8월
독일 뮌헨에서 열린
위구르인들의 시위
위구르인들은
지금도 세계 곳곳에서
중국 정부의 탄압을 규탄하는
시위를 이어가고 있다.
Jordan Peterson, CC BY-SA 4.0

서투르키스탄

러·일전쟁의 패배와 1905년 혁명으로 러시아제국은 크게 동요했다. 이를 계기로 분출된 러시아 영내 무슬림의 정치사회적 욕구는 세 번에 걸친 무슬림 대회로 이어지고, 카자흐 민족운동과 자디드운동도 활발해졌다. 물론 1907년에 시작된 제정의 반동으로 무슬림 민족운동에 제동이 걸리지만, 신문과 잡지의 발행, 각종 정치결사의 창립, 계몽운동 등 개혁주의자들의 활동이 다양하게 펼쳐졌다.

1차 세계대전 발발과 러시아의 참전은 중앙아시아 무슬림에게도 큰 영향을 미쳤다. 투르키스탄의 무슬림은 병역 의무를 지지 않는 대신, 전시세를 부담하고 식료품과 가축 등 물자를 지원하고 의연금을 납부했다. 이런 상황에서 1916년 6월 25일 러시아 황제 니콜라이 2세(1868~1918)는 노동력 부족을 벌충하려고 투르키스탄에서 성인 남자(19~43세) 25만 명과 카자흐초원에서 14만 명을 전선 후방의 노역에 동원한다는 칙령을 반포했다. 이에 러시아 통치에 불만을 갖고 있던 중앙아시아 주민들은 행정기관을 공격하는 대규모 봉기로 맞섰지만, 조직력도 없고 무기도 부족했기에 1916년 말까지 차례로 진압되었다.

1917년 2월혁명 후 임시정부가 수립되고 니콜라이 2세가 퇴위하면서 로마노프조가 붕괴하자, 투르키스탄 총독부의 기능도 정지되었다. 제국의 붕괴로 중앙아시아 지식인들의 정치활동이 활발해졌다. 예컨대 타슈켄트에서는 혁명 직후인 1917년 3월 자디드 지식인들이 '슈로이 이슬라미야Shuroi Islamiya', 8월에 투르크연방주의자당을 결성하고, 오렌부르크에서도 그해 7~8월에 부케이하노프(1866~1937) 등 신문 《카자크》 주위에 모여 있던 지식인들이 주도하여 카자흐인들의 독자적인 정당 '알라슈 오르다'를 만들었다. 또한 전제군주제가 존재하던 부하라에서도 파

알라슈 오르다 당원들
1918년 세미팔라틴스크에서.
아랫줄 오른쪽에서
두 번째로 앉은 사람이
부케이하노프.

파이줄라 호자예프 가족
아랫줄 가운데가
파이줄라 호자예프.

이줄라 호자예프(1896~1938) 등 개혁 인사들이 정치 개혁을 요구하기 시작했다.

10월혁명으로 레닌이 이끈 볼셰비키가 정권을 장악하자, 투르키스탄의 여러 도시에서도 러시아인 노동자와 병사들의 주도로 소비에트 정권이 수립했다. 혁명 초기 중앙아시아 지식인들은 레닌이 발표한, 러시아 제諸민족의 권리 선언 및 러시아와 동방의 모든 무슬림을 향한 역사적인 호소에 큰 기대를 걸었다. 그러나 자치 실현에 대한 꿈은 곧바로 좌절되었다. 당시 러시아혁명의 이념은 러시아인의 독재를 의미했다. 또한 혁명 시기 중앙아시아에는 극히 일부 도시를 제외하면 프롤레타리아가 존재하지 않았고, 민족혁명은 프롤레타리아혁명에 종속되어야 했기 때문에, 무슬림은 정권에서 배제되었다.

이런 상황에서 물적·군사적 토대가 취약한 무슬림 자치운동이 살아남기는 어려웠다. 1917년 12월 주민들의 압도적 지지를 받고 오렌부르크에서 출범한 카자흐인 자치정부가 좌초한 것이 단적인 예다. 1917년 11월 코칸드에서 수립한 투르키스탄 자치정부 역시 반反혁명 세력으로 규정되어 이듬해 소비에트 군대에 괴멸되었다. 소비에트 정권 입장에서 보면 이들 자치정부는 계급적 기반이 없는 부르주아 민족주의 정부일 뿐이었다. 러시아혁명의 소용돌이 속에서 중앙아시아 지식인들도 혁명파와 반혁명파로 나뉘어 내전을 경험했다. 어떤 이는 '바스마치Basmachi'라는 무장투쟁에 투신하여 소비에트 정권에 저항했고, 또 어떤 이는 소비에트 체제 내에서 교육·문화운동을 펼치고, 아예 정치활동을 중단하고 낙향한 사람들도 있었다.

이윽고 1922년 소비에트연방이 성립되고, 바스마치 세력도 제압된 뒤인 1924년 소비에트 정부 주도로 중앙아시아의 '민족별 경계 획정' 작업이 이뤄졌다. 이는 혁명 후에도 제정 때의 행정 구분에 기초했던 각지의 소비에트공화국을 해체하고, 중앙아시아 역사상 처음으로 1민족 1국가라는 국민국가를 수립하려는 작업이었다. 그해 10월에 성립한 우즈베크 소비에트사회주의공화국과 투르크멘 소비에트사회주의공화국을 시작으로 오늘날 공화국 체제의 원형이 이때 만들어졌다. 그런 만큼 1924~1925년의 '민족별 경계 획정'은 제2혁명이라고 일컬어진다.

이리하여 성립된 중앙아시아 공화국들은 점점 중앙집권적인 연방 체제에 통합되어갔다. 이 과정에서 이슬람 문명은 소비에트 문명을 향한 발전을 저해하는 것으로 간주되어 1920년대 후반부터 소비에트 정권의 공격을 받기 시작했다. 소비에트 정권은 이슬람에 대한 탄압과 병행하여 경제와 사회 분야에서도 본격적인 사회주의 건설을 추진했다. 그 결과 면화 등 농업 생산이 증대하고, 2차 세계대전 후에는 공업화도 진전되었다. 나아가 교육의 보급과 과학기술의 발전, 여성의 사회 참여, 보건 위생과 물질문화의 향상, 도시 및 관개시설과 도로망 정비 등 소비에트 문명이 가져다준 선물은 결코 작지 않았다. 그러나 부패, 민족 차별, 연방 내 지역 간의 경제 불균형, 아랄해와 세미팔라틴스크로 상징되는 환경 파괴 등 소비에트 체제가 몰고 온 폐해도 그에 못지않았다.

그리하여 1980년대의 페레스트로이카 시기에 연방 체제의 구조적인 모순이 불거지자 중앙아시아 국가들은 연방 이탈과 독립의 길을 선택했다. 소련에서 독립한 것은 중앙아시아 역사에 획을 그을 만한 사건이지만, 갑자기 찾아온 독립은 중앙아시아 각국에 오늘날까지 이어지는 경제·민족·안보·종교에 관한 어려움을 안겨주었다. 현재 중앙아시아 국가에서 일어나는 문제는 크든 작든 소비에트 체제의 유산과 깊은 관련이 있다.

몽골

제5절에서 언급했듯이 몽골제국은 종주국 대원의 몰락과 함께 점점 쇠락의 길을 걷게 된다. 원나라 마지막 황제 토곤 테무르(혜종/순제)는 주원장(명나라 태조)의 반란군에 쫓겨 1368년 여름 처자식과 관리들을 거느리고 조상들이 살던 몽골인의 땅으로 돌아갔다. 그들은 그곳에서 재기를 도모하지만 내분과 명나라의 압박이 겹쳐 과거의 영광에서 점점 멀어져 갔다. 그 후에도 몇몇 뛰어난 군주가 나타나 몽골의 위상을 다시 한 번 드높인

시기가 있었다. 그러나 17세기 들어 몽골리아 남북에 거대한 제국(러시아와 청나라)이 출현하면서 그들의 꿈은 실현 불가능한 상황으로 변했다. 청나라는 17세기 초기에 내몽골(네이멍구), 17세기 말기에 외몽골, 18세기 중기에 서몽골을 차례로 병합했다. 바이칼 호수 주위 부랴트 지역은 1689년 청조와 러시아 사이에 체결된 네르친스크조약에 따라 러시아령이 되었다.

이렇게 몽골인 거주지 전역이 강대국에 분할 지배되고 몽골인들은 외세의 지배를 받게 되었다. 청나라와 러시아의 몽골 지배는 과거 역사와의 완전한 단절을 의미했다. 그때부터 몽골인들은 영광의 역사를 뒤로하고 외세 지배하에서 압제와 수탈에 시달렸다. 두 나라는 처음부터 몽골과 몽골족의 말살을 겨냥하는 정책을 펼쳤다. 몽골 전역이 그들의 의도대로 분할 재편되고 전통 사회구조는 급속하게 해체되었다. 부랴트와 네이멍구에서는 러시아인과 한인漢人들에게 생계의 원천인 목초지를 빼앗겼고, 네이멍구와 외몽골에서는 한인 상인과 고리대금업자의 무지막지한 수탈로 유목민의 경제기반이 뿌리째 무너졌다.

1911년 일어난 신해혁명과 청나라의 멸망은 막다른 골목으로 내몰린 몽골인에게 한줄기 희망을 던져주었다. 그해 말 내외몽골 지도자들은 외몽골의 후레(현재의 울란바타르)에서 독립을 선포하고, 이어 네이멍구를 포함한 전체 몽골족의 통합에 착수했다. 그러나 청조를 이은 중화민국과 러시아의 강압으로 민족 통합 운동은 좌절되고, 1915년 몽·러 국경 도시 캬흐타에서 체결된 몽·중·러 삼국협정으로 독립마저 취소되며 독립 몽골의 지위는 중화민국에 속한 자치국(외몽골)으로 전락했다.

그 후 1921년 외몽골에서 소련 정부의 도움을 받아 사회주의 혁명이 일어났다. 이리하여 출범한 몽골인민공화국은 1924~1928년 대체로 독자적인 정책에 따라 국가를 운영했지만, 소련에서 스탈린 체제가 확립되면서 몽골 내정에 대한 간섭이 시작되었다. 그 결과 1937~1939년 소련의 직접 개입으로 수많은 정치가·군인·지식인·승려 들이 숙청되었다. 또한 1946년부터는 소련의 강압으로 문자 개혁이 단행되어 전통 몽골 문자가 폐기되고 키릴 문자가 상용화되었다. 몽골은 또한 1950년대 말~1960년 대 중소 분쟁 과정에서 철저하게 소련을 지지하는 등 시종 친소 노선을 견지하며 중국과는 명목적인 관계를 유지했다.

이처럼 몽골인들은 소련의 확실한 위성국 공민으로서 그들이 요구하는 정치·경제·사회질서 속에서 20세기를 보냈다. 그 후 1992년 2월 12일 몽골은 공식적으로 체제를 바꾸고 자본주의 국가가 되었다. 이때 국가의 이름도 몽골인민공화국에서 현재의 '몽골국Mongolia'으로 바꿨다.

한편 17세기에 러시아령으로 편입된 바이칼 호수 주위 부랴트인 거주 지와 역시 17세기 청나라에 병합된 내몽골은 각각 오늘날 러시아연방의 부랴트공화국과 중국의 네이멍구內蒙古자치구로 남아 있다. 또한 17세기 초기에 카스피해 서북방 볼가강 유역으로 이주한 서몽골(오이라트)인들은 러시아연방 칼미크공화국의 주요 민족을 이루고 있고, 그 밖에 중국의 신장성, 칭하이성, 동북 3성에도 많은 몽골인이 살고 있다. 그리고 이들 몽골인 집단 거주지를 제외하고 몽골인이 가장 많이 살고 있는 곳이 한 국이다. 이것이 전 세계 몽골인의 현재 모습이다.

몽골 수도 울란바타르
2018년 8월 촬영.
Anagoria, CC BY 3.0

참고문헌

고마츠 히사오 외, 이평래 옮김, 2005, 《중앙유라시아의 역사》, 소나무.

김호동, 2010, 《몽골제국과 세계사의 탄생》, 돌베개.

김호동, 2016, 《아틀라스 중앙유라시아사》, 사계절.

르네 그루쎄, 김호동·유원수·정재훈 옮김, 1998, 《유라시아 유목제국사》, 사계절.

마노 에이지 외, 현승수 옮김, 2009, 《교양인을 위한 중앙아시아사》, 책과함께.

이주엽, 2020, 《몽골제국의 후예들》, 책과함께.

제임스 A. 밀워드, 김찬영·이광태 옮김, 2013, 《신장의 역사》, 사계절.

피터 B. 골든, 이주엽 옮김, 2021, 《중앙아시아사》, 책과함께.

피터 C. 퍼듀, 공원국 옮김, 2012, 《중국의 서진》, 길.

공존과 병존의 역사, 인도

이옥순

일러두기
외래어는 국립국어원에서 정한 표기법에 따라 썼다.

인도의 지리와 역사

인도 역사의 지리 환경

인도는 현재 세계 7위의 영토 대국으로, 영토의 넓이가 남북한 영토의 약 15배가 된다.[*] 영국을 뺀 서유럽 전체와 비슷한 규모로, 북부의 히말라야에서 인도양을 마주한 남쪽 끝으로 가려면 급행열차를 타고 며칠이 걸릴 만큼 넓고 큰 대륙이다. 영토의 서쪽 끝에서 동쪽 끝까지 거리가 2000여 km에 이르고, 그 사이 경도차가 약 30도나 난다. 대개 경도 15도마다 한 시간 시차가 나는 걸 고려하면, 사실상 한 나라 안에 두 시간의 시차가 있는 셈이다. 이러한 영토의 크기가 동시대에 다양한 나라가 공존하고 병존하는 역사를 펼쳐냈다.

삼각형의 넓은 땅 북쪽에는 세계의 지붕 히말라야산맥이 우뚝 서 있다. 높은 히말라야는 사람의 이동을 어렵게 만들었지만, 외적의 침입을 막아주는 긍정적인 기능도 했다. 그래서 근대까지 외부 세력은 대부분 서북 지방의 인더스강을 통해 인도에 왔다. '인더스강 저편의 땅'이란 뜻을 지닌 '인디아India'라는 이름도 인도 서쪽의 그리스인과 아랍인이 붙인 것이다. 그들도 서북 지방을 거쳐 인도에 다다랐다. 그보다 앞서 서기전 2000년경에는 아리아인이 인더스강을 넘어 이주했고, 그 뒤를 이어 중앙아시아, 아프간, 페르시아, 터키 등지에서도 많은 사람이 도래했다. 그들과 함께 다양한 문화와 사상이 인도로 이동했다.

---

[*] 현대 인도와 분리 독립한 방글라데시·파키스탄·스리랑카까지 합친 면적은 남북한 면적의 19배가 넘는다. 통계청 국토면적 자료 https://kosis.kr/statHtml/statHtml.do?orgId=101&tblId=DT_2KAA101 참조.

유럽 대륙에
견주어 본
인도의 실제 크기

스웨덴

노르웨이

덴마크

영국

독일 폴란드 벨라루스

체코
오스트리아

프랑스 루마니아

이탈리아

　인도 .영토의 동쪽과 서쪽, 남쪽은 바다로 둘러싸였다. 이러한 지리 환경이 인도의 역사에 중요한 특색을 입혔다. 대륙의 3면이 바다인 인도는 바다를 통해 다른 세계와 연계되었다. 인도의 종교와 문화가 동남아와 다른 나라로 수출된 것도 바다를 통해서였다. 수천 km에 이르는 긴 해안선에서 고대부터 많은 상인들이 외국과 교역했다. 드넓은 바다가 마치 작은 호수인 양 활약한 그들은 동으로는 중국과 동남아시아, 서로는 페르시아와 동아프리카에 이르는 무역을 장악하여 부를 쌓았다. 그들을 따라 새로운 종교와 문화가 인도에 들어왔고, 해외무역으로 번 자원을 바탕으로 여러 왕국이 번영을 구가하고 문화가 융성했다.

　광대한 인도 영토에서는 모든 것이 다 생산되었다. 덕분에 부유한 인도는 고대부터 외국인이 선망하는 나라였다. 인도가 서북 지방을 통과한 투르크, 아프간 등 다양한 이슬람 세력에 정복되어 오랫동안 지배를 받는 아픔을 겪은 건, 모든 걸 다 가진 데 따른 역설적인 결과였다. 일부 이슬람 술탄은 인도에 정권을 세우지 않고, 엄청난 재물을 약탈하고 많은 사람을 죽인 뒤에 자기 나라로 돌아갔다. 덕분에 인도는 수없이 파괴되고 폐허가 되는 아픈 역사를 되풀이 겪었다. 근대에는 인도의 특산물을 수입해서 유럽에 팔려는 유럽 상인들이 줄지어 인도를 찾았고, 그들 중 한 나라인 영국이 인도의 지배자가 되었다.

공식적으로 인도가 외국에서 온 세력에게 지배를 당한 것은 이슬람 지배 600여 년, 영국 지배 200여 년 등 약 8세기에 달했다. 그사이에도 여기저기서 크고 작은 전쟁이 이어졌고, 물리적 패배는 거의 다 인도의 몫이었다. 그럼에도 인도는 폐허 속에서 불사조처럼 다시 일어났고, 다시 먼지가 되었다가 부흥하는 역사를 이었다. 항상 패배했으나 결국은 살아남은 인도의 역사는 폐허 속에서 생존한 이전의 역사를 이어가며 지속되었다. 그런 점에서 인도 역사는 자연환경이 준 한계를 넘어선 인간의 장대한 기록이 아닐 수 없다.

넓은 땅, 많은 진리

넓은 영토에 인구가 많은 인도는 고대부터 하나인 세계가 아니었다. 역사도 하나가 아니었고, 언어와 문화 등 모든 것이 복수複數였다. 5000년이 넘는 역사에서 넓은 영토를 통일한 왕조는 마우리아 왕조와 무굴제국 정도였고, 이들 제국도 인도의 남쪽 지방과 동쪽 끝까지 다 아우르진 못했다. 쿠샨 왕조도 통일 왕조로 여겨지지만, 중앙아시아를 중심으로 활동하여 인도 본토의 역사와는 연계성이 아주 약했다. 사실상 인도 역사는 통일 왕조 사이에 존재한, 크고 작은 수많은 나라의 역사가 모자이크처럼 모여서 이뤄졌다. 나름의 힘과 정체성을 가지고 동시대 여러 지역에서 병존한 이들 왕국은 서로 경쟁하며 약동했다.

대개 인도 역사를 다룬 책은 광대한 땅에서 일어난 모든 움직임을 다담을 수가 없어서, 부득이 북부의 갠지스강 유역과 오늘날 인도연방의 수도 델리 인근을 중심으로 설명하는 한계를 띠었다. 델리는 지난 1000년간 10여 개 왕국의 수도로 기능하면서 수많은 역사적 부침의 중심지가 되었다. 그리하여 데칸고원 이남이나 동서남북의 변방에서 일어났다가 사라진 수많은 왕조와 집단의 중요성은 무시되었다. 이 글에서는 인도의 역사와 문명의 다양성에 공헌한 여러 지역, 여러 집단을 가능한 한 포함하고자 했다.

땅이 넓은 만큼 그 안에 사는 사람들도 다양했다. 오늘날 공식어 22개, 일상어 수천 개가 넘는 인도에는 아득한 옛날부터 나라 밖에서 많은 사람과 문물이 이동해 들어왔다. 이주민들은 자기들의 사상과 문화, 종교를 가져왔다. 그들이 오기 전에 인도에서 오랫동안 살아온 다양한 원주민과 새로 온 이주민과 그들이 가져온 문화는 때로 충돌하고 동화하며 융합하는 과정을 거쳐 다채로운 인도 역사와 문명을 만들었다. 물론 인도 역사와 문명에는 중심적인 사회와 문화가 있었지만, 그보다 덜 중요하거나 그로부터 소외되거나 고립된 사람들과 전통도 존재했다.

그래서 이 짧은 글에서는 사건과 연대나 권력과 지식을 가진 소수 상류층에만 집중하지 않고, 보통 사람들이 어떻게 살았는지도 함께 주목했다. 고대 문화에서 중요하게 다뤄졌던 산스크리트어는 주로 지배층의 언어로 인도인 대부분, 보통 사람들은 알지 못하는 언어였다. 근대 영국이 공식어로 쓴 영어도 인도 인구의 극소수만 이해했다. 이 글이 산스크리트 문화권의 밖에 있던 고대인들과 영어 교육을 받지 못한 근대인들을 다 아우르고, 역사의 숲과 개개의 나무를 함께 보려고 노력한 건 그때문이다. 그동안 우리나라에 소개된 세계사의 인도 편에서 극히 일부만 다뤄지던 근대와 20세기 부분을 다소 늘린 것도 같은 이유에서다.

한 가지 언급할 건 인도에는 근대 이전을 알려주는 역사 자료가 많지 않다는 점이다. 구비 전통이 강한 인도에는 역사적 기록이 적고, 불경이 나올 때까진 역사적 기록이 전혀 없었다. 특히 정치적 사건에 관한 기록이 드물었다. 연대를 추정할 수 있는 역사적 기록으로 가장 오래된 것은 마우리아의 아소카 돌기둥에 새겨진 문자인데, 19세기 중반에야 발견, 해독되었다. 그래서 인도의 고대사는 고고학적 발견에 많은 빚을 졌다. '베다'와 같은 고대 경전과 《라마야나》나 《마하바라타》와 같은 대서사시의 내용이 고고학적 발굴을 통해 역사의 일부로 증명된 것이 최근의 일이다. 인도 역사가 분명한 연대를 제시하지 못하거나 다른 나라의 역사처럼 촘촘하게 연결되지 않는 것처럼 보이는 이유가 바로 여기에 있다.

모헨조다로에서 출토된 인물상
사제 왕Priest King으로 보인다.
파키스탄 카라치 국립박물관 소장.
Mamoon Mengal, CC BY-SA 1.0

하라파 시대의 생활상을 보여주는 소형 토기
인도혹소에 멍에를 씌워 수레를 끌게 했고, 닭을 키웠음을 보여준다.
서기전 2500년경 제작,
뉴욕 브루클린박물관 소장.
Trish Mayo from
New York, US, CC BY 2.0

황소 두 마리를 모는 여성 청동상
서기전 2000~1750년 제작,
뉴욕 메트로폴리탄미술관 소장.
Gift of Jonathan and
Jeannette Rosen, 2015

고대 문명의 발전

하라파 도시문명

사람들이 인도에서 살기 시작한 것은 약 50만 년 전부터였다. 유물과 유적이 알려주는 최초의 문명은 서기전 3500년경부터 발전한 도시문명이다. 1920년대 인더스강 유역에서 거대한 도시문명이 모습을 드러내자 세계가 깜짝 놀랐다. 그때까지 인도 역사는 피부가 흰 아리아인이 인도에 침입하여 고대 문명을 일구면서 시작되었다고 여겼기 때문이다. 그러나 인도 원주민이 세운 것으로 드러난 하라파와 모헨조다로의 유적이 발굴되면서 인도 역사는 1500년가량 연대가 늘어났다. 유럽인과 같은 조상을 둔 아리아인이 인도 역사의 기원이라는 신화도 깨졌다.

발굴 초기엔 인더스강 유역의 두 도시에서 발견된 고대 문명이 상당히 유사해서, 이들 문명을 합쳐서 '인더스 문명'이라고 불렀다. 그러나 이후

하라파 문명의 대표 유적지

인더스강 유역을 넘어 델리 인근의 칼리방간, 서북부 해안 지방인 구자라트의 로탈 등지에 이르는 광범위한 지역에서 도시문명의 유적이 발견되었는데, 서로 멀리 떨어진 이들 도시의 구조가 최초로 발견된 하라파 도시와 비슷했기 때문에 이 도시문명을 총칭하여 '하라파 문명'으로 부르게 되었다. 인더스강 유역에서 도시문명을 일군 주인공의 후손들이 여러 다른 지역으로 서서히 터전을 옮겨서 비슷한 도시문명을 세웠던 것이다.

하라파 문명의 여러 도시는 계획을 세워서 건설되었다. 성채와 성벽으로 둘러싸이고 바둑판 모양 도로와 배수시설을 잘 갖춘 도시에서 살던 주민들은, 경제적으로 넉넉했고 여가를 즐겼으며 그림문자를 사용했다. 대표 유적은 지배자들이 제사를 지내기 전에 몸을 깨끗이 씻는 장소였던 모헨조다로의 대목욕탕과 하라파의 곡식창고다. 구운 벽돌로 지은 큰 곡식창고는 여러 가지 곡물을 배로 운반하기 좋도록 강가에 세워졌다.

모헨조다로의 대목욕탕 유적 뒤에 곡식창고 유적이 보인다. Saqib Qayyum, CC BY-SA 3.0

그림문자와 유니콘이 새겨진 하라파 시대의 인장 서기
전 2600~1900년경 제작, 뉴욕 메트로폴리탄미술
관 소장. Dodge Fund, 1949

도시에 살던 상인들이 무역할 때 사용한 것으로 보이는 인장은 멀리 메소포타미아 지방에서도 발견되었다. 학자들은 인도 상인이 일찍이 고대부터 서아시아 지역과 활발하게 무역 활동을 펼쳤다고 해석했다. 인장에는 호랑이와 물소 같은 동물이나 여러 식물, 사람의 모습이 새겨져 있는데, 그 가운데는 오늘날의 인도인이 숭배하는 남신 시바를 닮은 형상, 여신과 황소의 모습도 있어 역사의 계속성을 알려준다. 이들 하라파의 문명에서는 무기류가 발견되지 않아서, 당시 사람들이 평화를 사랑했던 것으로 추정된다.

도시문명을 세운 사람들은 오래전에 사라졌으나 그 문명의 일부는 살아남아 현대까지 이어졌다. 오늘날 인도 대도시의 여성들이 사용하는 장신구는 고대 하라파 여성들의 장신구와 비슷하다. 북부 지방에서는 대목욕탕을 지은 인더스강

하라파 시대 토기와
홍옥수 구슬꿰미
서기전 3000~2000년 제작,
델리 국립박물관 소장.
James Glazier, CC BY-SA 2.0

유역의 사람들처럼 구운 벽돌을 써서 집을 짓는다. 풍요와 다산의 여신을 숭배하던 전통과 그들이 쓰던 드라비다어는 현재의 남부 인도에서 그 연계성을 찾을 수 있다.

하라파 문명은 갑자기 사라진 것이 아니라 서서히 쇠퇴했다. 인더스강의 홍수로 도시가 물에 잠겼거나, 전염병으로 많은 사람이 희생되어 버려졌을 것이다. 자연 파괴와 기후 조건의 변화로 기름진 땅과 울창한 숲이

사막으로 변해서, 사람들이 살기에 적합한 다른 곳으로 떠났기 때문에 버려진 도시도 있다. 서기전 1500년경 아리아어(인도유럽어)를 쓰는 유목민들이 인더스강 유역과 북부 지방으로 이주해 온 탓에 그들에 밀려 어쩔 수 없이 삶의 터전을 옮긴 사람들도 있었을 것이다.

베다 시대의 생활

중앙아시아에서 이동해 온 아리아인이 인더스강을 넘어 북부 지방에 들어왔다. 아리아인은 인종이 아니라 현재 인도인이 사용하는 아리아어(인도유럽어)를 사용하는 집단을 지칭한다. 그들이 하라파 문명의 도시들을 전쟁으로 단번에 정복했다는 증거는 나오지 않았다. 그들은 서기전 1500년경부터 인도로 이동했고, 그들에게 밀린 하라파 문명의 주인공들은 점점 남쪽으로 내려갔다. 아리아인은 대규모로 한꺼번에 이동한 게 아니라 소규모 부족들이 서로 경쟁하고 원주민과 싸우며 천천히, 조금씩 이동했다.

아리아인은 '지식, 지혜'라는 뜻을 가진 '베다'를 지었다. 베다는 총 4권으로 분류되는데, 찬가와 기도를 모은 《리그베다》, 제사법과 그 의미를 적은 《야주르베다》, 《리그베다》의 찬가를 부르는 법을 기록한 《사마베다》, 재앙을 막고 복을 부르는 주문을 담은 주술서 《아타르바베다》가 그것이다. 각각 분량이 방대하다. 베다는 종교 지식을 주로 다루었고 왕의 정복과 같은 정치사 관련 정보는 별로 기록하지 않았지만, 이 시대 사람들의 생활과 관습을 알려주는 귀중한 자료다. 그래서 이 시대를 '베다 시대'라고 부른다.

최근 수십 년간의 고고학적 발굴로 베다의 기록 중 상당수가 실제 역사로 밝혀졌다. 가장 먼저 나온 것으로 알려진 《리그베다》에는 전쟁의 신 인드라가 전투하는 장면이 많이 나오는데, 이는 아리아어를 쓰는 여러 부족이 인드라 신을 믿으며, 하라파 문명을 일군 원주민과 싸움을 벌여 영토를 넓혔음을 알려준다. 아리아인들은 원주민과 달리 철제 무기를 사용했고, 그래서 승리했다.

인더스강에서 야무나강 유역으로 이동한 아리아인은 서기전 1000년경엔 그 동쪽의 비옥한 갠지스강 유역으로 진출했다. 그사이에 그들의 사회는 유목 사회에서 농업 사회로 바뀌어갔다. 아리아인이 가져온 문명은 서서히 다른 지방으로 퍼져나갔다. 새로운 종교와 언어를 가져온 그들은 소수였고, 그래서 언어와 종교가 다른 원주민들과 공존했다. 베다에 아리아인의 언어인 산스크리트어와 원주민이 쓰는 여러 언어가 함께 나오고, 피부가 흰 아리아인과 납작한 코에 피부가 검은 원주민에 대한 언급이 함께 등장하는 것이 그걸 알려준다.

고대 사회가 발전하면서 복잡해지자 직업에 따라 계층이 생겨났다. 아리아인들이 인더스강 유역에서 갠지스강으로 이동하는 기간에 먼저 '크샤트리아'가 생겼다. 그들은 아리아인 부족 간의 경쟁과 원주민을 상대로 한 전투를 이끌면서 군사와 행정을 담당했다. 농업과 목축업이 번성하자 상공업 계층 '바이샤'가 등장했고, 아리아인에게 정복된 원주민들이 '수드라'로 여겨졌다. 끊임없이 전쟁을 치르며 이동하는 불안한 생활 속에서 고대의 아리아인은 제사와 의례를 중요하게 여겼고, 그 역할을 맡은 '브라만'이 힘과 권위를 가지게 되었다.

베다를 보면, 당시 과학과 의학의 수준이 아주 높았다는 걸 알 수 있다. 브라만이 그 지식을 독점했는데, 그들은 교사이자 사람들을 치료하는 의사였고, 약초와 허브를 잘 아는 전문가였다. 그 점에서 브라만은 인도 문명과 나아가 세계 문명의 발전에 크게 공헌했다. 일례로 제사에 좋은 날을 잡기 위해 하늘의 움직임을 살피면서 천문학과 수학 지식을 발전시킨 그들의 후손이 0의 개념, 십진법과 아라비아숫자를 발명했고, 이것이 나중에 아라비아인에 의해 유럽으로 전해졌다.

인도 최초의 책으로 알려졌지만 처음에는 구전되다가 나중에 산스크리트 문자로 기록된 베다는 지금까지 전해지면서 인도 철학·종교·문학의 근원이 되었다. 베다를 빼고 인도 역사나 문화를 이해할 수 없을 정도다. 오늘날 사용되는 인도의 여러 지방언어들은 산스크리트어에서 갈라져서 발전했다. 현재 인도는 물론 세계적으로 널리 알려진 요가와 명상이 바로 베다 시대에 시작되었다. 일부일처제의 가부장제, 혼례 의식, 채식주의, 근대 이전까지 이어졌던 교육제도도 모두 베다에서 비롯되었다.

새로운 종교와 변화

인더스강 유역에서 발달한 고대 문명은 갠지스강 유역으로 이동하여 성숙해졌다. 서기전 6세기경에는 이 일대에 부족연맹체에서 발전한 영토 국가들이 10여 개 넘게 있었다. 사회의 보호자인 왕, 크샤트리아가 군대를 보유하고 세금을 징수하면서 종전보다 강력한 힘을 가지게 되었다. 왕권이 제사나 종교 행사보다 중요해졌기 때문이다. 비옥한 갠지스강 유역에서 농업과 물질문명이 발달하고 상공업과 화폐경제가 생겨나자 경제력을 가진 상인 계층이 떠올랐다. 그들, 바이샤가 가진 돈의 힘이 브라만의 영적 힘보다 강하게 여겨졌다.

베다 시대의 말기에는 이주민인 아리아인과 원주민의 혼혈이 많아지며 다양한 민족이 생겨났다. 사회가 복잡해지면서 베다의 가르침을 따르지 않는 사람이 많아졌고, 평등사상이 나타났다. 돈과 권력을 가진 크샤트리아와 바이샤가 세상의 이치와 우주의 진리를 알고자 모든 지식을 독점한 브라만과 베다의 존엄성에 도전했다. '베다의 끝'을 뜻하는《우파니샤드》에 자주 나오는 크샤트리아와 브라만의 논쟁이 대개 크샤트리아 계층의 승리로 끝나는 것은 시대가 변했다는 걸 알려준다.

이런 변화 속에서 크샤트리아 출신이 새로운 종교를 세웠고, 돈이 많은 바이샤가 그 종교를 지지했다. 왕족 출신인 고타마 싯다르타가 갠지스강 중류 지역에서 연 새로운 종교가 불교였다. '지식을 가진 자, 깨달음을 얻은 자'라는 뜻으로 '붓다'라 불린 그는 바르게 보기, 바르게 생각하기, 바르게 말하기 등 여덟 가지를 실천하면 욕심과 고통이 사라지고 평화로워진다고 가르쳤다. 또한 그는 모든 사람이 평등하다고 말하며 브라만 중심의 불평등한 카스트 제도*를 반대했다. 불교는 윤회·해탈과 같은 원주민의 믿음을 아우르며, 산스크리트어가 아닌 시장에서 쓰는 언어로 진리를 전했다. 붓다의 설법은 브라만이 독점한 비밀스러운 지식과 달리 모든 계층에 개방되었다. 카스트 제도를 부정하고 낮은 카스트와 여성에게도 문을 연 불교의 승가 조직은 모든 신도를 평등하다고 여겼다.

비슷한 시기에 갠지스강 중류 지역에 살던 바르다마나도 불교와 비슷한 자이나교를 창시했다. 바르다마나는 '세상의 욕망을 극복한 자'라는 뜻을 지닌 '자이나'라고 불렀다. 붓다처럼 크샤트리아 출신인 자이나는 불교처럼 평등과 자비, 비폭력을 주장했고, 살생을 금지했다. 비슷한 시기에 갠지스강 유역에서 탄생한 두 종교가 평등과 비폭력을 내세운 것은

---

* 카스트(caste)는 인도 서해안에 도착한 포르투갈인이 인도의 계급 제도를 보고 붙인 이름이다. 《리그베다》에는 '색깔'을 뜻하는 '바르나(varna)'로 나온다. 원래 피부가 흰 아리아인 정복자와 검은 원주민을 구별한 계급 제도로 보인다. 점차 사회가 복잡해지고 직업이 늘면서 아리아인 중에서 제사를 담당하는 브라만, 행정과 군사를 책임지는 크샤트리아, 상업에 종사하는 바이샤가 구별되었다. 그 아래에 피부가 검은 수드라와 천한 일을 담당하는 사람들이 놓였다.

브라만과 그들이 이끈 불평등한 계층 문화에 대한 반발이었다.

그렇다면, 불교와 자이나교를 따르지 않은 대부분의 백성은 이 시대에 어떻게 살았을까? 그들을 위해 대서사시 《라마야나》와 《마하바라타》가 탄생했다. 이들 대서사시는 베다에서 줄거리를 뽑아 만든, 서민을 위한 경전이었다. 어려운 베다를 이해하지 못하는 서민들은 서사시를 통해 고상한 진리를 알게 되었다. 궁정에서 거리로 다시 지방으로, 구전으로 퍼져나간 서사시에 각 지방과 계층의 문화가 더해져 서민의 종교가 될 정도에 이르렀다. 대서사시는 오랫동안 신화로 여겨졌으나, 최근에 이어진 일련의 고고학적 발굴로 어느 정도 역사성을 인정받게 되었다.

불교와 자이나교의 창시자가 크샤트리아 계층인 것처럼 《라마야나》와 《마하바라타》에 나오는 주인공들도 다 크샤트리아 출신으로, 당시가 왕권이 강해진 시대였음을 반영한다. 두 대서사시는 왕들의 화려한 궁정 생활과 백성을 보호하는 임무를 다하는 왕의 전쟁 이야기를 담았는데, 특히 왕국들의 대결을 그린 《마하바라타》는 고대 영토국가의 본질을 보여준다. 또한 두 대서사시는 아리아인의 이야기인 베다와 달리 아리아인과 원주민의 이야기를 함께 담아서, 인도 밖에서 들어온 아리아인과 원래 인도에 살던 주민이 상당한 정도로 융합되었다는 사실도 알려준다.

제국의 등장

최초의 제국 마우리아

서기전 321년에 찬드라굽타(재위 서기전 321년경~297년경)가 갠지스강 유역에 세운 마우리아(서기전 321년경~185년경)는 인도 최초의 통일 제국이었다. 그때는 중국에서 진시황이 통일 제국을 건설하고, 동방 원정에 나선 알렉산드로스가 인더스강까지 도달한 무렵이었다. 마우리아는 밖에서 이주한 아리아인이 아닌 원주민이 세운 나라였다. 마우리아제국의 등장은 서기전 6세기경 시작된 국가 형성 과정의 정점이었다. 최초의 역사적 국가를 세운 찬드라굽타는 넓은 제국을 다스리고자 강력한 통치를 시도했고, 중앙집권제와 훌륭한 관료 조직을 만들었다. 인도 역사상 가장 현명한 재상으로 알려진 차나키아의 도움을 받아 제국은 한층 강성해졌다.

찬드라굽타의 손자인 아소카(재위 서기전 265년경~238년경 또는 273년경~232년경)는 마우리아제국의 전성기를 열었다. 그는 앞서 탄생한 불교로 개종하고 그 종교를 전파하는 데 힘썼다. 그가 불교도가 된 이유는 넓은 제국의 서로 다른 민족을 잘 다스리는 데 평등사상을 내세운 불교가 유용해서였다. 아소카 황제 자신은 불교를 믿었지만 백성에게 그 종교를 강요하진 않았다. 불교로 개종한 아소카의 가장 중요한 업적은 평화 정책을 썼다는 점을 들 수 있다. 나라를 무력으로 다스리지 않겠다고 말한 그는 다른 나라와 전쟁을 벌이지 않고 평화 사절을 보내는 방향으로 정책을 바꾸었다.

아소카는 서로 다른 다양한 민족이 소통할 수 있도록 대제국의 언어와 문자를 통일했다. 백성들의 생활을 살피려고 전국을 돌아다녔고, 그들을 위해 나무를 심고 휴게소를 세우고 우물을 팠다. 사람과 동물을 위한 병원을 지었고, 가난한 사람에겐 집을 주었다. 비폭력과 평화를 사랑한 아소카 황제는 스스로 고기를 먹지 않았고, 브라만이 주관하던 동물의 희생 제사도 금지했다. 백성들이 술을 마시고 흥청거리는 것도 금했다.

황제는 영토가 넓어서 백성을 만나는 것이 쉽지 않자 국가 정책을 바위와 돌기둥에 새겨서 제국의 여러 지방에 세워 알렸다. 백성들에게 친절하고 진실한 사람이 되어라 부탁하고, 부모에게 순종하고 노예와 하인에게 자비를 베풀라 당부했다. 이 칙령은 베다 시대의 산스크리트어가 아니라 백성들이 사용하는 팔리어와 프라크리트어로 적었다. 갠지스강 중류 유역의 사르나트에서 20세기 초에 발견된 아소카 돌기둥의 머리를 장식한 네 마리 사자 석상은 현재 인도의 국가적 상징이 되었다.

사르나트의 아소카 돌기둥 머리를 장식했던 네 마리 사자 상
현대 인도의 국장國章은 이 사자상의 모양을 따서 만들어졌다.
인도 사르나트박물관 소장.
Chrisi1964, CC BY-SA 4.0

황제는 문화가 뒤떨어진 지방의 발전과 행정에 관심을 쏟았다. 지방의 관리들과 토론을 즐기는 통치 방식으로 제국의 중심지인 갠지스강 유역과 후진한 여러 지방 사이에 활발한 교류가 이어졌다. 갠지스강 유역에서 발달한 물질문화는 남쪽의 데칸 지방과 벵골 등 동북 지방까지 퍼졌다. 그러나 워낙 넓은 제국의 통일을 유지하는 것이 쉽진 않았다. 평등을 내세운 불교에 밀려 사회적 중요성을 잃은 브라만의 반발도 높아갔다. 결국 아소카가 죽은 뒤에 마우리아는 여럿으로 갈라졌고, 서기전 185년경에는 역사에서 사라졌다.

1905년 사르나트 유적 발굴 당시 모습 가운데 네 마리 사자 상, 그 왼쪽 앞에는 부러진 아소카 돌기둥이 보인다.

서기전 250년경의
마우리아제국

쿠샨과 사타바하나

마우리아제국이 멸망한 뒤로 굽타 왕조가 등장한 4세기까지 약 500년 간 인도에는 수많은 나라가 들어섰다가 사라졌다. 일부 역사가는 이 시 대를 '분열의 시대'라고 적었다. 그러나 크기가 유럽 대륙만 한 광대한 인 도에서 통일 왕조가 계속 이어지는 건 사실상 어려운 일이었다. 최초의 통일 제국 마우리아도 서로 다른 민족이 사는 거대한 영토를 하나로 묶 기 어려워서 분열되었다. 한편으로는 수많은 왕국이 생겼다가 멸망한 이 시대에 오히려 상당한 변화가 이뤄졌다고 볼 수 있다. 여러 나라의 국경 을 넘어서 무역과 상업이 비약적으로 발전한 시기가 이때였다.

북부 지방에서는 중앙아시아에 세워진 쿠샨 왕조가 인도 서북부의 평

간다라 불상
머리카락, 입매, 옷의 주름 모양 이 그리스 조각과 비슷하다. 국립중앙박물관 소장.

야를 장악하고 갠지스강 서쪽 지방까지 세력을 넓혔다. 쿠샨은 카니슈카 왕(재위 143/4~160년경) 이 다스릴 때 가장 넓은 영토를 갖고 가장 큰 번영을 누렸다. 카니슈카 왕은 예술과 문학을 발전시키고 아소카처럼 불교 진흥을 추진하면 서 대승불교를 중국 등 외국에 전파했다. 이 때 인도에서 생산된 물품이 쿠샨의 실크로드 를 따라 지중해와 서아시아에 이르렀다. 서아 시아와 교류가 많은 인도 북부엔 그리스의 신 상과 조각이 많이 들어왔다. 간다라 지방의 예 술가들이 그 영향을 받아 만들고 그린 불상과 그림을 '간다라 미술'이라고 부른다. 넓은 쿠샨 의 영토에서 동서양의 문화가 만나, 새로운 문 화가 태동한 것이다.

서기 2세기경
쿠샨과 사타바하나의 판도

남부 인도에서는 데칸 지방을 무대로, '안드라왕국'으로도 불린 '사타바하나'가 강국으로 성장했다. 북부에 마우리아 왕조가 세워질 무렵 건국된 사타바하나는 아리아인에게 쫓겨서 남하한 사람들이 데칸 지방에 세운 첫 왕조였다. 북부에서 전해진 브라만교를 국교로 정하고 카스트 제도를 실시했으나, 마우리아 왕조의 아소카 시대에 전해진 불교도 함께 번성했다. 브라만교를 믿은 안드라의 왕들이 불교에 관대한 정책을 편 덕분이었다.

이 시대에 훌륭한 불교 건축물이 많이 나왔다. 부유한 상인들의 후원으로 불교사원이 많이 건축되었는데, 대부분 석굴사원이었다. 그 유명한 아잔타 석굴사원이 이때 건축되기 시작했다. 서기 원년 전후에 대표적 불교 건축물인 산치의 대탑이 세워졌고, 서기 150~200년경에는 우아하고 정밀한 조각으로 유명한 아마라바티의 석탑이 완성되었다. 이 시대 불상에서 드러나는 북방 간다라미술의 흔적은 당시 남인도와 북인도가 상당한 정도로 문화를 교류했다는 걸 알려준다.

산치 대탑의 남문 유네스코 세계문화유산. 마디아프라데시주 산치의 불교유물군에 있다. Anandajoti Bhikkhu, CC BY-SA 3.0, via photodharma.net

사타바하나왕국은 상업이 발달했고, 특히 대외 무역이 왕성했다. 서해안을 통해서, 네로 황제가 지배할 무렵의 로마제국과도 무역을 했다. 알렉산드리아에 주재하던 그리스 상인들이 포도주, 유리 제품, 황금을 싣고 와서 보석과 면직물, 향신료로 바꿔 싣고 떠났다. 서해안의 여러 항구는 페르시아만·아라비아해안을 왕복하는 선박으로 북적였다. 해외에서 수입하는 것보다 수출량이 많았던 왕조는 경제적으로 큰 번영을 누렸다.

굽타 왕조와 문명의 성장

쿠샨 왕조가 멸망한 뒤에도 한동안 작은 왕국들이 경쟁을 벌이며 수없이 등장했다 사라지는 시대가 이어졌다. 이 시대를 끝내고 새롭게 세워

5세기 굽타제국의 판도

진 통일 왕조가 굽타였다. 찬드라굽타 1세(재위 320~330년경)가 320년에 왕위에 오르면서 시작된 굽타 왕조는 약 200년간 평화를 지속하며 제국의 위상에 도달했다. 굽타 왕조는 서해안의 여러 항구를 통해 아라비아해를 거쳐 이집트, 유럽과 무역을 했고, 부를 쌓으며 강성해졌다. 굽타 왕조 시대는 물질적 번영을 바탕으로 문화와 예술을 후원하면서 인도 문명이 한층 성숙하고 융성한 시기였다. 굽타 궁정에는 유명한 음악가, 미술가, 문학가 들이 가득했다.

덕분에 이때 회화와 조각 등 미술이 절정에 다다랐다. 장인들은 굽타 양식의 아름다운 불상을 만들었고, 아잔타 등지의 바위산에는 불교사원을 모방하여 신상을 모신 힌두 석굴사원이 불교사원과 나란히 조성되었다. 인도 최고의 작가 칼리다사가 《샤쿤탈라》와 같은 명작을 남긴 것도 이때였다. 또한 인도가 전 세계에 자랑하는 천문학, 의학, 수학, 약학 등 여러 방면의 학문이 발달했다. 이 시기에 살았던, 인도 역사상 최고의 천문학자이며 수학자인 아리아바타는 하늘의 별이 아니라 지구가 움직인다고 주장했다.

쿠샨 시대에 중국으로 불교가 전해진 뒤, 동진東晉의 승려 법현法顯이 불경을 구하려고 파미르고원을 넘어 굽타 왕조를 방문했다. 11년간 인도에 머문 법현은 당대 사회를 알려주는 귀중한 기록을 남겼다. 굽타왕국에는 사람들이 먹고 마실 수 있는 휴식처와 병자들이 이용하는 무료 병원이 있고, 사형제도는 없으며 정부가 개인을 간섭하지 않는다고 그는 적었다. 불교와 브라만교, 4개 카스트가 조화롭게 공존하고, 사람들이 '번영을 누리고 행복해 보이며 서로 친절하고 예절이 바르다'고도 기록했다.

굽타 시대에는 이전에 전성기를 누렸던 불교와 자이나교를 누르고 베다와 산스크리트어가 다시 인기를 얻었고, 그 두 가지에 정통한 브라만들이 다시 힘을 얻었다. 베다 시대부터 브라만과 상층 카스트만 배우는 언어로서 널리 사용되지 않던 산스크리트어가 이 시대에 이르러 궁정의 언어이자 공식어가 되었다. 구전되던 대서사시 《라마야나》와 《마하바라타》, 《마누 법전》이 산스크리트어로 정리된 것이 이 시대였다. 쇠퇴하던 자이나교와 불교도 기존에 쓰던 언어 대신에 산스크리트어로 경전을 만들고 철학서를 편찬하면서 부흥을 꾀했다. 이때 다시 중요해진 산스크리트어는 중세에 힘을 잃을 때까지 중요한 언어로 기능했다.

굽타 시대에 예술과 문화는 산스크리트어처럼 주로 지배층이 누렸다. 농민이나 도시의 낮은 계층은 이러한 문화와 거리가 있었다. 보통 사람들은 상공업 계층이 지지하는 불교와 자이나교를 믿지 않았고, 베다를 믿는 브라만교와도 깊은 관계를 맺지 못했다. 이러한 보통 사람 사이에서 시바와 비슈누 신을 받드는, 오늘날 '힌두교'라고 불리는 믿음이 구성되었다. 물론 '힌두'는 '이슬람을 믿지 않는 사람들'이란 뜻으로 훗날 이슬람교도가 붙인 이름이지만, 이 시대에 형태를 갖춘 그 믿음은 아리아인의 브라만교에 각 지방의 여러 민간신앙이 어우러져서 누구나 이해하기 쉬웠다.

남부 지방에서 발전한 힌두 철학은 사람이 노력해서 깨달음을 얻으면 누구나 신과 하나가 된다고 가르쳐, 힌두교가 널리 퍼지는 데 기여했다. 굽타의 왕들은 힌두교를 믿었으나 그렇다고 불교를 배척하진 않았다. 갠지스강 중류 날란다의 불교대학에서 많은 사람들이 공부했다. 한반도를 포함하여 외국에서도 이곳으로 불교를 공부하러 온 유학생이 많았다. 그러나 불교는 카스트 제도를 받아들이면서 점점 힌두교 안에 통합되었다. 자이나교도 불교와 비슷한 길을 걸으면서 세력이 크게 약해졌다.

남과 북의 변화

북방의 흉노족이 침입하자 굽타 왕조는 그들과 싸우다 점차 기울었다. 흉노는 인도 서북 지방에 정착하여 평화롭게 살았지만, 530년 굽타 왕조는 막을 내렸다. 7세기 초에는 하르샤(재위 606~647)란 인물이 나타나서 북부 인도를 다시 통일하고 번영을 누렸다. 16세에 왕이 된 그는 6년간 동서남북으로 정벌을 계속하여 북부 인도를 거의 다 점령하며 이름을 떨쳤으나, 그의 왕국은 40년간 존속하는 데 그쳤다.

중국 당나라의 승려 현장(602?~664)이 불법을 구하려고 인도에 갔다가 하르샤 왕을 만났다. 그는 《대당서역기》에 하르샤와 당시 풍속과 사람들에 대한 기록을 남겼다. '코끼리가 6만 마리, 기마부대 10만 명'이 있다고 하르샤의 강한 군사력을 소개한 현장은 왕국이 평화롭다고 적었다. 그는 당시 인도에서 불교가 쇠퇴하고 있다고 썼지만, 동부 지방에서는 여전히 불교가 성하고 날란다대학이 그 중심지라고 덧붙였다.

북부를 통일하고 남쪽으로 영토를 넓히려던 하르샤의 야망은 데칸 지방에서 찰루키아의 군대를 만나면서 끝이 났다. 6세기 말 남부 지방을 통일한 찰루키아 왕조(543~757)는 해외무역으로 부를 축적했다. 특히 풀라케신 2세(재위 610년경~642년경)의 이름은 멀리 페르시아까지 알려졌다. 아잔타 석굴에는 페르시아 사산 왕조의 호스로 2세(재위 590~628)가 그에게 사신과 선물을 보낸 그림이 남아 있다. 찰루키아의 왕들은 브라만교와 자이나교를 후원했고, 힌두교와 자이나교의 석굴신전을 많이 만들었다. 높이가 17m인 자이나교 성자의 석상과 불교미술사에서 최고의 건축물로 여겨지는 아잔타 석굴사원이 이 시대에 완성되었다.

하르샤의 왕국도 효율적으로 통치하기에는 너무 넓었다. 그가 후계자 없이 죽자 왕국은 곧 무너졌고, 북부 인도는 다시 크고 작은 여러 나라로 나뉘었다. 물론 수 세기 동안 통일 왕조가 없었다고 해서 인도가 쇠퇴

7세기 하르샤와
찰루키아의 판도

한 건 아니었다. 각 지역에서 일어난 지배자들이 서로 경쟁하면서 상품이 빠르게 이동하고 여러 도시가 생겨났기 때문이다. 북부 지방의 세력이 약해지자 데칸 지방과 그 이남의 왕국들은 더 강성해졌다.

데칸 지방의 남쪽에는 오래전부터 타밀어를 쓰며 독특한 문화를 가진 사람들이 살았다. 타밀 왕국들도 일찍부터 바다를 건너 다른 나라와 무역을 했고, 그 덕분에 부를 누렸다. 4세기에 세워진 팔라바 왕조는 7세기 초부터 강해져서 데칸 지방의 찰루키아 왕조와 치열하게 싸웠다. 642년에는 팔라바가 이겼으나 740년에는 찰루키아가 승리했다. 패배한 팔라바는 힘을 잃었다가 남부에 있던 촐라 왕조에게 멸망했다. 팔라바의 왕들은 불교와 자이나교를 보호했고, 나중에는 힌두교로 개종해 시바 신을 믿었다. 그들은 북인도에서 전해진 석굴사원과 높은 탑이 있는 힌두사원을 많이 남겼다.

아잔타 1호 석굴의 벽화 속 페르시아인들 입구 오른쪽 벽화에 그려진 페르시아 사신의 모습. Daderot. Public domain

아잔타 1호 석굴 천장 벽화(일부) 천장 벽화에도 페르시아인들이 그려져 있다. 서기 6세기 조성.

과학기술의 발전

굽타 시대의 과학기술

굽타 시대(4~6세기)에는 과학과 기술이 눈에 띄게 발전했다. 물질적 풍요와 무역을 통해 다른 세상의 많은 사람들과 접촉한 결과였다. 그렇지만 이 시대 과학기술이 모두 다 새로 발견되거나 발명된 건 아니었다. 고대 하라파 시대부터 지속된 문명이 한층 성장하고 성숙한 형태라고 하는 게 옳을 것이다. 인도에서는 고대부터 과학과 종교가 밀접한 관계를 맺고 있었다. 신에게 다가가고자 천체의 움직임을 주목한 데서부터 천문학과 수학이 발전하기 시작했다.

일부 서구 학자들은 과학기술이 근대 유럽에서 시작되었다고 주장했다. 즉, 근대 유럽과 접촉하기 전 인도 고대와 중세에는 의미 있거나 주목할 만한 과학기술 전통이 없으며, 물질문명도 발전하지 않았다고 말했다. 그들은 인도인의 육체노동과 기술에 대한 부정적인 편견, 운명론을 믿는 세계관, 카스트 제도가 과학기술과 물질문명을 발달시키는 데 부적합하다고 판단했다.

그러나 굽타 시대만 살펴봐도 이러한 주장은 근거가 부족하다. 먼저 천문학과 수학의 발달을 보면, 이 시대 천문학자이며 수학자인 아리아바타는 하늘의 별이 움직이는 것이 아니라 지구가 움직인다고 지동설을 주장하며 서양의 코페르니쿠스보다 약 천 년 앞서 선견지명을 드러냈다. 지구에는 그 한가운데를 가로지르는, 눈에 보이지 않는 축이 있고 지구는 그 축을 중심으로 공처럼 돌고 있다는 설명이었다. 아리아바타는 일식과 월식의 원인을 발견했고, π의 값을 3.1416으로 계산해서 거의 정확하게 지구의 둘레를 측정했다. 이때 인도의 천문학자들은 '지구는 다른 물체를 그 무게에 따라 끌어당긴다'는 인력의 법칙과 달이 지구를 따라 돈다는 의견도 내놓았다.

이 무렵 인도 의학도 놀라운 수준이었다. 의학서 《수슈루타 상히타》를 쓴 2세기의 수슈루타는 수술과 약에 관해 많은 것을 기록했다. 사람의 뼈와 8가지 수술 방법, 붕대를 감는 14가지 방법, 121가지 수술기구를 거론했는데, 외과수술의 아버지로 불리는 그는 자신보다 훨씬 전에 살았던 다른 의학자의 가르침에 따라 성형 수술까지 했다고 전해진다. 인도에서 가장 오래된 의료 백과사전 《차라카 상히타》도 이 무렵에 책으로 만들어졌다. 8개 분야, 150장으로 구성된 이 책은 다양한 질병, 약초와 식물, 의사의 직업윤리까지 다루었다.

이 시대 인도인의 뛰어난 기술력을 보여주는 사례를 오늘날 수도 델리

델리의 쇠기둥
굽타 왕조의
찬드라굽타 2세가
세운 기둥.
오늘날 델리의 쿠트브
이슬람유적 안에 있다.
Sujit kumar,
CC BY-SA 3.0

에서 만날 수 있다. 굽타 왕조 찬드라굽타 2세(재위 380년경~415년경)의 이름이 새겨진, 왕의 승리를 기념하는 개선비인데, 높이 7m에 달하는 이 쇠기둥은 굽타 왕국이 있던 동부 지방에서 11세기에 옮겨 왔다. 비바람과 뜨거운 햇볕을 오랫동안 견디면서도 녹이 슬지 않아서 과학자들의 연구 대상이 되었다. 철의 순도는 99.7퍼센트라고 밝혀졌는데, 동서양의 많은 학자들이 애를 썼으나 그 제조법을 알아내진 못했다. 이는 세계 최초로 고탄소강을 만들고 다른 나라에 소개했던 인도인의 기술력이 낳은 결과였다.

고대부터 발달한 인도 과학기술의 전통

인도에 오랜 과학기술의 전통이 있다는 사실은 고대 하라파 문명으로 증명되었다. 발굴된 하라파 문명의 도시들이 뛰어난 도시 계획에 따라 세워졌기 때문이다. 우마차가 다닐 수 있을 정도로 넓고 곧바른 도로, 길이 55m 너비 33m에 이르는 큰 목욕탕과 같은 공공 건축물, 바둑판처럼 연결된 하수도를 갖춘 하라파의 도시들은 당대 인도인이 우수한 측량 기술과 기하학을 구사했음을 알려준다. 특히 집집마다 설치된 하수구가 골목길로 연결되어 하수를 처리하는 시설은 하라파 도시문명의 놀라운 업적이다. 훨씬 후대에 세워진 로마 문명에도 하수시설은 없었다.

이어진 베다 시대에는 수학과 천문학이 발달했다. 사제인 브라만들은 신에게 제사를 올리기 좋은 날짜와 장소를 잡느라고 천체의 움직임을 세밀하게 살폈다. 그러는 과정에서 천문학이 발전했다. 당시의 관측 기록을 살펴보면, 인도인은 서기전 13세기 후반에 이미 정확하게 별을 관측했던 모양이다. 최초의 베다인 《리그베다》에 1년을 열두 달, 한 달을 30일로

하라파 시대의
배수시설
구자라트주 로탈 소재.
Abhilashdvbk,
CC BY-SA 3.0

나누고, 5년마다 윤달을 끼워 넣는 방법이 보인다. 별 관측은 28수宿가 기준이었다. 28수는 황도 근처에 나타나는 28개 항성을 기준으로 우주의 별자리들을 28개 구획으로 분류한 것이다. 고대 인도인은 28수를 기준으로 해와 달의 움직임을 관측해 춘분, 추분, 하지, 동지를 정확히 예측했다. 열두 달의 이름도 별의 이름을 따서 붙였다.

수학도 제사·천문학과 떼어놓을 수 없다. 베다 시대의 브라만은 제사를 지낼 제단을 꾸밀 계산을 하느라고 대수와 기하학을 이용했다. 그러다가 그들의 후손들이 아주 큰 수와 아주 작은 수를 생각해냈고, 나중에 아라비아숫자로 발전할 브라흐미Brahmi 숫자와 영(0)을 발명했다. 십진법과 무한대 개념에 이어 삼각법까지 발전했다. 브라흐미숫자는 서기전 3세기경에 만들어진 아소카 황제의 석주에 새겨져 있다. 인도인의 다양한 수학적 발견은 훗날 아라비아 상인들에 의해 유럽으로 전해졌고, 서구 문명의 발전에 기여했다.

베다 시대부터 근대까지 인도에서 의사는 주로 브라만이 맡았다. 서기

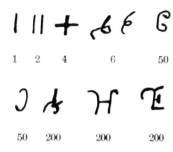

1	2	4	6	50

50	200	200	200

아라비아숫자의 원형인 브라흐미숫자
Smith, David Eugene,
1860-1944, Public domain

브라흐미숫자가 새겨진 아소카 돌기둥
서기전 249년에 세워졌고,
1896년 룸비니(네팔)에서 발견되었다.
The British Library 자료.
Archaeological Survey of India 1896, Public domain

전 1000년경에 구성된 《아타르바베다》가 보여주듯이 그들은 주문을 써서 아픈 사람을 치료했으나, 의학 수준이 높았다. 초기엔 점성술과 의학이 구분되지 않았으나 불교가 번성한 서기전 3세기엔 그 영역이 분리되었다. 5000년이 넘는 전통 의술 '아유르베다*'에는 칼을 사용하는 외과와 이비인후과, 내과 등이 있고, 해부학과 위생학도 들어 있다. 앞에서 언급한 차라카와 수슈루타는 바로 아유르베다를 연마한 의사였다. 세계에서 가장 일찍이 체계를 갖춘 인도의 의학이 그리스와 중국에 영향을 미쳤으리라고 추정된다.

마우리아 시대에 세워진 돌기둥도 놀라운 기술력의 결과였다. 아소카

---

* 아유르는 '생명', 베다는 '지식'이라는 뜻으로 생명과학을 의미한다. 인도의 전통 의술을 총칭하는 말이다.

황제의 칙령을 새긴 돌기둥은 큰 바위를 원기둥으로 다듬고 표면을 유리처럼 연마하여 그 위에 글자를 새겼다. 어떤 석주는 무게 50톤, 높이 15m에 달한다. 그런 규모로 석주를 제작하여 여러 먼 지방에 옮겨 세우려면 매우 수준 높은 기술이 필요했을 것이다. 14세기에 북부에서 발견된 석주를 수도 델리로 옮길 때엔 바퀴 42개가 달린 수레를 썼는데, 바퀴 1개마다 밧줄을 매서 일꾼 200명, 총 8400명이 잡아끌었다고 한다. 석주가 세워진 것이 1600년 전이었으니 당시 기술력이 놀라운 수준이었던 것이다.

여기서 한 가지 덧붙일 건 배를 짓는 기술 곧 조선술이다. 일찍이 하라파 문명에서도 배를 만든 흔적이 보이는데, 나중에 인더스강까지 원정했던 그리스의 알렉산드로스가 귀국할 때 이용한 배도 인도인이 만들었다는 기록이 남아 있다. 근대에는 페르시아에서 인도 서해안으로 피난한, 조로아스터교를 믿는 파르시Parsi들이 조선업에 두각을 나타냈다. 1736년 영국의 동인도회사와 계약한 와디아 가문은 이후 100년간 전함 약 100척을 만들어 영국 해군에 인도했다. 영국이 나폴레옹과 맞서 싸운 전함, 넬슨 제독이 탄 군함도 와디아가 만들었다. 1842년 아편전쟁에서 이긴 영국과 패배한 중국이 난징조약을 맺은 장소도 와디아가 제작한 배안이었다.

굽타 시대 이후

인도인들은 여러 지배자의 후원 정도에 따라 역사의 다양한 시기에 다양한 수준의 과학기술을 발전시켰다. 인도를 최초로 침략한 이슬람 세력인 가즈니 왕조(962~1186)는 열일곱 차례나 인도에 침입했는데, 그때 술탄 마흐무드(재위 998~1030)를 따라 인도를 방문한 알비루니(973~1052)는 '힌두들은 자신들의 과학과 지식이 세계 최고라고 믿는다'고 적었다. 수학자와 과학자로서 이슬람 세계에 이름을 알린 알비루니는 인도 수학자와 천문학자의 능력이 출중하다고 칭찬했고, 과학과 기술력도 우수하다고 기록했다. 특히 그는 저수지를 건설하는 인도인의 기술에 감탄했다.

그러나 이슬람 세력과 영국의 지배를 연이어 800년가량 받으면서 인도 과학기술의 독창성이 상당히 억압되었다. 전통 의술도 크게 쇠퇴했다.

그러나 인도인의 독창성은 위축되었어도 다른 나라의 과학기술을 받아들이는 데 이전과 다르지 않은 개방성을 보였다. 인도인은 고대부터 활발하게 대외 무역을 하고 이슬람 등 외부 세계와 빈번히 접촉하면서, 열린 자세로 새로운 것을 받아들여 왔다. 그들은 편의성과 유용성, 실용성을 따져서 외국의 기술을 취사선택해 받아들였다.

보수적으로 보이는 브라만도 실용적이고 탄력적이었다. 외국의 언어인 페르시아어와 아랍어, 영어를 적극 수용한 이들이 그들이었다. 상업·공업·농업에 종사하는 보통 사람들도 새로운 기술 습득을 거부하지 않았다. 농민들은 생산력을 높이는 새로운 농기구를 능동적으로 받아들였고, 왕국의 지배자들은 국가의 안전을 지켜주는 선박과 무기류 관련 기술을 수용했다. 경제적 가치와 유용성이 외부의 기술을 받아들이는 기준이었다.

근대 이후에도 인도인은 서구의 과학기술을 배우려고 노력했다. 지배국인 영국은 철도와 운하 등 근대 과학기술을 식민 통치의 수단으로 이용하면서도 인도인 기술자를 양성하지 않고 영국인 기술자를 데려왔다. 그러나 인도인들은 19세기 후반부터 나라의 힘을 키우는 데 과학기술이 중요하다고 생각해서 근대 과학기술 교육에 힘썼다. 인도 정부가 독립하자마자 인도공과대학(IIT)을 여러 지방에 세운 것도 그 때문이었다. 지금 이들 대학은 지식 기반 사업이 중심인 인도 경제발전에 초석이 되었으며,

세계적으로 우수한 고등 교육기관으로 이름을 떨치고 있다.

오늘날 인도는 정보기술업계의 선두 주자이자 세계 소프트웨어 시장의 강자다. 인도 정부가 과학기술을 경제 성장과 발전의 강력한 수단으로 여기고 과학기술의 수월성을 위한 인프라 구축과 우수한 기술자 양성을 추진한 덕분이다. 인도는 핵·우주과학·전자·미사일 등 안보 관련 산업, 생명의학과 에너지 산업에서 두각을 나타낸다. 고대부터 발전한 과학기술의 전통에 근대 서구의 과학기술이 접목된 이들 분야에서 인도의 기량은 성장을 지속하며 세계에 기여할 것이다.

힌두 왕국들의 발전

9세기 중반부터 이름을 알린 남부의 촐라 왕조는 동남아시아·서아시아와 교역하여 국력을 키웠고, 11세기에는 남부 최대의 제국이 되었다. 촐라의 왕들은 중국으로 가는 바닷길을 보호하려고 스리랑카와 몰디브를 차지했고, 국내에서는 데칸을 넘어서 북으로 진격하여 갠지스강 유역을 확보했다. 이런 업적을 세운 왕은 스스로를 '갠지스강을 남부에 가져온 촐라 왕'이라고 자랑했다.

촐라 왕들은 토지와 무역에서 얻은 세금을 바탕으로 많은 부를 쌓고, 교육과 예술을 장려했다. 왕과 부자들은 화려하고 장엄한 힌두사원을 짓고 유지하는 데 많은 돈을 기부했다. 높이 66m에 이르는 피라미드형 탑 위에 80톤짜리 바위 하나를 깎아 만든 평면 지붕을 올리고, 그 위에 다시 25톤짜리 돔을 올린 수도의 한 힌두사원은 당대 촐라의 국력을 알려준다. 촐라왕국에는 토지와 관개, 세금 징수, 법과 질서를 다루고 교육을 돌보는 '마을 회의'라는 자치 제도가 있어 왕조의 번영에 기여했다.

인도의 남동부에 위치한 촐라는 이슬람 등 외국에서 들어온 종교와 문화의 영향을 많이 받은 북부 지방과 달리 14세기 초까지 외부의 영향을 받지 않고 순수한 형태의 힌두 문화를 발전시켰다. 특히 조각과 건축이 섬세하게 조화된 사원 예술이 이 시대 최고조에 달했다는 평가를 받는다. 재능이 뛰어난 공인들이 청동과 돌을 써서 남신과 여신의 모습을 많이 제작했고, 그중에서 춤추는 시바 상이 가장 유명하다.

12세기에는 남인도의 영향을 받은 앙코르와트가 동남아시아에 세워졌

브리하디시와라 힌두사원 촐라 왕조의 수도였던 타밀나두주 탄자부르에 있다. 60m가 넘는 피라미드 탑 위에 100톤이 넘는 돔을 이고 있다. Jean-Pierre Dalbéra from Paris, France, CC BY 2.0

브리하디시와라 힌두사원의 돔 둥근 부분이 25톤, 그 아래 사각 받침대가 80톤으로 이 사각 받침대는 화강암 하나를 깎아 만들었다. simianwolverine, CC BY 2.0

다. 힌두교와 불교가 동남아시아에 전해진 건 오래전이었다. 서기 1세기 크메르(캄보디아)의 부남扶南(푸난)에 힌두교가 널리 퍼지고, 불교도 알려졌다. 그 이웃의 짬빠왕국(오늘날의 베트남 남부)도 힌두교와 불교, 인도 문화의 영향을 받았다. 7세기에 수마트라에서 발전한 스리위자야, 8세기에 자와에서 성장한 사일렌드라왕국에도 인도에서 전해진 불교를 믿는 사람이 많았다. 11세기에 세력이 커진 미얀마의 버강 왕조와 태국도 인도의 종교·문화와 깊이 연계되었다.

인도 서부 지방에 거주한 라지푸트는 5~6세기경 중앙아시아에서 이주한 용맹한 부족들이었다. 인도 북서부의 라자스탄에서 원주민을 몰아내고 다른 부족들과 결혼 동맹을 맺어 세력을 확대한 라지푸트는 9세기경부터 갠지스강 부근으로 진출하여 여러 왕국을 세웠다. 그중 하르샤 왕조 시대부터 존속한 프라티하라 왕조가 가장 강성했다. 프라티하라는 8세기경 아랍에서 인도 서북부에 도착한 이슬람 세력이 인도 본토로 침입하는 걸 3세기 동안 저지할 정도로 강했다. 10세기경 라지푸트의 분파인 찬델라 왕조는 오늘날 세계문화유산으로 유명한 카주라호 사원군 Khajuraho Group of Monuments을 세웠다.

힌두 세력인 여러 라지푸트 부족은 연합군을 조직하여 이슬람의 인도 진입을 오랫동안 막아냈지만, 결국 12세기 말에 패배했다. 명예를 소중하게 여기는 용감한 크샤트리아인 그들은 델리에 술탄 왕국이 세워진 뒤에도 힌두교와 힌두 문화를 지키고자 이슬람 술탄들을 괴롭히면서 끈질기게 저항했다. 그래서 그들이 거주하는 서부 지방에는 델리 술탄의 힘이 제대로 미치지 못했다. 이슬람 세력에 가장 강하게 저항한 라지푸트 왕국은 메와르와 마르와르였다.

비슈와나트Vishwanath 힌두사원 마디아프라데시주에 있는 카주라호 사원군은 유네스코 세계문화유산으로, 힌두교·자이나교 사원 22곳으로 이뤄져 있다. ⓒAsitjain/Wikimedia Commons/CC BY-SA 3.0

11세기 초의
주요 라지푸트 왕국

이슬람이 대세인 당대에 라지푸트가 힌두 문화와 관습을 지키는 역할을 수행한 셈이 되었다. 이슬람에 맞서 싸운 라지푸트 영웅들의 이야기는 입에서 입으로 후세에 전해졌고, 나중에 영국의 지배에 저항한 인도 민족주의에도 큰 영향을 주었다. 남성들만 용감한 주인공 자리를 차지한 것은 아니었다. 14세기 초 델리 술탄의 공격을 받은 메와르왕국의 700여 여성이 적군 앞에서 불 속에 뛰어든 이야기는 신화가 되어 근대까지 전해졌다.

라지푸트는 델리를 중심으로 번성한 술탄왕국들에 이어 권력을 잡은 무굴제국(1526~1857)에도 저항했다. 이 시대 가장 용맹한 라지푸트는 무굴제국을 세운 바부르(1483~1530)와 최후까지 싸운 라나 상가(1482~1528), 아크

라나 상가 이슬람 세력과 맞서 싸운 라지푸트 연합군의 지도자.

바르 황제(재위 1556~1605)의 공격을 받고 4개월간 항쟁한 우다이 싱(1522~1572), 무굴제국에 굴복하지 않고 산중에 은신하며 저항한 라나 프라타프(1540~1597)였다. 이들은 모두 메와르의 왕이었다. 그중에서도 전쟁터에서 80군데를 다치고 한쪽 눈과 한쪽 팔을 잃은 라나 상가가 가장 위대한 라지푸트 영웅으로 여겨졌다.

이슬람 술탄의 시대

7세기 아랍에서 성장한 이슬람 세력은 8세기 인더스강에 이르렀으나, 힌두 왕국 프라티하라의 저항으로 인도 본토에 침입하지 못했다. 그러나 라지푸트가 세운 강한 프라티하라도 12세기 말엔 인더스강을 넘은 이슬람 세력에 자리를 물려주고 물러났다. 1192년 투르크계인 무함마드 구르(?~1206)가 델리를 정복했고, 그의 부하 쿠투브 우딘 아이바크(1150~1210)가 1206년에 이슬람 왕조를 열고 술탄을 자칭했다. 이때부터 이슬람 술탄이 다스리는 여러 왕조가 델리를 중심으로 300년간 이어지면서 점점 다른 지방으로 세력을 확대했다.

새로운 종교를 가져온 새로운 지배자는 힘을 과시하려고 힌두사원과 이전 지배자들의 왕궁을 부수고, 그 자리에 모스크와 성벽으로 둘러싸인 새 왕궁을 건설했다. 초기 술탄들은 정복당한 인도인에게 이슬람을 믿지 않는다고 인두세를 물리고 여러 가지 차별 조치를 시행했다. 그러나 곧 인구의 대부분이 힌두교를 믿는 땅에서 자신들이 소수라는 한계를 깨달은 지배자들은 기존의 힌두 문화와 전통을 어느 정도 인정하기 시작했다. 그래서 인도인에게 이슬람으로 개종하라고 강요하지 않았고, 세금을 내면 일정한 자유를 허용했다. 모든 인간이 평등하다는 것이 이슬람의 교리이지만, 힌두의 땅에서 이슬람 지배자는 불평등한 카스트 제도와 결혼 제도에 간섭하지 않았다. 이슬람을 믿지 않는 인도인을 하급 관리나 군인으로 채용하기도 했다.

자원이 많고 풍족한 인도에 이슬람 왕국이 세워지자 서아시아에서 많은 무슬림이 인도로 이주했다. 14세기의 델리 술탄국은 이슬람 세계에서 가장 부강한 나라로 꼽혔다. 아랍, 터키, 페르시아, 아프가니스탄 등 다양한 지역의 무슬림이 돈과 명예를 얻을 기회를 찾아 인도로 왔다. 그중 몽골의 침입을 피해 도망한 페르시아 사람이 가장 많았다. 그들이 가져온 다양한 문화가 인도에 퍼졌고, 다양한 인도 문화는 한층 더 풍성해졌다. 이 시대에 무슬림의 언어인 페르시아어와 아랍어가 중요해지면서 산스크리트어는 중요성을 잃었다.

다양한 이슬람 문화가 인도인의 일상생활에 스며들었다. 사람이 죽으면 화장하는 힌두와 달리 땅에 묻고 묘를 세우는 문화에 따라 묘지가 건축되고, 아치·돔을 갖춘 이슬람 건축 양식이 도입되었다. 오늘날에도 상용되는 무릎까지 내려오는 윗도리와 몸에 꼭 끼는 바지, 도시 상층 남성이 입는 아츠칸achkan(세운 옷깃이 달린 긴 웃옷)도 페르시아의 영향을 받은 옷차림이다. 여성이 얼굴과 몸을 가리는 베일도 이때부터 퍼졌다. 그렇다고 인도인의 생활이 이전 시대와 완전히 달라진 건 아니었다. 전통이 지속되는 가운데 새로운 것이 더해져 문화가 한층 다양해지고 풍성해졌다.

외국인 지배층과 그들이 가져온 문화를 만난 힌두는 새 시대에 적응하거나 그 영향을 받아서 새로운 문화를 만들었다. 북부 지방의 일부 사람들은 이슬람교와 힌두교의 교리를 절충해 시크교를 만들었고, 또 다른 일부는 이슬람 수피의 영향으로 '바크티'라는 종파를 구성했다. 주로 하층민 사이에 널리 퍼진 바크티 믿음은 카스트를 부정하고, 경전보다 신에 대한 사랑을 강조했다. 페르시아식 의상과 힌두 신화나 서사시에서 따온 줄거리로 구성한 카탁 무용, 인도 악기 비나와 페르시아 악기 탄푸라를 합쳐서 개량한 시타르, 남인도의 북을 개조한 타블라 등 새로 생겨난 춤과 악기, 장엄하고 아름다운 인도-이슬람 건축도 두 문화의 융합이었다. 술탄국의 공용어인 페르시아어와 북부 힌두의 힌디어가 섞여서, 지금도 사용되는 우르두어가 생겨났다.

힌두교를 믿는 사람들과 밖에서 온 무슬림은 다투지 않고 어울려 살았다. 힌두는 설날을 무슬림 성자들의 묘당에서 보냈고, 무슬림도 힌두 축제에 참가했다. 일부 힌두 장인과 상인이 이익을 쫓아서 이슬람으로 개종했으나, 그들도 개종하지 않은 사람들과 전처럼 한 마을에서 함께 지냈다. 세월이 흐르자 밖에서 온 이슬람 세력은 인도에 정착하여 인도의 일부가 되었다. 두 종교를 믿는 사람들이 종교로 갈등을 빚고 싸움을 벌인 건 훨씬 후대의 일이었다.

넓은 대륙 인도에서 권력을 잡은 이슬람 세력은 델리 일대를 지배한 술탄들만이 아니었다. 북부에서 델리 술탄 왕국이 번영을 누릴 때, 다양한 배경을 가진 서아시아 출신 무슬림이 인도 여러 지방에 크고 작은 왕국을

카탁 무용수와 반주자 악기 이름은 왼쪽부터 타블라, 파카와지pakhawaj, 반수리bansuri, 사랑기 sarangi.

현악기 시타르와 타악기 타블라 Uchohan, Public domain, via Wikimedia Commons

1398년 인도의 주요 국가

세웠다. 데칸 지방에는 델리 술탄국의 세력이 약해진 틈을 타 바마니 술탄국(1347~1518)을 비롯한 여러 이슬람 왕국이 들어섰고, 그들은 수니파와 시아파로 나뉘어 경쟁했다. 그렇게 이슬람을 믿는 지배자의 통치는 19세기 중반까지 약 600년간 이어졌다.

남부의 제국 비자야나가르

이슬람을 믿는 델리 술탄에게 쫓겨서 남으로 내려온 힌두 집단과 쇠망한 촐라 왕조의 세력이 1340년대 합세하여 비자야나가르를 세웠다. 남쪽을 노리는 북부의 이슬람 세력과 싸우며 남부 지방을 통일한 비자야나가르의 왕들은 인근 데칸 지방의 이슬람 왕국들이 서로 싸우는 상황을 이용하여 국력을 한껏 키웠다. 시바 신을 숭배한 크리슈나 데바(재위 1509~1529)가 다스리던 시대가 비자야나가르의 전성기였다. 크리슈나 데바는 이슬람이 대세인 인도에서 힌두교를 보호한 지배자였다. 힌두사원을 많이 세웠고, 힌두 문화와 제도도 발전시켰다.

강성하여 제국으로 불린 비자야나가르는 3면이 바다인 점을 활용하여 서쪽으로는 아랍과 페르시아, 동쪽으로는 미얀마·중국과 교역하여 큰 부를 쌓았다. 주로 남부에서 나는 쌀과 면직물, 서해안의 후추와 같은 향신료를 수출하여 큰돈을 벌었다. 비자야나가르는 서부 지방의 라지푸트처럼 이슬람이 지배하는 시대에 힌두 문화와 관습을 지키는 역사적 역할을 수행했다. 남부에서 발전한 힌두 문화가 북부 지방에 전해진 것도 이 무렵이었다.

비자야나가르는 막강한 부를 바탕으로 100만 군인을 둔 군사 대국이었다. 말을 타고 기동력을 자랑하는 이슬람 군대와 맞서려고 기병대도 만들었다. 힌두 제국이지만 무슬림 용병을 채용하고, 그들을 위해 모스크를 세워주는 관대한 정책을 폈다. 당시 유행하던 이슬람 문화를 받아들여 이슬람 양식의 의복을 입고 건물도 지었다. 16세기의 비자야나가르는 국제적인 국가로, 자유무역과 종교에 대한 관용 정책 덕에 무역을 하려는 외국인들이 많이 출입했다.

상업과 무역이 크게 발달하자 소비 중심 대도시가 생겨났다. 국가의 수도 비자야나가르는 시장이 4개나 있고, 이슬람의 침입을 막으려고 일곱 겹으로 쌓은 성벽에 둘러싸였다. 수도의 인구는 40~50만 명에 이르렀고, 그중엔 외국에서 온 사신이나 여행자도 많았다. 그들이 남긴 기록을 보면, 당시 비자야나가르는 르네상스 시대의 로마나 북부 델리 술탄국의 수도 델리에 뒤지지 않을 만큼 번영을 누렸다.

비자야나가르의 천연 요새 오늘날의 카르나타카주 함피에 있다. Dineshkannambadi, CC BY-SA 3.0

비자야나가르의 코끼리집 전쟁에 쓰기 위해 코끼리들을 키우던 건물. Shashikantha521, CC BY-SA 3.0

1498년 포르투갈의 바스쿠 다가마가 향신료를 찾아 인도 서해안에 닻을 내렸다. 14~15세기에 번성한 인도양 무역의 중심지 말라바르해 안의 캘리컷(오늘날의 코지코드)이 바로 비자야나가르의 자유무역항이었다. 일찍이 시리아 기독교인과 유대인이 정착할 정도로 국제적인 이 지역을 13~14세기의 대표적 여행가 마르코 폴로와 이븐 바투타도 방문했다. 여섯 번이나 이곳을 찾은 이븐 바투타는 동남아와 실론(오늘날의 스리랑카)과 예멘에서 온 선박이 많고, 그 선박은 1000명을 실을 수 있는 큰 규모라고 적었다. 캘리컷에 머문 바스쿠 다가마도 향신료를 실으려는 배 1500척이 기항하는 걸 목격했다.

1572년 유럽인이 그린 캘리컷의 전경 출처 Georg Braun and Franz Hogenbergs, 1572, *CIVITATES ORBIS TERRARUM*.

그러나 부강한 비자야나가르제국도 1565년 무슬림 연합군에게 패배하여 역사의 막을 내렸다. 믿었던 무슬림 장군 2명이 제국을 배신하고 이슬람 세력의 편에 선 결과였다. 비자야나가르가 사라지자 이슬람 세력이 더욱 남쪽으로 영향력을 확대했다. 일부 역사가는 비자야나가르가 이슬람 세력에 패배하지 않았다면, 영국이 인도를 차지하지 못했을 거라고 추측했다. 2세기 뒤에 남부 지방을 통일한 세력이 바로 영국이었기 때문이다.

무굴제국의 성쇠

제국의 건립

서북쪽에서 다시 새로운 사람들이 인도로 왔다. 아프가니스탄 출신으로 '사자'를 뜻하는 이름을 가진 바부르(1483~1530)는 기병대를 앞세우고 인도에 침입하여 1526년 무굴제국을 세웠다. 중앙아시아의 산악 지대에서 부유한 인도를 정복할 야망을 오랫동안 키웠던 그는 델리 술탄국의 마지막 술탄 이브라힘과 벌인 전투에서 승리한 뒤에 스스로 인도의 황제라고 선언했다. 모든 걸 다 가진 부유한 인도에서 사는 동안 초기의 역동성을 잃어버린 델리 술탄의 군대는 코끼리 100마리 부대로 맞섰으나, 포병대와 기병대를 앞세운 바부르 군대의 기동력을 이기지 못하고 패배했다.

바부르는 인도를 정복한 뒤에 재물을 챙겨서 고향으로 돌아가자고 요구하는 부하들에게 "왜 이 부유한 나라를 포기하려는가?"라고 물었다. 산악 지대의 척박한 고향을 벗어나 넓고 기름진 땅을 지배하게 된 바부르는 끈질기게 저항하는 힌두 라지푸트 세력을 누르고 영토를 동부 지방까지 확대하여 제국의 기초를 다졌다. 무굴은 페르시아어로 '몽골'을 지칭하지만, 중앙아시아에서 오래도록 싸우는 동안 투르크인과 혼혈된 바부르와 그 후손들은 언어와 신체적 특징이 몽골인보다 투르크인에 가까웠다.

바부르가 세운 나라를 대제국으로 키운 건 손자 아크바르(재위 1556~1605)였다. 50년간 재임한 그는 인도 역사상 가장 훌륭한 지도자로 여겨지는데, 제도와 관직을 잘 정비하고 경제를 탄탄대로에 들였다. 그가 다스릴 때부터 무굴제국의 부와 번영은 유럽에도 널리 알려졌다. 영국 여왕 엘리자베스 1세가 무굴제국과 무역을 하고 싶다고 편지를 보낸 것이 이 무렵이었다. 포르투갈의 바스쿠 다가마가 캘리컷에서 향신료를 싣고 돌아가서 큰돈을 번 지 반세기 넘게 지난 뒤였다.

아크바르 황제는 관대한 정책을 폈다. 마우리아 왕조의 아소카 대왕처럼 대제국에 사는 서로 다른 백성이 하나가 되길 바랐다. 그는 자신에게는 이교인 힌두교를 인정했고, 라지푸트 공주와 결혼하여 힌두 왕국과 동맹을 맺었다. 높은 관직에도 힌두를 임명했고, 이슬람을 믿지 않는 힌두에게서 거두던 인두세를 없앴다. 시크교 지도자에게 사원을 세우라고 땅을 내주기도 했다. 인도인이 무굴 황제를 이방에서 온 침입자의 후손이 아니라 '우리의 황제'로, 무굴을 '우리나라'로 받아들인 건 이때부터였다.

아크바르가 죽은 뒤에도 무굴제국은 안정과 번영을 지속했다. 정치적 안정이 경제 발전을 가져왔다. 곡식을 한 해에 두 번 수확하는 부유한 제

1700년 무굴제국의 판도

국에서 농업 생산력이 높아지자 상공업도 크게 일어났다. 무굴제국에는 중앙아시아와 서아시아에서 온 무슬림 상인과, 인도산 제품을 사러 온 영국인 등 유럽인이 많았다. 시장과 도시가 발달해서, 17세기 인도에는 델리와 수라트처럼 인구 20만이 넘는 도시가 9개나 되었다. 목화 가공업에 종사하는 노동자가 6만 명인 지방도시도 있었다. 무굴제국은 이때 세계에서 가장 강한 나라였고, 오스만제국과 함께 이슬람 세계의 중심이었다.

제국의 번영

1600~1700년의 인도인은 중국의 명나라와 세계 1, 2위를 다투는 경제 대국에 살았다. 인구 1억 명인 무굴제국의 수도 델리의 시민들은 국제적 도시에서 한껏 번영을 누렸다. 약 50만 명이 살던 델리는 프랑스의 수도 파리와 비슷한 크기로, 이슬람 세계의 모든 물자가 공급되는 풍성한 도시였다. 부유한 시민들은 서아시아에서 온 보석으로 치장하고, 중앙아시아의 과일을 수입해서 먹었다. 아름답게 단장한 집에서 비단과 질 좋은 면직물로 지은 옷을 입은 귀족과 부자들이 영화로운 삶을 즐겼다. 낙타와 코끼리, 하인과 마차를 소유한 그들은 미술품을 사는 데도 많은 돈을 들였다.

이런 도시와 달리 인구의 대부분이 사는 농촌은 소박했고, 초가집이 많았다. 그래도 무굴 시대의 농민들은 동시대 유럽의 농민보다 잘 살았다. 한 유럽인 여행가는 농촌 여성들이 금 장신구를 몸에 지니고 들판에서 일하는 걸 보고 놀랐다. 힌두교를 믿는 농민들은 제국의 정치나 수도를 누가 차지하느냐 하는 일보다, 농사와 밀접한 관련이 있는 날씨와 세금에 더 관심을 두었다. 이때 농촌에 사는 힌두와 이슬람으로 개종한 사람들은 종교가 달라도 평화롭게 어울려 한 마을에 살았다.

경제적 번영과 함께 문화도 발달했다. 무굴 황제들은 당대 세계에서 가장 부유한 지배자였다. 무굴 황제와 부자들이 문화와 예술을 후원하자 서아시아의 많은 무슬림 학자와 예술가가 무굴제국으로 모여들어 문화가 융성했다. 화려한 무굴 궁정에는 페르시아에서 온 유명한 시인이 많았고, 페르시아 문학이 큰 인기를 누렸다. 유명한 건축가와 기술자들이 장대한 왕궁과 모스크를 건설하며 제국의 번성기를 살았다.

무굴 지배자들은 페르시아와 관련된 모든 걸 문명으로 간주했다. 페르시아어가 공식어가 되었고, 이슬람 정권에서 출세를 바라는 힌두들도 페르시아어를 배웠다. 무굴인은 페르시아풍 음악을 듣고 페르시아풍 옷을 입었다. 페르시아식 예절이 인도 예절의 지침이 되었다. 페르시아 양식 건축에 힌두의 조형미를 더한 무굴 건축이 화려하면서도 웅대한 모습으로 등장한 것이 이때였다. 그중에서 샤자한(재위 1628~1658) 시대에 수도에 건설된 장대한 왕궁과 그가 죽은 아내를 위해 세운 타지마할이 가장 유명하다. 페르시아의 영향은 미술과 음악, 문학에도 반영되었다. 그러나 이러한 문화를 누린 사람들은 왕족과 귀족 등 지배층이었고, 인구의 대부분은 자기들의 방식을 지켰다.

제국의 전성기 막바지를 보낸 샤자한의 아들 아우랑제브(재위 1658~1707)는 아크바르와 다른 정책을 썼다. 1658년 왕위에 올라 반세기 동안 제국을 다스린 그는 데칸 지방과 남부 지방의 많은 땅을 정복하여 무굴제국을 최대의 영토국가로 만들었다. 그러나 독실한 이슬람 신자인 아우랑제브는 이슬람을 믿지 않는 백성에게서 다시 인두세와 순례세를 징수하여 반감을 샀다. 그와 다른 종교를 가진 힌두와 시크교도는 황제의 정책에 실망했고, 무굴제국과 동맹을 맺은 힌두 왕국 라지푸트들도 마찬가지로 마음이 상했다. 결국 데칸의 힌두 왕국 마라타와 북부의 시크교도가 무굴제국을 향해 공개적으로 도전장을 냈다.

강성하던 무굴제국은 마라타와 싸우느라 많은 돈과 힘을 들였다. 아우랑제브는 마라타왕국을 정복하려고 26년이나 군대를 이끌고 뜨거운 열대의 현장에서 싸웠으나, 실패하고 수도로 돌아오다가 죽었다. 1707년 아우랑제브가 죽자 왕위 계승전이 이어지면서 무굴제국은 빠르게 쇠락의 길을 달렸다. 지방 호족들은 중앙의 지배권이 약해지자 그 틈을 타서 독자 노선을 선언했다. 무굴에겐 불운하게도 페르시아와 아프간 등 외국의 군대가 잇따라 델리에 쳐들어왔다. 무역하려고 인도를 찾은 유럽의 나라들도 점차 무굴제국을 위협하기 시작했다.

힌두 마라타왕국의 등장

무굴제국이 내리막길을 달리자 그 후계를 노리면서 여러 나라가 경쟁했다. 물론 정치권력이 나뉘었다고 사회와 경제가 쇠퇴한 건 아니었다. 수많은 왕국이 경쟁하는 사이 경제 활동은 전처럼 활발하게 이어졌다. 상인과 은행가들은 지역의 군주에게 재정을 지원하며 변화를 주도했고, 필요한 경우엔 유럽인을 지지했다. 정치적으로 변화무쌍한 18세기에 문화도 생동감과 생명력을 드러냈다. 이 무렵 남부 지방의 고전음악인 카르나틱Carnatic이 형성되었고, 비슈누 신을 숭배하는 종파도 번성했다.

무굴제국의 후계를 노리고 경쟁한 여러 나라 중에 중서부 지방에서 막강한 세력을 펼친 힌두 왕국 마라타가 가장 유력했다. 무굴제국의 쇠퇴에 가장 큰 공을 세운 사람이 마라타왕국의 시조 시바지(재위 1674~1680)였다. 그는 무굴제국이 전성기를 누리던 당시 어린 나이에 이슬람의 통치에 도전하기로 뜻을 세웠다. 데칸 지방의 가파른 산악과 요새를 가볍게

마라타를 세운 시바지 1680~1687년 제작, 영국박물관 소장.

넘나들면서 무슬림의 요새를 공략한 그에게 '데칸의 산쥐'라는 별명이 붙었다. 데칸의 집집마다 골짜기마다 키 150cm로 자그마한 그의 무용담이 화제에 올랐다.

무굴 황제는 이슬람에게 이교도인 힌두 왕국 마라타를 정복하려고 몸소 군대를 이끌고 원정을 나갔고, 수도에 사는 인구의 절반이 그를 따랐다. 전쟁은 쉽지 않았다. 26년간 마라타 원정을 지속한 아우랑제브 황제는 결국 무굴제국을 몰락으로 이끈 셈이 되었다. 시바지의 게릴라 전법이 무굴제국의 군대를 곤경에 몰아넣었다. 전세가 불리해지자 아우랑제브 황제와 강화조약을 맺으러 무굴제국의 수도에 간 시바지는 감옥에 갇혔으나, 빨래바구니에 숨고 하인으로 변장하여 도주했다. 이 흥미진진한 일화는 마라타 부족에게 신화가 되어 군인들의 용기를 북돋웠다. 반면 마라타와 긴 전쟁을 치른 무굴제국은 막대한 재정과 수많은 생명을 잃으며 시들었다.

외국에서 들어온 무슬림의 지배와 문화에 반대한 마라타 부족은 '젖소와 농촌'을 지킨다는 구호를 내걸었다. 젖소는 마라타인의 종교인 힌두교를 상징하고, 농촌은 다수 백성이 사는 고향을 의미했다. 그들이 말한 '스와라지'는 '자치'를 뜻하는데, '우리 땅에서 우리의 종교 힌두교를 지킨다'는 의미였다. 이는 20세기에 외세 영국의 식민 통치에 반대하는 인도 민족운동의 유명한 구호가 되었다.

시바지가 죽은 뒤 그의 후손들이 마라타왕국을 제국으로 키웠다. 1761년에는 쇠락한 무굴제국의 후계 자리를 두고 델리 인근에서 아프간 왕국과

1795년 마라타제국의 판도

진검승부를 벌일 정도로 성장했다. 잠시 델리를 정복했던 마라타제국은 내부 분열로 쇠약해져 1818년에 막을 내렸다. 마라타제국의 넓은 영토는 영국의 영향권에 들어갔다. 바다를 통해 인도에 도착한 영국은 서북 지방을 거쳐서 인도에 들어온 무굴제국처럼 인도 전역을 거의 다 장악했다.

영국동인도회사의 성장

유럽 상인들은 부유한 무굴제국과 무역을 하려고 바닷길로 인도에 왔다. 인도를 찾은 포르투갈의 바스쿠 다가마가 첫 여행에서 비싼 후추를 싣고 귀국하여 큰 이익을 내자, 유럽의 나라들은 저마다 동인도회사를 만들어 향신료 무역에 나섰다. 포르투갈을 선두로 네덜란드와 영국, 프랑스가 뒤를 이었다. 유럽의 무려 15개 국가가 무굴제국의 전성기인 17세기에 인도와 교역을 하려고 찾아왔다. 그만큼 인도는 모든 것이 다 생산되는 부유한 나라였다.

엘리자베스 1세(재위 1558~1603)가 다스리던 1600년대 초 영국은 동인도회사를 세우고, 인도 서해안에 무역사무소를 열었다. 초기엔 주로 인도의 면직물과 향신료를 수입해 유럽에 판매하여 이익을 얻었다. 이후 인도의 서해안과 동해안에 무역사무소를 몇 군데 더 마련했다. 그러나 모든걸 다 가진 무굴 황제들이 영국과 무역하는 데 큰 관심이 없었기에, 영국은 1700년대 중반까지 무굴 황제의 신하와 같은 처지였다. 영국의 동인도회사는 동부 지방에서 목적이 같은 프랑스의 동인도회사와 경쟁했다.

영국의 동인도회사는 무굴제국이 약해지고 마라타와 마이소르 같은인도 왕국들이 서로 주도권을 차지하려고 경쟁하는 틈을 노려서 세력을잡았다. 1757년 영국은 '조용히 무역에만 종사하라'는 옛 엘리자베스 여왕의 명령을 거역하고 동부의 벵골 플라시에서 현지 왕과 싸움을 벌여승리를 거뒀다. 영국이 첫 정치적 입지를 세운 벵골 지방은 화약의 원료인 초석과 비단의 산지이자 값비싼 모슬린이 생산되는 부유한 땅이었다. 1764년 북사르 전투를 이긴 영국동인도회사는 무굴제국에게서 갠지스강 하류 벵골 지방의 조세 징수권을 획득하고, 작은 무역회사에서 땅이비옥하고 자원이 풍부한 벵골 지방의 실질적 통치자로 바뀌었다.

영국은 벵골 지방의 자원과 인도 왕국들 간의 경쟁을 이용해 영토를확대했다. 영국동인도회사는 자신들이 확보한 여러 지방에서 더 많은 세금을 거두려고 지역에 따라 다른 새 토지제도를 도입했다. 벵골 지방에도입한 영구정착제는 영국식 지주 개념을 적용한 것으로, 세금을 징수하여 납부하던 자민다르를 토지 소유자 곧 지주로 취급했다. 많은 세금을 내게 된 새 지주들은 농민들의 세습 경작권을 인정하지 않고, 더 많은 지대地代를 내는 농민에게 경작을 맡겨 기존 농민들을 빈곤으로 몰아넣었다.

인도로 수입되는 영국 상품에는 관세를 매기지 않고 영국으로 가는 인도 상품에는 많은 세금을 물려서 인도의 수출을 방해하는 편법도 썼다. 영국은 인도에 정착하면서 인도의 일부가 된 무굴제국과 달리, 다양한 방식으로 축적한 재물을 배에 실어서 고국으로 가져갔다. 많은 걸 뺏긴 인도인은 빈곤해졌다.

인도에서 얻은 이익과 재물을 바탕으로 영국은 세계 최초로 산업혁명을 이루었다. 가난해진 인도는 산업혁명을 이룬 영국 상품의 판매 시장이 되는 동시에 영국의 산업에 각종 원료를 공급하는 처지가 되면서 경제적으로 더욱 어려워졌다. 영국에서 인도로 수출한 면제품은 1786년 156파운드에서 1813년에는 11만 파운드로 약 20년 동안 700배나 늘었다. 기계를 돌려 값싼 면제품을 대량 생산하는 영국 방직산업의 물량 공세 앞에서 고급 면제품을 생산하던 인도의 수공업은 위축되었다. 인도에서 차츰차츰 영토를 늘려나간 영국은 19세기 초반 가장 강력한 경쟁자 마라타제국과 시크왕국(1799~1849)을 누르고 사실상 인도 전역의 지배권을 확보했다.

근대 인도의 변화

새로운 지배자 영국

　인도의 넓이는 유럽 대륙만 하다. 역사적으로 그 넓은 땅에 통일 국가
가 존재한 기간은 드물었다. 근대에도 비슷했다. 무굴제국이 쇠퇴하자 서
로 다른 역사와 문화를 가진 세력들이 그 후계를 노리고 경쟁했다. 치열
한 경쟁의 장에서 승리를 거둔 세력은 멀리 유럽에서 온 영국이었다. 인
도의 여러 왕국이 낯선 영국을 위험하게 여기지 않은 탓이었다. 1799년
영국이 최대 경쟁국 마이소르를 공격할 때, 그 인근의 경쟁국 하이데라바
드왕국과 마라타제국은 영국을 도왔다. 두 나라도 결국 영국의 손에 넘

1823년의 인도

어갔다. 영국의 기세에 눌려 스스로 굴복한 인도 왕국도 많았다.

영국은 온갖 방법을 써서 여러 왕국을 병합했다. 무력을 쓰거나 위협하는 방식도 동원했다. 1818년 가장 강한 마라타제국의 영토가 영국에 넘어갔다. 북부에서 힘을 자랑하던 시크왕국도 1849년 영국동인도회사의 영토가 되었다. 1850년대에 "영국의 통치가 우월하므로 더 많은 인도 영토가 영국의 직접 지배를 받을수록 인도인에게도 좋은 일이다"라고 말한 달하우지 총독은 수많은 인도 왕국을 이런저런 명목으로 강제 병합하여 인도에서 영제국을 다졌다.

인도에서 영국의 통치가 확고해지자 백인 지배자들은 서구 문화를 인도에 도입했다. 인도인이 영국의 지배를 받아들이고 영국산 상품을 좋아하도록, 즉 영국인을 닮고 모방하는 인도인을 만들고자 영어와 서구식 교육을 가르쳤다. 1835년에는 영어가 영국령 인도 정부의 공식어로 정해졌다. 정부는 영어를 아는 인도인을 관직에 먼저 채용한다고 발표했다. 인도인은 살아남기 위해 이슬람 시대에 페르시아와 아랍어를 배웠듯이 영어를 배우고 서양의 문화와 제도를 따랐다.

인도의 제도와 관습도 점차 영국식으로 바뀌었다. 근대적인 나라로 바꾼다고 토지제도를 바꾸고 오래 지켜온 관습을 폐지했다. 인도인 다수가 믿는 힌두교는 미신이라고 폄하되고, 기독교를 전파하려고 많은 선교사들이 인도에 왔다. 영국은 자신들의 사상과 문화뿐만 아니라 철도와 전신, 운하와 우편제도 같은 서구의 근대 시설도 도입했다. 수가 많은 인도인을 쉽게 다스리고 넓은 인도에서 더 많은 이득을 얻어내기 위해서였지만, 그들은 그것이 '문명개화의 사명'을 수행하는 거라고 미화했다.

영국이라는 이방의 지배를 받게 된 인도인은 두려움과 불안에 떨었다. 일부 인도인은 발전한 서양을 배우고 열심히 일했지만 인종 차별을 받았다. 영어 교육을 받고 영국인보다 더 많은 지식을 가진 인도인도 일자리를 구하기는 어려웠다. 아무리 노력해도 그들은 영국의 지배를 받는 열등한 피지배자였다. 유럽에서 배를 타고 인도에 내린 새로운 백인 지배자들은 인더스강을 넘어 인도에 왔던 옛날의 외국 지배자와 많이 달랐다. 인도에 정착해 인도의 일부가 된 이슬람 지배자와 달리 그들은 잠시 머물다가 떠나는 영원한 이방인이었다.

이방인 영국은 인도에서 많은 것을 빼앗아 본국으로 가져갔다. 1838년 한 영국인은 지난 30년간 인도에서 영국으로 빠져나간 자산이 연간 300만 파운드라고 적었다. 이를 21세기의 가치로 바꾸면 400억 파운드가 넘는 엄청난 금액이다. 이런 수탈이 이어지면서 인도인의 생활은 나날이 어려워졌다. 19세기 후반 영국 조세위원회의 책임을 맡은 존 설리번은 "우리의 제도는 스펀지처럼 움직인다. 갠지스 강변에서 모든 것을 죽 빨아들여서 템스 강변에서 짜낸다"고 고백했다. 곳곳에서 인도인의 불만과 불평이 터져 나왔고, 그것은 함성이 되었다.

1857년 세포이 항쟁

인도 전역이 영국이 부과한 변화의 소용돌이에 빠졌다. 일부는 적응하려고 애썼으나 일부는 강요된 변화에 저항했다. 1857년, 영국 군대에 고용된 인도인 용병들(세포이)이 백인 지배자의 차별에 항쟁을 시작했다. 그들은 무굴제국의 수도 델리로 진격하여, 힘을 잃은 무굴제국의 마지막 황제를 지도자로 받들고 영국 통치를 반대한다고 선언했다. 반란은 북부지방으로 빠르게 퍼졌고, 영국의 새로운 토지 정책과 갑작스런 시장경쟁체제 도입으로 가난해진 농민과 공인이 항쟁에 합세하며 기세를 올렸다. 기독교를 전파하면서 인도인이 믿는 힌두교와 이슬람교를 비웃은 영국의 정책에 모욕감을 느낀 힌두와 무슬림이 손을 잡았다. 가장 먼저 세포이의 공격을 받은 사람들이 기독교 선교사였던 것은 우연이 아니었다.

인도인의 거센 저항으로 무굴제국의 수도 델리와 갠지스강 유역의 넓은 지역이 여러 달 동안 영국의 지배권을 벗어났다. 영국은 영국 통치에 불만이 있어서 인도인의 항쟁이 일어난 게 아니고, 그저 일부 세포이가 폭동을 일으켰을 뿐이라고 주장하며 현실을 호도했다. 그러나 그들은 이듬해까지 이어진 인도인의 끈질긴 저항에 놀랐고 당황했다. 영국에 있던 빅토리아 여왕은 매일 밤잠을 설치며 보고를 받고 사태를 지켜보았다.

많은 군대와 좋은 무기를 지원받은 영국이 힘을 가다듬고 반란군을 진압하면서 전세는 역전되었다. 영국은 철도를 이용해 군대를 실어 나르고 전신시설을 이용해 반란군의 움직임을 추적했다. 그리하여 영국의 영향으로 삶이 바뀐 여러 지방과 계층이 서로 다른 이유와 목표로 싸운 1857년 인도인의 대항쟁은 통일된 지도자와 정책을 갖추지 못해 실패했다. 영국의 진압 과정은 아주 잔인했다. 많은 인도인이 죽었고 수많은 마을과 집이 불에 탔다. 항쟁의 근거지였던 델리는 먼지가 되었고, 황제와 그 일가는 체포되어 미얀마로 추방되었다.

항쟁이 끝나자 무굴제국은 공식적으로 역사의 무대에서 사라졌다. 영국이 1757년에 벵골을 점령한지 딱 100년 만이었다. 영국이 인도의 지배권을 완전히 정복하는 데 100년이 걸린 것은 그만큼 인도인의 저항이 컸고 넓은 인도를 통일하는 것이 어렵다는 증거였다. 어렵사리 항쟁을 진압한 영국은 그때까지 동인도회사를 통해 인도를 다스리던 제도를 폐지하고, 본국 정부가 직접 통치하는 방식으로 선회했다. 1876년에는 인도를 인도제국으로 선포하고, 영국 여왕이 인도제국의 황제가 되었다.

엄청난 비용을 들여서 1857년의 대항쟁을 진압한 영국은 이후 인도제국의 전성기를 누렸으나, 항쟁에 대한 배상금까지 영국에 지불한 인도는 더욱 빈곤해졌다. 항쟁에서 큰 교훈을 얻은 영국은 그때부터 인도의 종교와 문화에 간섭하지 않고, 기독교 선교에 대한 후원을 줄였다. 서구식 교육과 영어는 계속 중요하게 여겼지만, 전처럼 인도인을 영국인으로 만들려는 시도는 그만두었다. 영국은 그 대신에 실질적으로 이득이 생기는 정책만 추구했다. 200년간 영국 지배를 받은 인도인 대부분이 영국화하지 않은 건 그 결과의 하나였다.

민족주의의 성장

1857년의 대항쟁을 실패로 끝낸 인도인은 깊이 절망했다. 저항의 중심지이자 무굴제국의 수도였던 델리는 주요 건물이 거의 다 파괴되었다. 샤자한 황제가 많은 돈을 들여 건설한, 장엄한 붉은색 무굴 왕궁은 건물의 80퍼센트가 없어졌다. 영국 군인들은 왕궁의 대리석과 지붕 꼭대기의 구리까지, 돈이 될 만한 것은 다 떼어 갔다. 부서진 델리를 지켜본 한 인도인이 '살 희망도 없다'고 적을 정도로 무굴제국의 수도는 폐허가 되었다.

반면에 항쟁을 진압한 영국은 19세기 후반 인도에서 제국의 전성기를 누렸다. 영국은 인도에 많은 상품을 수출하여 큰 이익을 얻었고, 여러 가지 명목으로 많은 재물을 챙겨 본국으로 가져갔다. 인도인으로 구성된 군대를 이용하여 중국과 미얀마, 페르시아와 아프리카에서 이른바 '대영제국'의 세력을 확대했다. 역사와 문명이 오래된, 드넓은 인도를 지배한다는 사실도 대영제국이 과시한 자랑의 하나였다. 셰익스피어 한 사람과 인도를 비교하는 오만한 태도가 나온 이유가 여기에 있었다.

19세기 후반 그 절망의 바닥에서 일부 인도인은 민족주의의 씨앗을 뿌리고 싹을 키웠다. 차별과 억압을 받는 여러 지방의 인도인이 영국에게 저항하며 '우리'라는 공통의 감정을 갖기 시작했다. 철도를 통해 이동하며 서로의 존재를 확인하고 영어라는 한 가지 언어를 배워 소통하면서, 오랫동안 다른 환경과 역사 속에서 살아왔던 각 지방의 인도인은 자신들의 나라를 '인도'라고 상상했다. 1857년 영국에 용감하게 맞서 싸웠던 여러 영웅들의 이야기도 입으로 전해져서 민족주의가 자라나는 자양분이 되었다.

그 중심에는 영어를 배우고 서구 교육을 받은 사람들이 있었다. 그들은 영국보다 오랜 역사와 문명을 가진 인도가 왜 영국의 지배와 차별을 받는지 궁금했다. 학교에서 자유와 평등사상을 배운 그들은 영국이 인도인에게는 자유를 주지 않고 평등하게 대하지 않는 점을 고민하고 따지기 시작했다. 여러 지방에서 제각기 모여 의견을 나누던 지식인들은 1885년

1907년의 영국령 인도제국

봄베이(오늘날의 뭄바이)에서 한데 만나 '인도국민회의'라는 모임을 만들고 전국적으로 한 목소리를 내었다.

교육받은 인도인들은, 인도인에게 공직에 참여할 기회를 부여하고 세금을 내는 인도인을 위해 제대로 된 행정을 펴달라고 영국 식민정부에 요구했다. 인도의 재물과 자원을 이제 더 영국으로 가져가지 말라는 압력도 표출했다. 이러한 운동은 온건한 형태로도 이뤄졌으나 영국의 수탈로 생활이 곤궁해진 농촌과 산악 지대에서는 더 과격한 움직임이 일어났다. 흉년과 기근이 계속되고 많은 사람이 굶어죽자, 농민들은 폭동을 일으키고 세금을 납부하지 않겠다고 공공연하게 선언하며 영국에 도전했다.

1905년 영국은 인도 민족주의의 확산을 막으려고 그 중심지인 벵골 지방을 2개 주로 나누었다. 힌두 민족주의 운동을 분산하려는 목적이었지만, 이는 오히려 반反영운동이 거세지는 계기가 되었다. 스와데시(국산품 애용) 운동이 시작되었고, 영국산 면직물 수입은 25퍼센트나 줄었다. 국민 교육 운동과 새마을 운동도 이어졌다. 나중에 노벨문학상을 받은 라빈드라나트 타고르는 고향인 벵골 지방에서 애국심을 고취하는 시를 썼다. 놀란 영국이 벵골 분할령을 취소했으나, 인도인의 반영감정은 더욱 높아졌다.

20세기의 인도

간디의 비폭력 저항운동

1920년부터 마하트마 간디(1869~1948)가 지도하는 반영·독립운동이 전국에서 일어났다. 외세의 지배에 주눅들었던 보통 사람들이 가슴을 펴고 용기를 내서 나선 것이 이 시대 운동의 특징이었다. 영어를 모르고 '자유'라는 추상적인 개념에 익숙하지 않은 보통 사람들이 신교육을 받은 인도국민회의 지식인들과 합세한 것이다. 운동 참여자들은 정부가 운영하는 국공립학교를 그만두고 지방선거에 참여하지 않았다. 식민정부가 부과하는 세금 납부를 거부하고 외국 상품을 불매하는 운동도 벌였다. 간디의 뜻을 받들어 수백만 명이 '비폭력적으로 불복종하는' 저항을 실천하자 영국인 지배자들은 몹시 당황했다.

이 운동은 영국의 식민 통치에 협력하지 않겠다는 의미였다. 이러한 운동 방식은 학교 교육을 받지 못했거나 용기가 부족한 사람들도 참여할 수 있었다. 전국의 힘없고 가난한 농민들이 집에서 물레를 돌리거나 옷감을 짜면서 민족주의 운동에 힘을 보탤 수 있었다. 때로는 영국산 옷감을 불태우거나 항의 행진과 연좌 농성을 벌였다. 한때 남아프리카에 살면서 인종 차별에 반대하는 운동을 이끌었던 간디는 전 국민 누구나 참여할 수 있는 새로운 방식을 고안했다. 간디가 세계에 알린 이 운동 방식은 '사탸그라하Satyagraha'라고 불렸다. '진리를 잡고 지킨다'는 의미를 지닌 사탸그라하 운동은 폭력을 쓰지 않고 싸우는 점이 특징이었다. 힘을 써서 저항하지 않는다고 '무저항운동'이라고도 불렸다.

간디는 영국에서 공부한 변호사였으나 영국의 식민지 남아프리카에서 인종차별 반대 운동으로 유명해진 뒤에 귀국하여 가난한 농민들을 보고는 반영운동을 시작했다. 영국의 지배를 그렇게 오래 받았는데도 인도 농민들이 가난한 것이 가슴 아팠던 간디는 양복을 벗고 농민의 옷차림으로 바꿔 입었다. 농민들은 그런 간디를 믿고 따랐다.

1930년 간디는 '소금 행진'을 벌였다. 열대 지방에 사는 사람에게는 소금이 매우 중요한데도 식민정부가 소금 제조와 판매를 독점해서 소금 값이 비싼 것을 비판한 것이었다. 가난한 농민에게 부담을 지우는 옳지 않은 법을 지키지 않겠다고 선언한 그는 26일 동안 서해안 단디 마을까지 약 385km를 걸어가서 바닷물을 끓여 소금을 만들었다. 수백 수천 명이 이 행진에 참여했다. 식민정부는 소금 전매법에 대한 불복종 운동을 벌이던 간디를 체포했다. 그러자 더 많은 사람들이 그의 뒤를 따라 소금을 만들고, 기꺼이 감옥으로 갔다. 그해 말까지 소금법을 어겨 투옥된 사람의 수가 6만여 명에 이르렀다.

소금 행진
1930년 4월 5일
단디에 도착한 간디가
소금을 줍는 모습.
바로 뒤에서 간디의 둘째아들이
지켜보고 있다.

간디의 운동에 참여한 사람들은 무력 진압을 벌이는 식민정부를 맨손으로 상대했다. 폭력을 쓰지 않는 인도인에게 몽둥이와 무기를 휘두른 영국인 지배자를 세계 여러 나라에서 비난하기 시작했다. 영국에서도 많은 항의가 나왔다. 영국은 그런 인도인을 어떻게 다뤄야 할지 몰라서 당황했다. 영국 정부는 탄압 정책을 주장했지만, 인도에 있는 식민정부는 망설였다. 평화롭게 운동에 참여한 사람들과 간디를 계속 감옥에 가두면 더 많은 사람이 나서서 영국을 비판할 것이 분명했기 때문이다.

결국 영국은 인도인의 권리를 조금씩 인정했다. 인도를 다 잃느니 일부를 양보하는 편이 낫다고 판단한 것이다. 영국은 인도인의 민족주의 운동이 거세질 때마다 새 법을 만들고 조금씩 권력을 넘겨주었다. 처음엔 지방정부의 힘없는 자리를 인도인에게 주었으나, 1935년에는 연방제를 실시하고 지방정부를 인도인이 구성하도록 하겠다고 약속했다. 2년 뒤에 치러진 총선에서 인도국민회의가 여러 주에서 승리하여 지방정부를 차지하고 통치를 경험하기 시작했다. 이 모든 과정이 피를 흘리지 않는 비폭력적인 방식으로 이뤄졌다.

독립을 향한 발걸음

영국을 향한 인도의 운동은 경제 분야에서도 진행되었다. 인도에 온 영국이 자본주의를 도입하자 고대부터 뛰어난 상업 전통을 지켜온 많은 인도 상인들이 두각을 보였다. 그들은 이슬람 시대에 차별을 받으며 몸을 낮추고 살아왔던 힌두 상인과 자이나 상인이었다. 델리에 살던 그들은 무굴제국이 몰락하자 무굴 귀족의 대저택과 정원을 인수했고, 옛날 귀족처럼 시인과 화가를 후원하고 음악과 교육을 증진하는 데 많은 돈을 들였다. 다른 지역에서도 상인들의 움직임은 비슷했다.

그들의 활약은 점점 커졌다. 반대로 영국 상인들의 활동은 민족주의 운동으로 자신감을 얻은 인도인에게 밀려 줄어들었다. 영국에서 인도로 수입되는 상품에는 세금이 붙었는데, 민족주의 운동이 거세질수록 수입 관세율이 높아졌다. 그렇게 인도로 보내는 수출이 줄면서 영국의 이익도 줄었다. 반영운동이 본격화하면서 경제적 이득이 줄자 많은 영국인이 인도에서 사업을 접고 고국으로 돌아갔다. 경제적으로도 인도인은 점점 강해졌고 영국은 나날이 약해졌다.

1945년 2차 세계대전이 끝났을 때 영국은 연합국의 일원으로 승리를 거뒀다. 그러나 영국은 인도에 큰 빚을 졌다. 인도의 민족주의 운동이 강해지고 목소리가 커지면서 영국이 전쟁을 치르는 데 필요한 비용을 맘대로 빼내 갈 수 없게 되었고, 그래서 인도 정부의 재정에서 돈을 빌려 쓴 것이다. 영국이 인도에 진 빚은 엄청나게 많았다. 영국은 인도에서 물러나면서 빚을 탕감해달라고 요청했으나 거절당했다. 영국이 그 빚을 다 청산한 건 2008년이었다.

2차 세계대전 뒤에는 식민지 인도가 영국의 뜻대로 운영되지 않게 되었다. 영국에서 인도로 오는 상품은 줄고, 영국으로 가는 인도의 수출액은 늘었다. 그동안 타협하며 협조하던 인도국민회의도 이제 더 영국에 협력하지 않겠다고 선언했다. 인도인 경찰과 군인들도 반발했고, 행정을 담당하던 영국인 고위 관리의 수도 크게 줄었다. 미국과 소련이 이끄는 전후 국제정세도 식민지를 많이 가진 영국에 불리했다.

이때 영국을 더욱 곤란하게 만든 것이 힌두와 무슬림의 갈등이었다. 19세기 말부터 영국의 부추김으로 사이가 벌어진 힌두와 이슬람 진영은 후자가 영국의 편을 들면서 사이가 더 나빠졌다. 무슬림은 독립이 가까워지자 인구가 적은 자신들이 새로 들어설 국가에서 열세가 될 거라고 판단했다. 오랜 이슬람 시대에 지배자로 살던 자신들이 힌두가 중심인 나라에서 살 수 없다고 여긴 그들은 점차 세력을 확대하며 힌두 세력에 맞섰다. 영국은 이익이 나지 않는 데다 양측의 갈등이 악화되는 인도를 지배하기 어렵다고 깨닫고 철수를 결정했다.

영국이 떠날 때 인도의 경제는 나빴다. 영국이 교역하려고 처음 인도에 왔을 때 무굴제국의 인도는 세계에서 가장 부유했으나, 영국이 떠날 무렵의 인도는 세상에서 가장 빈곤한 나라의 하나로 꼽혔다. 인도인이 무능해서가 아니었다. 영국이 인도를 발전시키지 않고 많은 것을 빼앗아 갔기 때문이었다. 예를 들면 20세기 전반의 50년간 인도의 국민소득 증가율은 연 1퍼센트가 채 안 되었다. 문명국을 자처하는 영국이 그렇게 오랫동안 통치했어도 독립할 당시에 인도인의 문자 해득률은 17퍼센트에 지나지 않았다. 인도는 이런 악조건에서 마침내 홀로 섰다. 1947년이었다.

독립 후의 발전

1947년 8월 15일 0시, 인도는 약 2세기 만에 영국에게서 독립했다. 19세기 후반부터 서서히 영국을 밀어내 마침내 홀로서기에 성공한 것이다. 인도의 독립이 돋보이는 것은 지배국 영국과 전쟁을 치르지 않고 평화롭게 달성된 점에 있다. 그날, 델리의 무굴 왕궁에서 영국 국기가 내려지고 인도의 삼색기가 올라갔다. 같은 날 같은 시간에 무슬림 인구를 가진 인도의 서북 지방과 벵골 동부 지방은 '파키스탄'이라는 이름으로 따로 독립을 선언했다. 그리고 동파키스탄(벵골 동부)은 1971년 파키스탄에서 독립하여 방글라데시가 되었다.

인도의 초대 총리가 된 네루(1889~1964, 총리 재임 1947~1964)는 경축사에서 "오래전 우리는 운명과 만날 약속을 했습니다. 그리고 이제 우리의 약속을 웅대하게 이행할 수 있는 때가 왔습니다. 이제 자정을 알리는 종이 울리면 세계는 잠들어 있지만 인도는 자유와 삶을 향해 깨어 있을 것입니다"라고 감격스럽게 연설했다. 몇 달 뒤에 마하트마 간디가 암살되는 불행이 있었으나 인도는 아픈 역사를 뒤로하고, 운명을 믿고서 홀로 앞으로 나아갔다.

간디의 뜻을 이어 독립운동 지도자가 된 네루는 40년간 독립운동에 참여했다. 아홉 번에 걸쳐 11년간 감옥에 갇혀가면서 간디와 힘을 합해 독립운동을 주도했던 네루는 17년간 인도연방의 총리로 인도를 이끌었다. 네루의 가장 빛나는 업적은 민주주의를 정착시킨 점이다. 다양한 인종과 넓은 국가를 한데 묶을 수 있는 제도가 민주주의라고 확신한 그는 보통 사람을 믿고 평등한 선거권을 도입했다. 1952년에 첫 선거를 실시한 인도는 지금까지 민주주의를 잘 실천하고 있다. 나라밖으로 비동맹 외교정책*을 주도하고 안으로 사법부의 독립을 이룬 것도 그의 업적이었다.

오랫동안 식민 통치를 받은 가난한 인도가 경제적으로 독립하는 일은 쉽지 않았다. 빈곤층이 많았고, 교육을 받은 인구도 많지 않았다. 세 차례 파키스탄과 전쟁을 치렀고, 중국과 국경 분쟁을 벌였으며, 여러 지방에서 분리주의 운동도 일어났다. 파키스탄으로 가지 않고 인도에 남은 무슬림 인구와 힌두의 해묵은 갈등도 빈번하게 재발했다. 그래도 네루와 그의 뒤를 이은 지도자들은 어려운 환경과 급격한 인구 증가를 무릅쓰며 녹색혁명을 이루고 식량 자급자족을 달성했다. 여러 번 오르내림과 위험한 시기가 있었지만 인도는 천천히 경제 발전을 이루며 홀로서기에 성공했다.

---

* 2차 세계대전 후 미·소 양 진영에 속하지 않고 독자적으로 국익을 추구한 외교 방침. 인도, 인도네시아, 이집트, 중국 등이 주도했다.

1990년대 초부터 사회주의형 경제를 뒤로하고 경제 자유화를 실시한 인도는 지속적으로 발전 가도를 달리며 신흥 경제국으로 세계의 주목을 받았다. 유능한 젊은 인구가 정보통신 분야와 컴퓨터 관련 산업을 세계 선두권으로 이끈 덕분이었다. 인도가 21세기의 슈퍼파워가 될 거라고 많은 전문가들이 전망했다. 오랫동안 외국의 지배를 받고 어려운 시대를 건넌 인도인들이 과거의 영광을 되찾으려고 노력하고 있다. 고대에 찬란한 문명을 일으켜 세계사를 장식했던 주인공의 후손들은 다가올 미래에도 인류 문명에 크게 공헌할 것이다.

인도 소프트웨어산업의 중심지 벵갈루루의 야경 KshitizBathwal / Skyscape Photography, CC BY-SA 4.0

사회의 변화

20세기에 큰 정치 변화를 이룬 인도에는 사회 변화도 많이 일어났다. 인도의 대명사로 악명이 높은 카스트 제도에도 변화의 물결이 이어졌다. 고대 문헌에도 나오는 카스트 제도는 근대까지 많은 변화를 거쳤다. 단순하게 4개로 나뉘었던 고대 사회의 카스트와 달리, 시간이 흐르면서 넓은 인도의 지역과 계층에 따라 복잡하게 변한 것이다. 실제로 근대 이전 카스트의 구분은 《리그베다》에 나온 것처럼 엄격하지 않았고, 지역에 따라서도 다양했다. 고대의 불교와 중세의 바크티 종파처럼 카스트 제도를 반대한 종교와 집단도 많았다.

영국이 인도를 잘 통치하려고 1871년부터 인구 조사를 실시하면서 카스트 제도가 전보다 뚜렷해졌다. 고대 문헌에 나오는 4개 카스트로 구분해서 인구 조사를 했기 때문이다. 그러자 많은 하층 카스트들이 스스로를 상층 카스트라고 대답하고, 카스트가 없는 불가촉천민은 자신에게 카스트가 있다고 주장하는 결과로 이어졌다. 특히 고대 아리아인에게 밀려 이동한 원주민의 후손이 많이 사는 남부 지방에서 그런 추세가 거셌다.

20세기에 카스트가 없는 사회 최하층의 위상을 높인 지도자가 암베드카르(1891~1956)다. 자신이 속한 불가촉천민의 위상을 올리고자 한 그의 노력은 간디의 지지를 받았고, 1930년대에는 그들도 카스트를 가진 사람들처럼 힌두사원에 들어갈 수 있게 되었다. 암베드카르는 인구가 많은 자신들이 의회민주주의 선거를 통해 세력을 이룰 수 있다고 판단했다. 그리하여 불가촉천민에게 일정한 비율로 지방의회 의석을 보장하는 법이 만들어졌으나, 2차 세계대전이 나자 영국이 실행을 연기하고 말았다.

독립한 인도 정부는 불가촉천민이 '자기 목소리'를 낼 수 있는 제도를 마련했다. 암베드카르는 인도 헌법을 기초하면서 불가촉천민제를 폐지하고, 이들이 받았던 차별과 배제를 벌충하기 위한 보호와 특혜가 보장되도록 했다. 관직과 의회, 교육기관의 일정한 자리가 이들에게 특별히 배정되었다. 오늘날 '천대받는 사람들'이란 뜻인 '달리트'라고 자칭하는 불가촉천민들이 이 제도에 힘입어 의사, 전문 기술자가 되고 장관과 의원직에 올랐다. 1990년대에는 인구가 가장 많은 일부 수드라 계층도 그 혜택을 받게 되었다. 물론 현재의 수드라는 고대 문헌과 달리 오랜 시대를 거치면서

불가촉천민 출신으로 인도 헌법을 기초한 암베드카르 경제학자이자 인권 변호사로 독립 정부의 첫 법무장관을 지냈다. 1935년 촬영.

평민이 된 사람들이다. 21세기로 접어든 인도에는 카스트의 금기나 카스트 간의 억압이 많이 사라졌다. 다만 달리트와 낮은 카스트에게 자리를 특별 할당하는 제도가 카스트의 구분을 전보다 강화하는 측면도 있다.

식민지의 해방과 여성의 해방은 20세기 역사의 주요한 흐름이었다. 그러나 20세기 초부터 국가의 해방을 도운 인도 여성의 해방운동은 독립한 뒤에도 국가 건설이란 명제에 뒤로 밀렸다. 가부장적 남성 중심 사회에서 여성운동이 본격화한 것은 1970년대였다. 유엔이 여성 인권에 관심을 두고 1975년을 '국제 여성의 해'로 선포하면서 인도에서도 성폭력과 결혼 지참금 등 여성에 대한 폭력을 주목하게 되었다. 여러 지방의 보통 여성들이 억압에 저항하는 다양한 운동을 벌였다. 풀뿌리 여성들이 주도한 히말라야 지방의 환경보호 운동과 1990년대 금주운동이 대표적 여성

카미니 로이Kamini Roy(1864~1933) 벵골 지방의 시인으로, 영국이 지배한 시기에 여성 참정권 운동에 앞장섰다.

칩코 운동 Chipko Andolan 1973년에 시작된, 히말라야 산악지대 여성들의 비폭력적 삼림 보호 운동. 이들은 나무를 껴안아 외지인의 벌목을 몸으로 막았다. 칩코란 '껴안는다'는 뜻이다. 중앙정부는 1980년 이들 지역의 상업적 벌목을 15년간 금지하여 식량과 연료를 삼림에서 얻는 현지 여성들의 손을 들어주었다.

운동이었다. 그러나 인도에서 여성 문제는 다른 사회적·경제적 변화만큼 빠르게 변하지 않았다. 남성보다 적은 여성 인구의 비율이 지난 100년간 변하지 않은 것이 단적인 예증이다. 아들을 선호하고 여성을 차별하는 관습이 남아 있고, 결혼 지참금 때문에 죽임을 당하거나 자살하는 여성도 많다. 다행히 교육받은 여성 인구가 늘어나고 여성의 사회 참여가 증가하면서 유엔이 발표하는 여성 권한 척도의 수치도 좋아졌다. 무엇보다 성평등과 고통받는 여성에 대한 사회적 인식이 나아졌다는 점이 주목할 점이다. 21세기에는 세계 여성 인구의 20퍼센트를 차지하는 인도 여성의 존엄과 자유를 향한 움직임이 한층 속도를 올릴 전망이다.

참고문헌

람 샤란 샤르마, 이광수 옮김, 1994, 《인도 고대사》, 김영사.
마노즈 다스, 이옥순 옮김, 2015, 《작은 인도》, 서해문집.
이옥순, 1999, 《여성적인 동양이 남성적인 서양을 만났을 때, 19세기 인도의 재발견》, 푸른역사.
이옥순, 2007, 《인도 현대사》, 창비.
이옥순, 2018, 《무굴 황제》, 틀을깨는생각.
조길태, 1994, 《인도사》, 민음사.

Joppen, Charles, 1907, *Historical atlas of India, for the use of high schools, colleges and private students*, London; New York : Longmans, Greenby.

5 대륙과 바다의 징검다리, 동남아시아

조흥국

일러두기
태국어·베트남어·인도네시아–말레이시아어에서 온 낱말과 스페인·포르투갈·영국·네덜란드 등 유럽의
언어에서 기원한 낱말은 각각 국립국어원에서 정한 해당 언어의 외래어 표기법에 따라 썼다.

동남아시아의 선사 문명

민족의 이동과 형성

동남아시아 민족들의 이주와 형성은 아시아 대륙에서 몽골로이드 민족들이 남하하면서 이뤄졌다는 것이 가장 일반적인 설명이다. 이에 따르면, 몽골로이드가 남하해 들어오기 전에 동남아시아에는 오스트랄로이드Australoid 민족들이 먼저 살고 있었다. 이들은 동남아시아뿐만 아니라 뉴기니섬과 오스트레일리아 등에도 분포했다. 피부색이 검기 때문에 '니그리토Negrito'라고도 불리는 오스트랄로이드는 황색 인종인 몽골로이드의 남하로 점차 외곽으로 쫓겨나거나, 혼혈을 통해 몽골로이드에 흡수되거나 멸절했다. 말레이반도의 스망Semang족과 팡안Pangan족, 인도네시아 서파푸아주의 파푸아Papua족, 필리핀의 아이타Aeta족 등이 오늘날 동남아시아에 남아 있는 대표적인 오스트랄로이드다.

오늘날 동남아시아의 대륙부와 도서부島嶼部에서 다양한 민족을 이루고 사는 몽골로이드 중 '말레이 민족'이라고도 불리는 오스트로네시아 민족들이 가장 먼저 남하했다. 이들의 남하 과정과 경로에 대해서는 두 가지 가설이 있다. 하나는 중국 양쯔강 이남 지역에 살던 오스트로네시아 민족들이 서기전 4000년 무렵부터 타이완섬으로 이주하기 시작했으며, 서기전 3000년 무렵부터 타이완에서 필리핀의 루손섬으로, 그리고 서서히 인도네시아의 여러 섬과 칼리만탄섬, 말레이반도로 이주해나갔다는 것이다. 또 한 가지 가설은 티베트와 중국 서남부 사이 지역에 살던 오스트로네시아 민족들이 말레이반도, 수마트라섬, 자와(영어식으로는 '자바')섬 등을 거쳐 필리핀 열도, 뉴기니섬, 멜라네시아제도 등으로 확산했다는 것이다.

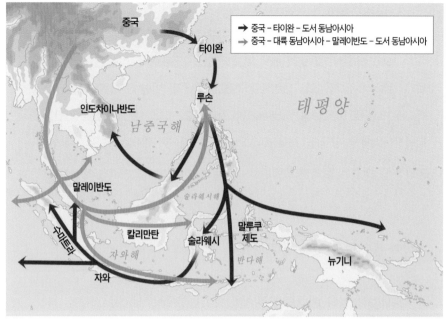

중국

타이완

인도차이나반도

루손

남중국해

태평양

→ 중국 – 타이완 – 도서 동남아시아
→ 중국 – 대륙 동남아시아 – 말레이반도 – 도서 동남아시아

말레이반도

술라웨시해

칼리만탄

술라웨시

말루쿠
제도

수마트라

자와해

반다해

뉴기니

자와

오스트로네시아 민족의 이주 경로에 관한 두 가지 설

대륙부
주요 민족의
이주 경로

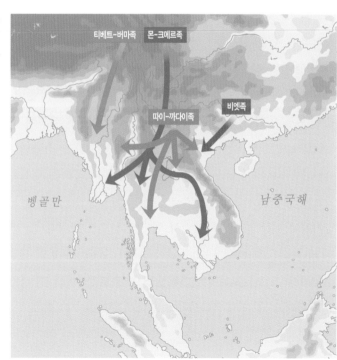

티베트-버마족   몬-크메르족

따이-까다이족

비엣족

벵골만

남중국해

동남아시아의 대륙부에 사는 민족들은 다른 몽골로이드 민족들로, 이들은 중국 서북부 및 남부에서 비교적 늦게 남하했다. 이들은 대부분 서기 1000년기에 베트남, 캄보디아, 라오스, 태국, 미얀마 등에 터를 잡았다. 이 가운데 베트남의 비엣Viet 곧 월越족은 이미 서기전 수백 년간 베트남 북부에서 왕국을 세우고 있었으며, 서기 후 점차 남쪽으로 확산해 오늘날의 베트남 영토를 이룩했다.

석기 문화와 청동기·철기 문화

베트남 하노이의 서남쪽에 위치한 호아빈성에서 발굴된 조약돌, 격지(박편剝片 석기), 간석기(마제 석기), 토기 등을 근거로 재구성한 구석기 문화를 '호아빈 문화'라고 한다. 호아빈 문화는 베트남 북부와 캄보디아, 태국, 말레이반도의 중부와 북부, 수마트라섬의 북부, 그리고 중국 남부에서도 확인되며, 인도네시아와 필리핀의 섬들에서도 이와 비슷한 구석기 문화가 발달했을 것으로 추정된다. 호아빈 문화 주민들의 생계 활동은 주로 채집과 수렵 및 어로로 이뤄졌다. 태국 동북부의 한 동굴에서 빈랑 열매를 비롯해 여러 식용 식물의 화석이 출토되었는데, 이로써 호아빈 구석기 문화의 주민들이 원예 농업에도 종사했을 것이라는 추측이 가능하다.

동남아시아의 신석기 문화와 청동기 및 철기 문화는 오스트로네시아 민족들의 동남아시아 이주에 따라 형성되었다. 오스트로네시아 민족들의 동남아시아 이주는 두 번에 걸쳐 일어난 것으로 보인다. 첫 번째는 서기전 3000년에서 2000년 사이 동남아시아에 도착한 이주의 물결로, 이 기간에 이주한 오스트로네시아 민족들을 '프로토말레이인' 곧 '1차 말레이인'이라고 한다. 이들이 동남아시아에 신석기 문화를 가져왔다. 두 번째는 서기

호아빈 문화권

호아빈 문화 유물
하노이국립대학교 인류학박물관 소장.

전 300년쯤의 이주 물결로, '듀터로말레이인' 곧 '2차 말레이인'이라고 불리는 이들이 동남아시아에 청동기 문화와 철기 문화를 들여온 것으로 보인다. 듀터로말레이인들은 오늘날 말레이시아의 말레이족, 인도네시아의 자와Jawa족, 필리핀의 타갈로그족 등 동남아시아 도서부를 지배하는 민족들을 형성했다. 프로토말레이인의 후손으로 오늘날 수마트라섬의 바탁Batak족이나 칼리만탄섬의 다약Dayak족, 또 필리핀의 이고롯Igorot족 등을 들 수 있다.

동남아시아의 고대 왕국들

동남아시아의 역사지리

　동남아시아의 역사와 문화가 전개된 지리적 환경은 다음과 같은 특징이 있다. 첫째, 이 지역은 인도인 및 서아시아 사람들이나 유럽인이 동북아시아로 들어오는 관문이자, 동북아시아 사람들과 서아시아 세계를 연결하는 징검다리 역할을 한 곳이다. 이러한 지정학적 위치 때문에 서기 전후부터 현대에 이르기까지 세계의 다양한 문화가 유입되었으며, 이것은 동남아시아의 가장 중요한 특징 중 한 가지로 꼽히는 '문화적 다양성'을 낳았다.

　둘째, 이 지역은 몬순 곧 계절풍의 영향 아래 있다. 이 때문에 아랍인들은 동남아시아 지역을 '바람 아래의 땅lands below the winds'이라고 불렀다. 농업과 해상 활동에 오래전부터 지대한 영향을 미쳐온 계절풍은 대륙부와 도서부에서 그 영향이 각기 달리 나타난다. 벵골만에서 남부 중국과 필리핀까지 북위 8도 이북 지역에는 우기인 5월부터 10월 초까지 서남 계절풍이 동북 방향으로 불면서 많은 비를 뿌린다. 반대로 겨울철이 되면 북쪽에서 남쪽으로 건조한 바람이 불어와 특히 대륙 동남아시아 지역에는 비가 거의 오지 않으며, 여름에 비해 기온도 내려간다. 그러나 적도 이남에 위치한 지역에서는 강우 상황이나 기온이 몬순의 영향을 별로 받지 않는다.

　동남아시아 지리 환경의 셋째 특징은 이 지역이 대륙부와 도서부로 구분될 수 있다는 것인데, 이것은 동남아시아의 역사와 문화를 이해하는 데 중요한 출발점이 된다. 대륙 동남아시아(인도차이나반도)는 베트남·

캄보디아·라오스·태국·미얀마, 그리고 도서 동남아시아는 말레이시아·싱가포르·브루나이·인도네시아·필리핀·동티모르를 아우른다. 상좌불교* 국가들인 미얀마·태국·라오스·캄보디아와 대승불교를 믿는 베트남 등 대륙 동남아시아는 불교 문화권인 데 비해, 말레이시아·인도네시아·브루나이 등 도서 동남아시아는 대부분 이슬람 문화권으로 분류할 수 있다.

또한 대륙 동남아시아가 버마족·타이족·라오족·크메르족·비엣족 등 다양한 민족으로 구성된 데 반해, 도서 동남아시아는 필리핀에서 인도네시아, 말레이시아에 이르기까지 대부분 민족적·언어적으로 오스트로네시아 어족의 세계에 속한다. 그뿐만 아니라 도서 동남아시아는 종교적으로도 상당한 통일성이 있는 곳이다.

대륙부와 도서부는 지리 및 지형 구조도 각기 다른 특징을 지닌다. 우선 도서부의 특징은 그것이 섬들의 세계라는 점이다. 이러한 특징 때문에 주민들은 일찍부터 해상 활동에 참여해 왔다. 대륙부의 지리적 특징은 무엇보다도 인도와 미얀마 사이, 미얀마와 태국 사이, 라오스와 베트남 사이에 북에서 남으로 발달한 높고 험준한 산맥들이 자연적인 경계를 이룬다는 점이다. 이들 산맥과 병행해 미얀마의 에야워디강과 땅르윙강, 태국의 짜오프라야강, 인도차이나반도를 종단하듯 관통하는 메콩강 등 큰 강이 흘러, 그들 국가의 정치·경제·문화적 발전에 중요한 젖줄이 되어 왔다. 특히 하천들의 중류와 하류 지역에서는 벼농사가 발달해 주민들의 주요 정착지가 형성되고 왕국들이 건설되었다. 그러나 북-남 방향으로 뻗은 산맥들의 흐름에 막혀 하천 유역의 정착지들 간 동-서 교통은 용이

---

* '상좌불교'란 고대 인도의 언어 중 하나인 팔리어 어휘 '테라바다(Theravada)'를 한역(漢譯)한 말로, '테라'는 '상좌(上座)', '바다'는 '말씀, 가르침'을 뜻한다. 상좌불교는 종종 '소승불교'로 불리는데, 그것은 상좌불교가 소승불교의 대표적인 부파(部派)이기 때문이다.

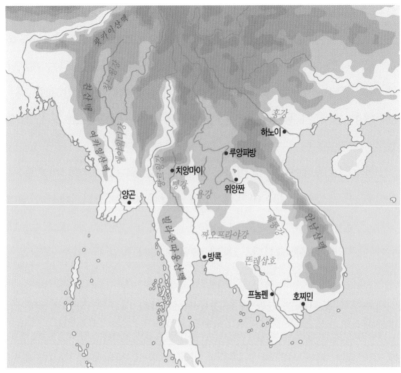

대륙부 동남아시아의 주요 산맥과 강

치 않았고, 그 결과 대륙 동남아시아에서 역사적으로 중요한 민족 이동
이나 상업적 접촉은 주로 남-북 간에 이뤄졌다.

　라오스 북부에서 출발해서 베트남의 해안선과 나란히 북-남으로 뻗은
안남산맥 곧 쯔엉산맥 때문에 라오스는 역사적으로 베트남보다는 메콩
강 건너편의 태국과 훨씬 빈번하고 깊은 관계를 맺어왔다. 메콩강은 태국
과 라오스를 구분하는 경계선이라기보다는 두 나라 사이에 민족과 문화
의 이동 통로였을 뿐만 아니라, 두 지역 간 경제적 이해관계가 공유되는
장場이었다. 만약 안남산맥이 없었더라면 라오스 땅은 더욱 강력한 베트
남에 일찍이 흡수되었을지도 모른다.

동남아시아의 문화적 특징

　동남아시아 문화가 형성되는 과정에 인도 및 중국의 문화가 중요한 영향을 미친 것은 사실이지만, 그러한 외래 문화가 들어오기 전에 이 지역에 토착 문화가 존재했다는 점을 간과해서는 안 된다. 토착 문화는 우선 의식주에서 확인할 수 있다. 예컨대 동남아시아의 여러 나라에서 오늘날도 인기 있는 식품인 어장魚醬 곧 생선 간장은 아시아의 간장 문화에서 가장 오래된 것에 속하며, 콩으로 만드는 동북아시아의 곡장穀醬과 비교할 만하다. 동남아시아의 농촌 지역에서 흔히 볼 수 있는 고상高床 가옥은 땅과 집 바닥 사이에 공간을 두지 않은 중국식 가옥과 확연히 구별된다. 또 빈랑 열매를 기호 식품으로 섭취하는 것*이라든지 몸에 문신을 하는 것도 이 지역의 토착 문화에 속한다.

고상가옥
캄보디아 서북부
시엠리업 부근 한 마을의
전형적인 고상가옥.
동남아시아의
많은 지역에서 주민들은
전통적으로 기둥 위에
높이 마루를 올려 집을
짓고 살았다.
ⒸCho Hungguk

＊ 동남아시아 열대 지방에는 종려나무의 일종인 빈랑의 열매를 껌처럼 씹는 관습이 있다.

동남아시아의 토착 전통 가운데 두드러진 것으로 무엇보다 여성의 적극적인 사회적 역할을 들 수 있다. 중국의 역사서인 《진서晉書》는 베트남 중부의 짬빠Champa 왕국 사람들이 '여자를 귀하게 여기고 남자를 천하게 여겼다'고 썼다. 역시 중국의 《명사明史》에서는 태국 사회에서 '모든 일이 그 부인들 손에서 결정되는데, 그것은 부인들이 속 깊고 계산이 밝아 남자들보다 뛰어나기 때문'이라고 했다. 여성의 이러한 위상은 오늘날에도 이 지역의 여러 나라에서 볼 수 있는 처거제 풍습이나 시장에서 여성들의 활발한 활동으로 나타난다.

토착 문화의 전통에 중국 문화와 인도 문화가 이식되어 발전했다. 제도적인 힘을 가진 이들 외래 문화는 동남아시아 고대 왕국들의 법과 행정 체계 및 의례에 큰 영향을 미쳤다. 중국 문화의 영향은 베트남에 국한되었고, 나머지 지역의 대부분은 인도 문화의 영향을 받았다. 예컨대 서기전 207년 베트남에 남비엣Nam Viet, 南越 왕국이 건설된 배경에는 중국과 지속해 온 문물 교류가 있었다.

인도 문화의 영향은 언어·문자·종교·예술·문학·정치·기술 등 광범위한 분야에 걸쳐졌기에, 심지어 동남아시아의 '인도화'라는 개념까지 등장했다. 14세기까지 동남아시아에서 흥기한 고대 왕국들은 대부분 인도 문화의 영향 아래 건설되고 발전했다. 예컨대 1세기에 캄보디아 남부에 건설된 부남扶南, 2세기에 베트남 중부와 남부에 건설된 짬빠, 7세기 수마트라섬에 출현한 스리위자야, 8세기 자와섬에 등장한 사일렌드라, 9세기 초 캄보디아에 세워진 앙코르, 11세기 미얀마에 출현한 버강, 14세기에 태국에서 일어난 아유타야 같은 왕국들이 모두 인도 문화를 받아들였다.

'인도화'에 이어 이슬람이 전파되었다. 인도를 경유해 동남아시아에 유입된 이슬람은 13세기 말 수마트라섬의 북단에 정착한 이후 해상무역의 흐름을 타고 도서부의 여러 지역으로 퍼져나갔다. 특히 서아시아·인도의 무슬림 상인들과 말레이·자와·말루쿠의 상인들이 향료 무역을 위해 모여들었던 믈라카는 15세기 초 이슬람 왕국이 된 이후 동남아시아에서 이슬람 확산의 중심이 되었다. 그리하여 15세기 중엽부터 17세기 초 사이에 수마트라섬 남부, 자와섬, 칼리만탄섬 북부와 남부 해안, 말루쿠군도, 그리고 필리핀의 민다나오섬 일부가 이슬람 왕국이 되었다. 이슬람의 확산, 그리고 16세기부터 유럽인들의 진출과 함께 유입된 서양 문화의 영향으로 동남아시아의 문화는 더욱 다채로워졌다.

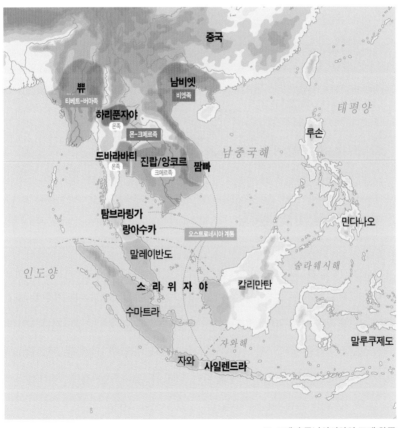

7~9세기 동남아시아의 고대 왕국

1200년경
동남아시아의
주요 왕국

북부 베트남의 첫 왕국들

오늘날 베트남 민족의 조상 중 핵심을 이루는 락雒, 駱 사람들이 베트남어로 '송홍Song Hong'이라 불리는 홍강紅江 일대에서 부족국가를 일으켰다. 고대 베트남의 정치와 문화는 홍강 삼각주를 중심으로 전개되었다. 역사적으로 입증된 첫 왕국은 서기전 3세기 중엽에 건설된 어우락Au-lac국이다. 더 분명한 실체와 구체적인 역사를 보여주는 것은 서기전 3세기 말에 등장한 남비엣왕국이다.

남비엣은 서기전 111년 중국 한漢 왕조의 식민지가 되어 그 후 1000년 넘게 중국의 통치를 받았는데, 이 기간 언어·의식주·종교·행정제도·문학·예술·기술 등 다양한 분야에 중국 문화가 깊이 스며들었다. 그러나 결국 베트남 민족은 중국과 싸워 이겨 서기 939년에 독립, 응오Ngo, 鳴 왕조를 세웠다. 이 시기만 해도 베트남의 영토는 현 베트남 북부에 국한되었다. 그 후 여러 번 왕조가 교체되다가 11세기 초 리Ly, 李 왕조가 들어섰는데, 이 왕조는 1054년 국호를 다이비엣Dai Viet, 大越으로 정했다. 리 왕조의 뒤를 이은 쩐Tran, 陳 왕조(1225~1400)는 13세기 말 유라시아 대륙을 휩쓸던 몽골 군대의 침입을 물리쳤다.

1407년 명明이 침공하여 베트남은 다시 중국의 식민지가 되었지만, 레 러이Le Loi가 저항운동을 일으켜 1427년에는 중국 군대를 몰아내고 그 이듬해 레Le, 黎 왕조를 세웠다. 레 왕조는 초기부터 유교 이념을 채택해 제도를 정비해 나갔다. 타이또太祖 황제로 즉위한 레 러이는 유학을 장려했으며 유교 지식을 바탕으로 관리를 뽑는 과거 제도를 도입했다. 15세기 후반 타인똥太宗 황제는 중앙집권적인 행정제도를 확립하고 베트남 역사상 첫 성문법인《국조형률國朝刑律》을 편찬해 법 행정을 체계화했다.

캄보디아의 부남과 중부 베트남의 짬빠

동남아시아에서 남비엣 다음으로 등장한 왕국은 캄보디아 남부에 서기 1세기 말 세워진 것으로 보이는 부남扶南(푸난)이다. 중국 사료에 따르면, '요徼'라는 나라로부터 '귀신을 섬기는 사람인 혼전事鬼神者字混塡'이 배를 타고 부남 땅에 도달했으며, 그곳의 여왕인 유엽柳葉과 혼인하여 나라를 다스렸다. '요'는 인도나 말레이반도 지역으로 간주되며, '귀신을 섬기는 자'는 인도인 브라만을 가리키는 것으로 보인다. 이 설화에서 동남아시아의 초기 왕국 건설 과정에 인도가 미친 영향의 한 면을 볼 수 있다.

부남은 3세기 초에 크게 팽창해 그 영향력이 서쪽으로는 말레이반도 중부에서 미얀마까지 이르렀고 동쪽으로는 베트남 중부에 닿았다. 이러한 국력의 바탕에는 해상무역을 통한 경제력이 있었다.

부남의 민족에 관해서는 몬-크메르Mon-Khmer 어족의 민족이라는 설과 오스트로네시아 어족의 민족이라는 설, 그리고 이들 두 가지 계통의 민족이 부남의 주민을 이루었다는 설 등 여러 가설이 존재한다. 부남이 다른 말레이계 민족들과 마찬가지로 활발한 해상무역 활동을 전개했던 점을 고려해 볼 때, 오스트로네시아 민족으로 보는 것이 타당할 것이다.

해상무역을 기반으로 번영했던 부남은 5세기부터 쇠퇴하기 시작했다. 그것은 무엇보다도 4세기 중국인들이 동남아시아 무역에 적극적으로 참가하면서 인도네시아 지역과 중국 사이에 직접 교역이 발달하게 되었기 때문이다. 약해진 부남은 5세기에 짬빠의 공격을 받았고, 6세기 중엽에는 크메르족의 공격을 받아 멸망하고 말았다.

2세기 말에는 베트남 중부에 짬빠왕국이 건설되었다. 이 왕국은 중국 사료에 처음에는 '임읍林邑'으로 알려졌다가 8세기 중엽부터 9세기 중엽까지는 '환왕環王'으로, 그 후로는 '점성占城'으로 기록되었다. 짬빠를 건설한 오스트로네시아 민족인 짬Cham족도 항해술을 바탕으로 일찍부터 동남아시아와 인도, 남중국해 연안 지방을 연결하는 중계무역을 발전시켰다. 오늘날의 꽝남Quang Nam과 다낭 일대를 중심으로 발전한 짬빠는 종종 군사 원정을 통해 북쪽으로 베트남을 공격했을 뿐만 아니라 메콩강 유역 진출도 꾀해 부남과 충돌했다. 특히 부남과 벌인 전쟁은 남중국해 무역에서 지배적인 위치를 점하려는 경쟁에서 비롯된 것이었다.

캄보디아의 앙코르왕국

크메르족은 인도 동북부와 중국 서남부 사이에 살다가 메콩강을 따라 내려와, 처음에는 태국 동북부의 코랏고원 일대와 라오스 남부에 정착했다. 이들은 여러 성읍국가를 세운 것으로 보이는데, 모두 부남왕국의 영향 아래 있었다. 이 성읍국가들 중 메콩강 중류 지역의 육진랍陸眞臘과 오늘날 캄보디아 및 메콩강 하류 지역의 수진랍水眞臘이 8세기 초에 발전했다.

790년 수진랍이 자와 사일렌드라왕국의 침공을 받아 그 속국이 되었다. 이때 왕자로서 자와에 잡혀갔던 쩨이봐르만Jayavarman 2세가 귀국 후 사일렌드라인들을 몰아내고, 분열된 진랍을 통일했다. 그는 802년 똔레삽 호수 서쪽의 시엠리업 지역에 도읍을 두고 앙코르왕국을 세웠다. 진랍과 앙코르왕국을 건설한 크메르족은 농업을 기반으로 한 민족이어서, 부남의 해상무역 전통을 잇지 못했다.

앙코르왕국의 역사는 많은 전쟁과 신전 건축으로 점철되었다. 특히 신에 제사를 올리기 위해서만이 아니라 통치의 정당화를 위해 왕실의 선조들에게 바치는 신전을 많이 건축했다. 앙코르왕국의 대표적인 힌두교 신전인 앙코르 와트는 12세기 전반 소리야봐르만Suryavarman 2세 시대에 건설되었다. 가장 활발히 신전 건축 활동을 벌인 왕은 쩨이봐르만 7세로, 12세기 말부터 13세기 초 사이에 통치한 그는 '앙코르 톰Angkor Thom'이라는 도시를 완성하고 그 안에 대승불교 사원인 바욘Bayon을 지었다.

숱한 신전 건축과 빈번한 전쟁으로 국가의 힘이 고갈된 앙코르왕국은 1431년 태국의 공격을 받아 멸망했다. 그 후 현 프놈펜 근처로 도읍을 옮긴 크메르족 왕조들은 태국의 영향 아래 들어갔다.

앙코르 톰의 남문 '위대한 도시'를 뜻하는 앙코르 톰은 크메르제국의 마지막 수도였다. 12세기 말~
13세기 초 건축된 앙코르 톰은 각 변이 약 3km에 달하며, 두께 1m 높이 8m인 성벽으로 둘러싸여 있다.
대개 남문으로 들어가는데, 각 문은 관세음보살의 얼굴을 조각한 탑으로 장식되어 있다. ⓒCho Hungguk

바욘의 두 번째 담장 얼굴탑 앙코르 톰 한복판에 있는 대승불교 사원 바욘. 12세기 말~13세기 초에 건
축되었다. 세 겹으로 둘러선 사각형 담장에 관세음보살 얼굴을 돋을새김한 탑이 즐비하게 장식되어 있
다. ⓒCho Hungguk

미얀마·태국·라오스의 불교 왕국들

오늘날 미얀마의 주류를 이루는 민족인 버마족이 왕조를 건설하기 전에, 미얀마 땅에는 몬족과 쀼족의 왕국들이 있었다.

몬-크메르 어족에 속한 몬족은 일찍이 상좌불교를 받아들이고 인도의 법전을 수용했으며, 인도의 팔라바 문자를 본떠서 몬 문자를 만들었다. 몬족의 일부는 오늘날의 태국 땅으로 들어가 6세기에 중부 지역에서 드바라바티왕국을 세웠고, 9세기 초에는 북부 지역에서 하리푼자야왕국을 세웠다. 또한 몬족은 떠통Thaton 지역을 중심으로 미얀마 남부에서 지배적인 세력을 이루고 있었다.

티베트-버마 어족에 속한 쀼족은 2세기 중국 서남부에서 미얀마 땅으로 들어와, 중부의 삐예Pyay 근처에서 왕국을 세웠다. 쀼족의 왕국은 9세기 초 중국 윈난 지방에 있던 왕국 남조南詔의 공격을 받아 멸망했다.

9세기 미얀마 땅에 들어온 것으로 보이는 버마족은 11세기 중엽 몬족의 세력을 꺾고 버강을 수도로 하는 왕국을 세웠다. 몬족에게서 상좌불교와 문자를 받아들인 버강왕국은 수많은 사원과 불탑을 세웠으나 1287년 몽골 군대의 공격으로 멸망했다.

버마족 왕국의 붕괴로 몇몇 소수민족이 흥기해, 몬족은 남부 지방에서 13세기 말 버고Bago와 목뜨마Moktma를 중심으로 독립 왕국을 일으켰으며, 샨족은 동북부 지방에서 14세기 초 삥야Pyinya 왕조와 저가잉Sagaing 왕조를 세웠다. 두 왕조는 1364년 미얀마 중부 지방의 인와Inwa에 등장한 인와 왕조로 통합되었다. 서쪽에서는 여카잉족이 1430년에 므라욱우Mrauk—U 왕조를 건설했다.

11~12세기 앙코르왕국 주변에 타이족과 라오족의 성읍국가가 여럿

동틀 녘 버강의 불탑 숲 11세기 중엽부터 13세기 말까지 약 240년 동안 버강 왕조 시대 미얀마의 국왕들은 신앙을 과시하기 위해 불교사원과 불탑을 5000개 넘게 세웠다. Nicholas Kenrick, CC BY 2.0

생겨났고, 13~14세기가 되자 오늘날의 태국 땅과 라오스 땅에 왕국들이 등장했다. 그중 라오족의 파 응움Fa Ngum이라는 왕자가 크메르 군대의 도움을 받아 1353년 루앙프라방 곧 루앙파방Luangphabang에 세운 왕국이 란상Lan Xang이다. 그는 사방으로 영향력을 확대해, 서북쪽으로는 오늘날 중국 윈난성의 징훙景洪까지, 동북쪽으로는 오늘날 베트남 국경 일대까지, 남쪽으로는 위앙짠(비엔티안)과 사완나켓, 그리고 오늘날 태국 동북부의 나콘파놈과 로이엣까지 란상왕국의 영역이 미쳤다. 15세기 초까지 란상은 인도차이나반도의 강국 중 하나였으나, 그 후 오랜 기간 침체에 빠졌다.

란상보다 근 1세기 앞서 북부 태국에 란나왕국이 들어섰다. 1259년 치앙샌에서 왕위에 오른 망라이는 몬족의 하리푼자야왕국을 무너뜨린 뒤,

1292년 치앙마이를 왕국의 새 수도로 삼았다. 그가 도입한 상좌불교는 란나의 문화적 정체성을 이루는 중요한 바탕이 된다. 망라이 시대 란나는 북부 태국에서 상당한 힘을 가진 나라였으나, 15세기 말 이후 점차 쇠퇴해 16세기 중엽에는 버마족의 떠웅우Taungoo왕국에 복속되었다. 이후 란나는 버마족의 영향권 아래 있다가 1776년 태국에 정복되기 시작해 점차 태국의 영토로 편입되었다.

중부 태국에서는 다른 타이족 왕국인 수코타이가 1240년대에 세워졌다. 수코타이왕국의 통치 범위는 람캄행 왕의 치세(1279~1298)에 확장되었다. 수코타이는 란나나 란상과 마찬가지로 상좌불교를 받아들여 문화적 정체성의 구심점으로 삼았다. 이 왕국은 람캄행 왕 사후 급격하게 쇠락해 1320년 즈음에는 다시 성읍국가 수준으로 위축되었다가 15세기 중엽 소멸했다.

16세기 중엽 대륙 동남아시아

또 다른 타이족 왕국인 아유타야는 짜오프라야강 하류에 위치한 아유타야를 수도로 1351년에 창건되었다. 아유타야왕국은 초기부터 팽창 정책을 펼쳐 1431년에는 앙코르왕국을 정복했다. 아유타야왕국은 중국, 인도, 동남아시아 국가들과 활발히 무역 활동을 벌였다. 이를 통한 왕실 재정의 강화는 왕국이 군사적으로 강력한 힘을 발휘할 수 있는 밑바탕이 되었다.

말레이반도와 자와섬의 힌두교-불교 왕국들

말레이반도에는 2세기에 랑아수카왕국과 탐브라링가왕국이 등장했다. 이처럼 말레이반도에 비교적 일찍이 왕국이 세워진 것은 이 지역이 인도와 중국 간 해상 교역에서 지정학적으로 중요한 위치를 차지했기 때문이다. 그러나 두 왕국의 역정歷程이 어떠했는지는 알려지지 않았다.

인도와 중국 간 해상 교통에 말레이반도 못지않게 유리한 곳이 수마트라섬과 자와섬이다. 7세기 중엽 수마트라에 스리위자야왕국이 건설되었다. 이 왕국은 부남왕

Gunawan Kartapranata, CC BY—SA 3.0

스리위자야 시대의 불상
팔렘방 세군탕 언덕에서
발견된 8세기 무렵의
불상(오른쪽 사진은 이 불상의
상반신이다).
당시 팔렘방에서는
대승불교가 번성해,
당나라와 신라의 불승들이
인도로 불교를 공부하러
갈 때 팔렘방에 들러
인도 유학을 준비했다고 한다.

국에 이어 중국과 인도 간 중계무역을 도맡으면서 번영했다. 스리위자야에서는 대승불교가 번성했다. 당시 스리위자야의 수도인 팔렘방을 거쳐 인도를 방문했던 중국 불승 의정義淨에 따르면, 팔렘방에서는 중국과 베트남 등지에서 온 승려가 천 명 넘게 체류하면서 산스크리트어를 배우며 인도 유학을 준비하고 있었다. 11세기 스리위자야는 세 번에 걸쳐 인도 촐라 왕국의 공격을 받고 쇠락하다 13세기에 멸망했다.

자와섬 중부에서는 750년에서 832년 사이 사일렌드라왕국이 번성했는데, 이 왕국의 대승불교 문화는 유명한 보로부두르 불탑을 낳았다. 자와섬 남부에는 732년 힌두교 왕국인 마타람이 세워졌다. 이 왕국은 9세기 중엽 사일렌드라 왕조와 결탁해 자와의 통제권을 장악했으며, 929년 크디리로 천도해 크디리왕국을 세웠다. 크디리는 1222년에 일어난 싱하사리 왕조에게 멸망했다. 싱하사리는 1292년까지 자와섬 동부를 중심

보로부두르 사원 1991년 유네스코 세계문화유산으로 등재되었다.

으로 성장해 마두라섬과 발리섬까지 영향력을 미쳤다. 그 뒤를 이어 일어난 마자파힛왕국은 자와섬의 마지막 힌두교 왕국으로, 14세기 후반에 크게 번성해 말레이반도·칼리만탄섬·말루쿠제도에 이르기까지 오늘날 말레이시아와 인도네시아의 대부분을 지배하는 해양 제국으로 발전했다. 그러나 15세기에 서쪽에서 이슬람 세력이 점차 확장해 오자 쇠퇴하기 시작해 1527년에는 이슬람 왕국인 드막에 정복되고 말았다.

고대 동남아시아의 항해·조선 기술

고대 동남아시아에서는 특유한 조선 기술이 발달했다. 3~8세기 중국 기록을 보면 '곤륜박崑崙舶'이라는 동남아시아 선박들은 돛대와 돛을 여러 개 장착하고 키 2개를 양쪽에 부착했으며, 갑판과 선체를 제작할 때 쇠못을 쓰지 않고 나무로 된 장부촉으로 널빤지를 연결해 용골과 결합했고, 선체는 여러 겹으로 이뤄져 있었다. 선박 건조의 이러한 특징들은 유럽의 것과는 물론, 쇠못을 사용하고 선미 쪽에 키 하나를 두는 중국 선박과도 확연하게 구별되었다.

동남아시아의 이러한 배를 작은 4~40톤급 규모는 말레이어로 '프라후 prahu', 큰 250~1000톤 규모는 '종jong'이라고 했다. 이 '종'에서 유럽인들이 16세기부터 중국의 범선을 가리킨 용어인 '정크junk'가 파생했다. '종'은 15~17세기 이른바 '무역의 시대'에 동남아시아 해역뿐만 아니라 동남아시아 국가들과 인도 및 중국의 무역에서도 중요한 역할을 했다.

프라후를 탄 어민 인도네시아 북술라웨시주 마나도 근해에서.

도서 동남아시아와 유럽의 만남

16세기 초 포르투갈의 믈라카 점령과 인도네시아 진출

유럽인들의 동남아시아 진출은 1498년 포르투갈인 바스쿠 다가마가 동인도 항로를 개척함으로써 시작되었다. 이로써 유럽인들은 당시 무슬림 상인들이 지배하던 향료 무역에 직접 참가할 수 있게 되었다. 그때까지는 무슬림 상인들이 인도네시아의 향료 산지로부터 인도를 경유해 지중해 연안의 아랍 항구들에 이르기까지 향료 유통을 장악하고 있었다.

16세기 초 무슬림 상인들보다 우월한 항해 기술과 전투력, 특히 더 강력한 함포를 갖춘 포르투갈인들이 인도양에 무역기지를 세우기 시작했다. 1511년에는 아폰수 알부케르크의 지휘하에 포르투갈 해군이 당시 동남아시아 향료 무역에서 가장 중요한 중계무역항이었던 믈라카를 점령했다. 믈라카 점령은 유럽인들에게 동남아시아 시장으로 진입할 길을 열어준 중요한 역사적 사건이었다. 포르투갈인들은 곧 향료 산지인 말루쿠제도로 무역 활동을 확대해, 1522년에는 당시 말루쿠제도에서 무역 중심지이자 가장 강력한 정치세력이었던 트르나테에 요새를 세우는 등 인도네시아의 여러 섬에 무역기지를 건설했다.

16세기 스페인의 진출과 필리핀 형성

스페인의 필리핀 식민화는 마젤란의 1521년 필리핀 방문 이후 1565년 미겔 로페스 레가스피의 세부섬 점령으로 시작되었다. 스페인 군대는 우선 중부의 비사야제도와 북부의 루손섬을 정복해 나갔다. 스페인의 필리핀 정복이 비교적 용이하게 진행될 수 있었던 것은 무엇보다도 당시 루손섬과 비사야제도에 인구수나 영토의 크기 면에서 어느 정도 규모를 갖춘 왕국이 없었기 때문이다. 가장 큰 정치단위라고 해봤자 고작 주민 수백 명으로 이뤄진 '바랑가이'라는 촌락이 있었을 뿐이다. 조직적인 저항력이 있었던 곳은 오직 술루제도와 민다나오섬의 몇몇 이슬람 왕국뿐이었다.

스페인 군대는 술루와 민다나오의 이슬람 왕국들을 정복하려 노력했지만, 무슬림의 강인한 저항에 번번이 실패했다. 필리핀 전체에 스페인의 식민지배가 확립된 것은 술루의 술탄이 항복한 1878년이었다. 이슬람권인 남부 지역을 제외한 필리핀 사회는 스페인의 식민지배하에서 빠른 속도로 가톨릭화했다. 스페인은 1571년에 마닐라를 식민지의 수도로 삼고, 기존 식민지인 멕시코에서 이미 확립한 식민행정 체제를 필리핀에 도입했다.

스페인인들이 진출하기 전에는 '필리핀'이라는 명칭이 존재하지 않았다. '필리핀'이란 개념은 스페인 군대가 16세기에 필리핀의 섬들을 점령한 후 당시 스페인 국왕이었던 펠리페 2세의 이름을 따서 그 점령 지역을 '필리핀'이라고 부른 데서 연유했다. 그 후 19세기까지 스페인의 식민지배 과정을 거치면서 숱한 섬들이 필리핀이라는 한 국가의 영토로 통합되어 갔으며, 주민들 사이에서 점차 필리핀이라는 나라와 민족과 문화의 정체성이 만들어졌다.

17세기 네덜란드의 진출과 말레이-인도네시아 세계의 변화

중상주의에 입각한 해외무역 개척에 대한 관심이 고조했던 17세기에는 유럽의 다른 국가들도 아시아 무역에 가담했다. 영국과 네덜란드, 덴마크, 프랑스 등이 각기 동인도회사를 설립하고 인도양과 중국해에서 무역 경쟁을 벌였다. 특히 1619년 바타비아(현 자카르타)에 본부를 세운 후 동아시아에서 무역을 지배하고자 노력한 네덜란드동인도회사는 영국의 동남아시아 진출을 좌절시키고 1641년 포르투갈로부터 믈라카를 빼앗음으로써 17세기 말 그 무역 경쟁에서 승자가 되었다. 네덜란드는 19세기 초까지 말레이반도에서 인도네시아에 이르는 도서 세계에 광대한 식민지를 구축했다.

네덜란드의 진출로 말레이-인도네시아 세계의 정치·경제 판도는 큰 변화를 겪었다. 네덜란드동인도회사는 17세기부터 말레이반도의 주석에 대한 통제권을 장악하기 위해, 자와섬에서는 후추 무역을 독점하기 위해, 술라웨시와 말루쿠에서는 향료 무역을 독점하기 위해 노력했다. 그 과정에서 인도네시아 지역 이슬람 왕국들의 흥망성쇠가 네덜란드의 세력 팽창과 밀접히 연결되어 전개되었다. 예컨대 자와 서부의 반탐왕국은 후추 무역을 둘러싸고 네덜란드동인도회사와 경쟁하면서 점차 약해졌으며, 1680년대에는 내부의 정치 분쟁에 개입한 네덜란드동인도회사의 속국으로 전락했다. 중·동부 자와의 마타람왕국은 네덜란드동인도회사의 도움을 받아 17세기 말에 내란을 진압하자, 그 대가로 이 회사에 여러 무역 이권과 영토를 넘겨주었다. 이후 비슷한 일이 되풀이되면서 마타람의 영향력이 점차 약해졌다.

남진하는 베트남

15세기 초 건설된 레 왕조는 베트남 역사상 가장 장수한 왕조로 1788년까지 지속되었으나, 실제 레 왕실은 첫 100년 동안 통치했을 뿐이다. 레 왕조는 15세기 말부터 쇠락하기 시작했다. 도처에서 폭동과 반란이 빈번하게 일어났을 뿐만 아니라, 조정에서는 파벌들이 권력 투쟁에 골몰했다. 그 과정에서 막당중Mạc Đăng Dung, 莫登庸이 실권을 장악해 1527년 제위에 올라 막씨 왕조를 세웠다. 이에 레 왕조 시대 군사력을 바탕으로 강력한 권력을 구축한 북부의 찐Trinh, 鄭 가문과 남부의 응우옌Nguyen, 阮 가문이 레 왕실 부흥운동을 일으켜 1592년 막씨 정권을 무너뜨렸다. 그러나 재건된 왕조에서 황제는 명목상의 존재일 뿐, 나라는 실권을 쥐고 있었던 두 가문의 세력으로 양분되었으며, 두 가문 사이에 1627년부터 1672년까지 전쟁이 벌어졌다.

1771년에 남부 꾸이년 부근의 떠이선 마을에서 응우옌씨 세 형제가 일으킨 떠이선 반란으로 레 왕조가 무너졌다. 베트남 사회주의 역사학자들은 이 반란의 농민운동 성격을 중시해 '떠이선운동'이라고 부른다. 떠이선 반란은 운동 주체 세력이 분열하고 응우옌 푹 아인Nguyen Phuc Anh, 阮福映이라는 인물이 독자 세력을 구축해 나가면서 오래 지속되지 못했다.

레 왕조의 응우옌 가문 출신인 푹 아인은 투쟁 과정에서, 한때 자신이 망명했던 방콕 조정의 군사 지원을 받았다. 하지만 태국 정부가 보낸 전함 300척과 2만 군사는 코친차이나(남부 베트남)에서 떠이선 군대에 패배했다. 푹 아인에게 실질적인 도움이 된 것은 프랑스인 가톨릭 신부 피에르 피뇨 드 베엔(1741~1799)이었다. 그는 프랑스 정부의 군사 지원을 끌어들이려 했으나 여의치 않자, 프랑스인 용병 약 300명을 모집해 코친차이나에 들어갔다. 이들은 특히 무기 제조, 군사 훈련, 요새 건설, 조선 등에 관해 푹 아인의 군대를 도왔다. 푹 아인은 1788년 남부 베트남을 장악하고, 1802년에는 전국을 통일해 베트남의 마지막 왕조인 응우옌 왕조를 세웠다.

레 왕조 시대 베트남은 남쪽으로 영토 팽창을 이룩해 메콩강 하류 지역까지 베트남 땅으로 만들었는데, 이 과정을 베트남어로 '남띠엔(남진南進)'이라고 한다. 인구는 불어나지만 북쪽의 중국이나 험준한 산맥이 가로막고 있는 서쪽의 라오스로는 뻗어갈 수 없었던 베트남으로서는 팽창할 곳이 남쪽밖에 없었으며, 이는 짬빠왕국과 캄보디아의 희생을 요구했다. 짬빠 영토는 1471년에 그 수도가 정복됨으로써 베트남의 수중으로 넘어갔다. 17세기 초부터 캄보디아에 영향력을 행사하기 시작한 베트남은 당시 캄보디아에 속했던 메콩강 하류 지방을 점차 베트남 땅으로 만들려고 노력했으며, 그것은 18세기 중엽에 완성되었다.

서진하는 미얀마

샨족의 인와 왕조는 16세기 전반에 다시 흥기한 버마족에게 멸망했다. 버마족의 떠빙쉐티Tabinshwehti가 버마를 재통일하고 1531년 떠웅우에 새 왕조를 세웠다. 이 떠웅우 왕조(1531~1752)는 버잉나웅Bayinnaung 왕의 재위 기간(1551~1581)에 크게 팽창했다. 그는 남부 몬족 지역을 평정하고 수도를 버고로 옮긴 다음, 이곳을 근거로 동쪽의 란나왕국을 점령한

데 이어 아유타야왕국과 란상왕국을 정복했다. 그러나 무리한 정복전쟁을 지속하면서 국력이 쇠퇴한 떠웅우 왕조는 1752년 몬족의 대규모 공격에 수도가 함락되어 멸망했다.

하지만 버마족 왕조의 역사는 끊기지 않았다. 꽁바웅의 유력자였던 알라웅퍼야가 몬족 군대를 격파하고, 미얀마 역사상 마지막 왕조인 꽁바웅 왕조(1752~1885)를 세웠다. 알라웅퍼야 왕은 1752년에 라오스의 루앙파방을 정복하고 1760년 초에는 태국의 아유타야를 공격했다. 그의 아들인 싱뷰싱Hsinbyushin 시대에 대외 팽창의 기세가 최고조에 올랐다. 싱뷰싱의 군대는 1767년 아유타야왕국을 무너뜨리고 1784년에는 여카잉 지역을 정복했다. 미얀마 세력은 그 후 18세기 말까지 계속 서쪽으로 확대되어 결국 영국령 인도와 국경 분쟁을 빚게 되었다.

확장하는 태국

아유타야왕국(1351~1767)은 1569년 미얀마에 수도가 정복당해 일시 쇠락했으나, 나레수안 왕(재위 1590~1605)의 군사적 영도력과 전쟁 후 국가 재건을 위한 정부의 노력으로 말미암아 1590년대 이후 이미 대륙 동남아시아의 강국으로 거듭났다. 또한 나레수안 왕의 시대에 태국은 활발한 대외 무역을 통해 경제적으로도 번성했다.

태국의 대외 무역은 17세기 전반기에 지속적으로 발전해 나라이 왕(재위 1656~1688)의 정부는 왕조 역사상 가장 활발한 외교 관계와 대외 무역의 번영을 경험했다. 특히 1680년대에 프랑스와 가까워지면서 양국 간 외교 사절을 교환하기에 이르렀다. 그러나 나라이 왕의 친유럽 성향은 당시 관료 사회와 불교계의 보수 세력에게 반감을 샀고, 결국 1688년 '궁정

네덜란드인이 그린 17세기 아유타야 전경 Johannes Vingboons 그림, 암스테르담 국립미술관 소장.

혁명'으로 정권이 바뀌었다.

18세기 전반 태국은 경제적 번영을 누리는 한편 정치적으로도 심각한 내란이나 외부의 군사적 위협 없이 평화로웠고, 이에 문학과 예술이 융성했다. 하지만 태평성대가 지속되는 동안 군사력 강화를 소홀히 했던 아유타야 왕조는 1767년 미얀마의 공격 앞에 무너지고 말았다.

그러나 딱신Taksin이라는 인물이 나타나 태국의 왕조사를 재건했다. 중국인 아버지와 태국인 어머니 사이에서 태어난 그는 미얀마 군대를 쫓아낸 후, 폐허가 된 아유타야를 버리고 톤부리를 수도로 삼아 톤부리 왕조(1767~1782)를 세웠다. 그러나 그는 재위 말기 명상을 통한 신비주의 체험을 추구해 불교 군주로서 비정통적인 행동을 보였으며, 중국인들에게 여러 이권과 고위 관직을 맡겨 기존 관료사회의 반발을 샀다. 결국 딱신은 1782년 쿠데타로 폐위되었고, 그의 신하 중 가장 강력했던 짜끄리가 권력을 차지했다.

짜끄리(재위 1782~1809)는 수도를 톤부리에서 방콕으로 옮기고 라따나꼬신 왕조(1782~현재)를 창건해 현대 태국의 바탕을 이룩했다.

라오스와 캄보디아

15세기부터 약해진 란상왕국은 몇몇 므앙muang 곧 성읍국가로 갈라져 주위 강국들에게 침범당했다. 이미 15세기에 베트남의 영향을 받기 시작한 란상은 1560년대 초에 수도를 루앙파방에서 남쪽의 위앙짠으로 옮겼다. 위앙짠은 베트남에서 좀 더 멀고 태국 중부 지역과는 가까워 군사적으로나 무역에 더 유리했다. 그러나 란상은 1565년 미얀마 군대에 점령되어, 미얀마의 영향권에 들어갔다.

란상은 17세기 수린야웡사Surinyavongsa 왕(재위 1637~1694) 시대에 다시 강력하고 안정된 형국을 맞았으나, 이 왕의 사후 나라가 위앙짠·루앙파방·짬빠삭, 세 왕국으로 분열되었다. 18세기 중엽 라오스는 재차 미얀마의 공격을 받아 루앙파방이 점령되었다. 미얀마 군대가 물러간 뒤에는 1778년 태국 톤부리 왕조의 공격을 받고 점령되어, 라오스는 태국의 속국으로 전락했다.

16세기 이후 캄보디아는 그 왕위 계승 과정에 아유타야 왕조가 간섭할 정도로 태국에 의존하는 처지에 놓였다. 게다가 17세기 들어서 베트남의 응우옌 정부가 그 세력을 메콩강 삼각주 지역으로 확대하기 시작했다. 베트남의 영토 팽창은 곧 인접한 캄보디아에 대한 정치 간섭으로 발전했다. 1658년 캄보디아의 왕자들 사이에 왕위 계승 분쟁이 벌어졌을 때 한 파벌이 지지를 요청하자, 응우옌 정부는 군대를 파견해 수도인 우동Udong을 점령하고 지지를 요청한 파벌의 왕자를 왕위에 앉혔다. 이로써 캄보디아는 역사상 처음으로 베트남의 속국이 되었다.

베트남의 메콩강 삼각주 진출은 18세기 들어서 더욱 적극적인 기세를 띠었다. 1731년 삼각주 지역에 정착한 베트남 주민들이 캄보디아 사람들에게 학살당한 사건이 일어나자, 응우옌 정부는 이에 대한 대가로 미토My Tho와 빈롱Vinh Long 지방을 캄보디아로부터 할양받았다. 1750년대에는 사덱Sa Đec과 쩌우독Chau Đoc 등이 베트남의 수중으로 넘어가, 원래는 캄보디아 땅이었던 메콩강 삼각주가 모두 베트남 영토가 되었다.

식민주의의 의미와 영향

서양인들의 식민주의는 동남아시아 세계에 정치적으로나 경제적·사회
적으로 깊고 지속적인 영향을 미쳤다. 우선 식민지배를 통해 동남아시아
국가들의 국경이 확정되었다. 또한 식민지에 소개된 서구의 의회민주주의
정치사상은 동남아시아의 전통적인 절대군주 체제에 대한 회의를 불러
일으켰으며, 식민지에 도입된 서구식 행정체제는 정치제도의 혁신을 가져
왔다.

식민주의는 산업화를 일으킨 서양 국가들이 자원 공급지 및 상품 수
요지로서 식민지를 개척하려는 경제적 이해관계에서 출발했다. 이에 따
라 동남아시아에 진출한 서구 자본은 시장경제의 원리를 현지 사회에 적
용해 최대 이익을 추구했다. 전통적으로 농경 사회인 동남아시아에서 서
구 자본은 무엇보다 농업에 집중했다. 그 결과 벼농사가 상업화하고, 플
랜테이션이 도입되어 상업작물들이 대규모로 생산되었다. 서구 자본은
그 밖에 조선업과 광산업 등에도 투자했으며, 항만과 철도 및 도로가 건
설되어 주요 항구들과 도시들이 농업·광업·공업 지역과 연결되었다.

식민주의 시대 동남아시아의 경제 발전은 외형적인 번영과 내부적인
빈곤이라는 구조적 모순을 낳았다. 식민체제에서 한편으로는 수출 경제
가 호황을 누리고, 전체적으로 볼 때는 생산이 증대했으며, 특히 현지인
지주·식민 관리·상인·고리대금업자 등이 많은 돈을 벌었다. 그러나 다
른 한편에서는 농촌의 부채와 빈곤, 그리고 그로부터 비롯된 농민들의
불만이 증대했다.

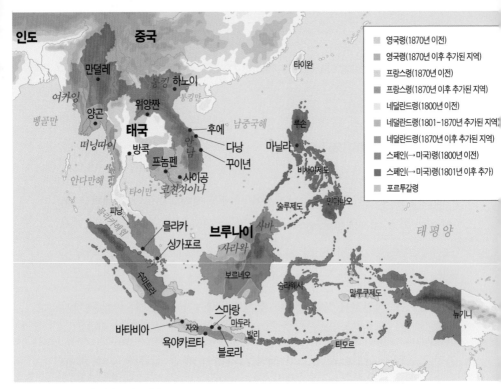

영국령(1870년 이전)	
영국령(1870년 이후 추가된 지역)	
프랑스령(1870년 이전)	
프랑스령(1870년 이후 추가된 지역)	
네덜란드령(1800년 이전)	
네덜란드령(1801-1870년 추가된 지역)	
네덜란드령(1870년 이후 추가된 지역)	
스페인(→미국)령(1800년 이전)	
스페인(→미국)령(1801년 이후 추가)	
포르투갈령	

식민주의 시대 동남아시아

    또한 식민주의는 전통적인 공간의 상업화와 도시화를 불러왔다. 전통적인 정치·경제·문화의 중심지였던 도시들은 식민 통치와 유럽의 경제적 영향으로 그 기능이 변화해 시장과 무역을 도시의 중심축으로 삼게 되었다. 그리고 새 행정·교통 중심지들, 수출 무역을 위한 새 항구도시들이 발전했다. 경제 발전 및 도시화와 연관된 현상으로서 외국 특히 중국과 인도로부터 많은 노동력이 유입된 것도 중요한 사회적 변화였다. 이로써 인구의 대폭 증가뿐만 아니라 인구 구조의 변화가 빚어져, 장차 국민국가 형성 과정에 싹틀 심각한 민족 갈등의 뿌리가 되었다.

    식민주의는 동남아시아 사회에 서양의 사상과 학문을 전파하고 근대적인 학교 교육 체제를 도입했다. 서구식 학교 교육은 비서구 주민들을 '문명화하는 사명'이라는 동기 외에, 식민행정을 위한 현지인 인력을 양성한다는 실용적인 목적을 갖고 있었다. 그러나 근대적 학교 교육을 통해 자국의 피식민 현실과 식민지배에서 비롯된 사회·경제 문제를 새로이 인식하게 된 현지인 엘리트들은 동남아시아의 대부분 지역에서 민족주의 운동을 이끌어나갔다.

동남아시아의 민족주의자들이 식민주의에 비판적인 태도를 취하게 된 것은, 무엇보다 근대화의 혜택이 대개 서양인과 토착민의 일부 계층과 지주들, 그리고 화인華人(중국계 이주민)이나 인도인 등 다른 아시아 이민자들에게 돌아갔을 뿐 민중은 그 혜택에서 소외되었기 때문이다. 이처럼 식민주의는 한편으로 동남아시아 세계에 근대화를 가져왔지만, 다른 한편으로는 식민지배에 저항하는 민족주의 운동을 불러일으켰다.

스페인과 미국의 잇단 식민지배를 받은 필리핀

행정적으로 필리핀은 처음에는 멕시코의 스페인 총독 관할 아래 놓여 있었으나 1821년부터 스페인 정부가 직접 관할하기 시작했다. 식민 통치하에서 필리핀 민중은 수도회가 소유한 토지나, 식민정부가 상업작물 재배를 위해 도입한 '아시엔다hacienda'라는 농장에서 노동력으로 활용되었고, 종종 공공사업을 위한 부역을 떠맡았으며, 식민정부에 공세公稅를 납부했다.

그러나 필리핀의 토착 엘리트층은 공세와 부역이 면제되었다. 이들 중에서 하급 공무원이나 하급 지방 행정단위의 장이 임명되었다. 스페인 식민정부에 협력한 대가로 다양한 혜택을 받은 토착 엘리트는 경제적 부를 쌓고 사회적으로도 지배적인 역할을 할 수 있었다.

18세기 말부터 19세기 말까지 '일루스트라도ilustrado'라고 불린 개화파 엘리트층이 형성되었다. 일루스트라도 계층에는 필리핀 토착 엘리트 외에 필리핀 태생 스페인인과 스페인계 메스티소도 포함되었으나, 가장 중요한 집단은 화인 메스티소였다. 스페인인들이 제공한 해외 유학 등 고등 교육의 기회를 누릴 수 있었던 일루스트라도들은 이를 통해 점차 외부 세계에 대한 지식과 민족주의 의식을 지니게 되었다. 이들 중에서 중요한 민족주의 지도자들이 나타났다.

1898년 스페인-미국 전쟁에서 승리한 미국이 스페인에게서 필리핀을 인수함으로써 필리핀은 미국의 식민지가 되었다. 미국은 필리핀을 자국의 문화와 경제에 편입하려 노력했다. 그리하여 필리핀은 미국 공산품의 주요 소비시장이 되었고, 미국 자본으로 설탕 가공업이 발전했으며, 사탕수수 등 필리핀의 농산물은 주로 미국으로 수출되었다. 또한 미국은 필리핀에 영어를 매개체로 하는 미국식 교육 체제를 도입했다.

이 같은 미국화에 필리핀의 엘리트층 특히 일루스트라도들이 앞장섰다. 필리핀은 정치적으로도 점차 '작은 미국Little America'이 되어갔다. 미국식 민주주의 제도가 도입되어 1907년 국회의원 선거가 실시되었으며, 1916년에는 미국 모델에 따라 국회가 상원과 하원으로 나뉘었다.

네덜란드의 식민 통치와 인도네시아의 성립

유럽에서 나폴레옹의 프랑스가 네덜란드를 점령함에 따라 1799년 네덜란드동인도회사가 해체되기에 이르렀고, 19세기 초에는 영국이 자와를 일시적으로 점령했다. 나폴레옹전쟁이 종식된 후 1824년 영국과 네덜란드는 런던협정을 체결해, 말레이반도는 영국이 차지하기로 하고 오늘날의 인도네시아에 해당하는 섬들은 네덜란드가 차지하기로 했다.

'네덜란드령 동인도'라는 명칭으로 인도네시아에 대한 네덜란드의 식민지배가 본격화하기 시작한 이 시점에 자와섬에서 식민지배에 대항하는 반란이 일어났다. 1825년부터 1830년까지 벌어진 이른바 '자와전쟁'이 바로 그것이다. 이 반反식민 운동을 주도한 것은 요그야카르타 왕가의 후예이자 이슬람 지도자인 디포느고로Diponegoro(1785~1855) 왕자다.

디포느고로 요그야카르타 술탄의 아들로서 1825~1830년 네덜란드 식민 통치에 저항하는 전쟁을 이끌었다.

그러나 결국 자와전쟁을 종식하고 자와 전 지역을 실질적으로 통제하게 된 네덜란드는 이른바 '경작체계cultuur'stelsel, Culture/Cultivation System'라는 강제 농사 제도를 도입해, 자와의 토지와 노동력을 본격적으로 착취하기 시작했다. 농민들은 세계 시장에 수출할 상업작물을 의무적으로 재배해, 촌락 단위로 할당된 분량을 싼값에 납품해야 했다. 이 할당량을 채우느라 많은 농민이 정작 생존에 필요한 벼농사를 제대로 짓지 못해 식량 부족에 시달렸다.

네덜란드의 가장 소중한 보석 당시 네덜란드인들이 식민지 인도네시아를 어떻게 생각했는지 보여주는 황실 화가의 그림. 아래쪽에 '네덜란드의 가장 소중한 보석'이라고 쓰여 있다. Joh. Braakensiek 그림(1916).

1870년대 들어 식민정부는 유럽의 자유주의 흐름에 영향을 받아, 커피와 사탕수수를 제외한 모든 작물에 대한 강제 경작을 폐지하는 등 비인도주의적인 식민 정책을 수정했다. 그러나 자유주의 정책에 따라 자유롭게 유입된 서양 자본은 자와 외 지역으로도 뻗어나갔으며, 이는 인도네시아 여타 지역에 확고한 통제권을 확보하려는 식민정부의 노력과 연결되었다. 그리하여 1910년에는 인도네시아 전역에 대한 식민지배 체제가 완성되었다.

네덜란드인들이 식민지화하기 전까지 인도네시아는 하나로 통합된 영토나 국가가 아니었다. '인도네시아'라는 개념은 1850년 제임스 로건 James Richardson Logan(1819~1869)이라는 영국인 인류학자가 동인도의 도서 세계를 지칭하고자 '인도Indo'와 '섬나라'를 뜻하는 '네시아nesia'를 합성해 만든 것이다. 이 용어는 그 후 유럽의 여러 학자들 사이에서 사용되다가 20세기 들어 토착민에게도 자신들의 나라를 의미하는 개념으로 받아들여졌다. 이 개념을 중심으로 인도네시아라는 민족과 문화의 정체성이 점차 형성되어 갔다.

영국 식민지배하의 싱가포르·말라야·미얀마

영국동인도회사는 인도와 중국 사이 동남아시아에 무역기지와 중계무역항을 확보하고자 모색하다가, 1786년 믈라카해협 어귀에 있는 피낭섬을 획득하고, 1819년에는 싱가포르 건설을 시작했다. 특히 싱가포르에는 영국의 자유 무역과 자유 이민 정책에 따라 많은 중국인과 인도인이 이주해 왔다. 1867년 영국의 직할 식민지로 승격한 싱가포르는 1차 세계대전까지 동남아시아에서 무역과 금융 및 해운의 중심지로서 비약적으로 발전했다.

영국은 1800년 말레이반도에서 피낭섬 맞은편 지역도 획득해 이를 '웰즐리주Province Wellesley'라고 명명했으며, 1824년에는 네덜란드로부터 믈라카를 양도받았고, 1826년에는 피낭·웰즐리·싱가포르·믈라카를 '해협식민지Straits Settlements'라는 식민행정 단위로 통합했다. 해협식민지 정부는 말레이반도의 주석 광산을 개발하고 영국의 상업적 이익을 더욱 잘 보호하기 위해 1870년대부터 이 지역에서 식민지배를 확대하기 시작했다. 그리하여 1896년 페락·슬랑오르·파항·느그리슴빌란 지방이 '연방말레이주Federated Malay States'라는 단위로 묶여 영국의 행정적 통제하에 놓였다. 1909년에는 영국이 크다·프를리스·클란탄·트릉가누 지방을 태국에게서 할양받고, 1914년에는 말레이반도 남단의 조호르를 식민지로 삼았다(이들 지역을 통칭할 때는 '비연방말레이주Unfederated Malay States'라고 한다). 이로써 말레이반도에서 '영국령 말라야'라는 식민체제가 확립되었다.

한편 1841년 제임스 브룩이라는 영국인이 브루나이왕국에게서 사라왁을 얻어냈고, 1888년에는 사바와 브루나이왕국이 영국의 '보호령'이 되어 보르네오(칼리만탄)섬의 북부 지역도 모두 영국의 관할하에 들어갔다.

미얀마가 영국의 식민지가 된 것은 한편으로는 19세기 이후 동남아시아에서 세력을 확대하려던 영국의 의도에서 비롯되었지만, 다른 한편으로는 당시 미얀마 꽁바웅 왕조의 팽창 정책이 영국의 이해관계와 충돌한 결과이기도 하다. 1824~1826년의 1차 영국-버마 전쟁에서 패배한 미얀마는 영국에게 서부의 여카잉 지방과 남부의 떠닝따이Tanintharyi주를 할양했다. 1852~1853년의 2차 영국-버마 전쟁으로 미얀마의 남부 지역은 모두 영국의 통제 아래 들어가게 되었다. 영국인들에게 위협을 느낀 미얀마 정부는 그 후 프랑스와 외교 관계를 구축하려 했으나, 이는 오히려 역효과를 낳고 말았다. 1880년대 프랑스와 제국주의적 팽창 경쟁을 벌이던 영국은 1885년 3차 전쟁에서 당시 수도였던 만덜레를 점령하고 미얀마 전체를 식민지화했다.

1차 영국-버마 전쟁 1824년 7월 8일 영국군 5000명, 그리고 5000명이 넘는 인도인 용병 세포이가 전함을 타고 에야워디강에 진입해 양곤의 방책을 공격했다. 미국 미네소타대학교 Ames도서관 소장.

프랑스령 인도차이나의 형성

프랑스가 1858년 다낭을 공격했을 때 표면적으로는 당시 베트남 정부의 탄압을 받고 있던 가톨릭 신부와 신도를 보호한다는 종교적 명분을 내세웠지만, 그 이면에는 영국처럼 동양에서 식민지를 확보하려는 경제적·애국주의적인 동기가 깔려 있었다. 이어서 프랑스는 1859년 사이공을 공격했고, 1862년 베트남 정부와 사이공조약을 체결해 코친차이나를 식민지로 만들었다. 프랑스는 1874년 2차 사이공조약을 통해 베트남 북부의 젖줄인 홍강을 개방하게 하고 하노이·다낭·꾸이년 개항을 달성한 데 이어, 1883년에는 당시 베트남의 수도였던 후에를 공격했다. 후에의 조정이 결국 항복해, 그해 8월 체결된 협정에 따라 베트남은 프랑스의 이른바

'보호국'으로 전락했다.

　캄보디아가 프랑스의 식민지가 된 데에는 이 나라가 오래전부터 베트남과 태국의 간섭과 통제에 지쳐 있었던 까닭도 있다. 베트남의 응우옌 왕조는 1812년에 캄보디아를 속국으로 만든 데 이어 1835년부터는 캄보디아를 문화적으로 베트남화하려고 했다. 베트남의 이러한 정책은 캄보디아인들의 광범위한 반베트남 저항운동을 불러일으켰다. 이러한 상황에서 1840년대에 태국이 군사적으로 개입해, 1848년 캄보디아는 태국의 영향권에 들어갔다. 이후 캄보디아의 노로돔 왕(재위 1860~1904)은 방콕 정부의 지속적인 정치 간섭에 대항해 프랑스에 의지하는 정책을 취했는데, 이는 캄보디아가 1863년 협정을 통해 프랑스의 보호령이 되는 결과를 낳았다.

　프랑스는 태국의 속국인 라오스도 식민지로 만들고자 했다. 그래서 라오스가 베트남의 속국이었다는 역사적인 사실을 입증할 자료를 수집하고, 또 새로이 자원을 개발하려는 목적으로 메콩강 탐사를 추진했다. 방콕 정부는 이를 저지하려 했고, 따라서 1892~1893년 태국과 프랑스 사이에 여러 번 충돌이 일어났다. 이에 프랑스 정부는 1893년 태국의 짜오프라야강 하구를 전함으로 봉쇄한 이른바 '빡남 사건'을 일으켰다. 프랑스에 대한 정면충돌을 감당할 수 없었던 방콕 정부는 결국 라오스에 대한 종주권을 프랑스에 넘겼다.

　이렇게 완성된 프랑스령 인도차이나는 베트남 남부의 코친차이나, 중부의 안남, 북부의 통킹, 그리고 캄보디아와 라오스까지 다섯 지역으로 구성되었다. 사이공을 수도로 하는 코친차이나는 식민지로, 나머지 지역들은 보호령(간접통치령)으로 분류했으며, 전체를 총괄하는 총독부는 하노이에 설치했다.

라따나꼬신 왕조 치하 태국의 독립 유지와 근대화

태국이 식민지화를 모면한 것은 한편으로는 영국의 식민지와 프랑스의 식민지 사이에 일종의 완충국으로 놓여 있던 지정학적 위치 때문이기도 하지만, 다른 한편으로는 19세기 후반부터 20세기 초까지 태국 왕실이 현명하게 이끌어간 근대화 노력 덕분이다. 오늘날에도 태국 사회의 구심점으로 작용하는 왕실의 기반은 라따나꼬신 왕조를 창건한 라마 1세(짜끄리, 재위 1782~1809) 이후 역대 왕들을 거치면서 더욱 다져졌다.

태국 역시 주위 여러 나라와 마찬가지로 19세기 초부터 서양 제국의 식민지화 위협에 직면했다. 1820년대에 시작된 서구의 무역개방 압박은 계속 가중되어, 1855년에는 태국과 영국 간 이른바 보링조약이 체결되었다. 이 조약에 따라 방콕 정부는 영국인에게 태국에서 치외법권, 토지·주택을 구입할 권리, 영국 군함이 짜오프라야강에 진입해 정박하고 공식적인 경우 방콕까지 운항할 수 있는 권리, 자유롭고 직접적인 상거래를 할 수 있는 권리, 상품 가격의 3퍼센트로 고정된 수입관세, 태국의 64개 주요 수출품에 대한 확정 관세율, 최혜국 대우 등을 허용했다. 보링조약 체결 후 수년 안에 비슷한 내용으로 프랑스, 덴마크, 포르투갈, 네덜란드, 프로이센, 미국 등 서양의 다른 국가들과도 조약이 체결되었다.

태국 정부가 자국의 상업적 문호를 완전히 개방하는 불평등 조약에 동의한 것은 1840~1842년 청나라와 영국의 아편전쟁, 1854년 미국의 강요에 따른 일본의 개항, 그리고 무엇보다도 1852~1853년 2차 영국-버마 전쟁에서 태국의 전통적인 숙적인 미얀마를 무릎 꿇린 서양의 우월한 무력과 그 잠재적 위협 때문이었다.

태국의 몽꿋 왕(재위 1851~1868) 정부는 개방 이후 서양 국가들과 외교관계를 맺고, 서양인들을 고문으로 채용하며 서양의 사회·정치 제도를 도입하고, 시대에 뒤떨어진 전통 제도를 폐지하는 등 다양한 측면에서 국가를 근대화하기 시작했다. 서양의 위협에 대해 국가를 보호하고 근대화하는 실제적 책무는 몽꿋의 후계자인 쭐라롱꼰 왕(재위 1868~1910)에게 주어졌다. 라마 5세라고도 하는 이 왕의 개혁은 1892년의 행정 개혁에서 절정을 이루었다. 쭐라롱꼰 왕은 개혁 과정에서 왕권을 강화하고자 애썼는데, 이는 한편으로 귀족 관료층에 대해 왕권을 강화하려는 그의 의지에서 비롯되었으나, 다른 한편으로는 왕실 중심으로 국가 근대화를 추진하려는 정책에 따른 것이었다.

그러나 태국은 독립을 지키며 근대화를 이루고자 노력하는 과정에서 1860년대부터 1907년 사이 프랑스에 캄보디아와 라오스를 넘겨줘야 했으며, 영국에는 1909년 협정에 따라 말레이반도에 있는 속령 크다·프를리스·클란탄·트룽가누를 할양하지 않을 수 없었다.

식민주의 시대 의학과 보건위생의 발전

조부가 중국 푸젠성福建省 출신인 림분켕Lim Boon Keng, 林文慶(1869~1957)은 1869년 싱가포르에서 태어난 3세대 화인으로, 영국 에든버러대학교에 유학해 1891년 외과 의학사 학위를 받았다. 그 후 1년간 케임브리지대학교에서 병리학을 공부한 그는 싱가포르에 귀국해 병원을 개업하는 한편, 여러 협회를 조직하며 활발히 사회활동을 펼쳤다. 1897년부터 1907년까지는 계간지 《스트레이츠 차이니즈 매거진

림분켕 중국계인 림분켕은 임종 시 '싱가포르의 현인The sage of Singapore'이라고 불렸다.

The Straits Chinese Magazine(해협중국인 잡지)》을 발행하기도 했다.

당시 영국 식민지인 싱가포르와 말라야에서 전염병을 예방하는 일에 관심을 두었던 림분켕은 잡지를 통해 물리학·화학·생물학 등 과학에 기초한 근대 의학의 중요성을 강조했으며, 주민들이 위생적인 일상생활을 영위하고 정부 및 지방 행정 당국이 체계적인 위생 정책을 실시해야 한다고 주장하는 등 식민주의 시대 동남아시아에서 의학 및 보건위생의 발달에 중요한 기여를 했다.

19세기 말~20세기 중엽 민족주의 시대

필리핀

필리핀의 근대 민족주의 운동은 19세기 후반부 스페인으로 간 일루스트라도들이 시작했다. 그들은 이른바 '프로파간다propaganda 운동'을 조직해서, 스페인 정부에게 필리핀인의 평등과 자유를 요구하고, 동향인들에게는 토착 언어인 타갈로그 문학과 토착 예술 그리고 필리핀 고유 역사를 중시하며 필리핀 정체성을 모색해 나가자고 설파했다.

프로파간다 운동을 주도한 이들 중 한 명인 호세 리살(1861~1896)은 1892년에 귀국해 '필리핀연맹La Liga Filipina'을 조직했다. 리살은 곧 체포되었다. 민족주의 운동은 같은 해에 안드레스 보니파시오(1863~1897)가 결성한 '카티푸난Katipunan(민족 청년들의 영예로운 최고협의회)'을 중심으로, 혁명을 추구하는 노선으로 방향을 전환했다. 그러나 일루스트라도들의

호세 리살 1892년 '필리핀연맹'을 조직해 필리핀에서 처음으로 근대적 민족주의 운동을 일으켰다. 마닐라민족박물관 전시 사진. ⓒCho Hungguk

안드레스 보니파시오 주간지 《La Ilustración Española y Americana》 1897년 2월 8일 자에 실린 초상화.

에밀리오 아기날도 1919년경 촬영. Harris & Ewing Photo Studio

협력을 얻는 데 실패했기에 카티푸난운동은 지지부진하게 이어졌다. 그후 카티푸난의 지도자가 된 에밀리오 아기날도(1869~1964)는 미국이 필리핀의 식민 주인이 된 뒤에도 무장 투쟁을 이어나갔다.

그러나 민족주의 운동의 주축을 이루었던 일루스트라도들은 아기날도의 무장투쟁 전략을 비판하고 미국과 협력하는 편을 선택했다. 그편이 자신들에게 유리하다고 판단했기 때문이다. 이로써 카티푸난운동은 막을 내렸고, 이후 미국의 식민 통치 기간 필리핀에서는 심각한 민족주의 운동이 일어나지 않았다. 그것은 한편으로는 필리핀 사회의 지도자 역할을 해온 일루스트라도들과 미국 식민정부가 조화로운 협력 관계를 유지했기 때문이며, 다른 한편으로는 미국이 식민지배의 초기부터 필리핀의 독립을 약속했기 때문이다.

1916년 미국 의회에서 필리핀의 독립을 보장하는 이른바 존스법Jones Act이 통과되었다. 1934년 미국은 10년 후 필리핀을 완전히 독립시키기로 하고, 그를 위한 준비 단계로 필리핀에 자치령 지위를 부여했다. 이에 따라 1935년 필리핀 현지인들로 구성된 자치정부가 출범했다.

미국은 필리핀 식민지를 경영하면서 일루스트라도를 비롯한 엘리트층을 협력자로 삼아, 이들이 필리핀에서 정치적 지위와 경제적 이권을 독점하도록 허용했다. 이는 차후 과두 엘리트 지배 체제라는 필리핀 정치의 고질적 문제에 뿌리가 되었다.

인도네시아

1890년 자와섬의 블로라 지방에서 수론티코 사민Surontiko Samin이 주동한 농민 반란, 이른바 '사민운동'이 일어났다. 이들은 네덜란드 식민정부에 대한 납세와 노역을 거부하는 비폭력적인 저항운동을 펼쳤다. 그러나 사민운동은 민족정체성과는 거리가 먼, 국지적인 농민운동이었다.

인도네시아 최초로 근대적 민족주의 운동을 시작한 것은 1908년에 창설된 '부디 우토모Budi Utomo(고귀한 정신)'다. 네덜란드 식민 당국이 토착인 의사를 양성하려고 세운 '자와 의사학교'의 학생들을 중심으로 결성된 부디 우토모는 자와 문화의 발전과 근대적인 유럽식 교육의 확대가 필요하며, 따라서 자와 사람들이 식민정부에 더 많은 요구를 할 수 있다고 보았다. 그러나 이 운동은 전통적인 엘리트층의 권익을 대변한 것이었고, 그 영향도 자와섬과 마두라섬에만 국한되었다는 한계가 있다.

보편적인 근대적 민족주의 운동은 이슬람 신앙을 배경으로 1912년에 출범한 '사르캇 이슬람Sarekat Islām(이슬람동맹)'이 시작했다. 이들은 광범위한 사회 개혁을 통해 인도네시아 무슬림의 권익을 수호하고자 했다. 사르캇 이슬람이 발족한 해에 역시 이슬람 신앙을 바탕으로 한 '무함마디야Muhammadiyah'라는 개혁운동 단체도 결성되었다.

사르캇 이슬람의 대중운동이 식민정부의 강경한 탄압으로 수그러들자, 여기에서 사회주의자들이 떨어져 나와 1920년 공산당을 결성하고 농민과 노동자의 지지를 얻고자 노력했다. 그러나 인도네시아 민족주의 운동을 주도하는 데 성공한 것은 1927년 수카르노(1901~1970)를 중심으로 결성된 '인도네시아국민당'이었다. 이 명칭에서 알 수 있듯이 이 시점에 '인도네시아' 개념이 인도네시아인들 사이에 점차 퍼지고 있었으며, 민족주의자들은 이 개념으로써 민족정체성을 표출하려고 했다. 1928년 10월에 열린 인도네시아국민당의 청년조직 회의에서 '한 민족, 한 조국, 한 언어로서의 인도네시아'라는 구호가 등장했으며, 적·백 두 가지 색을 띤 국기가 채택되고 국가가 제창되었다. 이때 제정된 국기와 국가가 오늘날에도 사용되는 인도네시아 국기와 국가다.

미얀마·싱가포르·말라야

동남아시아의 영국 식민지들 중 식민지배에 대한 저항이 가장 격렬했던 곳은 세 차례 전쟁을 거쳐 정복된 미얀마였다. 1886년 2월 미얀마가 영국령 인도의 한 주로 편입되자 왕족·군 지휘관·불교 승려 등이 주축을 이루어 식민 통치에 저항했다. 그러나 저항 세력들은 연합을 이루지 못했고 1895년 무렵에 이르자 대부분 진압되었다.

교육을 받은 젊은이들 중 식민지배로 위협받는 불교 전통을 지킴으로써 미얀마의 문화정체성을 유지할 수 있다고 생각한 이들이 1906년 '청년불교도협회'를 설립했다. 청년불교도협회는 점차 여러 단체를 산하에 받아들여 1921년에는 '버마협회총회'로 발전했다. 근대 교육의 확산으로 높아진 고등 교육에 대한 수요는 1920년 랑군대학교 설립을 낳았고, 그 졸업생들이 주축이 되어 1930년 '도버마 아시아용Dobama Asiayone' 곧 '우리 버마 협회'를 설립했다.

한편 1933년 미얀마를 영국령 인도에서 분리하기로 결정한 영국 정부는 현지인들에게 자치정부를 허용하기로 했다. 이에 따라 1936년 총선거가 실시되었으며, 그 이듬해에는 헌법이 제정되어 자치국 미얀마의 첫 정부가 탄생했다. 이로써 미얀마인들은 비록 영국인 총독의 통제하에 있었으나 자치정부의 활동을 통해 점차 정치 및 행정 경험을 쌓을 수 있었다.

영국의 다른 식민지인 싱가포르와 말라야에서는 민족주의 운동이 전반적으로 온건한 성격이었는데, 그것은 무엇보다도 이들 두 지역의 주민들이 식민지배 체제에 별로 불만이 없었기 때문이다. 지정학적으로 유리한 위치에 있던 싱가포르의 무역은 영국인들의 적극적인 관심 속에서 지속적으로 발전했다. 싱가포르 인구의 대부분을 차지한 화인들은 20세기 들어 민족주의적인 정치활동을 전개했다. 특히 싱가포르에서 태어나 현지 상황에 깊은 관심을 가진 해협 화인들은 '해협화영협회'를 설립해 식민지의 행정과 입법에 대한 화인의 참정권을 요구했다.

말라야도 식민지배 기간에 큰 경제적 발전을 보았다. 특히 1890년대 말 고무 재배가 도입된 후 수출 경제가 크게 발전했다. 경제 발전은 많은 외국인 노동력을 필요로 해 특히 중국인과 인도인이 대거 유입되었고, 이것은 인구 증가와 민족 구성의 변화를 가져왔다. 1891년에 약 22만 명이던 연방 말레이주의 인구가 1931년 170만 명으로 늘었는데, 1891년에 53퍼센트이던 말레이인의 인구 비율이 1931년에는 35퍼센트로 감소한 반면, 화인과 인도인은 각각 42퍼센트와 22퍼센트를 차지했다. 점차 높아진 화인과 인도인의 인구 비율에 경계심을 품게 된 말레이인들은 1938년 '말레이협회'를 결성해 자신들의 권익을 지키는 정치활동을 펼치기 시작했다.

베트남·캄보디아·라오스

프랑스의 식민 통치에 대해 인도차이나반도 세 나라의 민족주의자들이 보여준 반응은 그 성격과 정도가 각각 달랐다. 간단히 말하자면 민족주의적 저항이 라오스에서는 미약했으며, 캄보디아에서는 1880년대 중엽 국왕에 대한 거친 대우에 분노해 일어난 항거 외에는 본격적인 민족주의 운동이 없었다. 프랑스는 이들 두 나라에서 왕실과 관료사회를 존속시켰을 뿐만 아니라 전통적인 지배 엘리트층이 백성에게 영향력을 행사하도록 허용했다. 따라서 이들 나라의 엘리트층은 굳이 민족주의 운동을 일으킬 동기나 필요가 별로 없었다. 반면 베트남에서는 반식민 저항운동과 민족주의 운동이 강하게 일어났다.

베트남인들의 초기 반反프랑스 저항으로 1860년대에 '조국 수호 투쟁'

이라는 기치를 걸고 일어난 의군義軍과 베트남 전체가 식민지화한 후 전개된 근왕勤王 운동이 있었다. 이들은 왕정 시대의 전통을 고수하기 위한 전근대적 성격의 항쟁이었다.

그에 비해 20세기 초 판보이쩌우Phan Boi Chau(1867~1940)와 판쩌우찐 Phan Châu Trinh(1872~1926) 등이 일으킨 민족주의 운동은 외국 근대 지식인 사회의 영향을 받은 근대적인 성격을 띠었다. 판보이쩌우는 중국인 양계초梁啓超의 영향을 받아 《월남망국사越南亡國史》를 쓰는 등 민족주의 정서를 고취하는 저술 활동을 했고, 인재 양성을 위해 일본으로 유학생을 파견하는 '동유東遊 운동'을 펼쳤다. 판쩌우찐은 군주제를 폐지하고 서구식 근대화와 개혁을 바탕으로 독립을 달성해야 한다고 주장하면서, 1907년 하노이에 동경의숙東京義塾을 설립해 학생들에게 근대적인 교과목을 가르쳤다.

판보이쩌우 기념엽서
1940년경 제작.

판쩌우찐

베트남의 민족주의 운동은 1920년대 이후 공산당과 국민당의 출현으로 훨씬 급진적인 성격을 띠게 되었다. 베트남국민당은 1930년 2월에 감행한 무장 봉기가 실패한 후 세력이 크게 약해졌다. 국민당의 와해 후 호찌민Ho Chi Minh(1890~1969)을 중심으로 한 인도차이나공산당이 민족주의 운동을 주도하게 되었다. 그러나 농촌을 중심으로 소비에트운동을 전개한 공산주의자들의 활동은 1931년 프랑스 군대에 진압되어 침체에 빠졌다. 그럼에도 베트남 민족주의 운동의 궁극적인 목표인 독립을 성취한 것은 공

남베트남에서 올라온 어린이들에 둘러싸인 호찌민 주석(1958년 9월) 하노이의 호찌민박물관 전시 사진. ©Cho Hungguk

산주의자들이었다. 그들의 호소가 베트남 민중에게 광범위한 지지를 얻을 수 있었던 것은 마르크스-레닌주의 이념 때문이라기보다 민족의 독립을 최우선으로 내세운 민족주의적 성격 때문이었다.

타이 민족주의와 입헌군주제의 수립

태국의 민족주의는 한편으로는 서양 열강의 식민지화 위협에서 나라를 지키고, 다른 한편으로는 서구 모델을 좇아 근대화를 이룩하려는 힘으로서 태동하고 작동했다. 왕권이 국가의 중심이고 근대화는 왕실 중심으로 추진해야 한다고 보았던 쭐라롱꼰 왕이 그러한 타이 민족주의의 바탕을 놓았고, 와치라웃 왕(라마 6세, 재위 1910~1925)이 그것을 계승했다.

와치라웃 왕은 국민이 국왕과 불교와 국가에 충성심을 가져야 하며 이들 세 요소의 바탕 위에 태국이라는 나라가 서 있을 수 있다고 보았다. 태국의 역사에서 그는 민족주의를 본격적으로 추진해 이를 제도적·공식적 차원으로 발전시킨 국왕으로 평가된다. 영국에서 유학한 그는 서양의 관행을 좇아 처음으로 국경일을 제정했으며, 각각 국가·불교·국왕을 상징하는 적색·백색·청색으로 이뤄진 현행 국기를 만들었다.

왕권 중심으로 근대 국가를 건설하려는 왕실의 노력에도 20세기 들어 태국에서는 서양의 민주주의 사상과 제도에 대한 관심이 점차 커졌고, 그와 함께 절대군주제에 대한 비판이 나타나기 시작했다. 마침내 1932년 혁명으로 절대군주제가 무너지고 입헌군주제가 수립됨으로써 의회민주주의가 실현되었다.

혁명의 주역들은 유럽에서 유학한 소장 법학자와 장교들로, 이들은 왕실 중심인 국가 운영 방식에 강한 불만을 품고 있었다. 처음에 그들은 헌법을 제정해 의회민주주의 이상에 따라 국가를 운영하고자 노력하는 것처럼 보였다. 그러나 곧 주역들 사이에서 내분과 권력 투쟁이 일어났고, 1933년 6월에 군부가 쿠데타를 일으켜 정권을 잡았다. 그 후 태국에서 군부 쿠데타는 정권 장악과 유지를 위한 가장 효과적인 수단으로 여겨지며 최근까지 빈번하게 발생했다.

일본의 동남아시아 점령

20세기 중엽에 이르는 동남아시아 근대사에서 간과할 수 없는 한 가지 중요한 사실은 2차 세계대전 때 일본에 점령되었다는 것이다. 1937년 발발한 중일전쟁이 장기화하자, 일본 정부는 프랑스령 인도차이나를 군사

기지로 삼고 남쪽의 도서부 세계를 점령해 자원을 확보하려는 남방 진출 전략을 추진했다. 동남아시아에 대한 일본의 군사적 지배는 1940년 7월 베트남 북부 공격으로 시작해서 1942년 7월 미얀마 점령으로 완성되었다.

일본 군국주의자들은 점령 기간에 말라야와 싱가포르와 필리핀에서 일본에 반대하는 많은 사람을 죽였다. 베트남에서는 전쟁 말기에 북부 지방에서만 약 100만 명이 굶어 죽었는데, 일본군의 곡물 수탈이 주원인이었다. 또한 일본군은 동남아시아의 청년·여성을 총알받이로, 또 이른바 '종군 위안부'로 끌어갔다. 이러한 만행은 말라야·베트남·필리핀 등에서 반일 무장 투쟁을 불러일으켰다. 일본은 점령 기간 동안 동남아시아의 엘리트들과 민족주의 지도자들을 자기편으로 끌어들여, 전쟁 말기에 이들로 하여금 '독립'을 선포하도록 권장하거나 허용했으나, 그것은 어디까지나 일본을 중심에 둔 '대동아공영권' 안의 독립에 불과했다.

필리핀의 '종군 위안부' 기념상
마닐라 로하스대로Roxas Boulevard 소재.
Ryomaandres, CC BY 4.0

동남아시아의 독립과 현대의 변화

독립과 국민 통합의 과제

일본의 군사적 지배로 동남아시아인들은 많은 희생을 치렀지만, 그럼에도 일제 점령기는 2차 세계대전 후 동남아시아 역사의 전개에 중요한 의미를 지닌다. 서양인들의 무장을 해제한 일본군의 동남아시아 점령은 몇몇 동남아시아 국가의 국민들에게 서양인들의 식민지배도 붕괴될 수 있음을 보여주었고, 이리하여 세계대전 후 동남아시아 국가들에서 민족주의적 독립운동이 활기를 띠었다.

동남아시아 국가들이 독립을 획득한 방식은 다양했으며, 독립 후 모든 나라에서 국민 통합에 관한 문제가 나타났다. 1946년 7월 미국에게서 주권을 완전히 넘겨받은 필리핀은 동남아시아에서 가장 일찍 그리고 평온하게 독립을 이루었지만, 독립 후 공산주의자들의 무장 반란과 남부 모로족의 이슬람 분리주의 운동이 계속 정부를 괴롭혔다.

인도네시아는 1949년 12월 네덜란드에게서 독립하기까지 4년에 걸쳐 독립전쟁을 벌였는데, 결정적인 역할을 한 것은 미국을 비롯한 국제사회의 중재였다. 인도네시아는 네덜란드와 싸우는 와중에 1948년 이슬람 신정국가 수립을 추구한 '다룰 이슬람Darul Islam' 반란을 겪었다. 이 무장 반란은 인도네시아인들에게 이슬람 국가를 세우려는 정치적·종교적 시도에 대한 부정적인 시각을 심어주었다. 그리하여 인도네시아 정부는 인구의 80퍼센트 이상이 이슬람 신자인데도 그 후 항상 세속적인 국가를 지향해 왔다. 수많은 섬과 민족과 언어, 그리고 다양한 종교로 이뤄진 인도네시아가 이슬람 국가가 되면 나라가 사분오열될 우려가 있기 때문이다. 초대 대통령인 수카르노(재임 1945~1967)가 '다양성 속의 통일성'을 국가 운영의 기본 철학으로 삼은 것은 그러한 배경에서였다.

영국의 식민지였던 미얀마, 말라야와 싱가포르도 비교적 평화로운 과정을 거쳐 독립했다. 미얀마와 말라야가 필리핀보다 늦게 독립했던 것은 무엇보다도 잠재적인 민족갈등 문제 때문이었다. 여러 소수민족이 인구의 약 30퍼센트를 차지하는 미얀마에서 독립 관련 협상의 관건은 다수민족인 버마족과 소수민족들 간의 관계였다. 미얀마에서 소수민족의 국민통합 문제는 1948년 1월 독립 이후에도 해결되지 않았으며 오늘날까지 이어지고 있다.

말라야 독립의 선결 조건은 말레이인·화인·인도인의 협력이었다. 화인과 인도인이 인구의 절반가량을 차지하는 나라에서 민족 간 협력 문제는 세 민족집단의 대표적인 정당들이 1954년 동맹을 결성해 그 이듬해 선거에서 승리함으로써 잠정 해결되었다. 1957년에 독립한 말라야는 그 후 1963년에 보르네오(칼리만탄)섬의 사바와 사라왁, 그리고 싱가포르를 합병해 말레이시아연방이 되었다. 그러나 말레이인이 정치적인 권력을 쥐고 경제적으로는 화인과 인도인이 우세한 말레이시아에서 국민 통합은, 1969년 말레이인과 화인 간의 유혈충돌 사태에서도 볼 수 있듯이 지난한 과제였다.

한편 1965년에 말레이시아연방을 탈퇴해 독립한 싱가포르도 말레이시아와 비슷한 민족들로 구성되어 있으나, 인구의 4분의 3을 차지하는 화인이 정치·경제·문화에서 다른 민족들을 압도하는 이 섬나라에서는 민족 갈등이 그다지 심하지 않았다.

역시 다민족 국가인 태국에서도 남부의 말레이계 무슬림과 북부의 고산족들에 관한 국민통합 문제가 있다. 특히 말레이계 무슬림의 국민통합 문제는 분쟁 지역이 말레이시아 국경과 인접하며, 그들이 필리핀의 모로

족과 마찬가지로 이슬람 분리주의를 지향한다는 점에서 쉽게 해결될 전
망이 보이지 않는다.

인도차이나 국가들의 공산화

호찌민은 1945년 9월 하노이에서 '베트남민주공화국'의 독립을 선포했
다. 그러나 프랑스가 식민지배를 포기하려고 하지 않아 1차 인도차이나
전쟁(1946~1954)이 일어났다. 프랑스의 야욕은 1954년 5월 디엔비엔푸
전투의 패배로 좌절되었다. 그해에 열린 제네바회담의 결정에 따라 베트
남은 북위 17도선을 기준으로 남북이 분할되었다.

호찌민이 이끄는 북베트남 정부와 미국이 지원하는 남베트남 정부가
대립하는 과정에서, 1950년대 후반부터 다양한 공산주의자 집단이 남베
트남에서 활동하기 시작했다. 뒤에 '베트콩越共'이란 이름으로 알려진 이
들은 북베트남뿐만 아니라 소련과 중국에서도 군사 지원을 받았다. 이
들의 활동이 갈수록 확대되자 1964년 미국이 군사 개입을 단행하면서
베트남전쟁(2차 인도차이나전쟁)이 시작되었다. 베트남 국토를 황폐화하며
300만 명 이상의 인명을 앗아간 베트남전쟁은 1975년에야 끝났다. 베트
남은 전쟁의 승자인 북베트남의 주도로 통일되었다. 통일 후 베트남 정부
가 당면한 가장 큰 과제는 그동안 자본주의 체제하에 있었던 남부를 사
회주의 체제로 통합하는 것이었다.

캄보디아와 라오스의 독립은 두 나라의 완전한 독립을 인정한다는
1953년 프랑스 정부의 선언과 1954년의 제네바회담을 통해 이뤄졌다. 두
나라에서는 공산주의자들이 점차 세력을 확대하고 있었다. 냉전시대 열
강의 이해관계에 휘둘리던 두 나라의 정치인들은 중립주의를 표방함으로

써 국가의 주권을 지키려고 노력했지만, 그들의 노력은 베트남전쟁의 소용돌이 앞에서 아무런 효과가 없었다. 결국 베트남전쟁이 공산주의자들의 승리로 끝난 1975년, 캄보디아에서는 '크메르루주Khmer Rouge(붉은 크메르)', 라오스에서는 '빠텟라오Pathet Lao(라오의 나라)'라는 공산주의 정당이 정권을 잡고 나라를 공산화했다.

탈식민시대 동남아시아의 정치·경제적 변화

탈식민시대에 들어서 동남아시아 국가들은 정치·경제적으로 다양한 변화와 발전을 보였는데, 그 변화와 발전에서 어느 정도 공통된 특징과 추세를 확인할 수 있다. 탈식민시대 동남아시아의 신생 독립국들과 태국은 전체주의 또는 권위주의적인 정치 형태를 보여주었다. 전체주의는 1975년 공산화한 인도차이나 국가들에서 뚜렷이 나타났다. 1962년부터 '버마식 사회주의'의 기치하에 계획경제를 추진한 미얀마도 전체주의 범주에 속한 나라였다. 반면 군부정권이 지배하던 태국과 인도네시아, 마르코스 대통령(재임 1965~1986) 시대의 필리핀, 리콴유Lee Kuan Yew, 李光耀 수상(재임 1959~1990)과 그의 인민행동당이 장기 집권한 싱가포르, 그리고 정부 여당인 연합말레이민족기구United Malays National Organization(UMNO)의 지배 체제가 공고하게 자리잡은 말레이시아는 모두 권위주의 국가였다.

그러나 경제의 발전, 교육의 확산, 특히 1980년대 말 시작된 탈냉전과 시장경제의 확대는 동남아시아 국가들의 정치와 경제에 큰 변화를 일으켰다. 필리핀에서는 1986년에 '민중의 힘'으로 마르코스 정권이 몰락했으며, 미얀마에서는 1988년 비록 '미완의 민주화'로 끝났지만 군부 독재에 대한 민중 저항이 일어났다. 태국에서는 1992년 재집권을 시도하던 군부가 시민들의 강력한 반발에 퇴진하고 문민정부가 들어섰으며, 인도네시아에서는 장기 집권하던 수하르토(대통령 재임 1968~1998) 정권이 1998년에 마침내 종식되었다. 베트남은 1986년 '도이머이Doi Moi' 곧 쇄신 정책을 채택하고 시장경제를 본격 도입하기 시작해 점차 전체주의 체제에서 탈피하고 있다. 라오스에서도 비슷한 시기에 시장경제를 받아들이기 시작했다. 크메르루주 치하에서 '킬링필드Killing Fields'의 비극을 겪었던 캄보디아는 사회주의 체제를 버리고 1993년 친서방적인 자본주의 국가로 탈바꿈했다.

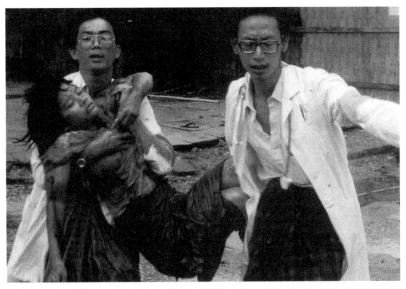

미얀마의 민주화운동 1988년 9월 19일 양곤에서 민주화 시위에 참여했다가 총에 맞아 쓰러진 학생 마윈모우(당시 16세)를 두 의대생이 부축해 옮기고 있다. 마윈모우는 병원에 도착하기 전에 사망했다.

탈식민시대에 동남아시아의 권위주의적 국가들은 대부분 정치적 안정을 바탕으로 빠른 경제성장을 추구하는 이른바 '발전국가'를 지향했다. 따라서 그들은 1970년대까지 경공업에 치중해 수입 대체 산업을 집중 육성했다. 1980년대부터는 필리핀을 제외한 동남아시아의 '발전국가'들이 수출산업을 지향하기 시작했다. 이를 위해 그들은 미국과 일본 등 서방 선진국과 국제통화기금(IMF) 및 아시아개발은행(ADB) 등 다국적 금융기관들로부터 많은 자본을 끌어들였다. 그러나 이로써 동남아시아의 경제는 세계경제에 대한 의존도가 높아졌으며, 이것은 1997년 태국과 인도네시아에서 금융위기가 일어난 주요 원인이 되었다.

국제정치 관계를 보면 동남아시아 국가들은 2차 세계대전 후 냉전체제의 이념적 양극화에 따라 공산주의권, 비동맹운동의 중립주의권, 친서방적인 자본주의권으로 나뉘었다. 그중 친서방 국가들이 미국·영국·프랑스 등 서방 국가들과 함께 1955년에 동남아조약기구(SEATO)를 결성했다(이 기구는 베트남 전쟁 후 1977년 해체되었다). 한편 태국·말레이시아·싱가포르·인도네시아·필리핀 등은 경제 및 안보 협력 강화를 목표로 1967년 동남아국가연합 곧 아세안(ASEAN)을 창설했다.

1980년대 말부터 시작된 냉전체제의 해체, 이와 더불어 나타난 세계화의 흐름과 시장경제의 확산은 동남아시아의 국제정치 질서에도 큰 영향을 미쳤다. 그리하여 동남아시아 국가들 사이에 이념적 차이보다는 실용적인 경제 협력을 우선시하는 분위기가 점차 강해졌고, 이윽고 아세안은 1995년 사회주의 국가인 베트남을, 1997년 역시 사회주의 국가인 라오스와 군부독재국인 미얀마를, 그리고 1999년에는 캄보디아를 회원국으로 받아들였다.

전통과 현대가 공존하는 태국의 수도 방콕 Christophe95, CC BY-SA 4.0

참고문헌

밀턴 오스본, 조흥국 옮김, 2000, 《한 권에 담은 동남아시아 역사》, 오름.
밀턴 오스본, 조흥국 옮김, 2018, 《메콩강: 그 격동적인 과거와 불확실한 미래》, 진인진.
소병국, 2020, 《동남아시아사》, 책과함께.
소병국·조흥국, 2004, 《불교 군주와 술탄: 태국과 말레이시아 왕권의 역사》, 전통과현대.
송정남, 2000, 《베트남의 역사》, 부산대학교출판부.
오스카 베겔, 조흥국 옮김, 1997, 《인도차이나: 베트남·캄보디아·라오스》, 주류성.
유인선, 2002, 《새로 쓴 베트남의 역사》, 이산.
윤진표, 2016, 《현대 동남아의 이해》, 명인문화사.
제임스 스콧, 김춘동 옮김, 2004, 《농민의 도덕경제: 동남아시아의 반란과 생계》, 아카넷.
조흥국 외, 2000, 《동남아의 화인사회: 형성과 변화》, 전통과현대.
조흥국, 2002, 〈메콩강의 경제적 잠재력과 유역국가들의 상호관계에 대한 역사적 고찰〉, 조흥국 외,
    《메콩강과 지역협력》, 부산외국어대학교출판부.
조흥국, 2007, 《태국: 불교와 국왕의 나라》, 소나무.
조흥국, 2009, 《한국과 동남아시아의 교류사》, 소나무.
조흥국, 2015, 《근대 태국의 형성》, 소나무.
조흥국, 2019, 《동남아시아의 역사와 문화: 여성이 이끄는 세계》, 소나무.
최병욱, 2006, 《동남아시아사: 전통시대》, 대한교과서주식회사.
클라이브 크리스티 편저, 노영순 옮김, 2004, 《20세기 동남아시아의 역사》, 심산.

Bellwood, Peter, 1997, *Prehistory of the Indo-Malaysian Archipelago*, Revised Edition,
    Honolulu: University of Hawaii Press.
Coedès, George, 1966, *The Making of South East Asia*, Berkeley: University of California
    Press.
Groslier, Bernard Philippe, 1980, *Hinterindien: Kunst im Schmelztiegel der Rassen*,
    Baden-Baden: Holle.
Hall, D. G. E., 1981, *A History of South-East Asia*, 4th Edition, London: Macmillan.
Kubitscheck, Hans-Dieter, 1983, *Südostasien: Völker und Kulturen*, Berlin: Akademie.
Manguin, Pierre-Yves, 1980, "The Southeast Asian Ship: An Historical Approach," *Journal
    of Southeast Asian Studies* 11(2).
Owen, Norman G. ed., 2005, *The Emergence of Modern Southeast Asia*, Honolulu:
    University of Hawai'i Press.
Reid, Anthony, 1993, *Southeast Asia in the Age of Commerce 1450-1680, Volume Two:
    Expansion and Crisis*, New Haven: Yale University Press.
SarDesai, D. R., 1997, *Southeast Asia: Past & Present*, 4th Edition, Boulder: Westview.
Soon, Wayne, 2014, "Science, Medicine, and Confucianism in the Making of China and
    Southeast Asia: Lim Boon Keng and the Overseas Chinese, 1897~1937," *Twentieth-
    Century China*, 39(1).
Williams, Lea E., 1976, *Southeast Asia: A History*, New York: Oxford University Press.

6

세계에서 가장 넓은 단일 문화권, 라틴아메리카

서성철·정혜주·노용석

일러두기

원주민 언어에서 온 낱말은 현지 발음에 가깝게 쓰고, 스페인·포르투갈 등 유럽의 언어에서 기원한 낱말은 외래어 표기법에 따라 썼다.

라틴아메리카의 탄생

개념과 의미

라틴아메리카는 세계에서 가장 넓은 단일 문화권이다. 북아메리카의 멕시코에서 남아메리카의 아르헨티나 최남단, 그리고 카리브 지역(카리브해의 섬들)까지 포함하는 라틴아메리카 대륙의 면적은 2003만 8977km²(2020년 기준)에 이른다.* 위도상으로 북위 32도에서 남위 56도까지 가장 넓은 범위에 걸쳐 있는 대륙이다. 멕시코 북서부에서 남아메리카 북부까지 거의 5000km, 거기서 칠레 남단의 오르노스곶까지는 거리가 약 7500km에 이른다.

지구상에서 인류가 차지하고 있는 영토 중 약 15.7퍼센트에 해당하는 방대한 영역이므로, 각 지역의 지형 특성에 따라 기후도 천차만별이다. 주로 열대 기후에 속하지만 지구상의 모든 날씨가 그곳에 존재한다. 아마존의 무더운 밀림도 있지만, 만년설을 머금고 있는 파타고니아 지방도 있다. 그리고 생태학적으로 다양한 동식물이 존재한다. 인구는 2020년 기준 6억 5227만 6325명으로,** 인종도 다양하다.

아메리카 대륙을 지리적으로 구분하면 북아메리카(미국·캐나다·멕시코), 중앙아메리카(벨리즈·과테말라·엘살바도르·온두라스·니카라과·코스타리카·파나마), 그리고 파나마 아래 위치한 베네수엘라·콜롬비아·에콰도르·페루와 더 아래쪽에 위치한 칠레·아르헨티나·우루과이 등을 아우르는 남아메리카

* 세계은행 자료 https://data.worldbank.org/indicator/AG.LND.TOTL.K2.
** 세계은행 자료 https://data.worldbank.org/indicator/SP.POP.TOTL.

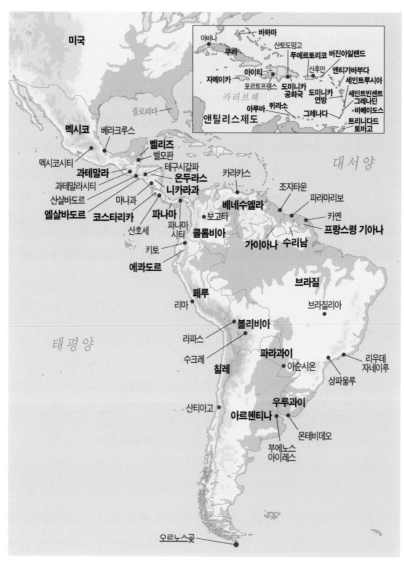

미국

바하마
아바나
쿠바
산토도밍고
푸에르토리코 버진아일랜드
아이티
산후안
앤티가바부다
자메이카
세인트루시아
포르토프랭스 도미니카
공화국 도미니카
연방
세인트빈센트
그레나딘
카리브해
아루바 퀴라소
바베이도스
앤틸리스제도
그레나다
트리니다드
토바고

플로리다

대서양

멕시코
베라크루스

멕시코시티
벨리즈
벨모판
과테말라
테구시갈파
과테말라시티
온두라스
카라카스
조지타운
산살바도르
니카라과
파라마리보
엘살바도르
마나과
카옌
코스타리카
파나마
베네수엘라
프랑스령 기아나
산호세
파나마
시티
보고타
콜롬비아
가이아나 수리남
키토
에콰도르

페루
브라질
리마
브라질리아

태평양
볼리비아
라파스

수크레
파라과이
리우데
자네이루
칠레
아순시온
상파울루

우루과이
산티아고
아르헨티나
몬테비데오
부에노스
아이레스

오르노스곶

오늘날의 라틴아메리카

로 나뉜다. 그리고 쿠바·아이티·도미니카공화국·푸에르토리코 등이 위치한 카리브 지역이 있다.

'라틴아메리카'는 그 의미의 폭이 매우 넓은 용어다. 이 용어는 탄생부터 미국과 관련이 있다. 원래 '아메리카'라는 이름은 콜럼버스가 발견한 카리브해 지역과 현재의 중앙아메리카를 일컫는 말이었다. 미국이나 캐나다가 위치한, 다시 말해 앵글로색슨계 민족들이 정주한 곳을 가리키는 말은 아니었다. 그러나 미국이 독립하며 나라 이름을 '미합중국United States of America(직역하면 '아메리카의 국가 연합')'이라 명명하면서 아메리카라는 용어를 선점했다. 이에 프랑스는, 19세기에 독립한 아메리카 대륙의 스페인 식민지들을 '미합중국'과 구별 짓고자 '라틴아메리카'라고 이름 붙였던 것이다. 여기서 라틴아메리카는 '라틴어에서 파생된 로망스 언어를 사용하거나 라틴족으로 구성된 나라들을 아우르는 아메리카'를 의미한다. 곧 스페인·포르투갈·프랑스령 식민지를 다 포괄하며, 과거에 스페인의 식민지였다가 다시 영국이나 프랑스의 식민지가 되었던 자메이카·벨리즈·아이티와 네덜란드령 기아나도 여기에 포함된다.

그러나 통상 라틴아메리카라 하면 '스페인어를 공용어로 하는 멕시코·아르헨티나 등 18개국과 포르투갈어를 쓰는 브라질'을 가리키는 것으로 이해된다. 라틴아메리카 지역에는 이베리아반도에 기원을 둔 라틴계 문화의 전통이 있으며, 이 지역 주민 대부분이 가톨릭을 믿는다.

폭넓은 개념인 라틴아메리카보다 의미하는 범위가 좁은 용어들도 있다. '이베로아메리카Iberoamerica'는 이베리아반도에 위치한 두 나라 곧 스페인과 포르투갈의 식민지였던 지역을 일컫는 말이다. 조금 더 범위를 좁혀 과거 스페인 식민지였거나 스페인어를 공용어로 하는 나라들만 묶어 말할 때는 '이스파노아메리카Hispanoamerica'라는 용어를 사용한다. 현재 미국 남부의 캘리포니아·텍사스·플로리다 주에 스페인계 아메리카인이나 그 후손이 많이 사는데, 이들을 히스패닉Hispanic이라 하는 것도 스페인을 가리키는 '이스파니아Hipania'라는 말에서 연원한다.

라틴아메리카의 문화적 특성

라틴아메리카의 문화에는 여러 전통과 문화요소가 혼합되어 있다.

첫째로 들 수 있는 것은 콜럼버스의 도래 이전부터 있었던 원주민(인디오)의 문화 전통이다. 이 원주민 전통은 지금도 인디오들이 많이 사는 중앙아메리카(중미) 지역 곧 과테말라나 온두라스, 멕시코 남부의 유까딴반도, 그리고 한때 잉카 문명이 번성했던 페루나 볼리비아에서 강하게 나타난다. 백인들이 많이 이주한 우루과이나 칠레, 아르헨티나에서는 유럽 문화요소가 지배적이다. 한편 쿠바나 아이티, 도미니카공화국, 콜롬비아나 베네수엘라 북부, 브라질 북동부는 아프리카인들이 많이 노예로 끌려와 사탕수수 플랜테이션에서 일했던 곳이기 때문에 아프리카의 문화 전통이 많이 남아 있다.

그러나 이들 다양한 문화요소 가운데 가장 영향력이 큰 것은 스페인 문화라고 할 수 있다. 왜냐하면 라틴아메리카는 스페인의 정복으로 탄생되고 이뤄졌기 때문이다. 스페인은 역사적으로 선주민인 이베로족 외에 유럽의 켈트족, 페니키아인, 그리스인, 카르타고인, 로마인, 게르만족, 아랍인 들이 거쳐 갔거나 지배했던 나라다. 이런 역사적 맥락에서 다양한 인종의 혼합이 이뤄졌고, 따라서 스페인의 문화는 다양성·개방성·혼합성·포용성을 띠게 되었다. 이런 스페인의 전통이 아메리카 대륙으로 건너와 라틴아메리카 문화의 특징이 되었다.

아메리카의 고대·중세 문명

아메리카인의 기원

원래 아메리카 대륙은 아무도 살지 않던 땅이었다. 약 8만 년 전 베링 해협이 얼면서 지금의 아시아 대륙과 아메리카 대륙이 연결되었다. 4만 8000년 전부터 빙하가 녹기 시작한 1만 4000년 사이에 아시아인들이 아메리카 대륙으로 건너갔고, 이들은 매머드 같은 동물을 사냥하며 살아 갔다. 아시아에서 이주한 사람들은 산과 사막, 계곡과 밀림 등 광대한 지역을 옮겨 다니며 계속 남진해 아메리카 대륙 곳곳으로 흩어졌다.

서기전 7500년경부터 서기전 2500년 사이에 이들은 농사를 짓게 되면서 촌락을 형성해 한곳에 정주하게 되었다. 서기전 2000년경부터 메소아메리카(지금의 멕시코와 중미) 및 안데스 지역(남미 안데스산맥 일대)에 농경 사회가 형성되었다. 메소아메리카에서는 옥수수나 콩·호박·고추 같은 작물을 재배했고, 안데스 지역에서는 그 밖에 감자나 유카yucca 같은 작물을 재배했다. 서기전 1800년경부터는 토기를 만드는 등 고대 문명을 발전시켜 나갔다.

고대 문명

메소아메리카

메소아메리카에서 농경 사회가 형성된 후, 서기전 1500년경 올메까 Olmeca 문명이 탄생했다. 이 문명은 곧 멕시코 해안에서 중앙 멕시코의 고원, 와하까, 그리고 마야 문명이 탄생하는 치아빠스, 유까딴에까지 영

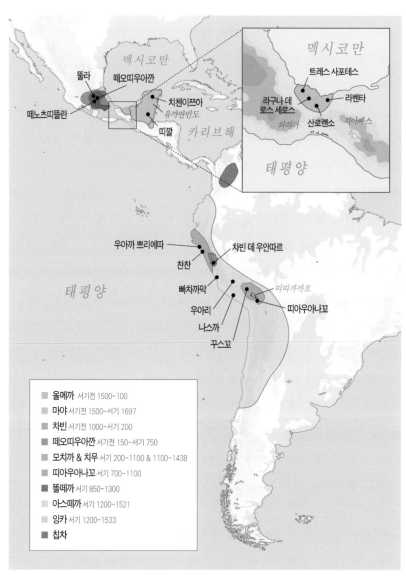

라틴아메리카의 대표적인 고대 문명

향을 끼쳤다. 메소아메리카에는 종교를 중심으로 한 대규모 도시들이 등장했는데, 서기전 1세기경에 태동한 떼오띠우아깐이 가장 유명하다. 이 도시는 전성기인 서기 4~5세기에 인구가 20만을 넘었다.

떼오띠우아깐에 이어 등장한 것이 똘떼까Tolteca 문명이다. 서기 900년에서 1100년 사이에 번성했던 똘떼까는 멕시코 중앙고원에서 문화적으로 가장 융성한 문명이었다. 똘떼까 사람들은 중심지였던 도시 뚤라Tula에 훌륭한 건축물을 남기며 떼오띠우아깐을 이어 회화·벽화·조각 등을 발전시켰다. 똘떼까 사람들은 도시국가를 형성하기 전부터 농사짓는 법을 터득하고 있었고, 제례 의식에 기초한 정치 조직이 발달했다. 이 문명은 12세기 중엽, 멕시코 중앙고원의 호수 주위에 새롭게 등장한 여러 도시국가들의 세력이 커지면서 쇠퇴했다.

아스떼까족은, 전설에 따르면 1116년에 고향인 아스뜰란Aztlán(이것이 바로 '아스떼까Azteca'의 어원이 된다)이라는 곳을 떠나 정주할 땅을 찾아 멕시코 중앙고원의 큰 호숫가에 다다랐다. 메소아메리카 문명의 중심인 이곳에는 이미 정착한 도시국가가 여럿 있었다. 이방인으로서 이들 사이에 끼어 살다가 마침내 1325년, 사제 떼노츠의 통솔에 따라 지금의 멕시코시티인 호수의 섬에 떼노츠띠뜰란을 세웠다(오늘날의 멕시코시티 지역이 당시에는 호수로 덮여 있었다). 떼노츠띠뜰란은 아까마삐츠뜰리Acamapichtli(재위 1375~1395)가 첫 뜰라또아니Tlatoani(아스떼까의 왕을 일컫는 말)로 즉위하면서 도시국가로 발전했다. 이후 멕시코 중앙고원에 있었던 도시국가 대부분을 정복하고, 목떼수마 일루이까미나Moctezuma Ilhuicamina(재위 1440~1468) 때에는 동쪽으로 멕시코만, 남쪽으로 니카라과까지 영토를 넓혔다. 그리고 메소아메리카의 문명을 통합하여 아스떼까제국으로 발전했다.

아스떼까족은 자신들을 적대하는 모든 도시국가들을 복속하고, 공물과 부역을 부과했다. 한편 과도한 공물과 부역에 반발하는 도시들은 '꽃 전쟁'

뚤라 유적의 피라미드 B와 C 멕시코 이달고 소재. AlejandroLinaresGarcia, CC BY-SA 3.0

뚤라 유적의 피라미드 B 위에 늘어서 있는 석상
AlejandroLinaresGarcia, CC BY-SA 3.0

뚤떼까의 상형 돋을새김
심장을 먹는 독수리를 묘사했다. 10~13세기 제작. 뉴욕 메트로폴리탄 미술관 소장. Gift of Frederic E. Church, 1893

뚤떼까 토기
University of Southern California. Libraries & California Historical Society. USC Digital Library 가공.

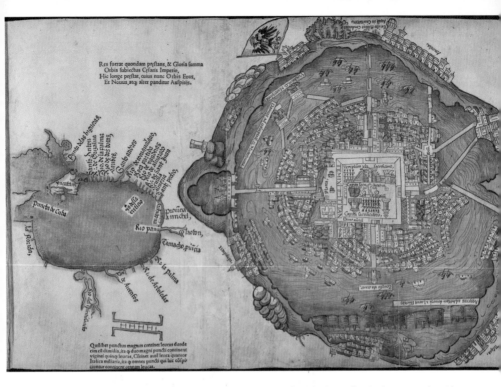

호수 한복판에 있었던 도시 떼노츠띠뜰란 1524년 최초로 출판된 떼노츠띠뜰란 지도. 1520년 10월 30일 에르난 코르테스가 스페인 왕 카를로스 5세에게 보낸 편지를 라틴어로 번역 출판한 책《에르난 코르테스의 두 번째 편지*Segunda carta de Hernán Cortés*》에 실려 있다. 시카고 Biblioteca Newberry 소장.

이라는 방법으로 통제했다. '꽃 전쟁'이란 신성한 의례에 희생 제물로 바칠 포로를 잡으려고 벌이는 전쟁을 의미한다(456쪽 참조). 제국의 통치에 반발할 만한 도시국가들이 주로 전쟁의 대상이 되었는데, 가장 대표적인 도시가 뜰라스깔라였다. 아스떼까제국의 인구는, 멕시코 중부로만 한정할 때 약 1000만~1100만 명 정도였다. 수도인 떼노츠띠뜰란과 그 주위에만 20만 명 이상이 살고 있었다.

한편 고대 아메리카 문명 중에서 가장 대표적인 것이 마야 문명이다. 마야 문명의 본거지는 유까딴반도가 위치한 멕시코 남동부와 중앙아메리카 북단 지역이었다. 지금의 멕시코 유까딴 지방과 따바스꼬, 치아빠스

1519년경의
아스떼까제국

일부, 그리고 과테말라·벨리즈·온두라스와 엘살바도르 서부 지역을 아우르던 광대한 문명이었다. 마야 문명 시대는 전기 고전기(서기전 1500~서기 200년), 고전기(서기 200~800년), 그리고 후기 고전기(800~1400년)로 나뉜다. 마야 문명은 대략 서기전 100년경 중앙아메리카의 태평양 연안에서 문화를 꽃피우기 시작했다. 그리고 서기 500년에서 700년 사이에 절정기에 달했다가 800년경 과테말라, 벨리즈, 온두라스 등지의 저지대 숲속 도시국가들이 급격하게 몰락했다. 이때부터 문명의 중심이 유까딴반도 북부를 향해 이동했다. 이곳에서는 고전기 마야 문명을 바탕으로, 멕시코만을 따라 전해진 멕시코 중앙고원의 문명을 받아들여 후기 고전기 마야 문명을 활짝 꽃피웠다. 서기 900년에서 1200년 사이에 전성기를 누렸으나, 이후 쇠락하여 1400년경에는 도시국가들이 존재하지 않고 마을들만 남았다.

마야인들은 무엇보다 수학과 천문학에 능했다. 그들은 고대 메소포타미아나 인도 사람들처럼 0 개념을 알았고, 일식과 월식, 달의 삭망 주기, 금성의 공전 주기를 정확하게 계산했다. 그리고 이들은 치첸이쯔아의 꾸꿀깐 신전, 천문대, 큰 공놀이장과 같은 훌륭한 건축물과 각종 기념비도 남겼다.

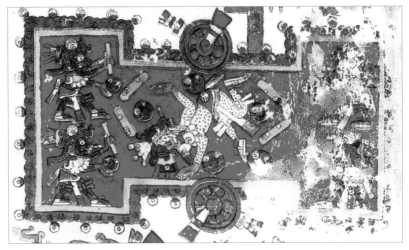

신전의 일부인 공놀이장을 묘사한 그림 출처 Borgia Codex, Pl. 42

양 진영의 중간 지점을
나타내는 표시석
Kåre Thor Olsen,
CC BY-SA 3.0

치첸이쯔아의 공놀이장 Brian Snelson, CC BY 2.0

치첸이쯔아의 천문대 Daniel Schwen, CC BY-SA 4.0

비의 신 '착'의 얼굴로 장식된 치첸이쯔아의 한 건물 2, 3층 정면과 양쪽에 네모난 눈, 고부라진 코, 위 아랫니를 드러낸 입이 보인다. 서기 800~1000년 건설. 1899년 H. N. Sweet 촬영.

안데스 지역

오늘날 페루·볼리비아·에콰도르 등이 있는 안데스 지역에서는 서기전 1000년경 최초로 차빈Chavín 문화가 탄생했고, 다양한 토기를 만들었던 모치까Mochica, 지표면에 거대한 그림을 남긴 나스까Nazca 문화가 그 뒤를 이었다. 그리고 서기 1100년경 페루 북부 해안 지방에 모치까의 뒤를 이어

차빈 데 우안따르 유적
유적 내 원형 광장.
차빈 문화를 대표하는 유적인
차빈 데 우안따르는
안데스 산간의
해발 3150m 고도에 있다.
페루의 수도 리마에서
북쪽으로 약 270km
떨어진 지점이다.
archive.cyark.org
CyArk, CC BY-SA 3.0

란손 기둥
차빈 데 우안따르의 신전 건물 지하,
미로 같은 통로의 중앙에 서 있다.
'란손Lanzon'은
스페인 발견자들이 붙인 이름으로
'긴 창'을 뜻한다.
이 기둥은 최고신의 형상을
표현한 것으로 여겨진다.
Reto Luescher, CC BY-SA 3.0

치무Chimu 왕국이 나타났다. 치무왕국은 달을 신으로 믿고, 새와 물고기 모양 토기와 화려한 금·구리 세공품을 제작하며 약 400년간 번성했다.

서기 1200년경, 후일 잉카제국의 수도가 되는 쿠스코에 모습을 드러낸 잉카족이 안데스 문명의 마지막 주인공이다. 1438년 잉카('왕'을 의미한다)로 즉위한 빠차꾸띠Pachacuti는 1463년 달의 왕국인 치무의 수도 찬찬을 함락하며 안데스 지역의 패권자가 되었다. 잉카제국은 태양신의 아들인 '사빠잉카Sapa Inca'가 '따완띤수유Tahuantinsuyu(네 지역의 땅)'를 통합하여 다스리는 나라였다.

차빈 문화 유물로 알려진 도기 인형
서기전 900~200년.
볼티모어 Walters
Art Museum 소장.

모치까 왕의 무덤 페루 우아까라하다Huaca Rajada 소재 시빤Sipán 유적. Bernard Gagnon. CC BY-SA 3.0

치무왕국의 수도 찬찬Chan Chan 유적 Jim Williams, ⓒUNESCO   찬찬 유적의 새 부조 Karinna Paz, CC BY 4.0

그들은 네 지역에 각각 수도를 세웠는데, 가장 중심이 된 곳은 쿠스코였다. 쿠스코는 20만 명이 거주하던 대도시였다. 잉카의 광대한 영토는 오늘날에도 사용되는 도로망으로 연결되어 있었다. 도로를 따라 사람, 언어, 물자와 문화가 왕래하여 안데스의 다양한 민족 전통이 한 문화로 어우러졌다.

갈대배를 탄 어부를 표현한 치무 토기
1100~1400년대.
마드리드 Museo de América 소장.
Luis García, CC BY-SA 3.0

아스떼까, 마야, 잉카 등 메소아메리카 및 중앙 안데스 문명의 특징은 타 문명과 교류 없이 고립된 문명이었다는 것이다. 외부 세계로부터 문화적 영향을 받지 않았기 때문에 문명 자체의 한계를 벗어나지 못했다. 마야 문명에는 고도로 발달한 상형문자가 있었지만 왕조의 역사나 업적, 역법을 기록하는 제한된 용도로만 사용되고, 일반 대중에게까지 확산되어 쓰이지는 않았다. 아스떼까와 잉카 문명에도 문자가 있었지만 지식을 전달할 수 있을 정도로 발전하지는 못했다. 또한 잉카인과 아스떼까인은

잉카 마추픽추 유적 안데스 산간에 자리잡은 요새 마추픽추는 15세기에 지어졌다. 한때 이곳에 천여 명이 살았다. Dan Merino, CC BY 4.0

마추픽추의 망루 Jean Robert Thibault / Mark Cartwright, CC BY-SA

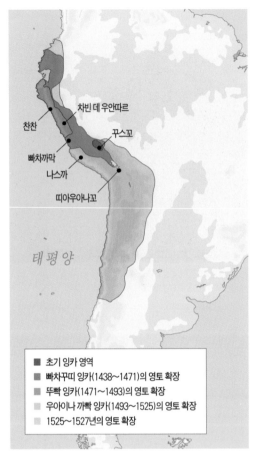

차빈 데 우안따르

찬찬

꾸스꼬

빠차까막

나스까

띠아우아나꼬

태평양

■ 초기 잉카 영역
■ 빠차꾸띠 잉카(1438~1471)의 영토 확장
■ 뚜빠 잉카(1471~1493)의 영토 확장
□ 우아이나 까빡 잉카(1493~1525)의 영토 확장
□ 1525~1527년의 영토 확장

잉카제국의 성장

금이나 은 같은 금속은 알았지만, 철의 존재는 몰랐다. 금·은·동과 같은 금속이 왕이나 귀족의 장신구나 장식물, 그리고 의례 도구로 사용되었지만 그것으로 농기나 무기를 제조할 줄은 몰랐다. 그리고 중남미 문명이 발전했던 곳에는 소나 말이 존재하지 않았기 때문에 바퀴 달린 수레나 마차 같은 운송 수단도 발전시키지 못했다.

450   6장 라틴아메리카

마야의 수학

마야 문명은 서기전 1500년경 중앙아메리카 지역에서 시작되었다. 마야 문명의 고전기는 서기 200년에서 800년까지 이어졌다. 절정기의 마야 문명은 문화적으로 아주 역동적인 사회였다. 마야 문명에서는 시간의 흐름을 아는 것을 의례의 바탕으로서 중요하게 생각했다. 그리하여 천문을 면밀히 관찰하고 엄정하게 계산한 달력을 만들어내는 과정에서 수학이 발달했다. 마야는 일찍이 다른 어떤 선진 문명보다 수준 높은 숫자 체계를 고안해 냈다.

오늘날 우리가 사용하는 십진법은 손가락 열 개를 꼽으면서 세는 방법을 기초로 한 계산법이다. 마야인들은 20진법을 개발했는데 이는 손가락과 발가락을 다 사용하는 계산법이다. 십진법에서 각 자리에 숫자 열 개(0~9)가 있다면 마야의 20진법에서는 각 자리에 숫자 20개(0~19)가 있다. 예를 들어 십진법에서 28은 10을 두 번 곱한 수에 8을 더한 것인데, 20진법에서 28은 20에 8을 더한 수다.

[10진법] 28 = (10×2) + 8
[20진법] 28 = 20 + 8

마야인들은 세 가지 기호를 써서 숫자를 적었다. 1부터 4까지는 점, 5는 막대기(가로줄이나 세로줄), 0은 조개 모양으로 표시하고, 더하거나 빼기는 점과 막대기를 추가하거나 빼서 계산한다. 복잡한 숫자도 세 가지 기호만으로 계산할 수 있기 때문에 교육을 받지 않은 사람도 쉽게 무역이나 상업에 종사할 수 있었다.

마야 숫자는 아라비아 숫자와 달리 수직 또는 수평으로 쓴다. 수직으로 쓸 때는 막대기를 가로로 놓고, 그 막대기 위에 점을 찍는다. 이 경우에는 밑에서부터 위로 단위가 올라간다. 반면 수평으로 쓸 때는 막대기를 세로로 놓고, 점은 그 막대기 왼쪽에 놓는다. 이때는 오른쪽에서 왼쪽으로 단위가 올라간다. 십진법은 1부터 10, 100, 1000, 1만 순으로 단위가 올라가지만 마야의

마야의 숫자

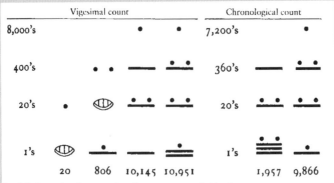

Fig. 3.2. Examples of positional mathematics as recorded by the ancient Maya.

보통 수 체계   달력의 수 체계

20진법은 1, 20, 400, 8000, 16만 순으로 단위가 올라간다.

예를 들어 433은 (1×400) + (1×20) + 13이기 때문에 맨 아래층(제1단)에 막대기 2개(10)와 점 3개(3)로 13을 표시하고, 그 위층인 제2단에 점 하나로 20을, 한층 더 위인 제3단에 점 하나로 400을 표시한다.

그러나 이 단위 순서에도 예외가 있는데, 그것은 달력에 숫자를 표시할 때다. 보통은 밑에서부터 제3단에 400(20의 배수)을 두지만, 달력에서는 제3단에 360을 두고 그 20배수로 단위를 올린다.

마야인들이 0의 개념을 알았다는 점은 특별히 주목할 만하다. 마야인들은 전기 고전기인 서기전 1세기에 0이라는 숫자를 창안했다. 그 밖에 세계 문명사에서 0 개념이 있는 문명은 메소포타미아와 인도 문명 말고는 없었다.

마야인들은 수천만 이상인 수와 장구한 시간도 선과 막대기 단 몇 줄로 간단하게 표시할 수 있었다. 분수 개념은 몰랐지만, 점과 막대기라는 기호를 가지고 천문학적 계산도 정확하게 해낼 수 있었다. 마야인들은 유럽인들보다 더 정확하게 태양년의 주기를 측정했다. 마야의 달력에 따르면 1년(지구가 태양을 한 바퀴 도는 데 걸리는 시간)이 365.2일인데, 현대의 계산으로 1년은 365.242198일이다. 마찬가지로 마야의 달력에서 한 달(달의 지구 공전 주기)은 29.5308일인데, 현대에 측정한 삭망월의 주기(보름달이 된 때부터 다음 보름달이 될 때까지, 또는 초승달이 된 때부터 다음 초승달이 될 때까지 걸리는 시간)가 29.53059일인 것을 보면 그들의 계산이 얼마나 정확했는지 알 수 있다. 마야인들은 태양과 달의 주기를 정확히 계산한 데 따라 일식과 월식도 정확하게 예측할 수 있었다.

이처럼 마야인들은 현대 과학에서 증명하는 태양계의 운행을 오래전부터 정확히 알고 있었지만, 지리적인 단절로 인해 유럽과 아시아의 숫자 체계나 수학에 영향을 주지 못했다.

순환과 희생 제의

아스떼까 우주관의 특징은 한마디로 '순환'이라고 할 수 있다. 이 세계는 신에 의해 단 한 번 창조되었고 종말이 올 때까지 영원히 변치 않으리라고 하는 유대-기독교 우주관과 달리, 고대 멕시코인들의 사유 체계에서 이 우주의 존재는 상호 보완적인 것, 곧 서로 반대되는 신성한 힘의 끝없는 투쟁으로 말미암은 삶과 죽음의 순환 법칙을 따른다. 그리하여 아스떼까인들의 세계는 투쟁에서 승리한 힘이 지배하는 여러 태양의 시대를 거쳐왔다. 이런 신성한 힘을 지닌 대표적인 신이 고대 아메리카인들이 숭앙한 께찰꼬아뜰과 떼스까뜰리뽀까다.

멕시코의 세계 창조 신화를 보면 태초부터 네 시대(또는 태양)가 있었고, 각 시대는 네 가지 요소(땅·바람·불·물) 중 하나가 불러일으킨 재앙으로 멸망했다고 한다. 그리고 지금 우리는 다섯 번째 태양의 시대에 살고 있는데, 이 시대는 언젠가 지진으로 멸망할 것이라고 한다. 아스떼까인들의 이러한 순환적 세계관이 잘 나타난 것이 아스떼까의 달력, 일명 '태양의 돌'이다. 돌로 만든 원반에 새겨진 아스떼까 달력의 중심부에는 태양신 또나띠우가 혓바닥을 내밀고 있다. 그리고 사방에 네 신(재규어·바람·불·홍수)이 그려져 있는데, 그것은 앞서 말한 대로 우리가 살고 있는 이 시대에 앞서 세계가 네 번 창조되고, 또 네 번 파괴되었음을 의미한다.

아스떼까 신화에 따르면 첫 번째 태양의 시대는 떼스까뜰리뽀까 신이 주재한 시대로서 재규어에 의해 멸망했다. 이 시대 인간들은 재규어에게 모두 잡아먹혔다. 두 번째 태양의 시대는 께찰꼬아뜰 신이 지배한 시대로 바람에 의해 멸망했다. 이 시대에 살았던 인간들은 폭풍이 밀어닥치자 원숭이로 바뀌었다. 세 번째 태양의 시대는 하늘에서 쏟아져 내린 불비(화염)에 의해서 멸망했다. 이 시대의 인간들은 화염이 덮치자 닭이나 칠면조로 변신했다. 네 번째 태양의 시대는 홍수에 의해서 멸망했다. 이때 인간들은 물고기로 변했다. 다섯 번째 태양은 다시 께찰꼬아뜰 신이 주재하는 시대로, 이 신이 새로 인간들을 창조했고, 이 시대에 인간

재규어신 떼스까뜰리뽀까
피렌체 Medicea Laurenziana Library 소장.
출처 Bernardino de Sahagún 외, *Florentine Codex*.

태양의 돌 멕시코시티 국립인류학박물관 소장. Anagoria, CC BY 3.0

태양의 돌 모사도 Keepscases, CC BY-SA 3.0

들은 처음으로 옥수수를 먹기 시작했다. 그러나 이 다섯 번째 태양의 시대도 영원하지 않으며 언젠가 지진으로 멸망하리라고 아스떼까인들은 생각했다.

아스떼까의 종교 의례는 그들의 창조 신화에 나오는 희생 의식과 밀접하게 연결되어 있다. 창조의 첫 새벽에 신들이 커다란 화톳불 주위에 빙 둘러앉았다. 그리고 그들 중 누군가가 불로 뛰어들어 이 세계를 창조하기로 했다. 아무도 불에 뛰어들지 않자 등이 굽은 병약한 신이 불더미 속으로 몸을 던졌다. 그리고 그는 태양으로 부활해 나타났다. 이것을 본 다른 젊은 신이 뒤이어 불 속으로 뛰어들었다. 그는 달로 다시 태어났다. 나머지 신들도 뛰어들어 별로 다시 나타났다. 이렇게 해서 우주가 창조되었다. 신들이 세계와 인간을 만들고자 스스로를 희생했다면 인간들 역시 그 길을 따라야 했다. 여기서 아스떼까의 인신공양 의식이 탄생했다.

아스떼까인들의 전쟁은 신에게 공양물로 바칠 포로를 얻기 위한 제의 성격을 띠었다. 대규모 전쟁을 치르기도 했지만, 제물로 바칠 포로를 확보하면 곧 싸움터에서 물러났다. 이렇게 제물을 획득하기 위해 치르는 전쟁을 '꽃 전쟁'이라고 했다. 아스떼까인들은 전쟁에서 죽거나 희생 제단에서 죽어가는 것을 삶의 궁극적 목표로 받아들였다. 스스로를 희생한 이들은 죽어서 태양(또는 신)으로 환생한다고 믿었기 때문이다.

그러나 아스떼까제국 말기에 이르면 희생 제의의 신성한 의미가 퇴색하고 주술적 색채를 띠게 되었다. 스페인 정복자들이 멕시코에 도착하기 전 10년 동안 성소의 화재, 호수의 풍랑, 제국의 멸망을 알리는 여자들의 호곡 소리 등 불길한 징조가 도처에서 일어났다. 아스떼까제국 말기의 황제 목떼수마 2세가 가장 두려워한 것은 예언에 나오는, 얼굴이 하얀 께찰꼬아뜰 신의 귀환이었다. 불안감에 사로잡힌 목떼수마는 대규모 전쟁을 벌여서 수많은 포로를 제물로 삼았다.

대주년—죽음과 재생

아스떼까인도 20진법을 사용했다. 아스떼까 달력의 한복판에 있는 신들의 형상을 둘러싼 둥근 테는 20칸으로 나뉘어 있는데, 한 칸이 하루를 의미한다. 아스떼까인에게 한 달은 20일이었다. 아스떼까에는 두 가지 달력이 있었는데, 하나는 종교력으로 1년이 13개월, 곧 260일이다. 또 하나는 태양력으로 1년이 18개월, 곧 360일이다. 그리고 나머지 5일이 있는데, 이 기간은 신들의 축제 기간으로서 무질서에서 질서로 이행하기 위해 필요한, 다시 말해서 새로운 세계의 탄생이나 재생을 위해서 필요한 시간이다.

마치 우리의 환갑처럼 이 종교력 260일과 태양력 365일의 결합으로 아스떼까인들이 생각한 우주의 주기가 나온다. 260일과 365일의 최소공배수를 구하면 18,980일이 나오는데, 이것을 다시 365일로 나누면 바로 아스떼까인과 마야인의 대주년大周年인 52년이 나온다(18,980일 ÷ 365일 = 52년). 당시 아스떼까인들은 대주년이 올 때마다 피라미드를 세웠고, 마야인들은 옛 세계가 끝났으므로 새 세계를 창조하기 위해 살던 곳을 떠나기도 했다.

아스떼까 태양의 돌이 달력을 보여준다면 마야의 치첸이쯔아 피라미드는 1년 365일의 태양년을 보여준다. 이 피라미드는 동서남북 4면에 계단이 있고, 한 면의 계단 수는 91개다. 91 × 4 = 364, 여기에 정상의 계단 하나를 합하면 총 365개가 된다. 치첸이쯔아의 피라미드는 바로 마야인의 달력을 상징한다.

치첸이쯔아 피라미드(꾸꿀깐 신전) Daniel Schwen, CC BY-SA 4.0

정복된 아메리카

대항해시대의 개막

스페인에서 1492년은 아주 중요한 해였다. 우선 스페인 세력이 이베리아반도에서 아랍 이슬람 세력을 몰아내고자 약 800년에 걸쳐 이어왔던 국토 회복 전쟁(레콩키스타Reconquista)이 그해에 완수되었다. 카스티야왕국의 이사벨 공주와 아라곤왕국의 페르난도 왕자가 결혼 후 각각 왕위를 계승하면서 통일 왕국을 형성하고, 이베리아반도에 남아 있었던 마지막 이슬람 왕국 그라나다를 정복한 것이다. 그리고 기독교 정통 신앙과 백인 순혈주의에 입각해 아랍인과 유대인을 추방했다.

그러나 무엇보다도 중요한 사건은 콜럼버스(1451~1506)의 신대륙 '발견'이다. 사실 콜럼버스가 도착하기 수천 년 전부터 문명을 이룩해온 이 대륙이 '유럽인들에 의해 발견되었다'고 하는 것은 지극히 서구 중심주의에 입각한 시각으로서, 아메리카인들에게는 자기 존재에 대한 모독이라고도 할 수 있다.

콜럼버스와 신대륙의 만남은 르네상스 시대의 인문주의humanism, 상상력, 과학 발달 같은 정신적·사상적 배경에서 나왔다. 서양 중세에 신과 내세가 중시됐다면 르네상스 시대에는 인간과 세계가 중심이 되었다. 이제 인간은 중세의 집단적인 사유를 벗어나 천국과 같은 추상적 세계가 아니라 자신이 서 있는 땅, 구체적 세계에 관심을 쏟게 되었다. 그리고 주위 세계에 대한 호기심과 관찰을 통해 시야가 확대되기 시작하면서 자연스럽게 지리학이 발전하게 되었다.

당시 유럽인들은 동방의 부나 보석, 향신료, 이국적 분위기에 지대한 호기심을 품었다. 콜럼버스가 카타이Cathay(만주)나 지팡구Cipangu(일본)에 가고자 했던 것도 바로 이런 부나 보석에 대한 열망 때문이었다. 한편 유럽의 군주들과 전문 항해가들은 전설 속 '프레스터 존Prester John(사제 요한)'의 기독교 왕국을 찾는 데 혈안이 되었다. 아프리카 북부의 에티오피아 또는 인도에 존재하며 막대한 부를 지녔다는 이 왕국과 동맹을 맺어 아랍 세력을 축출하는 것이 유럽인들의 탐험과 원정에 최대 목적이 되었다. 인도 항로를 발견한 포르투갈인 바스쿠 다가마(1460?~1524)의 항해 목적에는 이 프레스터 존의 왕국을 찾는 것도 포함되어 있었다. 콜럼버스도 예외가 아니었다. 마르코 폴로의 《동방견문록》(마르코 폴로의 구술을 루스티첼로가 옮겨 쓴 책으로, 원제목은 '세계에 관한 이야기')과 알을 낳은 아랍인, 외다리 인간, 얼굴이 가슴에 있는 사람 등 기상천외한 동방 세계를 묘사한 기사 장 드 망드빌Jean de Mandeville의 여행기 《경이록》이 콜럼버스의 상상력을 자극했다.

당시의 과학 지식도 한몫했다. 당시 이탈리아의 과학자 토스카넬리는 지구의 둘레를 1만 km 정도로 계산했는데(실제 지구의 둘레 길이는 4만 km), 콜럼버스는 그 정도 거리면 지구를 한 바퀴 돌 수 있겠다고 생각하고 인도 항로를 찾아 나설 용기를 얻었다고 한다.

콜럼버스의 모험 동기는 용기와 명성에 대한 기대감, 황금에 대한 열망, 그리고 복음을 전해야 한다는 의무감, 세 가지로 대별할 수 있다. 당시 유럽에서 향신료와 설탕은 생활필수품이 되어가고 있었다. 이슬람 세력을 피해 동방에서 유럽까지 안전하게 향신료와 설탕을 실어 올 수 있는 항로를 개척하면 큰 부와 명성을 얻을 수 있었다. 한편으로 유럽 기독교 세계의 맹주였던 스페인이나 포르투갈에게 기독교 전파는 성스러운 임무였다. 이는 콜럼버스가 신대륙에 도착한 모습을 묘사한 판화에도 잘 나타난다. 그림 오른쪽에서 콜럼버스가 원주민을 만나는데, 왼쪽에서는 스

콜럼버스가 신대륙에
도착한 모습을 묘사한 판화
1594년 Theodore de Bry 그림,
암스테르담 국립미술관 소장.

페인 선원들이 커다란 십자가를 새로운 땅에 세우고 있다.

어쩌면 무모하다고 할 수 있는, 제노바 출신 모험가 콜럼버스는 서쪽으로 계속 가면 인도에 도달할 수 있다는 믿음만으로 스페인 이사벨 여왕의 지원을 얻어냈고, 마침내 1492년 10월 12일 3개월에 걸친 항해 끝에 지금의 산살바도르인 과나하니Guanahani에 다다랐다. 그는 자신이 꿈꿨던 동방 세계에 도착했다고 믿었다. 콜럼버스는 총 네 차례 대서양을 횡단했지만, 죽을 때까지 자신이 도착한 곳이 인도라고 믿었다. 그래서 남북 아메리카의 원주민을 '인디오indio'라고 불렀다.

콜럼버스는 원주민들을 처음 만났을 때 그들에게 유럽의 유리구슬과 모자를 선물했고, 그들로부터 빠빠가요papagayo라는 새와 그 깃털을 받았다. 그때 원주민들이 콜럼버스의 선원들이 지닌 칼을 만져보다가 손이 베여 피를 흘렸다는 일화는, 앞으로 이 대륙에서 원주민들이 유럽 식민자들에게 어떻게 다뤄질지를 보여준 상징적 사건이라고 할 수 있겠다.

대발견의 시대에 동방 항로를 찾아 나선 모험가는 콜럼버스뿐이 아니었다. 포르투갈의 바르톨로메우 디아스(1450?~1500)는 1488년 아프리카 대륙 남단의 희망봉에 다다랐고, 바스쿠 다가마(1460?~1524)는 1497~1499년 이 희망봉을 돌아 동쪽으로 가는 인도 항로를 발견했다. 한편 이탈리아인 아메리고 베스푸치(1454?~1512)는 네 차례 항해 끝에 자기가 도착한 곳이 인도가 아니라 새 대륙이라고 확신했고, 이에 그의 친구였던 독일인 지도 제작자 마르틴 발트제뮐러(1470?~1521?)가 1507년 새 지도를 제작하면서 아메리고의 이름을 따 이 대륙을 '아메리카'라고 명명했다. 포르투갈인 카브랄(1467/68~1520)은 1500년 인도로 항해하던 중 지금의 브라질을 발견했고, 1513년 스페인의 발보아(1475~1519)는 '남해' 곧 지금의 태평양을 발견했다. 스페인왕국의 지원을 받은 포르투갈인 마젤란(1480~1521)의 휘하에 출범했던 선단은 1519~1522년, 남미 최남단의 해협(나중에 마젤란해협으로 명명되었다)을 돌아 세계 일주를 달성했다.

당시 앞다투어 신대륙을 정복해 나가던 두 항해 대국 스페인과 포르투갈이 신대륙 영유권을 두고 마찰을 빚자, 교황 알렉산데르 6세가 중재하여 1494년 토르데시야스조약이 맺어졌다. 아프리카 서북부 해안 너머 대서양에 있는 포르투갈령 카보베르데에서 서쪽으로 370레구아(약 2000km) 떨어진 지점의 자오선을 기준으로 그 서쪽은 스페인, 그 동쪽은 포르투갈 영토로 경계를 정한 조약이었다.

1492년 콜럼버스가 신대륙에 도착한 사건의 세계사적 의미는 다음과 같이 말할 수 있다. 첫째, 신대륙과 구대륙이 연결되면서 경제의 규모가 전 세계로 확장되었다. 둘째, 신대륙에서 채취한 풍부한 자원을 바탕으로 유럽에서 근대적인 산업 발전과 자본주의가 구축되기 시작했다. 셋째, 지리상의 발견으로 새 대륙에 식민제국이 형성되었다. 넷째, 서로 다른 인종들이 만남으로써 서로에게 다른 세계가 열렸고, 그로부터 서구 열강의

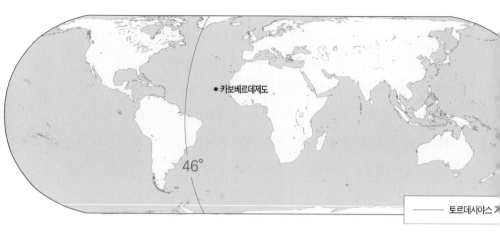

제국주의가 탄생했다. 마지막으로 상업의 축이 지중해에서 대서양으로 옮겨졌다.

멋진 신세계

유럽인들에게 신세계는 그야말로 유토피아, 다시 말해서 이상향이었다. 콜럼버스는 항해 일지에 원주민 사회를 발가벗은 채 오염되지 않은 순수한 낙원으로 묘사했고, 아메리고 베스푸치는 저서《신세계*Novus Mundus*》(1503)에서 '그들은 사유재산을 소유하지 않고 모든 것은 공동체 안에서 공유한다. 사유재산을 소유하지 않기 때문에 정부도 없고 왕도 없으며 각자가 자신의 주인이 된다'면서 신세계야말로 완벽한 유토피아 사회라고 단언했다. 1500년 브라질 원정대의 카미냐Pero Vaz de Caminha는 자신이 만난 원주민 종족을 에덴동산의 순진무구한 사람들로 묘사했다.

그러나 '유토피아Utopia'라는 말 자체가 'U'(어디에도 없는)와 'Topos'(장소)를 합친 Utopos에서 유래했다시피, 실제 아메리카는 비현실적인 이상향이 아니라 법과 질서, 정부, 역사와 문화가 있는 엄연한 사회였다.

정복과 식민을 진척하면서 유럽인들의 인식은 다시 바뀌었다. 신세계는 역사 없이 자연만 있는 사회, 아메리카 '인디오'들은 기독교인이 아닌 이교도로서 인육을 먹고 영혼이 없는 인간으로 간주되며 유럽 백인에 비해 열등한 존재로 전락했다. 정복자나 식민자에게 새롭게 발견된 땅은 무궁무진한 부의 원천이고 '인디오'들은 착취의 대상이었다. 신세계는 낙원에서 지옥으로 변하고 말았다.

이런 상황에서 아메리카 원주민 사회는 정복전쟁, 강제 노동, 그리고 유럽인들이 가져온 질병으로 궤멸했다. 예를 들어 정복 직전 아스떼까제국을 포함한 메소아메리카의 인구는 5500만 명에 이르렀는데, 1521년 아스떼까가 정복된 후 50년 동안 그 수가 반으로 줄었고, 1605년에는 100만 명으로 거의 전멸 직전에 이르렀다.

아메리카 원주민 인구의 감소가 유럽인들의 정복전쟁에 기인한 것은 분명하지만, 그 멸절의 주원인은 유럽인들이 가져온 천연두·티푸스·성홍열·파상풍·디프테리아 같은 전염병이었다는 사실이 최근 학자들의 연구로 밝혀졌다. 새롭게 나타난 질병에 항체와 면역을 갖추지 못한 원주민들이 죽어갔다. 콜럼버스의 도래 이래 130년 동안 아메리카 전체 인구의 95퍼센트가 죽었다. 멕시코의 경우, 1518년 2000만 명 이상이었을 것으로 추정되는 원주민이 1623년에는 70만 명으로 줄었다.

코르테스의 아스떼까 정복에 혁혁한 공을 세운 것도 천연두였다. 당시 이 병의 창궐로 아스떼까의 꾸이뜰라우악(1476?~1520) 황제를 비롯하여 2년만에 떼노츠띠뜰란 인구의 3분의 1이 사라졌다. 비슷한 현상이 피사로에게 정복당한 잉카제국에서도 일어났다. 1529년 이 지역에 처음 나타난 천연두로 정복될 당시의 황제 아따우알빠(1502?~1533)의 아버지 우아이나 까빡(재위 1493~1525)이 죽었다. 천연두는 페루에서 여러 차례 창궐했고 1546년에는 티푸스, 1558년 감기, 1614년 디프테리아, 1618년에 홍역이 이 지역을 휩쓸면서 잉카제국 인구의 90퍼센트가 죽었다.

아스떼까와 잉카의 멸망

1519년, 쿠바에 주둔하던 스페인 원정대장 에르난 코르테스(1485~1547)가 병사 500여 명과 함께 멕시코 동부 해안에 상륙해서 도시 베라크루스를 세웠다. 외지인이 온 것을 보고 원주민 부족들이 몰려왔으나, 이들 원주민은 싸울 뜻이 없었다. 코르테스는 원주민들로부터 산 정상의 거대한 호수에 황금 보화가 가득한 왕국이 있다는 정보를 듣고 정복을 결심했다. 1519년 11월 8일 그는 고된 행군 끝에 마침내 아스떼까제국의 수도인 떼노츠띠뜰란에 도착했다. 그리고 무장을 하지 않고 있었던 목떼수마 2세(1466~1520) 황제를 쉽게 사로잡았다. 아스떼까인들은 반격에 나섰으나, 목떼수마 2세의 동생으로 군대의 지휘를 맡았던 꾸이뜰라우악(1476?~1520)이 천연두로 죽고 말았다.

코르테스는 일시 후퇴했다가, 떼노츠띠뜰란을 적대하던 인접 도시 뜰라스깔라왕국과 동맹을 맺고 반격했다. 결국 1521년 8월 13일 마지막 황제 꾸아우떼목(1495?~1522)이 사로잡히면서 떼노츠띠뜰란은 무너졌다. 맹주 떼노츠띠뜰란이 무너지자, 여러 도시국가들의 연합이었던 아스떼까제국은 그대로 스페인의 지배 아래로 들어갔다.

스페인은 아스떼까제국의 영토를 '누에바에스파냐Nueva España'('새 스페인'이라는 뜻)라는 식민지로 만들어 왕실이 통치했다. 전쟁에서 살아남은 아스떼까인들이 북쪽으로 도망쳤다는 이야기도 전해지지만 대부분의 아스떼까인은 스페인 식민지배하의 노예로 전락했고, 유럽에서 유입된 전염병에 감염되어 사망한 사람도 많았다. 멕시코 지역 원주민 인구는 스페인 도래 후 100년 동안 80~90퍼센트나 감소한 것으로 추정된다.

스페인은 멕시코고원에서부터 차례로 중남미의 모든 지역을 점령했다. 안데스 지역의 잉카제국이 정복된 일은 이 지역 토착민들에게 대단히 충격적인 일이었다.

잉카제국은 오늘날의 페루를 중심으로 칠레와 에콰도르까지 아우르는 영토에 인구가 1000만여 명에 이르렀다. 중앙집권적 전제 국가였던 잉카제국은 광대한 관개망과 토지 분배 체계, 훌륭한 식량저장소 및 수도시설을 갖추고서 번영을 구가하고 있었다. 그러나 1532년 프란시스코 피사로(1475?~1541)가 200명도 채 안 되는 군인을 이끌고 2만 명이 넘는 잉카제국의 군대를 제압했다. 스페인 군대는 소수였지만 말과 대포, 그리고 잉카 황제 아따우알빠와 동생의 왕권 다툼으로 인한 제국의 내분을 이용해 전쟁에서 승리했다. 피사로는 막대한 몸값을 받으면 아따우알빠 황제를 풀어주겠다고 한 약속을 어기고 그를 죽였다. 아따우알빠는 기독교로 개종하고 후안이라는 세례명을 얻었지만 화형만 면했을 뿐 목이 졸려 죽었다.

하지만 아따우알빠의 죽음 뒤에도 잉카의 역사는 이어졌다. 스페인이 쿠스코를 점령한 뒤, 잉카인들은 쿠스코 근처 깊은 계곡에 비밀 요새인 빌까밤바를 건설하고 간헐적인 항쟁을 펼치면서 제국의 명맥을 이어갔다. 그러나 1572년 마지막 황제인 뚜빡 아마루가 스페인 군대에 패하면서 마침내 제국의 역사는 종지부를 찍게 되었다. 이후 스페인의 지배를 받게 된 잉카인들은 과도한 노역과 강압 통치로 1780년경에는 전체 인구가 100만여 명 정도로까지 줄어들었다.

신세계의 건설

식민과 혼합 문화의 탄생

스페인은 아메리카 대륙의 광대한 식민지를 원활하게 통치하고자 부왕 副王 제도virreinato를 두었다. 누에바에스파냐Nueva España 부왕령(1535~ 1821)을 시작으로 페루 부왕령(1542~1824), 누에바그라나다 부왕령(1717~ 1819), 리오 데 라플라타Río de la Plata(은銀의 강江) 부왕령(1776~1814)을 설정하고, 본국의 왕족을 부왕으로 파견해 통치했다.

누에바에스파냐 부왕령은 지금의 멕시코·과테말라·온두라스 등 중미 지역을 아울렀고, 페루 부왕령은 페루를 포함하여 남미 전체에 걸쳐 있었다. 누에바그라나다 부왕령은 페루 부왕령에서 떨어져 나온 것으로, 카르타헤나를 중심으로 콜롬비아 지역을 관할했다. 부에노스아이레스 지역(오늘날의 아르헨티나)은 오랫동안 방치되어 있었으나, 18세기 중반 이후 이곳에서 목축과 농사가 성행해 경제적 중요성을 띠게 되자 리오 데 라플라타 부왕령으로 지정되었다.

정복이 끝나고 식민 시기로 접어들면서 아메리카 대륙에 속속 도시가 세워졌다. 스페인에서 주로 군인과 성직자로 이뤄진 정복자들과 새로이 살 곳을 찾아 이주한 일반 식민자, 그리고 유럽 여러 나라에서 온 탐험가들이 북아메리카부터 최남단 티에라델푸에고제도까지 광대한 대륙 곳곳으로 몰려가면서 로스앤젤레스, 샌프란시스코, 산티아고데칠레, 부에노스아이레스 등 수많은 도시가 생겨났다.

부에노스아이레스는 1536년 최초로 세워졌고, 한때 방치되었다가 1580년 재차 건설되었다. 카리브해의 아바나, 카르타헤나, 태평양 연안의

1794년 식민지시대의 아메리카

아카풀코 같은 항구도시들은 외적이나 해적의 침입을 막기 위한 요새도 시였다. 스페인 식민지에서 가장 크고 중요한 도시였던 멕시코시티와 리 마는 르네상스 시대 유럽의 도시 형태를 본떠 설계한 대도시로 도시 중 심에 광장과 교회, 식민지 관청이 있었다. 멕시코의 사까떼까스, 따스꼬, 과나후아또, 볼리비아의 뽀또시는 금과 은을 채굴했던 광산도시였다. 이 들 도시는 새로운 문화의 중심지가 되었다. 1538년 아메리카 대륙 최초로 산토도밍고에 대학이 들어섰고, 1551년에는 멕시코시티와 리마에 대학교가 세워졌다.

스페인과 포르투갈이 식민을 하면서 아메리카 대륙에는 정복자들과 그 후손, 유럽에서 건너온 이주자, 아메리카 땅에서 태어난 백인 크리오요, 유럽인 이주민과 원주민 사이에서 태어난 메스티소, 아프리카 흑인과 유럽 이주민 사이에서 태어난 물라토, 흑인과 원주민 사이에서 태어난 삼보, 그리고 원래 이 대륙의 주인이었던 인디오가 함께 살게 되었다.

스페인인들은 아메리카 대륙을 군사적으로 정복하고 난 후 원주민 인디오들을 기독교로 강제 개종시켰다. 그들은 원주민들이 이교를 믿고 우상을 숭배한다고 여겨 원주민의 신전이나 성상을 무자비하게 파괴하고, 그 위에 성당을 세웠다. 오늘날 멕시코시티에 있는 메트로폴리탄 대성당도 파괴된 아스떼까 신전 위에 세워진 성당이다. 신대륙에 진출한 프란체스코 수도회, 도미니코 수도회, 아우구스티노 수도회는 경쟁하듯 원주민들이 사는 곳마다 신부나 수도사를 파견하고 성당을 세웠으며, 성서를 각 지역의 원주민 언어로 번역하여 보급했다. 그들이 얼마나 열성적이었던지 어떤 스페인인 신부는 세례를 주는 도중 성수가 떨어지자 자기 침으로 세례를 주었다고 한다. 동시에 종교재판이 상시 존재했고, '믿지 않는 자'로 규정되면 죽었다.

원주민들이 전통 신앙을 버리고 가톨릭 신자로 바뀌어가는 모습을 본 식민 당국과 교회는 흡족했지만, 이런 초기의 개종 방법은 실패로 돌아갔다. 원주민들은 교회에 가서는 기독교 신자처럼 예배를 보았지만, 집에 돌아와서는 숨겨놓은 옛 성상들을 끄집어내 고유한 의식을 치렀다.

그런데 1531년 12월, 멕시코시티 외곽에 있는 떼뻬약 언덕에서 후안 디에고Juan Diego라는 원주민 기독교인 앞에 성모가 네 번 발현했다고 한다. 이 사건을 통해 스페인인, 메스티소, 원주민이 종교적으로 하나가 되

었다. 원주민들은 갈색 피부로 나
타난 성모를 자신들의 대지 여신
인 또난친의 출현으로 받아들였
다. 이리하여 기독교와 토착 신앙
이 결합한 멕시코 특유의 과달루
페 성모 숭배가 형성되었다. 이는
스페인의 성모 신앙과 멕시코의
또난친 신앙이 결합한 혼합종교
syncretism라고 할 수 있다. 아프리
카에서 끌려온 흑인 노예들도 비
슷한 신앙을 만들었다. 지금도 여
전히 믿어지고 있는 쿠바의 산테
리아, 아이티의 부두, 브라질의 깐

과달루페 성모상 후안 디에고의 망토에 현신
했다는 성모의 모습을 그렸다. 멕시코시티 과
달루페성모성당 소재.

돔블레 역시 아프리카의 토착 신앙과 기독교가 혼합한 산물이다.

강제노동 제도

16세기 중엽부터 카리브 지역에서 사탕수수 재배가 성행하고, 페루와
볼리비아에서 은광이 발견되면서 많은 원주민이 이들 농장과 광산에 일
꾼으로 동원되었다. 원주민 노동력을 착취하기 위해 식민 당국이 처음에
마련한 제도는 '엥코미엔다encomienda'였다.

엥코미엔다는 스페인 국왕이 정복 시기에 새롭게 발견된 토지와 원주
민들을 지배하기 위해 정복자들에게 부여한 권리로서, '위탁 경영'을 뜻
한다. 국왕에게서 특정한 지역과 그 주민에 대한 지배권을 위임받은 '엥

코멘데로encomendero'가 원주민을 '보호'하고 기독교로 개종시킬 책임을 지는 대신, 그 원주민들에게 일을 시키고 토지에서 나오는 이득을 취할 권리를 갖는 것이다. 엥코멘데로는 토착민의 후견자 내지 보호자 지위를 가지고서, 개인이지만 막강한 공권력을 행사했다. 아스떼까 정복자인 에르난 코르테스 역시 멕시코 최초의 엥코멘데로로서 농장을 경영했다. 당시 엥코멘데로는 원주민들로부터 거둬들인 수익의 5분의 1을 스페인 본국의 국왕에게 보냈다.

이 제도에서 원주민은 임금노동자였으나, 실제로는 노예와 다름이 없었다. 엥코멘데로들은 마을의 생필품을 독점하여 노동자들에게 비싼 값으로 팔았기에, 노동자들은 봉급을 받기도 전에 이미 빚이 쌓였고, 결국 일하는 곳에 영원히 매여 있게 되었다. 라스카사스 신부(1474/84~1566)를 필두로 한 인문주의자들이 이 제도를 강력히 규탄하면서 스페인 본국에서도 논란이 벌어졌다. 이에 1542년 스페인 왕실은 엥코미엔다 제도 관련법을 공포하여 엥코미엔다 신설을 금지하고, 기존의 엥코미엔다 소유자가 사망하면 엥코미엔다는 자식에게 승계되지 않고 스페인 왕실에 귀속되도록 했다.

이렇게 해서 법적으로 엥코미엔다가 사라지게 되었지만, 식민 당국은 멕시코 지역에서 '레파르티미엔토repartimiento', 페루에서 '미타mita'라는 노동력 동원 체제를 새롭게 만들었다. 식민지 정부는 원주민 노동력이 필요한 식민자들에게 저렴한 대가를 받고 필요한 만큼 주민을 모아 그들에게 제공했다. 당시 멕시코와 페루의 경제는 은광을 중심으로 이뤄졌는데, 이 제도를 통해 은광 경영자들이 노동력을 지속적으로 공급받을 수 있었다.

원주민 강제노동에 관해 이야기할 때 신대륙에서 발견된 금광과 은광을 빼놓을 수 없다. 처음 식민자들은 사금을 채취했으나, 16세기 중엽 지금의 볼리비아 뽀또시, 멕시코의 따스꼬, 사까떼까스 등지에서 대규모

금·은광이 발견되면서 식민지 광산업이 새 국면에 접어들었다. 1556년 수은을 이용해 광석에서 금이나 은을 채취하는 아말감법이 사용되면서 금 생산량이 4배로 증가했고, 뽀또시는 인구 16만 명의 대도시로 발전했다. 광산업은 스페인 경제의 중요한 활력소로서, 뽀또시 광산에서 채굴된 금·은의 90퍼센트, 페루 전역에서 생산된 금·은의 3분의 2가 스페인으로 넘어갔다. 스페인은 아메리카에서 들여온 금과 은 대부분을 유럽에서 전쟁을 수행하는 자금으로 사용했다. 한편, 스페인을 통해 아메리카에서 유럽으로 들어간 금과 은은 유럽의 자본주의 형성을 촉진하고 경제 발전에 기여했다. 유럽 전역에 아메리카의 금과 은이 과잉 공급되면서 1560년에는 인플레이션과 함께 '가격혁명'이 일어났다.

아프리카인 노예의 유입

원주민들이 가혹한 노동과 질병으로 죽어가자, 그들을 대체할 노동력으로 아프리카의 흑인들이 아메리카 대륙으로 실려 왔다. 초기 아프리카 노예무역을 주도한 나라는 스페인과 포르투갈이었다. 16세기 중엽부터 거의 3세기에 걸쳐서 아프리카인 350만 명이 대서양을 건너 스페인 식민지로 끌려왔고, 그중 많은 수가 브라질로 갔다. 그 결과 현재 전 세계에서 아프리카를 제외하면 아메리카 대륙의 흑인 인구가 가장 많다.

노예로 끌려온 흑인들은 주로 사탕수수 플랜테이션에 예속되어 일했다. 그러나 가혹한 노동을 견디지 못하고 도주한 이들도 있었는데, 이들 도망노예를 '시마론cimarron'이라고 했다. 이들은 식민 당국의 손이 닿지 않는 산속이나 밀림 같은 오지에 들어가 자기들만의 공동체를 세웠다. 그리고 그곳에서 자신들의 전통과 신앙을 지키며 자급자족 생활을 영위했다. 멕시코의 산로렌소 데 로스네그로스San Lorenzo de los Negros 마을은 의회까지 갖춘 흑인들의 집단 거주지였다. 브라질의 도망노예들은 '킬롬부quilombo'라 불린 촌락을 건설했다. 그중 가장 규모가 컸던 킬롬부가 현재 브라질 뻬르남부꾸주에 있는 팔마레스로, 1605년에 건설되어 식민정부가 진압하여 폐지한 1694년까지 존재했다. 이 흑인 공동체에서는 한때 만여 명이 넘는 흑인이 거주했고, 땅을 분배하거나 공직자를 지명하는 지도자를 선출했다.

인디오 원주민들도 그러했지만, 아프리카 흑인들도 노예 신분에서 해방되고자 반란을 시도했지만 번번이 실패로 끝났다. 그들은 아르헨티나의 독립전쟁 때 백인들과 함께 독립군에 참여해 같이 싸웠고, 멕시코와 베네수엘라에서는 반란과 폭동으로 백인 지배 사회를 동요케 했다. 아이티에서는 도망노예 출신인 부크망Dutty Boukman(?~1791)이 프랑스 식민당국에 저항해 폭동을 일으켰고, 이는 훗날 아이티 독립혁명의 도화선이 되었다. 그러나 인디오 원주민들과 마찬가지로 흑인들 역시 대부분 백인 지배 사회에 동화되고 혼합되어 갔다.

아이티의 흑인 해방 운동을 상징하는 '이름 없는 노예 Le Marron Inconnu' 상 Albert Mangonès 조각, 아이티 포르토프랭스 소재.

원주민의 저항운동

1540~1542년 지금의 멕시코시티 북서쪽, 치치메까족의 땅으로 알려진 사까떼까스에서 원주민들이 전쟁을 일으켰다(믹스톤Mixton 전쟁). 그 뒤에도 원주민의 저항은 이어졌다. 1680년 8월 10일 멕시코 북부 산타페에서는 뿌에블로Pueblo족이 반란을 일으켰다(뿌에블로 반란, 1680~1692).

페루 부왕령에 속했던 칠레의 아라우카니아 지역에서는 스페인 사람들이 들어온 뒤에도 자주적으로 살아가던 마뿌체Mapuche족이 주권을 행사하려는 칠레 당국에 맞서 1859년, 1868년과 1881년에 들고일어났다.

1532년 멸망한 잉카의 왕족들도 마지막 황제인 뚜빡 아마루가 1572년 체포될 때까지 잉카 사람들의 영혼이 깃든 도시 빌까밤바를 세우고 저항했다.

1780년 페루에서 꼰도르깐끼José Gabriel Condorcanqui(1740/42?~1781)가 스페인에 대항해 반란을 일으켰다. 자신이 뚜빡 아마루의 후손이라 주장한 그는, 본명 대신 뚜빡 아마루 2세라는 이름으로 더 널리 알려졌다. 1780년 11월, 그는 악명 높은 식민지 총독 안토니오 데 아리아가

뚜빡 아마루 2세의 초상이
들어간 옛 페루 지폐

Antonio de Arriaga를 처형하며 봉기를 시작했다. 잉카 원주민뿐만 아니라 크리오요도 그의 봉기를 적극 지지하고 나섰다. 여성들도 전투에 동참했다. 한때 쿠스코에서 볼리비아에 이르는 넓은 지역을 장악한 그의 기세는 스페인 식민 당국의 간담을 서늘하게 만들었다. 그는 1781년 스페인 군대에 사로잡혀 쿠스코 광장에서 말 네 마리에 팔다리를 묶인 채 사지가 절단되는 형을 당했지만, 그의 여성 동료 바르똘라 시사Bartola Sisa는 2000여 명을 이끌고 수개월 동안 저항을 계속했다.

세계인의 식생활을 바꾼 아메리카 농산물

옥수수, 콩, 아보카도, 바닐라, 카카오(초콜릿), 토마토, 호박, 열대 과일인 파파야, 과야바(구아버), 노빨(선인장 잎), 그리고 담배 등 아메리카의 수많은 농작물이 전 세계의 식생활과 음식 문화를 크게 바꿔놓았다. 이들 작물 가운데 한국인과 뗄 수 없는 채소인 고추도 있다.

아시아 문명이 쌀을, 유럽인이 밀을 주식으로 했다면 옥수수는 멕시코 원주민의 주식이었다. 그러나 그 어떤 작물보다도 전 세계 음식 문화에 가장 중요한 역할을 한 것은 감자다. 감자는 잉카족의 터전이었던 페루가 원산지로서, 안데스 지역에는 갓가지 모양에 크기와 색깔도 다양한 수백 가지 감자가 존재한다. 감자를 처음 본 유럽 사람들은 이 식물이 마치 동물의 고환처럼 생겼다고 해서 혐오스럽게 여겼다. 러시아정교회의 한 사제는 감자가 성서에 나오지 않는 작물이므로 결코 먹어서는 안 된다고 강론했다. 그러나 훗날 감자는 우리나라를 비롯해 인류를 굶주림에서 해방한 구황 작물이 되었다.

토마토는 멕시코가 원산지인데, 아스떼까 언어로 '히또마떼jitomate'라

전통 옥수수 농사 가톨릭 수도사 베르나르디노 데 사아군 Bernardino de Sahagún이 1540년에서 1585년 사이 저술한 누에바에스파냐 역사책 《*Florentine Codex*》에 소개된, 원주민의 전통 옥수수 농사 방법 이다.

고 하는 이 식물은 이탈리아로 가서 그리스 신화에 나오는 황금사과(이탈 리아어로 pómo d'oro)에 비유되어 '포모도로pomodoro'라는 이름을 얻었다.

한편 본래 아메리카 대륙에는 없었던 올리브, 레몬, 포도, 오렌지, 소, 말, 개 등이 유럽에서 건너왔다.

옥수수 문명

중남미의 고대 문명은 사람들이 야생 옥수수를 재배하면서 시작되었다. 옥수수를 재배하며 정착하게 된 사람들은 옥수수를 잘 키우려고 천문을 관측해 달력을 만들었고, 옥수수가 자라는 시기에 따라 의례를 올렸다. 이렇게 문화가 꽃피었다. 심지어 옥수수는 신을 나타내기도 한다. 옥수수는 중남미 문화의 모든 면에 밀착되어 있다. 옥수수와 관계있는 수많은 신화와 전설이 전해지는데, 그중 대표적인 전설 하나를 소개한다.

옥수수의 기원에 관한 전설[*]

께찰꼬아뜰을 중심으로 여러 신이 모여 사람을 만들었다.

이 사람들이 바로 다섯 번째로 창조된 세상에서 살아갈 것이다.

"그런데 이 사람들은 무엇을 먹지? 이제는 먹을 것을 찾아야겠네."

그런 말을 주고받는데, 그 앞을 붉은 개미가 지나서 '양식의 산'으로 갔다. 사람들이 먹기 좋은 식량을 찾던 께찰꼬아뜰은 붉은 개미가 옥수수 알갱이를 물고 가는 것을 보았다.

"개미야, 너 어디서 그것을 구했니?"

개미는 아무 대답도 하지 않고 계속 갔다. 께찰꼬아뜰은 계속 쫓아가며 물었다.

"그것을 어디서 구했냐구?"

붉은 개미는 아무 말 없이 '양식의 산'을 가리켰다.

붉은 개미가 가는 길은 아주 좁았다. 께찰꼬아뜰은 검은 개미로 변해서, 붉은 개미를 따라 좁은 구멍을 지나 나왔다. '양식의 산' 기슭에 옥수수 알갱이가 잔뜩 쌓여 있었다. 께찰꼬아뜰은 옥수수 알갱이 몇 알을 입에 물고 따모안찬(사람들이 사는 곳)으로 돌아왔다.

신들은 옥수수 알갱이를 갈아서 아기들의 입에 넣어주었다. 아기들은 크고 튼튼해졌다. 이에 신들은 '양식의 산'을 가져와야겠다고 생각했다. 께찰꼬아뜰은 용설란 줄기로 만든 노끈으로 '양식의 산' 둘레를 묶었다. 그리고 산을 들어올리려고 했으나, 산이 너무 커서 그의 팔에 들어가지 않았다.

"어떻게 할 수 있지?"

예언의 신인 옥소모꼬와 그의 아내 씨빠또날이 옥수수 알갱이로 점을 쳤다. "병약한 나나우아뜰이 '양식의 산'의 바위를 깨뜨려야 한다"는 대답이 왔다.

[*] 정혜주, 2013, 《옥수수 문명을 따라서》, 이담북스, 139~141쪽.

"나나우아뜰, '양식의 산'의 바위를 깨뜨려라."

"저는 몸이 약해서 혼자서는 할 수 없습니다."

"비의 신인 파랑·하양·노랑·빨강 뜰랄록[*]과 함께 가라."

나나우아뜰이 번개로 '양식의 산'의 바위를 쳤다. 바위가 깨지자 옥수수를 비롯한 여러 곡물의 씨앗이 사방으로 흩어졌다. 비의 신 뜰랄록은 재빨리 콩과 하양·검정·노랑 옥수수, 팥, 비름나물 등 모든 흩어진 알곡을 주워 왔다. 그때부터 뜰랄록은 농업의 신으로도 존경받았다.

농업의 신 께찰꼬아뜰

가슴에 물을 상징하는 소라고둥 자른 형상을 걸고, 목에도 소라껍데기를 걸고 있다. 손에는 도형화한 옥수수를 들고, 등에는 샤먼의 상징인 날개를 달았다.

비의 신 뜰랄록

---

* 동서남북 네 방위에 뜰랄록이 있음을 의미한다.

무역의 세계화를 이룬 갈레온 무역

1565년부터 1815년까지 250년에 걸쳐 해상 항로를 통해 아시아-아메리카-유럽을 잇는 '마닐라 갈레온(또는 아카풀코 갈레온) 무역'이 이뤄졌다. 돛 3~4개를 장착한 대형 범선인 갈레온(갤리언)[*]이 태평양을 횡단해서 필리핀의 마닐라를 중계지 삼아 멕시코의 아카풀코와 중국을 연결하는 삼각 무역이었다. 무역의 원동력은 바로 아메리카의 은으로서, 갈레온 무역은 무역의 세계화, 세계 무역의 통합을 가시화한 역사적인 선례였다.

아카풀코 갈레온의 무대였던 태평양 항로는 유럽에서 육로나 아프리카의 희망봉을 돌아 아시아로 가는 동쪽 항로를 대체하는 새로운 무역로로 탄생했다. 1565년 스페인의 항해가이자 수도사인 우르다네타(1498~1568)가 필리핀과 아메리카를 왕복하는 항로를 발견했고, 이 항로가 갈레온 무역로로 이용되었다. 멕시코에서 필리핀까지 서쪽으로 가는 이 길은 아프리카를 돌아가는 포르투갈의 항로보다 상대적으로 안전하고 빨랐다. 이 길이 열리면서 필리핀과 누에바에스파냐가 정기적으로 연결되었다. 갈레온 무역은 기본적으로 두 가지 형태를 띠었다. 첫째는 스페인의 세비야 항구에서 출발해 멕시코의 베라크루스 항에 도착하는 이른바 '인디아스(서인도제도 곧 카리브 해역) 항로'를 이용한 스페인과 아메리카 대륙 간의 교역이었고, 둘째는 멕시코 아카풀코에서 출발해서 '서쪽 섬(필리핀)의 항로'를 통해 중국과 교역하는 것이었다.

당시 누에바에스파냐에서 아시아로 수출됐던 주산물로는 은, 코치닐 염료, 아메리카 원산 식물들의 씨앗, 고구마, 담배, 완두콩, 초콜릿과 카카

_* 15~16세기에 개발된 배로 무기 탑재 능력이 우수해 군함으로 쓰이다가, 유럽과 아시아·아메리카를 오가는 대륙 간 무역에 무장 상선으로 이용되었다. 갈레온은 19세기 말 증기선이 출현할 때까지 대양을 주름잡았다.

오, 스쿼시(호박), 그리고 제조품으로 가죽 가방이 있었고, 스페인 산품으로서 통에 담은 포도주 및 올리브기름, 그리고 독일·프랑스·제노바에서 온 단검, 칼, 칼집, 마구 등이 있었다. 한편 중국 무역상들은 갈레온 무역상들이 간절히 필요로 하는, 다시 말해서 상품가치가 높은 비단이나 도자기, 그리고 중계지에서 소비할 식료품이나 가축, 배의 자재나 군사용품을 가져왔다.

갈레온을 통해서 누에바에스파냐로 보내진 수출 상품으로는 각종 향료, 야자술, 중국산 호박琥珀, 안식향, 마닐라삼, 목화솜 및 명주실, 철, 백단, 직물 염료, 주석, 왁스 등이 있었으며, 제조품으로 자기, 비단과 면직물, 보석, 문방구류, 차양, 장식함과 갖가지 사치품, 작은 장신구, 중국 풍취를 띤 공예품 등도 갈레온에 실렸다. 중국 상선이 가져온 품목에는 페르시아, 인도, 일본과 동남아시아 여러 지역에서 온 상품도 있었고, 시장 조건에 따라 갈레온에 실리는 상품의 종류가 바뀌기도 했다.

그러나 무엇보다 갈레온 무역을 본궤도에 올린 것은 중국의 은에 대한 수요와 도자기 및 비단 공급이었다. 당시 세계 인구의 거의 4분의 1에 육박하는 인구를 보유했던 중국은 공물이나 교역을 통한 세계 무역의 중심지였다. 중국의 은 수요는 어마어마했다. 16세기 초 중국에서 은과 금의 교환 비율은 1:6으로서, 인도(1:8), 페르시아(1:10), 유럽(1:12)에 비해 은의 가치가 월등히 높았다. 다른 지역에 비해 은의 가격이 두 배 가까이 높았던 중국으로 자연히 은이 몰려들었다. 스페인제국은 아메리카 식민지에서 풍부한 은을 생산하고 있었기에, 중국 시장을 중심으로 한 스페인과 아시아의 교역 관계가 자연스럽게 형성되었다.

누에바에스파냐에서 필리핀으로 수출된 물량의 대부분이 금이나 은이었다. 16~18세기에 멕시코와 남미(주로 페루와 볼리비아)에서 은 15만 톤이 생산되었는데, 이는 당시 전 세계 생산량의 80퍼센트를 차지한다. 아메리카에서 필리핀으로 유입된 은의 양은 학자마다 다르게 추산한다. 200년이 넘는 동안 아메리카 대륙에서 아시아로 들어간 은의 양이 약 4000∼5000톤으로 이는 아메리카 전체 생산량의 3분의 1가량에 달한다고 추산한 학자도 있고, 1598년에서 1699년까지 약 100년 동안 아메리카에서 필리핀으로 들어간 은이 연간 200만 페소, 중량으로는 연간 약 51톤이라고 추산한 학자도 있다.

그러나 18세기 후반부터 영국과 네덜란드 등이 중국과 무역을 확대하면서 그동안 스페인이 유럽 시장에서 누렸던 특혜가 사라지게 되었다. 특히 1778년 누에바에스파냐와 유럽 여러 국가의 상인들 간 무역 거래를 자유화하자 누에바에스파냐에 아시아 상품을 독점 공급하던 스페인 갈레온 무역의 경쟁력이 사라졌다. 1811년 마지막 갈레온 무역선이 마닐라를 떠났다가 1815년 아카풀코에서 다시 마닐라로 귀환하면서 250년간 지속되었던 갈레온 무역은 종말을 고했다. 1815년 스페인의 페르난도 7세는 갈레온 무역의 폐지를 공식 선언했다.

아카풀코 갈레온 무역이 종말을 고하게 된 이유로는 세계 무역의 관점에서 중상주의가 몰락하고 자유무역주의가 대두하면서 스페인이 독점적 지위와 경쟁력을 상실한 점, 국제 정세의 변화와 교통의 발달로 해상 수송로의 중요성이 감소한 점, 산업혁명을 통해 영국이 새로운 해상 세력으로 부상한 점 등 여러 가지를 들 수 있다. 그러나 갈레온 무역이 쇠퇴한 결정적인 요인은 무엇보다 그동안 스페인과 중국의 무역에서 중요한 구실을 했던 은이 이전만큼 힘을 발휘하지 못하게 된 역사적 상황 변화라 할 수 있다. 스페인은 중국에서 은의 수요가 급증하고 은 가격이 상승하면서 많은 이득을 얻었지만, 이즈음 공급 과잉으로 은 가격이 생산비에도 못 미치는 수준으로 하락했고, 이는 스페인에 커다란 타격이 되었다.

갈레온 무역은 근대 국가의 탄생과 중상주의의 발흥을 배경으로 유럽이 역사에 새로운 강자로 등장해 전 세계에 영향력을 행사하기 시작할 때 태동했다. 이 시기는 과학과 기술의 발전, 그에 따른 자본주의의 탄생과 서구 제국주의의 발흥을 예고한 시기였다. 1300년대부터 1800년대까지 지속했던 상인자본주의 곧 중상주의의 흐름에 따라 유럽은 대양을 횡단하면서 지리적 발견이나 착취를 통해 전 세계로 무역을 확대해 나갔다. 초기 근대사회에서 중상주의의 발전은 산업혁명을 촉발했을 뿐만 아니라 그 후 유럽이 세계 경제를 지배하는 결과를 빚게 되는데, 이때 유럽 제국주의를 선도한 국가가 바로 스페인이었으며, 그 기반이 되었던 것이 아카풀코 갈레온을 통한 삼각 무역이었다.

라틴아메리카의 독립

독립의 배경과 과정

1810년대에 라틴아메리카의 스페인 부왕령인 누에바에스파냐(지금의 멕시코)에서 리오 데 라플라타(지금의 부에노스아이레스)까지 광대한 지역에서 동시다발로 독립운동이 일어났다.

라틴아메리카인의 정체성과 민족의식을 찾고자 했던 민중과 자신들의 정치·경제적 이득을 지키고자 했던 크리오요가 모두 독립운동에 참여했다. 크리오요는 라틴아메리카에서 태어난 백인들로, 이들은 이베리아반도에서 직접 온 스페인인 곧 페닌술라르peninsular('반도 사람'이라는 뜻)보다 수가 많았지만 정치·경제적 지위는 페닌술라르보다 낮았으므로 간절히 독립을 원했다. 한편 스페인에서는 합스부르크 왕가를 대신해 부르봉 왕가가 들어서면서 여러 가지 개혁을 시행했지만, 왕실의 부패와 재정 손실을 식민지인의 세금으로 벌충하는 정책을 취했다. 이에 크리오요의 불만이 더욱 높아졌다. 그리고 크리오요보다 수가 많은 인디오 원주민, 메스티소, 흑인들이 프랑스혁명에 고무되어 공화정과 노예 해방을 부르짖으며 봉기하자 크리오요의 불안이 더해갔다.

한편 1767년 스페인 국왕 카를로스 3세는 학교와 병원을 중심으로 독자적인 세력을 형성하고서 대토지 소유를 반대하는 예수회를 추방했다. 이 사건은 라틴아메리카 독립을 촉발하는 중요한 구실을 했다. 예수회 신부들은 아메리카 대륙에서 근대 교육에 중추적인 역할을 하고 있었다. 그들은 데카르트와 라이프니츠의 합리주의 사상을 라틴아메리카인들에게 전달했고, 스페인과는 다른 라틴아메리카 고유의 국사를 편찬하는 등

미겔 이달고 신부
Antonio Fabrés 그림.

호세 마리아 모렐로스 신부
멕시코 차뿔떼뻭 국립역사박물관 소장.

라틴아메리카인의 정체성과 의식 형성을 이끌었다. 또 1805년 부르봉 왕가가 하급 성직자들의 특권, 곧 흑요석이나 소금, 면화 같은 특정한 물품에 가지고 있었던 전매권과 토지 소유권을 박탈한 것도 성직자들의 불만을 높였다. 당시 많은 가톨릭 성직자가 독립운동에 뛰어들었는데, 그 대표적인 예가 멕시코 독립을 이끈 미겔 이달고 이 코스티야(1753~1811)와 호세 마리아 모렐로스 이 파본 신부(1765~1815)다.

당시 일어난 세 가지 국제적 사건도 라틴아메리카 독립에 커다란 영향을 미쳤다. 그 첫째는 미국의 독립전쟁(1775~1783)이었다. 라틴아메리카인들은 미국이 독립하면서 이룬 개인의 자유, 독자 헌법 제정, 산업과 교육의 발전을 부러워했다. 둘째, 라틴아메리카인들은 프랑스혁명(1789~1799)을 통해서 루소의 사회계약설과 같은 계몽주의 사상의 영향을 받아 군주정과 교회, 왕권신수설을 대신할 주권재민 사상, 인권, 만인의 평등과 자유라는 개념을 배웠다. 마지막으로 나폴레옹이 스페인을 점령하여

1808년 자신의 형인 조제프 보나파르트에게 스페인 왕좌를 맡기면서, 일시적으로나마 스페인 왕실의 손길이 아메리카에 미치지 않게 되었다. 그때 크리오요들은 이제까지 라틴아메리카를 지배했던 군주가 사라지고 없다면 주권은 당연히 자신들에게 와야 한다고 생각했다.

라틴아메리카 독립에서 빼놓을 수 없는 인물이 남미 해방운동의 아버지 시몬 볼리바르(1783~1830)와 호세 데 산마르틴(1778~1850)이다. 베네수엘라에서 독립전쟁을 시작한 볼리바르는 남쪽으로 내려가면서 1819년 콜롬비아를, 1821년에는 베네수엘라와 에콰도르를 해방했다. 각 지방의 군벌(카우디요caudillo)도 그와 합류했다. 아르헨티나에서 일어난 산마르틴은 해발 5000미터가 넘는 안데스산맥을 넘어 1818~1819년 칠레를 해방하고, 1820년에는 페루의 리마에서 스페인 왕의 군대를 물리치고 독립을 선언했다.

시몬 볼리바르
José María Espinosa 그림(1830).

두 영웅은 1822년 에콰도르의 과야킬에서 만나 남미 전체의 독립에 대해 의논했다. 그리고 각각의 나라로 돌아가서 볼리바르는 현재의 베네수엘라·콜롬비아·에콰도르를 아우르는 지역의 대통령이 되었으나, 산마르틴은 농장으로 은퇴했다. 그들은 남미 전체가 함께 독립하기를 원했으나, 1830년 볼리바르가 실각하고 세상을 떠나자, 각 지역의 군벌을 중심으로 20여 개 나라가 분립하게 되었다.

호세 데 산마르틴
1848년 촬영, 아르헨티나 국립역사박물관 소장.

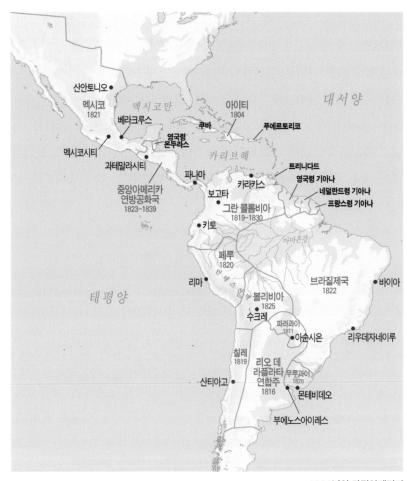

1830년의 라틴아메리카

그리하여 1810년 멕시코(스페인이 인정한 것은 1821년)를 필두로 독립을 선언하기 시작한 라틴아메리카 각국은 1830년대에 이르자 대부분 독립을 달성했다. 한편, 이와는 별도로 프랑스의 식민지였던 아이티는 1804년 아프리카 출신 흑인 노예들이 주축이 되어 독립을 쟁취했다.

마침내 식민지인들은 식민제국에서 독립해 자유를 얻게 되었다. 독립

후 라틴아메리카가 당면한 과제는 크리오요가 주도한 독립전쟁에서 소외되었던 메스티소, 인디오, 흑인을 사회적으로 통합하는 것이었다. 볼리바르는 민주 사회를 건설하기 위해 계몽전제주의를 추구하며, 연방주의를 배제한 중앙집권주의를 표방했다. 그리하여 대콜롬비아공화국Gran Colombia을 세우고 대통령으로 취임했지만 독재자로 지탄을 받았고, 독립전쟁의 주축이었던 크리오요 대부분이 그에게서 등을 돌렸다. 볼리바르가 죽은 뒤에는 파벌주의, 무정부주의가 만연했고, 결국 공화국은 붕괴해 분열하고 말았다.

독립 후 라틴아메리카에는 민주적 제도 건설 및 근대적 시민사회 형성, 자유파와 보수파의 반목 및 지방과 중앙의 대립이 숙제로 남았다.

카우디요의 등장

19세기 초부터 라틴아메리카 대륙에서 자유파와 보수파가 충돌했다. 자유주의자들이 민주적인 정부 체제를 신봉하면서 왕정 타파와 지배 체제의 변혁을 꾀했다면, 보수주의자들은 라틴아메리카에 뿌리박힌 기존의 지배 체제를 수호하면서 새롭게 등장할 체제는 오로지 무질서와 혼란만을 야기할 것이라 믿고 어떠한 변화도 거부했다.

이런 충돌과 갈등은 카우디요caudillo라 불리는 독재자의 시대에 첨예하게 드러났다. 식민지시대에 정착하여 원주민이 살던 땅을 차지하거나, 금광이나 은광 등 지역의 광산을 독점하여 부를 축적한 카우디요는 대부분 사병을 거느린 지방 토호로서 가부장적 절대 권력자였다. 그들은 주로 대토지 소유자, 상인 같은 부유한 크리오요 계급을 대변했다. 19세기에 등장한 대표적인 카우디요로 아르헨티나의 후안 마누엘 데 로사스

(1793~1877), 파라과이의 호세 가스파르 로드리게스 프랑시아(1766~1840), 베네수엘라의 호세 안토니오 파에스(1790~1873), 그리고 멕시코의 안토니오 산타안나(1794~1876)가 있다.

카우디요가 좌우하는 정치는 독립 후 현재까지도 라틴아메리카 정치 문화의 특징으로 남아 있는데, 소수에 의한 독재 및 부정부패 등 부정적 측면이 크다.

라틴아메리카의 자유주의와 보수주의

19세기 보수주의의 대표는 아르헨티나의 로사스, 자유주의의 대표는 멕시코의 베니토 후아레스(1806~1872)다.

독재자로 논란이 많은 로사스는 1835년 보수주의의 대표로 정권을 잡은 뒤 민족 이익과 토착 문화를 수호한다는 명분으로 전횡을 일삼으며, 외국 자본과 상인에 반하는 정책을 펼쳤다. 이에 반발한 부에노스아이레스의 상인들을 주축으로 한 자유파는 로사스의 민족주의 및 보호무역에 반대해 세계주의를 표방하면서 외국 무역과 자본 유치에 적극적으로 나섰다. 로사스는 1852년 실각했지만 그와 같은 민족주의적 독재의 재발을 막기 위해 지주들은 보수당을 만들어 뭉쳤고, 상인들은 자유당으로 몰렸다. 이후 이런 양당 체제가 아르헨티나의 특징으로 자리잡았다. 이런 현상은 아르헨티나에만 국한된 것이 아니고 거의 모든 라틴아메리카 국가에서 볼 수 있다.

본래 라틴아메리카의 혁명가와 사상가들은 프랑스에서 유래한 계몽주의에 깊은 영향을 받았다. 그 뒤를 이은 자유주의 정치가들은 민주주의, 주권재민, 정치와 교회의 분리를 중시하는 한편 진보와 질서를 지향하는 콩트의 실증주의를 받아들여 국가의 최우선 목표를 근대화에 두었다. 독립 직후 근대 국가의 기틀을 마련하기 위해 라틴아메리카의 신생 독립 국들은 민주적 자유주의 이념에 기초한 헌법을 만드는 작업에 착수했다. 그리하여 라틴아메리카 각국에서는 자유파가 집권하면, 식민 유산과 역사적 변곡을 지워버리고 자유주의 이념에 더욱 충실하게 헌법을 개정하는 일이 반복되었다. 1857년 베니토 후아레스가 주도해 만든 멕시코의 개정 헌법 '레포르마Reforma'가 대표적인 예다. 에콰도르에서는 19세기에 헌법이 여덟 번 바뀌었고, 20세기에 들어서도 열한 번이나 새롭게 공포되었다. 볼리비아에서는 1878년 이전에 헌법이 일곱 번 개정되었고, 페루에서도 1867년 이전에 헌법이 여덟 번 바뀌었다.

역사적으로 라틴아메리카의 반복되는 혼란 및 경제적 침체, 사회 불안의 뿌리는 바로 19세기 자유주의자와 보수주의자의 대립에 있다. 정치·경제를 둘러싼 두 집단의 논쟁 및 투쟁은 독립 이래 계속되어 왔고, 그 숙제와 청산은 아직도 진행 중이다.

종속된 라틴아메리카―주변부 자본주의 경제

19세기 유럽에서 자본주의 발달과 급격한 산업화가 이뤄지면서 라틴아메리카에서도 커다란 변화가 일어났다. 식량과 원자재에 대한 수요가 급증하면서 라틴아메리카의 광물자원과 식량을 개발하는 데 유럽의 자본이 대거 투입되었다. 세계의 경제가 맞물려 돌아가는 체제하에서 라틴아메리카는 1차 산품을 수출하는 역할을 떠맡게 되었다.

독립 후 아직 경제적 자립을 이루지 못한 라틴아메리카에서 스페인을 대신하여 이 지역의 경제를 지배한 나라는 영국이었다. 19세기 초반 영국이 라틴아메리카에 주로 투자한 분야는 광물자원 개발이었다. 그러나 19세기 중반에는 상업과 무역에 치중했다. 영국은 브라질의 면화·설탕·담배·커피, 아르헨티나의 피혁, 칠레의 구리, 페루의 구아노(비료로 사용되는 바닷새의 배설물) 등을 수입하고, 공산품이나 가공 제품을 이들 지역에 수출했다.

19세기 말부터 미국도 라틴아메리카의 주요 무역 상대국으로 등장했다. 영국과 미국의 자본이 라틴아메리카의 농산물과 천연자원 수출을 주도했다. 브라질·콜롬비아·베네수엘라의 커피, 쿠바를 비롯한 앤틸리스제도의 설탕, 아르헨티나의 피혁·쇠고기·밀이 유럽에 수출되는 주요 상품이었다.

그러는 동안 아르헨티나는 항만시설과 전기·철도·도로 등 각종 사회기반시설을 확충했다. 예를 들어 1878년 2200km에 불과했던 아르헨티나의 철도망은 1912년에 3만 2600km로 확대되었고, 1913년에는 라틴아메리카 최초로 지하철을 개통했다. 이러한 산업 기반을 바탕으로 아르헨티나는 19세기 중후반부터 농산물과 냉동고기를 활발히 수출하면서 경제 발전과 정치적 안정을 이루어, 한때 경제 규모가 세계 5위에 이르렀다.

라틴아메리카의 다른 나라들도 대개 19세기 중반부터 천연자원을 수출해 상당한 이윤을 얻었다. 페루는 1860년경부터 구아노를 유럽에 수출했으며, 칠레는 구리와 초석을 수출했다.

초석은 화학 약품 및 군사용으로 각광을 받았는데, 이 초석 광산의 개발을 둘러싸고 칠레·페루·볼리비아가 각기 권리를 주장하며 전쟁(1879~1883)을 벌였다. 광산은 칠레의 북쪽, 페루의 남쪽, 볼리비아의 서쪽에서 국경을 맞대고 있는 아타카마사막에 위치했는데, 칠레가 승리하면서 이 지역의 초석 광산을 독차지하게 되었다.

한편 19세기 말부터 1920년대까지 세계 은 시장이 호황을 누렸다. 멕시코와 페루, 볼리비아는 전 세계에 은을 수출했다. 20세기 들어 멕시코만에서 석유 개발이 시작되었고, 뒤이어 베네수엘라와 브라질 등에서 대규모 유전이 개발되어 석유가 라틴아메리카의 주요 1차 산품이 되었다.

이렇듯 19세기에 라틴아메리카 각국은 자국에서 생산되는 농산물이나 원자재를 수출하여 이익을 얻기는 했지만, 투자와 저축을 위한 자본은 축적하지 못했다. 다시 말해서 라틴아메리카 나라들은 활발한 대외 무역을 벌였지만, 그 무역 관계를 자신들이 주도하지 못하고 유럽이나 미국의 경제 상황에 좌우되었다. 한마디로 라틴아메리카는 모든 영역에서 선진국의 주변부로 종속되어 있었다.

라틴아메리카 자본주의의 종속성은 당시 경제 성장이 뛰어났던 몇몇 국가의 사례를 통해 확인해볼 수 있는데, 그중 대표적인 국가가 멕시코다. 멕시코는 19세기 말부터 빠르게 근대 국민국가를 구축하고 있었는데, 특히 와하까 출신 개혁가 포르피리오 디아스의 개발독재 시기(1877~1880, 1884~1911)에 도로·철도·전기·통신 등의 발전과 함께 국내경제의 활성화를 이루고, 농업과 광업 생산물을 적극적으로 수출하여 국제경제에 입지를 확보했다. 이 시기를 '포르피리아토Porfiriato'라고 칭한다. 디아스는 토지·석유·철도 개발과 같은 국가 기간산업에 외국인의 투자를 장려하거나 우대하는 정책을 펼쳤고, 무엇보다 수출을 장려했다. 이런 상황에서 멕시코의 경제구조는 대외의존적 성격을 띠게 되었고, 수출을 통해 획득한 이득은 대부분 외국 기업으로 돌아갔다. 이 과정에서 새롭게 기업을 일으킨 신흥 세력도 나타났다.

전통적으로 공동체의 소유였던 원주민의 토지는 디아스 시대에 만들어진 '토지구획법'으로 신흥 부자나 외국인의 수중에 떨어져 대농장인 '아시엔다hacienda'가 발달했고, 땅을 잃은 원주민들은 농장에 고용되어 일할 수밖에 없었다. 이 토지구획법에서는 법적 권리 증서가 없으면 소작인이나 농민이 보유한 토지의 소유권을 인정하지 않았다. 당시 원주민들이 공동으로 소유한 토지에는 이러한 증서가 없었고, 결국 원주민들의 토지는 속속 부자나 외국인의 손에 넘어가고 말았다. 대농장주는 생활에 필요한 물품들을 독점하고 비싸게 팔아 빚을 지게 하는 구조로 원주민들을 농장에 복속된 채무 노예로 전락케 했다. 결국 포르피리아토 시기에 경제와 사회 제도가 어느 정도 발전을 이루었지만, 멕시코 사회 내부에서 계층 간의 불화가 깊어졌고, 이는 훗날 멕시코혁명의 원인이 되었다.

멕시코의 사례에서 보듯이 라틴아메리카 경제의 종속성은 대단위 도시 지역과 농촌의 양극화라는 불안 요소를 만들었다. 19세기 중반 라틴아메리카의 인구는 약 3000만 명이었는데, 1912년에는 7700만 명으로 약 2.5배 증가했다. 산업화의 시작과 더불어 대농장제가 도입되고 노예제가 폐지되면서 노동력이 부족해지자, 라틴아메리카 각국에서 유럽인 이민을 많이 받아들였기 때문이다. 아르헨티나는 1871년에서 1915년 사이 약 250만 명의 이민을 받아들였는데, 그들은 주로 스페인인이나 이탈리아인이었다. 같은 기간에 포르투갈인·이탈리아인·스페인인·독일인 등 유럽인 170만 명이 브라질로 이주했다. 인구가 증가하면서 도시화가 촉진되었고, 멕시코시티나 부에노스아이레스는 유럽의 유명 도시들에 견주어도 손색없는 우아한 대도시로 탈바꿈했다.

그러나 농촌 지역의 사정은 열악했다. 라틴아메리카의 농촌에서는 대부분 커피, 설탕 등 세계시장을 겨냥한 수출 작물을 재배하는 대규모 농장 플랜테이션이 발달했다. 이로 인해 스스로 농사짓는 농촌 사회는 붕괴했다. 인디오 원주민 공동체의 공유지가 줄어들면서 농민 대부분이 대농장에 귀속되어 빚에 묶인 소작인으로 전락하고 말았다. 이런 현상은 특히 멕시코에서 심각했다. 멕시코에서는 식민지 시절에 시작된 아시엔다 제도를 이용하여 대토지 소유자 1퍼센트가 전체 토지의 90퍼센트 이상을 차지했다. 당시 멕시코 유까딴 지방에서는 이른바 '애니깽' 곧 에네

에네켄 아시엔다의 한국인 노동자들

켄henequén(열대 용설란과 식물)을 재배하는 아시엔다가 성행했다. 에네켄에서 나온 섬유로 만든 노끈이나 밧줄이 미국으로 대량 수출되었다. 에네켄 농장주들은 현지인의 노동력만으로는 부족해 외국인 노동자를 수입하기에 이르렀고, 1905년 한국인 1033명이 유까딴으로 간 것도 바로 그때문이었다.

7

근대 국민국가 발전 과정—혁명과 내전

멕시코혁명

라틴아메리카는 19세기 중반부터 빠른 속도로 세계 정치·경제 무대에 등장했다. 하지만 오직 1차 산품 수출에 한정되고 강대국에 종속된 경제·사회 구조는 극심한 양극화와 불평등을 낳았고, 사회 내부로부터 새로운 개혁과 변화를 열망하는 움직임이 일기 시작했다. 특히 대도시와 농촌의 경제 격차가 심각하던 멕시코는 개혁에 대한 요구가 상당히 강렬했고, 그러한 요구가 분출한 것이 바로 멕시코혁명이다. 프랑스혁명, 러시아혁명과 함께 세계 3대 혁명으로 꼽히는 멕시코혁명은 식민지 해방을 이룬 라틴아메리카가 어떻게 근대 국민국가를 형성했는지 보여주는 좋은 본보기라 할 수 있다.

멕시코혁명은 크게 두 가지 흐름으로 이뤄졌다. 첫째는 멕시코 북부에서 활동한 판초 비야(1878~1923)나 남부의 에밀리아노 사파타(1879~1919) 같은 민중 지도자가 이끈 것으로, 그들은 멕시코 사회의 정의와 지방 분권을 목표로 활동했다. 둘째는 상인이나 부르주아, 지식인들이 주도한 혁명으로서 그들은 강력한 중앙집권을 바탕으로 민주주의에 입각한 근대적 멕시코를 건설하고자 했다.

멕시코 근대화를 이끈 포르피리오 디아스 대통령(재임 1877~1880, 1884~1911)은 프랑스에서 공부한, '로스 시엔티피코스los científicos'('과학자들'이라는 뜻)라 불리던 관료들에 둘러싸여 있었다. 그는 대토지 소유자·상인·특권 계급을 우대하면서, 멕시코의 진보와 발전에 걸림돌이 된다고 여겨지거나 그의 정책에 반대하는 세력을 강력히 탄압했다. 노동자들의 파업이나 시위는 무자비하게 진압했다. 포르피리오 디아스는 외국 자본을 유치하여 경제 성장을 이끌었지만 거의 모든 부와 권력이 유럽계 가문에 집중되어 버렸고, 멕시코 민중의 토지 소유가 거의 사라지는 결과를 초래했다. 포르피리아토 시기에 도시 빈민이 등장했고, 출판의 자유와 같은 기본적인 권리도 억제되었다.

디아스의 독재와 폭정에 멕시코의 다양한 세력이 거세게 반발했다. 1908년 변호사였던 프란시스코 마데로(1873~1913)가 디아스의 재선을 반대하며 자유선거를 실시하자고 주장하는 소책자를 출판한 것이 곧 멕시코혁명의 도화선이 되었다. 에밀리아노 사파타, 판초 비야를 비롯한 혁명가들이 합류했다. 마침내 1911년 5월 21일 마데로가 이끈 혁명군이 후아레스시에서 연방군대를 물리쳤고, 디아스는 대통령직에서 물러났다. 마데로는 그해 말 선거에서 압도적인 지지를 받으며 대통령에 당선되었다.

하지만 마데로(재임 1911~1913)의 집권은 멕시코혁명의 완성이 아니라 서막일 뿐이었다. 마데로는 대통령이 된 후 과감한 개혁을 수행하지 못한 채 혁명 세력과 반혁명 세력 모두에게 비판을 받았으며, 결국 1913년 자신이 임명했던 군 총사령관 빅토리아노 우에르타(1854~1916)를 지지하는 세력에게 암살당하고 만다. 1914년 7월 베누스티아노 카란사(1859~1920), 알바로 오브레곤(1880~1928), 판초 비야, 에밀리아노 사파타 등의 혁명 세력이 다시 우에르타 정부를 타도했고, 이어서 카란사(재임 1917~1920)와 오브레곤(재임 1920~1924)이 멕시코의 새 대통령으로 선출되면서 조금씩 사회개혁을 이뤄나갔다. 이러한 과정에서 에밀리아노 사파타, 판초 비야, 카란사 같은 혁명 주역들이 암살되었다. 멕시코혁명은 암살과 배반의 역사를 동반했다.

멕시코혁명의 결과로 1917년 헌법이 제정되었다. 이 헌법에서는 토지의 유상 몰수와 유상 분배, 모든 지하자원의 국유화, 외국인과 교회의 토

1914년 혁명의 주역들 대통령좌에 앉은 판초 비야(앞줄 왼쪽에서 두 번째)와 에밀리아노 사파타(그 오른쪽). 1914년 촬영. Grimaldydj14

지 소유 금지, 초등학교의 국가 운영, 8시간 노동제와 야간노동 제한, 최저임금제 실시 등을 명시했다. 이에 따라 '페온peón'이라 불리던 채무 노예가 해방되었고, 전국적으로 교육이 확대되었으며, 노예가 아닌 노동자계층이 등장했다. 라사로 카르데나스 대통령(재임 1934~1940)이 석유산업을 국영화하면서 멕시코는 값싼 석유와 노동력을 무기로 세계시장에서 경쟁력을 발휘하게 되었다.

멕시코혁명의 또 다른 결과로 1929년 '멕시코제도혁명당'(PRI)이 탄생했다. 혁명을 제도화하자는 취지에서 생긴 이 정당은 멕시코혁명이 제기한 여러 정책을 실현하는 역할을 했지만, 부정부패와 정경유착의 주범이 되었다는 비판을 받기도 한다. 헌법에 명시된 6년 단임 대통령제를 따르긴 하나, 현직 대통령이 차기 후보자를 지명할 수 있다는 점에서 퇴보한 민주주의를 반영한다. 제도혁명당은 2000~2012년 야당에 정권을 내주었을 뿐 창당 이래 2018년까지 90년 동안 집권 여당으로 군림했다.

멕시코혁명은 민주주의와 근대적 시민사회를 지향하면서 이전의 독재와 아시엔다 대농장 체제를 무너뜨렸다는 점에서 그 의의가 크지만, 한편으로는 변혁기에 한꺼번에 터져 나온 혼란과 모순으로 극심한 사회 갈등을 초래했고, 그것을 봉합하는 과정에서 민주주의나 사회 정의가 제한되었다는 한계도 분명히 가지고 있다.

20세기의 혁명과 내전

스페인과 포르투갈의 식민지배에서 독립한 라틴아메리카의 여러 나라들은 외형상 국민국가*의 형태를 띠었지만, 실질적으로는 소수 지배층이 국가 경영을 좌지우지한다는 약점을 가지고 있었다. 이러한 약점은 과도하게 외세에 의존하거나 피지배층의 요구를 원활하게 수용할 수 없는 구조를 만들었고, 이는 20세기에 상당히 잦은 혁명과 내전으로 이어졌다. 내정 불안으로 국가체제가 허약하다 보니, 라틴아메리카는 2차 세계대전 이후 냉전의 영향을 강하게 받아 미국과 소련의 '대리전장代理戰場'으로 전락하기도 했다.

냉전 기간에 라틴아메리카의 많은 나라에서 새로운 국가를 건설하려는 혁명을 시도하거나 이데올로기 진영으로 나뉘어 내전을 치렀는데, 그 과정에서 군사 쿠데타가 일어나 독재정권이 들어선 경우가 많았다. 독재

---

* 시민혁명과 같은 과정을 거쳐 탄생한 국민국가는 이전 시기의 왕정 국가와 달리 국가의 주권이 국민에게 있으며 모든 국민이 평등하기에, 법적으로 특권을 보장받는 신분(귀족)이 존재하지 않는다.

치하에서 많은 시민이 학살되거나 행방불명되는 사건들이 발생했다. 이 시기에 내전, 군사 쿠데타와 군부 독재, 민간인 학살과 실종 같은 불명예스러운 단어들이 라틴아메리카 현대사에 주요 키워드로 각인되었다.

쿠바혁명

콜럼버스의 도래 이후 쿠바는 스페인에게 점령되어 주로 담배와 사탕수수를 생산·공급하는 식민지로서 존재했다. 그러다 1898년 미국-스페인 전쟁에서 미국이 승리하면서 스페인에게서 독립하게 되었다. 하지만 당시 쿠바의 독립은 매우 형식적인 것이었고, 실질적으로는 미국의 식민지로 전환되었다고 볼 수 있다.

이후 1950년대까지 미국은 쿠바에 많은 자본을 투자하여 관광산업 및 기간산업을 확장했다. 이 과정에서 대부분의 권력은 미국 자본가와 쿠바의 대지주들에게 집중되었고, 쿠바 민중의 삶은 더욱 빈곤해져 갔다. 쿠바의 대통령들도 이러한 정치·사회 구조를 적극 뒷받침했다. 특히 1952년 군사 쿠데타를 일으켜 집권한 풀헨시오 바티스타(재임 1933~1944, 1952~1959)는 언론과 의회를 통제하며 독재정치를 했고, 이에 많은 쿠바인이 반정부 투쟁을 펼치기 시작했다.

1953년 7월 26일 피델 카스트로(1926~2016)와 라울 카스트로(1931년생) 형제를 중심으로 한 반란군 100여 명이 산티아고에 있는 몬카다 병영을 기습 공격했다. 이 공격은 비록 실패로 끝났지만, 이후 전개될 쿠바혁명의 신호탄으로 여겨진다. 1955년 감옥에서 풀려난 피델 카스트로는 1년 후 체 게바라(1928~1967)를 포함한 혁명군 81명과 함께 멕시코에서 그란마Granma호라는 배를 타고 쿠바로 돌아왔다. 당시 이 배를 타고 온 이들 대부분이 상륙 과정에서 사망했지만, 피델 카스트로는 쿠바 동남부의 시에라마에스트라산맥에 근거지를 마련한 후 바티스타 정권 타도를 위해 본격적인 게릴라전을 시작했다.

피델 카스트로 부대는 여러 면에서 열세에 있었지만, 주민들의 강력한 지지를 바탕으로 여러 전투에서 연이어 승리했다. 그리고 1958년 12월 31일 체 게바라와 카밀로 시엔푸에고스(1932~1959) 등이 이끈 혁명군이 중부 도시인 산타클라라를 점령하면서 쿠바혁명은 마무리 단계에 접어든다. 바티스타 대통령은 산타클라라 함락 소식을 듣자마자 도미니카공화국으로 도주했고, 혁명군은 1959년 1월 8일 수도 아바나에 입성했다. 이때 혁명 세력이 세운 사회주의 정부가 지금까지 이어지고 있다.

쿠바혁명은 냉전 초기에 발생한 최초의 라틴아메리카발 혁명이자, 사실상 미국의 식민지였던 쿠바에서 일어난 혁명이라는 점에서 상당히 중요한 의미가 있다.

쿠바혁명군 수뇌부 회의
1958년 7월 26일,
셀리아 산체스와
라울 카스트로가
서 있는 가운데
빌마 에스핀과 피델 카스트로는
앉아서 지도를 보고 있다.
ⒸDickey Chapell,
Wisconsin Historical Society 제공.

니카라과혁명

아우구스토 세사르 산디노
1928년 촬영.
Underwood & Underwood

니카라과는 1855~1857년 미국의 해적인 윌리엄 워커(1824~1860)에게 처음 점령된 뒤로 1909년부터 1934년까지 지속적으로 미국의 침략을 당했다. 1934년 민족주의 혁명가 아우구스토 세사르 산디노(1893~1934)가 암살된 후, 미국은 하수인인 아나스타시오 소모사 가르시아(1896~1956)를 내세워 3대에 걸친 족벌 독재정부를 수립했다. 니카라과인들은 이러한 족벌 독재에 반기를 들고 1962년 산디노의 이름을 딴 산디니스타 민족해방전선Frente Sandinista de Liberación Nacional(FSLN)을 결성하여 무장 투쟁을 시작했다. 니카라과의 내전은 쿠바보다 길었지만, 1979년 마침내 소모사 정권이 붕괴했다.

산디니스타 민족해방전선을 이끈 다니엘 오르테가(1945년생)가 혁명 후 1984년 대통령이 되어 1990년까지 자리를 지켰다. 그는 1990년부터 2005년까지 각종 선거에서 낙선했으나, 2006년 다시 대통령에 당선된 뒤로 잇따라 연임에 성공해 2022년 1월 새 임기를 시작했다.

냉전 당시 미국의 영향권에 있던 라틴아메리카에서 잇따라 친미 정권이 무너지고 반미 사회주의 정권이 수립된 것은 대단히 주목할 만한 사건이었다. 미국은 산디니스타 정부를 극도로 경계했으며, 미국 대통령 레이건(재임 1981~1989)은 1981년 니카라과에 대한 모든 경제원조를 중지하고, 중미 지역에서 공산주의 활동을 저지하기 위한 비밀 첩보 작전을 더욱 강화하도록 지시했다. 1986년 미국 의회는 니카라과의 반정부군(이른바 '콘트라')을 지원하는 법안을 통과시켰다. 미국의 지원으로 1988년까지 이어진 니카라과 내전은 미국이 라틴아메리카에 남긴 어두운 발자국 중 하나다.

아르헨티나의 '더러운 전쟁'

아르헨티나는 1950년대 1차 산품 수출 호황으로 선진국 대열에 합류했던 국가다. 하지만 1970년대부터 아르헨티나의 경제는 내리막길을 걸었고, 경제의 하락세와 함께 정치도 위기를 맞았다. 1976년 3월, 호르헤 비델라(1925~2013) 장군을 중심으로 한 아르헨티나 군부는 '국가 재건'이라는 명분을 내세워 군사 쿠데타를 일으켰으며, 이후 1983년까지 전 세계에서도 보기 드문 독재 폭정을 자행했다. 이 7년간의 군부 독재 기간을 '더러운 전쟁the Dirty War'이라고 한다.

당시 아르헨티나 군부 독재가 말한 국가 재건은 냉전과 관련이 깊었는데, '공산주의자와 비기독교인을 바른 길로 인도하겠다'는 것이 그들이 내세운 주요 목표였다. 군부정권은 노동법을 개정해 최저임금제를 폐지하는 등 노동자에 대한 처우를 악화시키고 노동조합을 탄압했다. 또한 정부의 정책에 반대하는 수많은 시민을 학살하거나 납치했는데, 훗날 아르헨티나 해군 대위 아돌포 실링고가 밝힌 바에 따르면, 군부는 납치하여 고문한 시민들을 비행기에 싣고 가서 바다에 떨어뜨려 버렸다. 1976년부터 1978년까지 2년 동안 실링고가 직접 참여한 이 '죽음의 비행'에서만 무려 1750명가량이 대서양에 내던져졌다.* 아르헨티나 군부정권은 1982년 포클랜드 전쟁(영국-아르헨티나)에서 패배하면서 급격히 몰락했고, 1983년

---

*2001년 스페인에서 반인륜죄로 체포되자 실링고는 자신의 증언을 번복, 부인했다. 2005년 스페인 검찰은 살인 30건, 상해 93건, 테러행위 255건, 고문 286건의 혐의로 그를 기소했고, 판사는 640년 징역형을 선고했다. 그러나 대법원 최종심에서 25년형으로 감형되었다. 박구병,

마요광장의 어머니들 실종된 자녀를 찾는 어머니 14명이 1977년 4월 30일 모이면서 시작된 부에노스아이레스의 마요광장 목요 시위는 철저한 진상 규명과 희생자 추모를 위해 오늘날까지 이어지고 있다.

민선 대통령이 선출되며 7년간의 독재도 끝을 맺었다.

　군부 독재가 끝난 1983년부터 아르헨티나에서는 '더러운 전쟁' 당시 발생했던 각종 학살과 실종 사건 등을 해결하기 위한 과거사 청산 작업이 시작되었다. 아르헨티나 정부는 '실종자 진상조사 국가위원회'를 구성하여 '더러운 전쟁' 시기에 납치 또는 실종되거나 학살된 이들에 관해 조사하고, 처형된 실종자들의 유해를 발굴하여 유가족에게 돌려주는 일을 시작했다. '실종자 진상조사 국가위원회'의 최종 보고서인 《눙카 마스*Nunca Mas, Never again*》에 따르면 '더러운 전쟁' 당시 실종되거나 학살된 것으

2005, 〈'눈까 마스'와 '침묵협정' 사이: 심판대에 선 아르헨티나 군부의 '더러운 전쟁'〉, 74쪽. "'Death flight' repressor Scilingo living in semi-freedom in Spain", *Buenos Aires Times* 21-01-2020, https://www.batimes.com.ar/news/argentina/argentine-ex-repressor-scilingo-in-semi-freedom-in-spain.phtml.

로 확인된 사람은 8960명이다. 실제로 희생된 사람은 이보다 더 많을 것이라고 인권단체들은 추측한다. 대부분의 실종자는 35세 이하의 청년층이었다. 그들 중에는 학생, 노조 지도자를 비롯한 노동자, 언론인, 인권운동가뿐만 아니라 수녀와 신부 등 성직자, 변호사, 판사, 징집 군인, 임신부와 어린이까지 있었다.

아르헨티나의 '더러운 전쟁'은 냉전 당시 여러 나라에서 벌어졌던 국가폭력과 그 비극적인 과거사를 이후 국가·사회가 어떻게 청산하는지 보여주는 한 사례가 되었다. 주요 가해자들에 대한 사면법과 군부의 반발 등으로 명쾌한 청산이 이뤄지지는 못했지만, 21세기에 접어든 뒤에도 끊임없는 진상 규명과 희생자의 명예를 회복하는 작업이 진행되고 있다.

과테말라와 엘살바도르의 내전

냉전 시기, 특히 1960~1970년대에 중미 지역은 미국에 상당히 중요한 곳이었다. 중미 지역의 국가들(과테말라·엘살바도르·니카라과·코스타리카·파나마 등) 모두 강대국이 아니었지만, 미국과 지리적으로 가깝다는 이유만으로 이 지역에서 친공산주의자들에 대한 투쟁은 미국에 상당히 중요한 문제였다. 그 연장선에서 발생한 사건이 과테말라와 엘살바도르의 내전이라 할 수 있다.

과테말라 내전은 1954년 아르벤스 대통령(재임 1951~1954)의 좌파 개혁정권이 미국의 군사쿠데타 기획으로 제거되면서 시작되었다. 당시 미국의 군사쿠데타 기획은, 과테말라에서 상당한 수익을 올리던 대형 농산업체 유나이티드푸르트사United Fruit Company가 농지를 농민에게 배분하려는 아르벤스 정권의 정책으로 불리한 상황에 몰리자 이를 극복하고자 한 행동이었다. 미국이 과테말라에 개입하자 정국은 급변하기 시작했다. '과테말라민족혁명연합Unidad Revolucionaria Nacional Guatemalteca'(URNG)은 미국의 지원을 받는 군사정권에 맞서 1960년부터 무장 투쟁을 선언했고, 이것이 내전으로 발전하여 1996년까지 36년간 지속되었다. 내전 기간 정부군이 440개 마을을 불태워 없애 50만 명이 집을 잃었고, 626개 마을에서 약 20만 명이 학살되었다. 이처럼 커다란 상처를 남긴 과테말라 내전은 1996년 정부와 URNG 사이에 평화협정이 체결됨으로써 종결되었으나, 내전으로 인한 아픔은 아직도 완전히 치유되지 않았다.

과테말라와 국경을 맞댄 엘살바도르는 1980년 결성된 '파라분도 마르티 민족해방전선Frente Farabundo Martí para la Liberación Nacional'(FMLN)이 군부 독재정권에 반대해 무장 투쟁을 선언하면서 내전으로 돌입했다. 엘살바도르 내전의 기본 구도 역시 미국이 지원하는 정부군과 좌파 반군의 충돌이었다. 과테말라와 마찬가지로 엘살바도르에서도 전투 과정에서 무수히 많은 민간인이 피해를 입었다. 특히 1981년 12월 민간인 약 1000명이 희생된 정부군의 엘모소테 마을 학살은 전 세계로 보도되었고, 이로 인해 엘살바도르 정부에 군비를 지원하던 미국은 상당한 곤경에 처했다. 또한 민간인의 피해를 최소화하고 정부의 인권 탄압을 저지

FMLN의 여성 전사들
전투원 1만 3600명 중 30퍼센트, 비전투원으로서 FMLN을 지원한 시민 10만 명 중 60퍼센트가 여성이었다.[*]

하고자 노력했던 로메로 대주교(1917~ 1980)가 암살된 사건(1980년 3월 24일)은 전 세계인에게 엘살바도르 내전의 참상을 알리는 데 중요한 계기가 되었다. 1992년 평화협정이 체결되면서 종결된 12년간의 내전에서 500만 인구 중 약 7만 명이 죽거나 실종되었으며, 내전 종료 후에도 그로 인한 사회 불안과 트라우마가 상당 기간 지속되었다.

로메로 대주교
1978년 로마에서 촬영,
산살바도르 대주교구·교황청
시성성諡聖省 소장.

과테말라와 엘살바도르의 내전은 냉전 시기 자신들의 의지나 이익과 관계없이 강대국들에게 전쟁터를 빌려줘야 했던 라틴아메리카, 특히 중미 국가들의 취약한 상황을 잘 보여준다. 또한 내전의 혼란과 무질서가 10년 넘게 지속되면서 사회 규범이 파괴되었고, 이렇게 무너져버린 사회 기틀은 쉽게 복구되지 않고 있다.

* Norma Vázquez, Cristina Ibáñez and Clara Murguialday, 1996, *Mujeres-Montañas: Vivencias de Guerrilleras y Colaboradoras del FMLN*, Madrid: horas y HORAS la editorial, p. 21. Silber, Irina Carlota, 2004, "Mothers/Fighters/Citizens: Violence and Disillusionment in Postwar El Salvador", *Gender & History* 16.3, 561~587에서 재인용.

8

미국과 라틴아메리카

20세기 라틴아메리카를 이야기할 때 미국의 존재를 떼어놓을 수 없다. 미국은 19세기 후반부터 인접 지역인 카리브해 일대와 중미 지역에 점차 세력을 확대해 나갔고, 1차 세계대전 이후에는 국력이 쇠퇴한 영국을 대신해 라틴아메리카의 새 지배자로 등장했다. 다만 영국과 미국이 다른 점은 전자가 주로 경제적으로 라틴아메리카를 지배했다면, 후자는 일찍이 경제뿐만 아니라 정치적 개입도 마다하지 않았다는 것이다.

우선 미국은 1840년대부터 바로 이웃인 멕시코와 전쟁을 벌여 캘리포니아, 텍사스, 뉴멕시코 등 지금의 미국 서부 및 남서부에 해당하는 광활한 영토를 차지했다. 미국은 1823년 먼로주의*를 선언하며 라틴아메리카에 대한 유럽의 개입을 배격하면서도 자국의 간섭은 정당화하는 이중적 태도를 보였다. 이후 먼로주의는 서반구에서 미국의 대외 정책에 기본이 되었다.

라틴아메리카의 새 강자로 부상한 미국에 가장 먼저 희생당한 나라들이 카리브해 연안의 소국들이었다. 푸에르토리코는 스페인의 지배로부터 벗어나기는 했지만 사실상 미국의 식민지가 되었고 지금도 그렇다. 또한 1903년 시어도어 루스벨트 대통령은 콜롬비아로부터 파나마를 강제로 독립시킨 뒤, 파나마운하의 건설·운영권을 미국에 넘기는 협정을 파나마 정부와 체결했다. 미국은 1977년에야 파나마운하 운영권을 파나마에 돌려주었다. 앞에서 이야기한 니카라과, 과테말라 외에도 미국은 법과 질서

---

* 1823년에 제창된 미국의 외교 방침으로, 유럽 열강이 아메리카 대륙을 식민지화하거나 아메리카 대륙의 주권국가에 간섭하는 것을 배격한다.

를 내세워 아이티, 도미니카공화국, 온두라스에 대한 점령과 군사 개입을 정당화했다. 자국민의 생명과 재산을 보호한다는 명분을 내세웠는데, 실제로는 자국 기업, 특히 유나이티드프루트사의 이익을 지켜주기 위한 것이었다.

쿠바는 라틴아메리카의 다른 나라들보다 늦게 1868년부터 독립운동을 시작해서 10년 동안 스페인과 1차 독립전쟁을 치렀다. 이때 이미 쿠바는 미국과 밀접한 경제적 이해관계를 맺고 있었다. 미국 자본이 쿠바의 설탕산업에 투자하면서 19세기 말 쿠바의 설탕 생산은 미국의 자본에 종속되었다. 쿠바인들은 1895년 2차 독립전쟁을 시작했고, 시인이자 애국자로서 쿠바 독립혁명을 이끌던 호세 마르티(1853~1895)가 이때 전사했다. 결국 쿠바인들의 독립전쟁은 실패했지만, 미국은 쿠바를 스페인에게서 독립시켜 자국의 세력권에 두려고 획책했다. 그 구체적인 사례가 메인호 침몰 사건이다. 20세기에 통킹만 사건을 구실로 베트남을 침공했던 것처럼, 1898년 2월 아바나 항에 정박했던 자국의 군함이 알 수 없는 이유로 폭발하고 수병 266명이 사망하는 사건이 발생하자 미국은 이를 구실로 스페인에 선전포고하고 쿠바를 점령했다. 그리고 스페인 식민지였던 푸에르토리코와 필리핀, 남태평양의 괌을 합병했다. 쿠바는 형식적으로 독립했지만, 1901년 제정한 헌법에 '쿠바는 독립 유지와 국민의 생명, 재산 및 개인의 자유 보호를 위해 적절한 정부를 유지할 목적으로 미국이 쿠바에 개입할 권리를 인정한다'는 '플랫 수정 조항Platt Amendment'을 강압적으로 삽입하게 되었다. 이로써 미국은 쿠바의 내정에 간섭할 수 있는 합법적 권리를 획득했고, 쿠바는 사실상 간접통치령으로서 '미국의 뒤뜰'이 되었다. 혁명 후 1961년 쿠바 정부는 미국과 외교 관계를 끊고 미국 기업을 축출했으나, 1903년 미국이 쿠바로부터 할양받은 관타나모에는 지금도 여전히 미군 기지가 있다.

이렇게 카리브 지역과 중미에서 절대적 영향력을 행사하게 된 미국은 자국의 이익을 위해 각국의 독재정권을 지원했고, 미국에 반대하는 국가가 나타나면 직접 무력을 동원해 군사 개입도 서슴지 않았다. 그러니 먼로주의 선언 이후 미국에게 일방적으로 당해 온 라틴아메리카 각국이 미국에 반감을 가지는 것은 너무도 당연한 일이었다. 1차 세계대전 때는 브라질·과테말라·니카라과·코스타리카·아이티·온두라스만이 미국 편에서 참전했다(쿠바와 파나마는 형식적으로 독일에 선전포고를 했지만, 직접 참전하지는 않고 미국의 전쟁 수행을 도왔다). 이런 상황에서 1933년 프랭클린 루스벨트 대통령은 미국의 전통적인 정책을 바꾸어 라틴아메리카 각국에 대한 내정 불간섭, 그리고 각국의 독자적 해결을 존중한다는 내용을 골자로 한 '선린 외교 정책Good Neighbor Policy'을 천명했다. 그는 니카라과의 소모사, 쿠바의 바티스타 같은 독재자들을 지원하기는 했지만 라틴아메리카 국가들과 관계를 개선했고, 이에 따라 중남미의 많은 나라가 2차 세계대전 중 연합국 편에 섰다.

그러나 카리브해와 중미 지역 국가들에 대한 미국의 간섭은 결코 종식되지 않았다. 1954년 과테말라의 아르벤스 정권 전복, 1961년 쿠바 피그만 침공 사건, 1983년 앤틸리스제도의 소국인 그레나다의 좌경 움직임에 대한 파병, 1989년 파나마의 노리에가 정권 전복, 1980년대 니카라과 산디니스타 정권을 전복하기 위한 반군 지원 등 일일이 다 말할 수 없을 정도다. 남미는 무력으로 직접 간섭한 적은 없으나 경제적으로 지배했고, 반미 정권이 들어서면 배후에서 군사 반란을 조종하기도 했다. 1973년 칠레에서 미국 기업 소유 동광을 국유화하자 미국 CIA는 피노체트 장군을 사주해, 합법적인 선거를 통해 집권한 아옌데 사회주의 정권을 전복했다.

살바도르 아옌데(1908~1973)는 칠레대학교에서 의학을 전공하면서 학생운동에 참여했고, 이후 칠레사회당 창당에 참여해 하원의원, 보건부

칠레의 수도 산티아고 1990년 군정 종식 이후 칠레는 민주주의와 경제가 안정되게 발전하고 있다.
Deensel, CC BY 2.0

장관, 상원의원을 역임하며 정치 경력을 쌓은 후 1970년 인민연합Unidad Popular의 대통령 후보로 출마하여 당선되었다. 그러나 아옌데 정부는 1973년 9월 11일 군 총사령관 피노체트가 일으킨 쿠데타로 무너지고, 아옌데는 대통령궁에서 쿠데타군과 교전을 벌이다 사망했다. 훗날 공개된 미국 CIA 문서를 보면, 살바도르 아옌데를 제거한 쿠데타의 모든 기획은 미국이 주도했으며, 당시 닉슨 정부는 아옌데를 제거하기 위해 군사 쿠데타는 물론 경제적 고립 방안까지 다양하게 준비하고 있었다.

또한 미국은 냉전 당시 남미 독재정권들이 '마르크스주의 혁명 세력을 제거한다'는 명분으로 공조해 자행한 대규모 정치 탄압 및 민간인 학살을 방조하거나 승인했다. 1970년대 칠레·아르헨티나·브라질·파라과이·우루과이·볼리비아의 비밀경찰이 공조해 실행한 일명 '콘도르 작전Plan Condor, La Operación Cóndor'으로 약 5만 명이 살해되고 3만 명이 행방불명되었으며, 40만 명 이상이 투옥된 것으로 알려졌다. 이렇듯 라틴아메리카의 가장 어두운 역사에 미국은 항상 함께하고 있었다.

21세기에 접어들어서도 미국은 베네수엘라와 쿠바 등 일부 국가와 적대 관계를 해소하지 않는 한편, 중미와 멕시코의 경제 침체로 말미암아 불법을 무릅쓰고 국경을 넘는 이주자의 행렬이 끊이지 않는 문제로 라틴아메리카와 불편한 관계를 유지하고 있다. 오늘날까지도 라틴아메리카의 정치와 경제에 미치는 미국의 영향력은 상당하고, 라틴아메리카 경제에 대한 미국 자본의 지배력도 여전하다.

도판 출처

저작권자나 소장처에서 직접 입수한 도판은 본문의 수록 위치에 관련 사항을 표시하고, 아래 목록에는 싣지 않았습니다. 아래 목록은 퍼블릭 도메인으로서 공유 사이트에 공개된 도판이거나, 저작권자와 연락이 닿지 않은 도판의 출처입니다. 언제라도 저작권자와 연락이 닿으면 합당한 절차를 밟겠습니다.

1장 아프리카

현대 인류와 오스트랄로피테쿠스의 걸음걸이 commons.wikimedia.org
9만~8만 년 전 인류가 사용한 뼈작살 https://humanorigins.si.edu/evidence/behavior/getting-food/katanda-bone-harpoon-point
사하라 변경에서 발견된 물결무늬 토기 조각 commons.wikimedia.org
농사짓는 모습으로 추정되는 사하라의 바위그림 Savino di Lernia 외, 2020. 6, "Land-use and cultivation in the etaghas of the Tadrart Acacus (south-west Libya): the dawn of Saharan agriculture?", http://dx.doi.org/10.15184/aqy.2020.41.
수영하는 모습으로 보이는 바위그림 commons.wikimedia.org
나브타 플라야 유적 도면 Timothy Cooke/Fred Wendorf and Halina Krolik, "Site E-96-1: The Complex Structures or Shrines," in eds. Fred Wendorf and Romuald Schild, *Holocene Settlement of the Egyptian Sahara*, Volume 1: The Archaeology of Nabta Playa, New York: Kluwer Academic, 2001, 503-520. https://www.worldhistory.biz/prehistory/90141-nabta-egypt.html
카르나크 신전 전경 http://doi.org/10.3932/ethz-a-000255089(취리히 스위스연방공과대학 도서관)
카르나크 오벨리스크 www.loc.gov/pictures/item/2004672044/ (미 의회 도서관)
오늘날의 카르나크 신전 주랑 commons.wikimedia.org
1838년에 그려진 카르나크 신전 주랑 commons.wikimedia.org
사자의 서 commons.wikimedia.org
로제타석 commons.wikimedia.org
미라가 담긴 관 commons.wikimedia.org
카노푸스 단지 https://egymonuments.gov.eg/en/collections/canopic-jars-of-isetemkheb
투탄카문(투탕카멘)의 가면 commons.wikimedia.org
거대한 석상을 운반하는 방법 commons.wikimedia.org
호루스·오시리스·이시스 상 commons.wikimedia.org
메로에 문자 commons.wikimedia.org
메로에의 누비아형 피라미드 commons.wikimedia.org
아마니토레 여왕 선화 commons.wikimedia.org
악숨의 오벨리스크 commons.wikimedia.org
악숨의 금화 commons.wikimedia.org
팀북투 상코레, 시디 야히야, 징게레베르 사원 사진엽서(1905~1906년) commons.wikimedia.org
그레이트 짐바브웨 전경 commons.wikimedia.org
그레이트 짐바브웨 성벽 commons.wikimedia.org

게디온 니안홍고의 〈엄마와 아기〉 commons.wikimedia.org

아모스 수푸니의 〈낭가와 그의 부엉이〉 commons.wikimedia.org

파실리데스 황제가 세운 성채 commons.wikimedia.org

한국전쟁에 참전한 에티오피아군 commons.wikimedia.org

음반자 콩고에 있는 가톨릭성당 유적 commons.wikimedia.org

1788년 영국 노예무역선 브룩스호의 노예 승선 계획도 commons.wikimedia.org

카포에이라 commons.wikimedia.org

버마 전선에 투입된 동아프리카보병사단 https://bag-of-dirt.tumblr.com/post/68819064148/
  troops-of-the-11th-east-africa-infantry-division

로벤섬 박물관의 해설사 commons.wikimedia.org

아프리카인의 목소리(응고지 오콘조이웨알라) commons.wikimedia.org

르완다 키갈리 제노사이드 메모리얼 센터 commons.wikimedia.org

세계 여성의 날 행진에 동참한 카메룬의 여성 경찰들 commons.wikimedia.org

나이로비 국립공원에서 건너다보이는 케냐의 상업 중심지 commons.wikimedia.org

아프리카의 금융 중심지 라고스 commons.wikimedia.org

2장 서아시아

괴베클리 테페 발굴 현장 commons.wikimedia.org

차탈회위크 유적 북부 지구 발굴 현장 https://flic.kr/p/oUbAym

차탈회위크 유적 벽화 commons.wikimedia.org

지구라트 조감도 commons.wikimedia.org

두르샤르루킨 왕성 구조도 Helen Leacroft & Richard Leacroft, *The Buildings of Ancient
  Mesopotamia*, Leicester: Brockhampton Press, 1974.

우르의 대지구라트 commons.wikimedia.org

킬라무와 석비 commons.wikimedia.org

영국박물관에서 재현해놓은 아슈르바니팔의 도서관 commons.wikimedia.org

아슈르바니팔 왕궁 기록화 commons.wikimedia.org

아후라 마즈다 형상을 표현한 리디아왕국의 주화 commons.wikimedia.org

키루스 원통 commons.wikimedia.org

아파다나 계단 벽의 부조 commons.wikimedia.org

크세르크세스의 문 commons.wikimedia.org

비수툰 부조 commons.wikimedia.org

발락쉬 1세 주화 commons.wikimedia.org

가우가멜라 전투의 파르티아인 기병 부조 commons.wikimedia.org

호르모즈간 전투 부조 commons.wikimedia.org

낙셰로스탐 마애 부조 commons.wikimedia.org

타게보스탄 마애 부조(일부) commons.wikimedia.org

호스로 1세의 형상이 새겨진 접시 commons.wikimedia.org

아나히타의 형상이 새겨진 사산조 은항아리 commons.wikimedia.org

아라베스크 무늬(하페즈 묘당 천장 타일 모자이크) commons.wikimedia.org
알함브라 궁전 알베르카 중정의 벽 장식 commons.wikimedia.org
포르투갈령 카보베르데제도의 산투안탕섬 계단밭 commons.wikimedia.org
코르도바 대모스크(성당)의 말굽 모양 아치 회랑 commons.wikimedia.org
사라고사 산타 마리아 막달레나 교회의 종탑 commons.wikimedia.org
테루엘 대성당 종탑 commons.wikimedia.org
아야 소피아 전경 commons.wikimedia.org
사이크스-피코협정을 기반으로 1919년 영국 정부가 작성한 서아시아 분할안 https://www.bl.uk/
    collection-items/peace-conference-memoranda-respecting-syria-arabia-palestine
올리브나무를 껴안고 있는 팔레스타인 농민 https://momentmag.com/opinion-stop-the-
    destruction-of-palestinian-olive-groves/
세계 금융의 허브 두바이 commons.wikimedia.org

3장 중앙아시아

데레이프카 유적 말 머리뼈와 아래턱뼈 https://vera-eisenmann.com/dereivka-photos
9세기경의 소그드문자 자료 https://sogdians.si.edu/ancient-letters/
코젤 쿠르간 commons.wikimedia.org
아르잔 쿠르간 평면도 http://kronk.spb.ru/library/gryaznov-mp-1980-ris.htm
스키타이 금제 허리띠 장식 commons.wikimedia.org
흉노의 말재갈멈치 emuseum.go.kr(#건판9631번, 도서자료 몽골 노인울라 무덤 조사보고 삽도)
흉노의 말갖춤 도록《초원의 대제국 흉노》, 국립중앙박물관, 2013.
박트리아 공주상들 commons.wikimedia.org
6세기 소그드인의 무덤 석관 부조 commons.wikimedia.org
6세기경 쿠차 왕가의 모습 벽화 commons.wikimedia.org
코초 네스토리우스파 교도 벽화 commons.wikimedia.org
키질쿰사막을 내려다보는 호레즘 성채 commons.wikimedia.org
호복 미인도 도록《옛 중국인의 생활과 공예품》, 국립중앙박물관, 2017.
둔황 335굴 벽화 유마경변상도 http://idp.bl.uk/archives/news36_37/idpnews_36_37.a4d
코초 유적 벽면에 쓰인 위구르문자 https://brill.com/view/book/edcoll/9789004417731/
    BP000009.xml
톤유쿠크 기념비 commons.wikimedia.org
부하라의 이스마일 사마니 묘당, 돔 내부 commons.wikimedia.org
베이징에 있던 천문대 Anville, Jean Baptiste Bourguignon d', *Atlas général de la Chine, de la
    Tartarie chinoise, et du Tibet : pour servir aux différentes descriptions et histoires de cet
    empire*, Paris : Dezauche, 1790?, commons.wikimedia.org.
비비 하눔 모스크 commons.wikimedia.org
사마르칸트의 울루그 벡 천문대 유적, 내부 통로 commons.wikimedia.org
차가타이-투르크어 서예 작품 https://www.wdl.org/en/item/221/
야쿱 벡 commons.wikimedia.org

케네사리 칸 기념비 commons.wikimedia.org
발리하노프의 초상을 담은 옛 소련 우표 commons.wikimedia.org
2017년 8월 독일 뮌헨에서 열린 위구르인들의 시위 commons.wikimedia.org
알라슈 오르다 당원들 commons.wikimedia.org
파이줄라 호자예프 가족 https://www.jartour.ru/info/muzei_hodzhaeva.html
몽골 수도 울란바타르 commons.wikimedia.org

4장 인도

모헨조다로에서 출토된 인물상(사제 왕) commons.wikimedia.org
하라파 시대의 생활상을 보여주는 소형 토기 commons.wikimedia.org
모헨조다로의 대목욕탕 유적 commons.wikimedia.org
하라파 시대 토기와 홍옥수 구슬꿰미 commons.wikimedia.org
사르나트의 아소카 돌기둥 머리를 장식했던 네 마리 사자 상 commons.wikimedia.org
1905년 사르나트 유적 발굴 당시 모습 commons.wikimedia.org
산치 대탑의 남문 https://bit.ly/2u6Wwzi
아잔타 1호 석굴 입구 오른쪽 벽화에 그려진 페르시아 사신들 commons.wikimedia.org
아잔타 1호 석굴 천장 벽화 commons.wikimedia.org
델리의 쇠기둥 commons.wikimedia.org
하라파 시대의 배수시설 commons.wikimedia.org
아라비아숫자의 원형인 브라흐미숫자 https://archive.org/stream/hinduarabicnumer00smitrich#
    page/22/mode/2up
브라흐미숫자가 새겨진 아소카 돌기둥 commons.wikimedia.org
브리하디시와라 힌두사원 commons.wikimedia.org
브리하디시와라 힌두사원의 돔 commons.wikimedia.org
촐라 왕조의 춤추는 시바 상 commons.wikimedia.org
비슈와나트 힌두사원 commons.wikimedia.org
라나 상가 commons.wikimedia.org
카탁 무용수와 반주자 commons.wikimedia.org
현악기 시타르와 타악기 타블라 commons.wikimedia.org
비자야나가르의 천연 요새 commons.wikimedia.org
비자야나가르의 코끼리집 commons.wikimedia.org
1572년 유럽인이 그린 캘리컷의 전경 commons.wikimedia.org
소금 행진 commons.wikimedia.org
인도 소프트웨어산업의 중심지 벵갈루루의 야경 commons.wikimedia.org
인도 헌법을 기초한 암베드카르 commons.wikimedia.org
카미니 로이 commons.wikimedia.org
칩코 운동 출처 미상.

5장 동남아시아

호아빈 문화 유물 https://baotangnhanhoc.org
동틀 녘 버강의 불탑 숲 commons.wikimedia.org
세군탕 언덕의 스리위자야 시대 불상 commons.wikimedia.org
세군탕 언덕의 불상 상반신 Miksic, John. ed., *Ancient History. Indonesian Heritage*, Singapore:
　　Archipelago Press.
보로부두르 사원 commons.wikimedia.org
프라후를 탄 어민 Vatikiotis, Michael and Jill Gocher, *Indonesia: Islands of the Imagination*,
　　Singapore: Periplus, 2005.
네덜란드인이 그린 17세기 아유타야 전경 commons.wikimedia.org
디포느고로 Kubitscheck, Hans-Dieter and Ingrid Wessel, *Geschichte Indonesiens*, Berlin:
　　Akademie-Verlag, 1981.
'네덜란드의 가장 소중한 보석' commons.wikimedia.org
1차 영국-버마 전쟁 Andaya, Barbara Watson and Leonard Y. Andaya, *A History of Early
　　Modern Southeast Asia, 1400-1830*, Cambridge University Press, 2015.
림분켕 Pan, Lynn. ed., *The Encyclopedia of the Chinese Overseas*, Singapore: Chinese
　　Heritage Centre, 1998.
안드레스 보니파시오 commons.wikimedia.org
에밀리오 아기날도 commons.wikimedia.org
판보이쩌우 기념엽서 commons.wikimedia.org
판쩌우찐 commons.wikimedia.org
필리핀의 '종군 위안부' 기념상 commons.wikimedia.org
미얀마의 민주화운동 commons.wikimedia.org
전통과 현대가 공존하는 태국의 수도 방콕 commons.wikimedia.org

6장 라틴아메리카

뚤라 유적 commons.wikimedia.org
똘떼까 토기 http://digitallibrary.usc.edu/cdm/ref/collection/p15799coll65/id/13802
호수 한복판에 있었던 도시 떼노츠띠뜰란 지도 https://www.wdl.org/es/item/19994/view/1/14/
공놀이장 묘사 그림 commons.wikimedia.org
치첸이쯔아의 공놀이장, 표시석 commons.wikimedia.org
치첸이쯔아의 천문대 commons.wikimedia.org
비의 신 '착'의 얼굴로 장식된 치첸이쯔아의 한 건물 commons.wikimedia.org
차빈 데 우안따르 유적 내 원형 광장 commons.wikimedia.org
란손 기둥 commons.wikimedia.org
모치까 왕의 무덤 commons.wikimedia.org
치무왕국의 수도 찬찬 유적 whc.unesco.org
찬찬 유적의 새 부조 https://www.ancient.eu/image/5299/lattice-wall-decoration-chan-

chan/

갈대배를 탄 어부를 표현한 치무 토기 commons.wikimedia.org

잉카 마추픽추 유적 https://www.ancient.eu/image/2331/machu-picchu-aerial-view/

마추픽추의 망루 https://www.ancient.eu/image/2342/torreon-machu-picchu/

마야의 숫자 https://www.storyofmathematics.com/mayan.html

마야의 수 체계 Sharer, Robert, and Loa Traxler, *The Ancient Maya*(6th edition), Stanford University Press, 2006, p. 101.

떼스까뜰리뽀까 https://www.wdl.org/en/item/10096/view/1/31/

태양의 돌, 선화 모사도 commons.wikimedia.org

치첸이쯔아 피라미드(꾸꿀깐 신전) commons.wikimedia.org

과달루페 성모상 commons.wikimedia.org

아이티의 이름 없는 노예상 https://haitiinfos.net/2012/08/14/14-aout-1791-ceremonie-du-bois-caiman-une-nuit-dalliance/

뚜빡 아마루 2세의 초상이 들어간 옛 페루 지폐 worldbanknotescoins.com

전통 옥수수 농사 그림 https://www.wdl.org/en/item/10096/view/1/641/

농업의 신 께찰꼬아뜰 https://www.wdl.org/en/item/10096/view/1/31/

비의 신 뜰랄록 https://www.wdl.org/en/item/10096/view/1/31/

미겔 이달고 commons.wikimedia.org

호세 마리아 모렐로스 commons.wikimedia.org

시몬 볼리바르 commons.wikimedia.org

호세 데 산마르틴 commons.wikimedia.org

에네켄 아시엔다의 한국인 노동자들 http://www.eastusa.org/gallery/

1914년 혁명의 주역들 commons.wikimedia.org

아우구스토 세사르 산디노 https://www.loc.gov/pictures/item/2003663600/

마요광장의 어머니들 Demetrio Iramain, *Una historia de las Madres de Plaza de Mayo*, La Plata: EDULP, 2017.

FMLN의 여성 전사들 https://transnationalwomensorganizing.files.wordpress.com/2016/02/guerrilleras_el-salvador.jpg

로메로 대주교 commons.wikimedia.org

칠레의 수도 산티아고 commons.wikimedia.org